大学写作教程

主编◎字如祥 赵云芹

Daxue Xiezuo Jiaocheng

重庆大学出版社

图书在版编目（CIP）数据

大学写作教程 / 字如祥，赵云芳主编．-- 重庆：重庆大学出版社，2022.9

ISBN 978-7-5689-3450-3

Ⅰ．①大… Ⅱ．①字… ②赵… Ⅲ．①汉语—写作—高等学校—教材 Ⅳ．① H15

中国版本图书馆 CIP 数据核字（2022）第 129105 号

大学写作教程

字如祥　赵云芳　主　编

策划编辑：贾　曼　陈筱萌

责任编辑：陈　曦　　版式设计：陈筱萌

责任校对：邹　忌　　责任印制：张　策

*

重庆大学出版社出版发行

出版人：饶帮华

社址：重庆市沙坪坝区大学城西路21号

邮编：401331

电话：（023）88617190　88617185（中小学）

传真：（023）88617186　88617166

网址：http://www.cqup.com.cn

邮箱：fxk@cqup.com.cn（营销中心）

全国新华书店经销

POD：重庆新生代印刷技术有限公司

*

开本：787mm × 1092mm　1/16　印张：20.5　字数：439千

2022年9月第1版　2022年9月第1次印刷

ISBN 978-7-5689-3450-3　定价：59.00元

前　言

随着21世纪知识经济时代的到来，社会对人才提出了更高的要求，写作能力作为人才的一项核心竞争力越来越受到重视。本教材作为高校基础写作课的通用教材，立足于当今社会对人才培养的需求，以全面提升学生的书面表达能力和整体人文素养为目标。全书共分为八章，包括基础理论、常用文体写作、新媒体写作和广告创作四个部分。本教材的特点表现在以下三个方面。

第一是涵盖全面，力求系统。本教材的基础理论部分，涉及写作活动的规律总结，写作主体的能力和素养建构，以及如何选择材料、提炼主题、确定结构、外化表达等写作基本理论；记叙性文体写作部分，涉及诗歌、散文、小说、剧本的创作；议论性文体写作部分，涉及社会评论、文学评论、学术论文的写作；应用性文体写作部分，涉及党政机关公文写作和事务文书写作等；新媒体写作部分，涉及传统新闻写作、微博写作、微信写作、网络文学创作等；另外还附专章讲授广告文案创作。本教材将写作基本知识与文体写作相结合，最大限度地将常用文体纳入其中，使学科知识体系建构更趋于合理化、科学化。

第二是立足传统，适应当下。本教材立足于传统写作理论，同时结合现代社会现实需要，兼顾中文专业的特点和学生未来就业需求，尽可能地对当今中国社会中存在的各种文体，特别是一些具有广泛群众基础，且在人们的社会生活中有重要作用的文体的写作特性、方法、技巧等进行比较全面的论述；把新媒体写作纳入教材，密切关注社会进程，重视当今社会多样化写作形式的嬗变，力求紧密结合当前学科前沿动态和社会需求。

第三是讲练结合，重视实践。写作课是一门实践性很强的课程，本教材突出了教学与实践的有机结合，每一节后都附有丰富的思考与练习题。针对习题，可以采取多种训练形式，既可以课堂提问、分组讨论，也可以在课外进行自由辩论，这些训练能让学生消化所学课堂知识、开拓思路、在教学互动中激发创意。同时，这些思考与练习题可以灵活转换为课堂小练笔和课后大作文，为学生提供了具体的、可行的操作训练，有利于切实提高学生的写作水平。

本教材为云南民族大学“汉语言文学”专业国家级一流专业建设项目，不仅可以作为高等院校写作课教学的教材，也适用于有关成人教育的写作教学，还可以作为广大读者学习写作的良好参考资料。

编　者

2022年7月

目　录

第一章　绪　论

第一节　写作及其作用

一、写作的含义

什么是“写作”？迄今为止，其确切含义仍然没有一个公认的解释。因而，近年来国内面世的上百种写作教材，或是论析写作原理的单篇论文，以及有关的写作学词典，几乎都有对写作的新解抛出。粗略归纳，目前大体有目的说、文章说、思维说、行为说等写作观，这些说法从不同角度探讨了写作的一些内涵。客观地说，它们都或深或浅地逼近了写作的本质，但还不能说都已十分完善地剖示出了写作的特点，因为有些提法确实有以偏概全之嫌，甚至可说是望文生义。

事实上，写作是人类重要的存在方式。通过写作，人们描绘山川大地、风俗人情，记叙波澜壮阔抑或云淡风轻的生活；通过写作，人们想象、绘制精神生长的地图，展示生命的高远与深邃；通过写作，人们记录生活之演变、文明之成长；通过写作，个体生命舒展心性，在与自然、他人尤其是自我对话中，领悟生命的意义。因此，我们认为，作为人类固有的能力与属性，“写作”是人类一种特殊的创造性的社会实践活动，它以语言文字为工具，以方法与技巧为手段，以反映客观生活和表达人类的思想感情为目标，通过创造精神产品来影响社会及人类的精神世界，起到传达、交流和沟通的作用。从历史的角度考察，人类的写作史，就是文化的沉积史与文明的发展史，是生命画卷的延展史，是意义的阐释生成史。

从写作活动的过程来看，我们可以简单地把写作这一概念理解为通过记写活动来制作文字产品。其表现形式是进行文字符号的排列组合，或用笔来“记写”，或用电脑等其他工具来“制作”，最终创造出“成品”来。从本质上说，写作不仅是个人感情的宣泄和抒发，也是为交流思想、传播信息而进行精神生产的创造性劳动过程，它随着文字符号的诞生而开始，又随着文字的演变而发展。作为一种能力，写作已成为现代社会对人的基本素质的要求之一了。

在人类的发展史上，写作活动历史悠久，源远流长。人类自从有了文字就开始了写作活动，写作活动开发、记载和发展了人类的物质文明和精神文明。我国最早的文字是出现在殷商时代的甲骨文，由专门的人刻在龟甲和兽骨上，一般的人是不认识也不会写的。后来，文字的发展和使用逐渐成为少数人的专利和特权，其书面语表达形式与口语表达形式逐渐分离，并形成了文言文；于是，一个漫长的使用文言文写作的历史过程从先秦一直延续到唐宋，而后才开始有人运用接近口语的书面语言，即用白话文进行写作；元明清以来，用白话文写作的文学作品逐渐增多，影响较大的有《西厢记》《红楼梦》等小说、话本、戏曲，但文言文写作在人们的交际和社会活动中仍然占据着统治地位，尤其是书牍、辞赋之类言必“之乎者也”；到了20世纪初，随着“五四”运动的爆发和深入开展，反对文言文、提倡白话文的新文学运动蓬勃兴起，用白话写的诗文、小说不断增多，并从根本上动摇了文言文的地位，为白话写作取代文言写作创造了有利的环境与条件。于是，书面语表达形式与口头语表达形式便很快走向统一，真正开始了以白话文为主的现代写作，各种写作文体也随之不断丰富和发展起来，形成了现代写作史上琳琅满目、多姿多彩的文化景观。由此可见，从结绳记事到甲骨镌刻，从竹简铅印到电脑传输，人类文明的一切进步都与写作活动密切相关。假如离开了写作活动，我们祖先的生活、民族的历史、前人的发明创造、人类复杂的精神世界与心理活动、思维方式、意识行为等，我们今天都将无从知晓。可以说，中华民族的文明史也就是中华民族写作活动的历史，写作是一个民族真正走向文明的起点。

不仅如此，在个人的成长道路上，写作活动也举足轻重、影响深远，是一个人具有文化素养的标志和评判标准之一。特别是在今天，在实现中华民族伟大复兴的征程中，我们的强国目标不仅要体现在科学上，体现在经济上，同时也要体现在文化上。一个民族只有拥有了自己的文化高峰，才能成为一个强大的民族。因此，研究写作，学习写作，提高全民族的写作水平，增强全民族的文化素养，就显得至关重要、意义深远。也正是因此，进入新世纪以来，随着中国教育体制改革力度的不断加大，人才培养模式的持续更新，素质教育的深入推进，各级各类学校的课程体系和教学内容改革推陈出新，作为语文教育、素质教育的关键学科——写作，其教学如何在内容、体例、实操等方面体现现代教育的思想观念，适应新时代的需要和各级各类学校课程改革的新形势，便显得十分必要，需要我们认真思考并作出有力回答。

二、写作理论

谈到写作理论，大体涉及写作、写作学和写作课三个基本内容，它们各有特定的内涵，而又相互联系、关系密切。

写作是一种复杂的精神生产劳动，是一个整体系统，它由主体、客体、载体和受体四大系统构成。作为一种行为活动过程，写作大体包括了感知、构思和表述三个阶段，而这一过程是由“物”到“意”、由“意”到“文”的双重转化过程。

写作学指的是以写作活动、写作现象为研究对象，探讨写作规律，构建写作理论的一门学问。写作的丰富性决定了写作学的复杂性。人是写作的主体，即便是人工智能写作所引起的一切困扰，诸如传统的写作伦理、情感关系、审美价值、生命体验等所遇到的挑战，都离不开作为主体的人。人有多复杂，写作学就有多丰富，写作学就是人学，承载着人学的全部深意与广义。写作学不仅需要研究作者是谁、写了什么和为什么写的问题，这涉及文化价值认同、情感关系判断，涉及研究主体与写作者的身份关系；而且需要研究如何书写的问题，研究写的形式与方式，研究写出来的文本的传播效果，这涉及语言修辞运用及其隐存的话语依据与逻辑，涉及读者、文本传播、意义生成等增值问题。写作学以人的书写行为及其历史为研究对象，而书写是在特定时空、历史语境中进行的，既受历史文化、现实社会思潮以及个体审美趣味等的制约，又需把握与生产等的关系。因此，写作学研究涉及文化创造学、社会心理学与个体表达哲学等，需要研究者具备相应的胆识与睿智、知识与思想。

写作课是高等院校开设的一门专业基础课程，它比较系统地讲授写作理论、写作知识，并通过大量的写作实践、写作训练，提高学生的写作水平。特别是作为汉语言文学专业、少数民族语言文学专业、外国语言文学专业、新闻传播学专业等专业的一门专业基础课，它主要通过讲授写作理论、写作知识，培养、提高学生的写作素质、写作能力，以及阅读能力和鉴赏、评论文章的能力等，为从事写作教学、研究和各种文体的写作打下坚实的基础。

三、写作的作用

作为一种极其复杂的精神劳动，写作是一种行为活动过程，这种行为活动的最终产物是文章或作品。“写作”与“文章”或“作品”是内涵完全不同的概念。“写作”是行为活动（或脑力劳动）过程，“文章”或“作品”是行为活动过程的结果。“文章”或“作品”是“成品”，写作是“成品”的制作，行为活动的目的是产生“成品”，“成品”是有了行为活动才创造出来的。它们可以说是因果关系，“写作”是因，“文章”或“作品”是果。在制作文章或作品的这个行为活动过程中，既包含着极其复杂的写作主体的因素，也包含着时代特征和社会需求的因素，但其中很重要的一点就是，写作无论对作者还是对社会都有着十分重要的作用，这些作用涉及方方面面，有大有小，并且因人而异，看法不一。

从当代人的眼光来观照，从社会功能和个人发展的角度进行考察，写作主要有以下几个方面的作用。

（一）写作是记载和传播信息的基本途径

写作从一开始就起到了记载人类生活、传递某种信息的作用。随着社会的发展、科技的进步，人类社会的竞争最终将体现在信息资源的竞争上。信息作为一种资源、一种财富，其交流与传播是现代社会的主要特色，尽管其交流与传播的渠道、方式方法会因社会的发展而变化，但作为记载、贮存和交流信息基本手段的写作，无疑会受到社会各行各业的高度重视，因为人们赖以贮存和传播信息的写作活动是现代社会的一项重要活动，也是提高民族文化素质的重要事业。写作与人们的日常生活和工作以及与社会各阶层、各领域的联系日益广泛和密切，它在创造人类文明、传播人类文明方面所发挥的作用越来越大。今天，我们正处在一个社会高速发展、信息爆炸的时代，又恰逢百年不遇之世界大变局，新人物、新思想、新观念、新事件、新矛盾层出不穷，新发明、新创造、新变革、新措施、新动态日新月异，这一切无时无刻不汇聚成巨大的信息资源，这些信息以情报或情况的形态出现，是宝贵的财富，需要人们迅速记载和传播。尽管现代社会记载和传播信息的手段很多，但写作仍然是一种最基本、最常见的手段和途径，通过写作媒介来记载和传播信息也是最便捷、最有效的方法之一。信息时代呼唤专业化的写作队伍，各行各业也迫切需要与之相对应的写作体式、写作规范及写作人才。

学科与写作教学的发展，始终跟社会的需要是同步的。随着社会科技的发展、人们交际的频繁、社会分工的细化、信息传递的加快和写作手段的更新，写作活动迎来了前所未有的发展机遇，写作也日趋专业化，这就需要一大批专业化的写作队伍，来记载、传递和交流不同领域的信息。无论传统的文学写作、新闻写作、影视作品写作，抑或经济写作、科技写作、文秘写作、司法写作、公关写作、涉外写作、军事写作等，它们都以记载和传递不同的专业信息为前提，在满足社会不同需求的同时，还以自身的专业特点为标志，不断发展和丰富着写作学的学科体系内容。在这个过程中，写作者既要考虑专业性，又要考虑社会需求、组织要求、公众心理、读者期待等，讲究写作的策略和艺术，以严谨科学的态度去从事写作。任何写作上的失误都会直接影响到信息传播的准确性、科学性和实用性，也会给事业带来难以估量的损失，尤其是经济、司法、科技、涉外等的写作，在现代社会的复杂环境中，要求准确无误地记载和传递信息，不能有丝毫的马虎，否则一字之差，就有可能在司法文书中使案例性质发生根本变化，在经济交往中输赢万千资金，在科技开发中抓住或痛失良机，在公关活动中为形象增辉或减色，在涉外工作中得失朋友。

（二）写作是新时代人才必备的基本素质

当今社会是一个高度开放、快速发展、充满激烈竞争的社会，要应对新时代的新要求和新挑战，需要大批高素质的人才，包括具有较强的写作能力、富有创造性的人才。所谓人才，我们一般理解为德才兼备的人，或是有某种专业特长、某种技艺的人。素质是一个人的精神品质和素养，它是先天遗传和后天培养相结合的产物，其构成因素包括心理素质、思想素质和文化素质等。心理和思想素质可以通过人的交际尤其是写作活动体现出来，而文化素质则不仅以人的心理结构为前提条件，以文化传统的积淀和渗透为背景，而且受到诸如家庭诱导、学校教育、实践陶冶等各种条件的影响。写作能力恰恰综合体现着一个人的心理、思想和文化素质，体现着一个人的智力结构，不少人正是通过写作活动而提高了综合素质。曾有人提出，写作实际上构成一个现代人人格素质的重要部分，没有足够的写作能力就很难算作一个真正的现代人。可见写作能力的培养和提高对一个人的重要性了。

为什么说写作是新时代人才必备的基本素质呢？首先，这是新时代社会对人才提出的基本要求。新时代社会是一个高度开放的信息社会，已不再是过去那种“鸡犬之声相闻，老死不相往来”的小农经济社会。这个社会的特点是人与人之间需要不断加强交流和沟通，才能增进了解，相互学习，更好地进行合作，从而更好地推进事业发展。交流和沟通的方式虽然很多，但最有效且影响最大、传播最久远的沟通手段仍然是写作。这种交流和沟通既能突破时空限制，又能深入人的心灵世界。从新时代人才的角度来看，缺乏写作能力的人必将缺乏吸引力和竞争力。其次，写作是新时代人格建构诸要素中最为活跃的因素。写作无疑是一个人在精神世界的“发言人”，每个人都可通过写作向世界敞开自己的心灵，与世界建立最广泛的联系，并就各种社会现象和人类普遍关心的问题发表自己的观点和看法，以积极主动的姿态活跃在人类的精神舞台，以自己笔端流淌出的“声音”去激发他人、以文化人、影响社会。写作的同时可以开发人的智能，一个人认识事物的深刻程度、正确程度以及解决问题的速度与质量，反映着一个人智力水平的高低，它往往通过观察、记忆、想象、思考、判断等表现出来，这些恰恰与一个人的写作能力相吻合，人的观察能力、感悟能力、想象能力、联想能力、思维能力、语言能力、采集能力等，也都将通过写作活动得到切实的锻炼和提高。从这个意义上来说，写作将强化人的人格建构，激发人内在的主观能动性，有利于培养人格健全、精神强健、勇于参与、善于发声、敢于挑战的人才。再次，新时代社会需要的创造型人才与写作密切相关。创造型人才要为社会提供创造性成果，这些成果无论是思想上的创新、理论上的突破，还是科学上的发明、技术上的革新等，都需要靠写作来凝聚成文章，离开了写作，人类创造的成果将无法凝聚、记载、贮存和传播。从写作能力与人才层次的关系来看，越是写作能力强的人其创造性成果就越多，而创造性成果越多的人就越能成为高层次人才。

（三）写作是实施现代管理的必要手段

现代管理是一门科学，而科学是有体系和内在规律的，这种体系和规律不仅需要缜密的、科学的头脑，还需要借助语言文字的描述和论证等其他手段。因此，现代管理的强化无疑给写作带来了新的发展机遇。

现代管理涉及面广，大到国家政治、经济、军事、科技、教育、文化、卫生等社会事业，小到一个企事业单位的人事管理、内部运作与控制等，它强调的是效益，要有水平和成果。现代管理不仅要借助一定的物质条件，同时还要高度的智慧、能力等，这些可用现代管理思想和管理体系来概括。写作对于现代管理来说不仅是拟写一些条文、制订一些规章制度，而且是一个机构、一个系统运作活跃的手段，比如这个机构、这个系统总的指导思想、内部各要素的有效配置、相关的时空条件、岗位设置、人员培训、分层管理、财务监控、运行程序、目标效应、信息传播、沟通关系、业务活动等，都与写作有着密切的关系。

（四）写作是人生事业的重要组成部分

在人的一生中，写作虽然是个体行为，但它却直接参与了人生事业的各个组成部分，参与了社会的系统管理，参与了对民心的思想渗透，参与了对社会发展规律的探讨和对历史走向的预言。魏文帝曹丕在《典论·论文》中，把写作看成“经国之大业，不朽之盛事”，说明写作与人生事业，甚至与治国安邦都有着极为重要的联系。古往今来，无论是政治家、革命导师，还是仁人志士，抑或普通人士，都要通过写作把自己深邃的、先进的思想凝聚为精神产品，来影响民众、积聚力量。古人强调，人生在世，追求“立德、立功、立言”，从事写作活动，实现“立言”的人生理想，是人生事业成功的标志。从古至今，那些在中华文明的星空中闪烁着耀眼光芒的文人巨星，都是因其写作的成功而给我们留下了宝贵的精神财富；每一个时代的高层管理者，都要通过写作制定大量的典籍、法令、规章、制度、条约，来实施对整个社会的管理；每一个社会组织中的重要成员，都要通过写作来参与每一项事业的筹划、宣传和运作；即便是从事其他工作的普通人，写作也与其人生事业密切相关，如科技工作者要撰写科技成果报告、工程（或产品）设计说明、发明申请书、科技论文；军事工作者要撰写军事论文、战斗日记、战斗总结；经济工作者要撰写商品广告、经济合同、经济活动分析报告、财经论文；法律工作者要撰写起诉书、判决书、公证书、答辩状、法律论文；教育工作者要撰写教案、教材、学术论文；学生参加高考要写作文等。这一切都说明写作活动已渗入各行各业，写作也因此成为我们国家历来的传统。

【思考与练习】

1.什么是写作和写作活动？

2.从社会功能和个人发展角度谈谈写作在当今时代所发挥的作用。

3.结合对写作学科和写作课的理解，制订一份个人学习计划。

第二节 写作活动的规律和特点

写作是一种特殊的、复杂的精神生产劳动，是一种行为活动过程，也是一种综合能力与素质的体现。写作活动有其自身的本质属性和基本特点。

一、写作是一个整体系统

作为一种极其复杂的精神生产劳动，写作是一种行为活动过程。从现代信息论、系统论的观点分析，写作活动是一个传递信息的整体系统，构成这个系统的要素包括写作主体（即从事写作的人）、写作客体（客观外物、社会生活，以及由此引发的主观感受）、写作载体（进行写作的工具、语言文字及其所组成的“文本”）和写作受体（文章的接受者）。

二、写作过程的规律

在长期的写作实践活动中，人们对写作现象进行了大量研究，认识到了写作过程的本质属性，并上升到理论的高度，把写作过程的规律总结为“感知—构思—表述”的动态规律，以及“物—意—文”的双重转化规律。这是写作行为过程的动态递变理论，属于写作活动的纵向宏观系统。写作无论从“感知”到“构思”再到“表述”，还是从“物”到“意”再到“文”的转化生成，都是一个立体的动态递变过程。写作活动是写作主体操作下多元复合的整体性行为，在具体的递变过程中，表现为感知积累、运思酝酿、运笔行文的互逆互动、互摄互生的环节，它们在递变过程中的情态、相互关系以及各自形成的分支理论系统，是写作理论的重要组成部分。

（一）感知阶段

感知是写作活动的初始阶段。人们通过眼、耳、鼻、舌、身等感觉器官感受外在事物、外界信息并传递给人的大脑，经过思考梳理和综合研判，形成对所感知的外界事物的完整映像。人们对客观世界的表象和信息的感知、吸收，经过多次、反复的积累，在有关写作意识的支配下，成为写作的对象，再经过写作主体的思索，最后确定为写作目的和写作内容。

（二）构思阶段

构思是写作过程中的一个重要阶段。在初步选定写作对象、写作目标之后，写作主体要对感知到的、分散的材料和信息进行取舍、整理、分析、综合，经过去粗取精、去伪存真、由表及里地提炼、改造、加工，达到对客观事物的本质属性和规律性的认识，形成观念和情感，确立文章的主题、基本内容和确定材料选择、谋篇布局等写作技法。这是一个非常复杂的脑力活动，是写作主体思维最为活跃的阶段，理论写作的抽象思维活动、应用写作的逻辑思维活动、文学写作的形象思维活动，都集中表现在构思这一阶段中。

从感知阶段到构思阶段，也是完成由“物”到“意”的转化过程。

（三）表述阶段

表述是写作活动的完成阶段。写作的构思活动过程要借助语言文字来进行，与语言文字密不可分。而作者的写作构思活动最后又要以语言文字符号作“载体”，通过这种“物化”的形式，运用语言文字的排列、组合、编码，将大脑思维活动的结晶反映并系统记录下来，凝聚为写作成品——文章。语言文字的表现，包括词语的组合、成句、构段、谋篇等，它将构思活动的成果，按照一定的顺序编排成系统的文字符号，用最佳的表现形式表达出来，制作成文章。语言文字的这种表述过程是一种具体的制作过程，这一过程在构思活动的指挥下进行，同时又是对构思活动的进一步整理与完善。

由构思阶段到表述阶段，也是完成由“意”到“文”的转化过程。

综上，由感知到构思、由构思到表述的过程，也就是“物—意—文”的双重转化过程。我国西晋文学家陆机曾在《文赋》中说：“恒患意不称物，文不逮意，盖非知之难，能之难也。”说明陆机早已认识到了写作中的由“物”到“意”、由“意”到“文”的转化运动规律。这是一个非常复杂、艰苦的精神生产劳动过程，它们互为关联，不可分割。在这个过程中，起主导和统领作用的是写作主体，作者的创造性思维活动贯穿于写作过程的始终。

三、写作活动的特点

写作作为一种特殊的精神生产劳动，与从事物质生产劳动有着本质的不同。任何一个有价值的作品，都只能是作者独创的，且是一次性产出，不能是重复和“批量”生产。从整体上考察，写作活动至少有以下四个特点。

（一）动态综合性

写作作为一种复杂的精神活动，作为一个整体系统，必然具有综合性的特点。就写作活动的整体系统而言，它由写作主体、写作客体、写作载体与写作受体构成。尤其是对写作主体而言，从事写作活动，涉及作者生活、思想、知识和审美等多方面的素养，而这些又都是变量因素，经常处于不稳定的变化状态。要写出有价值、高质量的文章，写作者必须具备厚实的生活基础、扎实的文化知识功底、较高的思想素养和相应的审美素养，缺少某些或某一方面，如文化基础差、思想素质低，都会影响写作活动的顺利进行，影响文章的质量。一个人只有学会生活，不断地积累和丰富经验，写作时才有话可说，正所谓“读万卷书，行万里路”，就是为了直接和间接地积累生活阅历。写作还与作者的能力密切相关，如作者的观察能力、感受能力、思维能力、表达能力等。写作能力实际上就是上述多种能力的综合体现。思想是写作的重要因素，需要不断地加以锤炼，变化巧妙、不断丰富的思想是写作的支撑点，舍此，写作将变为文字游戏。清代学者叶燮在《原诗》中指出：“大凡人无才，则心思不出；无胆，则笔墨畏缩；无识，则不能取舍；无力，则不能自成一家。”鲁迅也曾在《热风·随感录》中强调说：“美术家固然须有精熟的技工，但尤须有进步的思想和高尚的人格。他的制作，表面上是一张画或一个雕像，其实是他的思想与人格的表现。”知识、语言和技巧等，在写作中的作用也是毋庸置疑的。知识是精神财富，是产生想象和联想的基石，是使写作厚重、凝练的保证；语言是心灵的窗户，思想存在于语言之中，存在于词汇、字句、篇章、段落、声调等之中，书面语言是写作的第一要素，写作是借助语言储存与传递信息来构筑文章大厦的，语言运用的灵气和技巧，与一个人的气质、修养和丰富多彩、充满特色的内心世界紧密相连，因此，作者对语言的把握和在写作中的运用，是内心深层意识的复杂综合，是在动态变化中发挥作用的；而技巧，是作者生活、写作经验和艺术修养的综合性集中表现，它是一般写作原则、规律和方法的别出心裁的创造性灵活运用；写作客体也是不可缺少的，写作必须深入生活、体验生活、调查研究，从社会现实中积累材料，否则，所谓写作也只能成为无米之炊。由此可见，写作是一种综合性很强的精神活动，它要求作者具备多方面的素养和能力。

写作不仅体现着作者的生活、思想、知识、语言、技巧等的涵养，还与他的思维、心理、审美、交际、传播活动等密切相关。从写作过程看，感知、运思、行文的动态综合复杂多变，在描述着受这一特性影响的写作轨迹。感知，始终受到一定的文化背景、时代、社会和客观对象的制约，受到主体世界观、政治思想、知识文化和心理素质、理论、学识和文化艺术修养、生活经验和阅历，以及以一定的记忆、思维方式和心态而形成的心理定势的影响和制约。同时，写作感知还受制于情感、想象和语言等诸多因素，其过程常常表现为生理层面和心理层面交叉影响下的表、浅、深三个层次的推进之势，并非静止状态，而是处处显示着写作动态的综合性特点。信息的聚散、断续，对信息的甄别、组合和再生，以及信息的流向和流程以及符号的作用等，其情态变幻无常。写作主体在运思时存在触发、静思、入迷的心理态势和闭锁与开放、简单与复杂、模糊与清晰的矛盾心理，运思方式和多种思路行进的轨迹，都在动态变化中向前推进，最终要向"了然于心"过渡，这就要求写作主体必须有很强的综合能力。而行文，实际上就是写作的具体实践活动，是一种带有劳动性质的操作行为，其动态综合性特点更加明显。

（二）实践操作性

宋代诗人陆游在《冬夜读书示子聿》中说："纸上得来终觉浅，绝知此事要躬行。"写作不仅要"知"，更要通过"行"来落实，也就是说，学习写作不仅要懂得写作理论，了解写作的过程和方法，还必须将理论与实践相结合，因为写作本身就是一种具有劳动性质的实践活动。这里所说的实践是指社会实践。在社会实践中，人类的生产活动是最基本的实践活动，它决定了其他一切活动。作为精神生产活动的写作，正是社会实践的一个特殊组成部分，它具有实践的特性，这种特性总是与具体的操作联系在一起的。

写作的实践操作性具体体现在：首先，必须参加社会实践活动，到社会现实生活中去获取写作的源泉，脱离了实践，写作活动无法进行。没有了写作实践，也就不存在写作主体，写作客体与写作主体之间也就无法建立联系；没有写作实践，一切写作行为、写作成果都无从谈起，尽管写作理论对写作实践具有一定的指导作用，但写作能力的提高、作品的产出，归根结底要靠作者的写作实践。马克思主义哲学认为，实践是认识的基础和检验真理的唯一标准。生活是写作的源泉，写作如果离开了社会生活，就会成为无源之水、无本之木，写出来的东西也只会是空洞无物，没有任何可读性和价值。事实上，写作主体的许多奇思妙想、瞬间顿悟，甚至是突然降临的灵感等，都是通过写作实践引发的，任何写作材料的获取，也都要依靠写作主体亲自到火热的生活中参加社会实践活动。其次，要积极进行文章制作的实践，树立"写"的观点，有了"写"的实践活动，才会有"写"的产品，人们才会积累起写作的经验、知识，逐步认识写作的原理，掌握一定的写作规律和写作技巧。"写"，就是要既动脑又动手，身体力行，这是一种心理操作和行为操作相互交融向前推进的活动；"写"，就是行文，只有"写"，才能使思维成果词语化、物态化与外观化；只有不断地"写"，才能检验既往的写作理论，为写作学科和写作教学增添新鲜经验。因为写作理论是写作实践的规律性概括与总结，离开实践和操作的写作理论如同镜中花水中月，是没有用的理论。"写"的实践和操作，还体现在劳动性质上。写作在形式上本身就是一种既动脑寻思又动手书写，脑手并用、思写并举的劳动操作，在内容上则以主体的思维活动为基础，同时也是留下思维活动鲜活轨迹的手段与保证，这种实践操作中的思维活动和思维内容最终以文体形式展现出来，以符号化过程的推进和完结为标志。

（三）个体创造性

写作的关键是创造有价值的精神产品，因此，创造性是写作最根本的特性。无论写什么，都要有新材料、新感觉、新发现、新思想、新要求和新表述，都要求对前人已有的写作成果有所突破和超越，写作的痛苦是创造的痛苦，写作的快乐是创造的快乐。创造性要求每个作者都应当有高尚的写作人格、严肃的写作态度、积极的创造精神和较高的写作标准，既不能模仿、重复他人的作品，也不能模仿、重复自己已有的作品。制作写作成品同制作别的商品不一样，它不能仿制，写作是个体从事的复杂的精神劳动，写作成品是一种特殊产品。客观外物、社会生活都必须经过写作主体的独特观照，经过个体的提取、加工、融合，然后用文字符号的形式表达出来。因此，我们说写作的境界，就是要追求让自己的笔发出自己的“一家之言”。

写作的关键是主体的思维活动过程，这种思维活动过程往往在一定的个体身上发生，体现着个体独特的创造性。个体创造性是一个贯穿写作始终的特性。人们通过感觉器官从外界接收各种各样的信息时，产生的精神映象和认识无不烙上个性化色彩，刻上主观的印记。写作就是把这些精神映象和认识以某种心理图式储存起来，再经过头脑中的加工组合，产生新的信息，然后转换成语言进行表述和交换传播的过程，最终形成“见人之所未见、发人之所未发”的创新性作品。正是这种个体的精神劳动决定了写作的独创性。

独创性是写作的生命，是写作者毕生追求的目标。对此，古人早有论述，韩愈在《南阳樊绍述墓志铭》中说：“必出于己，不袭蹈前人一言一句。”戴复古在《论诗十绝》中有诗曰：“须教自我胸中出，切忌随人脚后行。”李渔在《闲情偶寄》中强调，撰诗作文“变则新，不变则腐。变则活，不变则板”。这些话都强调了写作活动的独创性。

写作的独创性贯穿于整个写作活动之中，在聚材阶段，要善于捕捉、发现新材料，发现别人察觉不到的材料；在构思、表达阶段，从文章的立意、结构的谋划、表达的方法到语言的运用，都要求有作者的独特创造，要求出新。歌德早就在《歌德谈话录》中强调：“艺术的真正生命在于对个别特殊事物的掌握和描述。此外，作家如果满足于一般，任何人都可以照样摹仿，但是如果写出个别特殊，旁人就无法摹仿，因为没有亲身体验过。”鲁迅也在《且介亭杂文末编》中指出：“依傍和模仿，决不能产生真艺术。”写作最忌模仿和雷同，写什么，怎样写，都需要创造性。朱自清、俞平伯同游秦淮河，两位作家的构思不同，主旨、情趣都不一样，表达技巧也各有特点，他们写同题散文《桨声灯影里的秦淮河》却显示出了各自的创造性。

（四）鲜明目的性

写作是一种有意识的精神活动，写作总是有意图、有目的的。王充在《论衡·自纪篇》中说：“为世用者，百篇无害，不为世用者，一章无补。”白居易在《白氏长庆集·与元九书》中说：“文章合为时而著，歌诗合为事而作。”列夫·托尔斯泰在《古典文艺论丛》

中认为："写作而没有目的，又不求有益于人，这在我是绝对做不到的。"巴金在其《序跋集》中也说："我写作是为了战斗，为了揭露，为了对国家、对人民有所贡献。"对于写作活动，尽管各种主张不完全一样，但有一点相同，即写作总是有目的的。例如议论文章、新闻作品，是非褒贬分明；应用文章直接为处理社会工作、具体事务和人们的日常生活服务，具有明显的目的性；行政公文用以传达党和国家的方针政策，沟通上下左右各单位之间的公共关系，其意图非常鲜明；文艺作品歌颂真、善、美，鞭挞假、恶、丑，陶冶人的情操，给人以精神愉悦，满足人们的审美需求；即使是写给自己看的日记，也是为了记录个人思想、生活的轨迹，借以抒发情感。所以，无论哪类写作，我们都要端正写作动机，确立为人民、为社会、为真理而写作的崇高目标，自觉注重写作的社会效益，力求把最好、最美的写作成品献给社会。

【思考与练习】

1.为什么说写作是一个整体系统？

2.如何理解写作过程的立体动态递变规律？

3.写作活动具有哪些特点？

第三节　写作"四体"

从写作原理出发，观照写作活动的轨迹，横向考察写作活动，任何写作行为与写作成品的产生，其活动都是一个信息传递的整体系统，都有写作主体、写作客体、语言载体和读者受体四个因素渗入而且制约着整个写作活动。我们把这四个因素简称为写作"四体"。

一、写作主体

写作主体指文章的作者，即能动反映外界事物，从一定目的出发，自觉进行写作活动的写作者。换句话说，就是进入写作思维和写作行为中的人。

写作主体处于写作活动的中心地位，融各种因素和技法于一身，既是客体的感知者，又是运思和行文活动的实施者。在整个写作活动中，写什么？怎么写？从摄取、感知、构思到文章制作，主体始终发挥核心作用，处于主导和统领地位。写作成品的质量，与主体的素养和能力密切相关，所以，学习和研究写作活动，必须把写作主体放在首要位置。

二、写作客体

写作客体指客观外物、社会生活。凡是主体认识视野中的一切认识对象，都是客体。对于写作活动而言，凡作者面对的一切写作对象，都可以看作是写作客体，它是写作的基础，也是写作的本源。

对写作客体的认识，受制于写作主体的自身条件和感知的视觉。写作客体是写作的源泉，它为主体提供写作材料，确切地说，写作客体就是被写作的对象，包括客观的生活、现象的事物和抽象的事理等，也即对象化的自然景观、群体化的社会生活、个体化的人生状态以及外在化的精神产品。客体受主体反映、支配，同时又对主体有制约、影响作用。

三、语言载体

语言载体指写作的成品，是内部语言外化为文字符号的结晶，它负载着审美信息和实用信息。

客观生活和外物经写作主体的能动反映，经大脑的提炼、加工、改造等一系列处理过程，形成观念和情感，并借助语言文字符号作为中介，用文章的形式表现出来，是写作主体思维结果的“物化”，这就是文章的载体。所谓写作载体，也就是包含、运载写作内容的文章形体和传播媒介。写作载体不能离开写作内容，因而，它是写作成品的内质与外形的统一体，也就是内容和形式的统一体。它主要有四个要素，即材料、主题、结构和语言，其中，材料和主题是内容要素，我们称之为内质；结构和语言是形式要素，我们称之为外形。

四、读者受体

读者受体，顾名思义，就是指写作成品（文章）的读者或接受对象。

由语言文字符号所制作成型的文章，其所传达的思想、感情，经读者阅读而接收，并引起他们的各种共鸣与反应，就是我们所说的读者受体。受体的接受和反馈过程是写作活动的自然延伸，受体对载体的认同或排斥不仅作为主体意识渗入写作，而且还对载体进行再创造，也就是说读者的反馈又传递给写作主体，影响着写作成品的再制作。读者受体的解读能力是由多种因素构成的，过去曾有人把这种能力看作神的意志，或认为它完全是一种主观的东西，是一种天然的禀赋，这是极其荒谬的唯心解释。事实上，人人都可以获得文章的解读能力，这是在人们长期的社会实践中历史地形成和发展的，完全是人们后天实践的结果，体现其良好的身心感受（生理）素质、广博的文化修养（文化）素质和丰富的生活阅历（社会）素质等，它具有求知性、交际性、创造性等特点。

以上就是我们所说的写作“四体”。写作活动的整个系统就是由写作主体、写作客体、语言载体和读者受体这四个系统构成的，每个系统又由更小的子系统组成，它们相互联系、相互依存、彼此交融、有机组合、密不可分，又相互制约、相互影响、相互选择、相互反映与被反映，是一个动态流变与发展的过程，共同制约和影响着写作的生产和流通的全部过程。没有写作客体，写作主体则无从反映；没有写作主体，反映写作客体的文章和作品将无从产生；写作主体受写作客体制约，写作载体也受写作受体制约，写作受体则对写作载体进行选择。

【思考与练习】

1.什么是写作“四体”？

2.如何理解渗入并制约写作活动的“四体”之关系？

3.深入了解和仔细观察你所就读的大学校园，结合对写作“四体”的理解与自身经历，以《印象大学》为题，写一篇不少于千字的文章。

【本章参考书目】

[1] 江少川.写作[M].北京：高等教育出版社，1994.
[2] 董小玉.现代写作教程[M].北京：高等教育出版社，2000.
[3] 姚国建.基础写作[M].合肥：合肥工业大学出版社，2005.
[4] 普丽华，江少川.现代写作概论[M].武汉：华中师范大学出版社，2007.
[5] 曾焕鹏.当代写作教程[M].福州：海峡文艺出版社，2010.
[6] 方长安，萧映，宋时磊.当代写作学40年（1980—2020）[M].北京：社会科学文献出版社，2021.

第二章　写作主体的能力与素养建构

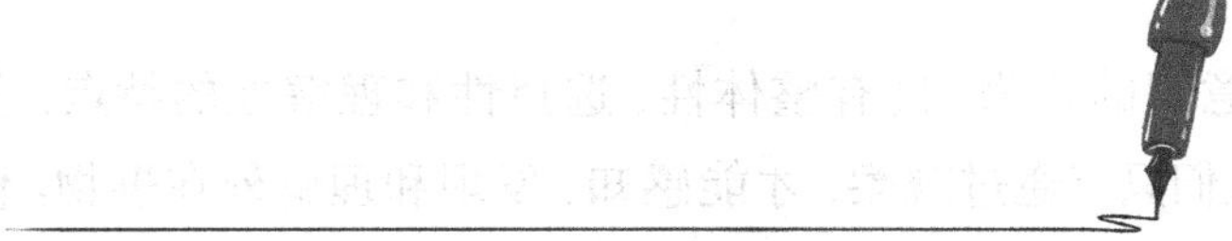

写作主体是相对于写作客体而言的。写作主体指的是从事写作的人，写作客体指的是写作所反映的客观对象。为了准确、充分地反映客体，要求写作主体必须培养、构建和提高自身的多种能力和具备各方面的素养，这些能力和素养主要包括观察与采集能力、感受与想象能力、思维与表达能力，以及生活素养、知识素养、思想素养和审美素养等。

第一节　写作主体的能力建构

心理学研究成果表明，人脑具有直觉功能区、记忆功能区、判断功能区和想象功能区，并由此构成了人类智力的观察力、感受力、思维力和想象力等组成部分。从写作活动行为来考察，写作就是调动主体的各种主要能力，用语言文字进行创造的活动。写作主体的能力主要包括观察与采集能力、感受与想象能力、思维与表达能力等。

一、观察与采集能力

观察与采集是写作主体必须具备的两种重要能力，其主要目的是解决写作材料的来源问题。

（一）观察的含义与作用

写作中的观察是指写作主体运用自己的感观对客观事物进行自觉的、有计划的、有预期目的的感知活动。狭义的观察指用眼睛仔细察看事物；广义的观察指通过眼、耳、鼻、舌、身等感觉器官，接触、感知、了解、体验、推断客观事物，并以内心语言加以描述，其实质是要在整体上把握事物的主要特征。通俗地说，观察是一种“官察”，是人的一切感觉器官对外部世界刺激的反应。如果我们用一个公式来简单表示，即“观察=凝视+揣摩+默述”。

观察是一种有意识的行为，具有整体性、选择性和理解性的特点，它是发现和认识客观事物的基础，人们只有通过观察，才能感知、发现和理解外在事物。作为写作主体必须掌握的最基本的能力，观察对写作具有特殊的意义和作用：它是搜集与获取写作材料的重要途径，是诱发写作动机和灵感的动因，有助于反映真实的客观现实，有助于培养主体灵敏的感受力，有助于提高主体的写作素养。因此，鲁迅曾在《致董永舒》中说：“此后如要创作，第一须观察。”英国科学家贝弗里奇也曾说过：“养成良好的观察习惯比拥有大量的学术知识更为重要。”

（二）观察的内容和方法

从内容上看，我们应该观察什么？又怎么观察呢？

简单来说，观察就是观察生活。具体地说，就是观察社会，观察自然中的人、事、景、物。这种观察不是孤立的、表面的，而是要联结情与境，捕捉观察对象的真实特征。

1.观察内容

（1）观察人物的外在特征，体验人物的性格心理

人物特征不仅包括肖像、语言、行动、心理、细节等个性特征，在此基础上还应包括其情、意、志、趣、风度、气质、身份、地位、所处环境等综合素质。这样才能通过观察把握人物的外在特征和性格心理。

（2）观察事物特征，把握主观反应

观察事物特征应包括三个层次：观其形（写生）、观其神（写意）、寓意。我们说人有百态、事有千件、物有万种，即使是同一人、事、景、物，在不同的时间、地点、情境里，也会有不同的特征，要细心捕捉，传其精神。

（3）观察事件特征，领悟情与理

观察事件特征包括观察发生、发展、高潮、结局（或称起因、经过、结果）等过程和涉及的人与物，以及悟到的情和理。唯有这样，才能全面观察事件特征，把握主观反应。

（4）观察景物特征，把握形与态

景物特征包括形、色、态、味等。“形”有大小、高低、薄厚、疏密、整散、长短、方圆等；“色”有浓淡、深浅、明暗、冷暖等；“态”有动静、升降、增减、伸缩、开合、张弛等；“味”有香、臭、酸、甜、苦、辣、辛、咸、淡等。

2.观察方法

（1）总体观察

也称“全面观察”“综合观察”，就是从总体上把握人物和事物的特点，鸟瞰人事，通观全貌，全面、细致地把握被观察对象的特点。这种观察实际上包含着由分解到综合的过程。在观察过程中，既要以事物的总体轮廓为着眼点，又要对构成总体的各个局部依次进行分类、系统地观察，最后再把各个局部特征归结起来，从而取得对总体更加全面、深入的认识。如丰子恺在《白鹅》中写道：

“我亲自抱了这雪白的大鸟回家，放在院子内。它伸长了头颈，左顾右盼，我一看这姿态，想道：‘好一个高傲的动物！’”

这是对鹅的总体观察、综合印象，抓住了鹅的最突出的特征。接下来，作者又写“鹅的叫声”“鹅的步态”“鹅的吃饭”等，这是对鹅的局部观察，由这些局部观察，再次印证作者对鹅的整体印象。

又如，郁达夫在《故都的秋》里写“北国的秋，却特别地来得清，来得静，来得悲凉”。这是对北国的秋的总体观察、综合印象，抓住了北国秋天最突出的特征。接下来，作者还写道：

“每年到了秋天，总要想起陶然亭的芦花，钓鱼台的柳影，西山的虫唱，玉泉的夜月，潭柘寺的钟声。”

除此以外，作者还写到了“青天下驯鸽的飞声”“牵牛花的蓝朵”“秋蝉的衰弱的残声”“灰土上留下来的一条条扫帚的丝纹”透出的“清闲”和“落寞”，以及人们那种“一

层秋雨一层凉”的韵调等，这些都是对北国秋天的局部观察，由这些分散的个别事物的观察，综合出北国的秋特别“清”“静”“悲凉”的总体特征。

（2）局部观察

也称“分解观察”，即对组成人物、事物总体的各个细部进行观察，其着眼点在于有重点地、精细地了解人物、事物的某些局部特征，这种局部观察着眼于细部，有利于把握人物、事物的细微部分和个性特征，但它是总体的细部，最后还必须综合、回归，以把握人物、事物的总体特征，前述的丰子恺的《白鹅》、郁达夫的《故都的秋》就是典型的既有总体观察又有局部观察。

又如贾平凹的《爱的踪迹》，他观察的目的是寻找爱的踪迹，但这踪迹是从局部观察来体现的：

“我低下头来，在河沿上徘徊，看那绿毯起伏，让柔和的风吹着面颊，我细细地搜索着河沿，想要找着爱的踪迹。

那斜坡处，有了一个一个的小台儿，似乎是两把并排的座椅……

开着两点三点小花的草丛，住着蛐蛐蚂蚱的树下，是一堆堆瓜子皮儿、糖果纸。那是谁留下的呢？……

别处的草都是密密的，高高的，竟有这样的地方：草没了茎，没了叶，只留下草根。草呢，草呢？……”。

作者真是心细如镜，从局部出发，观察到了常人所忽略的爱的踪迹：小台儿、瓜子皮儿、糖果纸以及被掐去了茎和叶的草，由实到虚，由表及里，从局部观察中找寻出爱的踪迹的具体情景。

（3）比较观察

比较观察就是通过对人事物差异变化的比较来把握事物特点的观察，也就是把不同的事物或不同条件下的同一事物联系起来进行观察，从比较中发现差异，捕捉住它们各自的特征。世上的万事万物之间都是相互联系的，同一事物在不同条件下也会有千变万化，如果我们对个别事物只作孤立的观察，虽然目标单纯，注意力集中，但由于缺少特定的参照系，不能与其他事物，特别是相类似的事物进行联系，就不容易发现和捕捉住事物的特征。比较观察为我们认识事物开辟了更为广阔的天地。比如丰子恺在《白鹅》中，就处处把鹅和鸭放在一起进行对比观察，发现了鹅的许多特征：

“鹅的步态，更是傲慢了。这在大体上也与鸭相似。但鸭的步调急速，有局促不安之相。鹅的步调从容，大模大样的，颇像平剧里的净角出场。这正是它的傲慢性格的表现。我们走近鸡或鸭，这鸡或鸭一定让步逃走。这是表示对人的惧怕。所以我们要捉住鸡或鸭，颇不容易。那鹅就不然：它傲然地站立着，看见人走来简直不让；有时非但不让，竟伸过颈子来咬你一口，这表示他不怕人，看不起人，但这傲慢终归是狂妄的。我们一伸手，就可以一把抓它的项颈，而任意处置它。家畜之中，最傲人的无过于鹅。同时最容易捉住的也无过于鹅。”

通过这样一番比较，鹅的特征就显示出来了。

又比如朱自清先生写温州梅雨潭水的绿的特色，用的也几乎全是比较观察得来的成果：

“我曾见过北京什刹海拂地的绿杨，脱不了鹅黄的底子，似乎太淡了。我又曾见过杭州虎跑寺近旁高俊而深密的‘绿壁’，丛迭着无穷的碧草与绿叶的，那又似乎太浓了。其余呢，西湖的波太明了，秦淮河的又太暗了。可爱的，我将什么来比拟你呢？”

通过这样的比较观察，作者把握住了温州梅雨潭水的绿的独特性。

陶铸在《松树的风格》中写道：

“我常想，杨柳婀娜多姿，可谓妩媚极了，桃李绚烂多彩，可谓鲜艳极了，但它们只是给人一种外表好看的印象，不能给人以力量。松树却不同，它可能不如杨柳与桃李那么好看，但它却给人以启发，以深思和勇气，尤其是想到它那种崇高的风格的时候，不由人不油然而生敬意。”

这是将不同的事物进行了比较。鲁迅在《祝福》中也运用了比较观察，写出了祥林嫂三幅不同的肖像，这是对同一人物按时间先后进行的比较，从中不难看出祥林嫂不幸的命运，以及她对人生心如死灰般的绝望。

（4）换位观察

所谓换位观察，就是写作主体变换观察的立足点，包括变换观察的距离和角度等，取得移步换形的效果。观察的立足点不同，角度和距离不一样，事物的情形就会有差异。立足点变了，所观察的景象就会随之变化，观察描写也就需要按照事物景象的上下、左右、前后、内外、远近等顺序依次进行，否则，事物景象与表现，就会显得混杂与凌乱。如王勃《滕王阁序》对滕王阁的描写：

“临帝子之长洲，得天人之旧馆。层峦耸翠，上出重霄；飞阁流丹，下临无地。鹤汀凫渚，穷岛屿之萦回；桂殿兰宫，即岗峦之体势。”

前两句写由远到近，到达滕王阁下；第三、四句写由下而上看；第五、六句写由上而下看；第七、八句是往外看；第九、十句则是向内看。这样的观察描写，移步换形，有条不紊，井然有序，使作者对滕王阁得到较为全面、生动的观察结果。李白《望庐山瀑布》中的“飞流直下三千尺，疑是银河落九天”的景象和感觉，在庐山上是看不见的，只有在山下才能观察得到。刘白羽的《长江三日》也是采用这种换位观察法进行创作的。

观察的方法很多，我们主要介绍以上四种。其他如表里观察、个别观察、反复观察、静态观察、动态观察、定位观察等，这里不再一一介绍。

（三）观察能力的培养

观察是获取写作材料的重要途径。敏锐的观察能力，可以帮助写作主体获得更多、更深刻、更富个性特色的写作材料，推动整个写作活动的进程。人的禀赋虽有差异，但观察能力是可以通过生活中的具体观察实践逐步培养起来的。那么，作为写作主体，在写作实践中怎么培养和提高观察能力呢？

1.深入生活，细心观察

生活是写作的源泉，文章是生活的反映。写作活动如果离开生活，写出来的作品就会成为无源之水、无本之木，味同嚼蜡，毫无价值和感染性可言。因此，要想培养观察能力，提高写作水平，写作主体就必须热爱生活、深入生活并研究生活，尽力扩大生活领域，增加自己的生活积累，这样才能为观察打开门户，增加感知器官与外界事物接触的机会，开拓视野，进而提高观察的兴趣，为培养观察能力创造良好的主客观条件，为文章提供丰富的素材，为写作奠定坚实的基础。夏衍在《关心的，熟悉的》一文中曾说："一个'世界人'应该多关心世界上的动态，一个'社会人'应该多留意社会上的现象，把视野放宽，以一种与世界社会共休戚，同忧喜，共歌哭的心情，多看，多想，多调查……"我们无法设想，一个蜗居高楼、久处幽室、不问世事的人，一个情趣索然、自我封闭、与世无涉的人，能够写出生活气息浓厚的文章和作品来。《红楼梦》里有一副著名的对联说"世事洞明皆学问，人情练达即文章"，这告诉我们，作为写作主体不仅要经历世事，还要做到洞明世事；不只要接触人生，还要做到练达人情。如果不积极深入生活，尽力扩大生活领域，或者充耳不闻，闻而不广，见而不丰，知而不深，是很难提笔写作的。古往今来的文人作家们，从司马迁到李白，从杜甫到鲁迅，从郭沫若到茅盾，从巴金到曹禺等，都是文通古今，学贯中西，正是因为他们十分宽广的活动领域、爱好范围、知识视野，才为我们留下了弥足珍贵的丰厚文学遗产。

培养观察能力，提高写作水平，不仅要积极深入生活，同时还要在观察中做到细心、专注、持久。写作活动中的观察，从其含义出发，以目的性是否明确可以把其分为无意观察和有意观察。无意观察因为是无目的性的观看，一般只注意到事物的表层，遗忘率较大，往往可导致记忆的空白；而有意观察是一种目的性明确的仔细察看，它可以透过事物的表层去发现事物本身所提供给人们的感性信息，并超越这些感性信息去透视事物特征的寓意所在。这就要求写作主体要做生活的有心人，以细心和敏感作基础，以目的和持久作过程，时时处处去观察、分析和研究所见所闻的一切人与事，多方面了解时代所涌现的新鲜事物，把周围的一切情景，尤其是典型环境中的典型事物都储存在记忆中，进而发掘、提炼出独特、新颖和有价值的东西来。特别是要善于用自己的眼睛细致专注地去观察事物与众不同的个性特征，对人、事、景、物凝神专注，细致入微，从那些别人司空见惯、看起来平淡无奇的地方敏锐地感受到一般人往往忽略的"美的东西"，努力达到"人人眼中有，人人笔下无"的目标。正如法国作家莫泊桑在《谈小说创作》里记录的老师福楼拜对其说的话："对你所要表现的东西，要长时间很注意地去观察它，以便能发现别人没有发现过和没有写过的特点。任何事物里，都有未曾被发现的东西，因为人们用眼观看事物的时候，只习惯于回忆起前人对这事物的想法。最细微的事物里也会有一点点未被认识过的东西。让我们去发掘它。"

2.开放五官，通感联觉

观察不仅需要宽广的生活领域，更需要提高观察的基本能力，因为观察不等于观看，而是需要全身心的投入，这就涉及一个在广阔的生活领域里积极开放感知器官来培养观察能力的问题。真正的观察是要综合发挥人的感觉功能的作用，也就是要充分开启调动眼、耳、鼻、舌、身等感觉器官，尽力让视觉、听觉、嗅觉、味觉、触觉等在感知某一观察对象时都能派上用场，做到以眼观之，以耳听之，以鼻嗅之，以舌品之，以体触之，以心思之，达到立体互通的境界，这就是心理学上所说的"通感"。这种"通感"能使写作主体在观察中通过感观之间的相互沟通，借助再造性想象或创造性想象获得特殊感受。比如，朱自清在《春》一文中对金色的描绘：

"桃树、杏树、梨树，你不让我，我不让你，都开满了花赶趟儿（视觉）。红的像火，粉的像霞，白的像雪（视觉）。花里带着甜味儿（嗅觉、味觉），闭了眼，树上仿佛已经满是桃儿、杏儿、梨儿（视觉）。花下成千成百的蜜蜂嗡嗡地闹着，大小的蝴蝶飞来飞去（听觉、视觉）。野花遍地是：杂样儿，有名字的，没名字的，散在草丛里，像眼睛，像星星，还眨呀眨的。"

"'吹面不寒杨柳风'，不错的，像母亲的手抚摸着你（触觉）。风里带来些新翻的泥土的气息，混着青草味儿，还有各种花的香，都在微微润湿的空气里酝酿（嗅觉）。鸟儿将巢安在繁华嫩叶当中，高兴起来了，呼朋引伴地卖弄清脆的喉咙，唱出婉转的曲子，与轻风流水应和着（听觉）。牛背上牧童的短笛，这时候也成天在嘹亮地响（听觉）。"

在短短的两段文字中，作者轮番使用视觉、听觉、嗅觉、味觉、触觉等感知器官，将春天生机勃勃的景象生动地呈现在读者面前。《春》之所以能成为现代文学史上的名篇，与作者娴熟地运用开放五官、通感联觉的方法是密切相关的。同样是写"春"，古诗就有"春风又绿江南岸""红杏枝头春意闹""吹面不寒杨柳风""踏花归去马蹄香""暖风熏得游人醉"等，分别从视觉、听觉、触觉、嗅觉、味觉等角度去表现对春天的体察，给人以生动新鲜的感受。尤今在其散文《我在开罗吃乳鸽》中就充分运用了开放五官、通感联觉的方法：

"吃完之后，又等了一会儿，乳鸽才被送出来。吓！单看那色，已足以引人垂涎了——洁亮的白色瓷盘上，铺着一层厚厚的芫荽菜，翠绿翠绿的；那一只烤得焦黄焦黄的乳鸽，就平平地伏在上面，在柔和灯光的照射下，泛着金黄的油光。我用手撕着来吃，皮既脆又香，肉既嫩又软，味道腌得恰到好处，既不过咸而失其原味，也不过淡而显露腥味；即连那根小小的骨头，也像腌过一般，香得不得了。"

作者开放五官、通感联觉，分别从视觉、嗅觉、味觉等感知器官角度，写出了自己对烤乳鸽细腻真切的感受，使人读之如见其形，如闻其香，如品其味，如触其体，久久难以忘怀。王蒙在《倾听生活的声音》中曾谈道："我认为写作的时候，不但要求助于自己的头脑，而且要求助于自己的心灵，求助于自己的皮肤、眼睛、耳朵、鼻子、舌头和每一根末梢神经。例如你写到冬天，写到寒冷，如果只是情节发展的需要或是展示人物性格的需要使你决定去写寒冷，而不动员你的皮肤去感受着记忆中的或假设中的冷，如果你的皮肤不起鸡皮疙瘩，如果你的毛孔不收缩，如果你的脊梁上不冒凉气，你能写得好这个冷吗？如果你的眼睛不敏锐，你能写出这个大千世界的万紫千红吗？如果你的耳朵不灵，你能写出这生活的旋律和节奏吗？如果你的心灵结着厚茧，你能写出叫人哭、叫人笑、叫人拍案、叫人顿足的故事来吗？”王蒙这段话，不仅强调了开放五官、通感联觉在写作中的重要作用，同时也启示我们在观察事物时如果不注意开放五官、通感联觉，不注意从五官窗口去摄取丰富多彩的生活，观察的结果就只是单一的、平面的，而得不到丰富的、立体的结果，那么在写作时就很难进入身临其境、感同身受的佳境，更写不出生动活泼，表现力、感染力和可读性强的作品了。

3.延长瞬间，放大微末

写作活动中的观察是要倾力投入的。文学巨匠郭沫若在谈到文章写作艺术时曾说：“注意力不集中，我们的耳目五官是死的，心思是散漫的，所谓心不在焉，视而不见，听而不闻。”法国作家莫泊桑也说过：“必须详细观察你所要表达的东西，时间要长，而且要全神贯注，才能从中发现迄今还没有看到和说过的那个方面。”这告诉我们，观察要凝神投入，集中注意力，要细致入微，善于捕捉事物的细节及其特征。若要避免走马观花式的张望和漫不经心的浏览，把对事物粗疏模糊的印象变为准确生动的把握，把捕捉到的典型细节特征加以刻画，使之得以形象化地突出表达，就必须在观察中学会延长瞬间，放大微末。

所谓延长瞬间，就是采用主观计时的方法，把生活的物理时间变成艺术的心理时间，在想象的空间里尽力拉长原本短暂的时间。生活中的物理时间是顺时而进、无法中断的，但作品中，艺术的表现规律和欣赏的特殊性都允许在想象的空间里拉长原本短暂的物理时间。这就要求在观察中必须激活自己的情感，并将情感投射到客观外物上，以便在情感作用下对客观外物产生持久的个性化独特体验，在这种持久的体验过程中，客观物象经过作者生命的融入、情感的灌注而变为极具表现功能的艺术形象。比如，韦君宜在其《饥饿之忆》一文中，回忆自己在晋西北大扫荡那年挨饿的情景，由于极度饥饿，她偶然见到病号员领来的一碗小米南瓜粥，便：

“两眼直愣愣地看着那只碗，只见碗里米粒并不多，但是那圆圆的小米粒，颗颗可辨地漂在金黄色清澄的米汤里，加上切成小块的南瓜，也是金黄色，就像一盏金色的琼浆，显得多么美好，多么柔嫩，多么温香，简直使人不忍把它吃下去！”

这是作者在极度饥饿的短暂物理时间里，观察一碗小米南瓜粥时所产生的心境，但在延长瞬间的艺术时间里，这种观察是带有明显感情色彩的。在特定的时序中，这种观察把原本短暂的物理时间拉长成主观的心理时间，把原本短暂的饥饿感在艺术表现上缓慢推进，从容地抒写着一瞬间强烈的主观感受，正是伴着这种独特的生命体验、情感体验，小米南瓜粥才显得那么美好，那么珍贵，犹如“金色的琼浆”。这种刻骨铭心的饥饿感就是在观察中运用延长瞬间方法的独特收效。

所谓放大微末，就是在空间上把原本很细小的事物浓墨重彩地突出表现出来，类似于影视作品表现艺术的特写镜头。其实质是对事物的某一部位作详尽全面的艺术处理，也即详写。比如方纪的《挥手之间》中，毛泽东主席在重庆谈判后挥手告别的典型细节：

“主席也举起手来，举起他那顶深灰色的盔式帽；但举得很慢很慢，像是在举起一件十分沉重的东西。一点一点的，一点一点的，举起来，举起来；等举过了头顶，忽然用力一挥，便停在空中，一动不动了。”

作者特意突出主席挥手告别这一特定动作，这个动作具有与众不同的特定内涵，因为这是一个划时代的动作：面对极大的艰难险阻，毛泽东主席毅然前往重庆与国民党蒋介石谈判，中国现代革命的历史从此掀开了一个崭新的篇章。作者用放大微末的方法突出了挥手告别这一特定动作，以最佳内容表现了作品的主题，也让读者获得了像欣赏影视特写镜头那样的效果。又如，奥地利作家斯蒂芬·茨威格在《一个女人一生中的二十四小时》里，有一段关于赌场中各种手的描写：

“那绿呢台面四周许许多多的手，都在闪闪发亮，都在跃跃欲伸，都在伺机思动。所有这些手各在一只袖筒口窥探着，都像是一跃即出的野兽，形状不一，颜色各异，有的光溜溜，有的拴着指环和鄰鄰有声的手镯。有的多毛如野兽，有的湿腻盘曲如鳗鱼……根据这些手，只消观察他们等待、攫取和踌躇的样式，就可教人识透一切：贪婪者的手抓狂不已，挥霍者的手肌肉松弛，老谋深算的人两手安静，思前虑后的人关节跳弹，百般性格都在抓钱的手势里表露无遗……”

作者以放大微末的方法，把赌场里形形色色赌徒的手刻画得具体生动，读来令人惊心动魄。毫无疑问，如果作者没有养成丰富的观察习惯，没有对赌徒的手作全面细致、入木三分的观察，就不可能有如此出人意料、绝妙精彩的感性认识和独特发现。这就是在观察中放大微末的艺术处理效果与魅力。

4.情感体验，抓住特征

写作主体在观察活动中，对所反映的对象，不能仅满足于感官的浅层感知和一般属性的认识，观察中必须伴之以思考，动之以情感，调动生活的积累，以求得对感知事物的整体把握和理解。这就要求写作主体在观察客观事物的同时，要激活自己的情感，并将自己的情感投射到客观事物上，以便在情感的作用下，对客观事物产生个性化的体验，在这种体验中，客观物象经过作者生命的融入、情感的灌注，会变异为极具表现功能的艺术形象。比如，叶梦在《羞女山》一文中对羞女山的观察与描写：

“我擦了擦眼睛……这就是羞女么？她那线条分明的下颌高高翘起，瀑布般的长发软软地飘垂，健美的双臂舒展地张开，匀称的长腿，两臂微微弯曲着，双脚浸入清清的江流。还有，她那细软的腰，稍稍隆起的小腹和高高凸起的乳峰……”

作者移情于观察对象，把自己对羞女山独特的情感体验融入其中，使本无生命的山峦在情感的刺激、触动下变异成为一位娇羞妩媚、温馨可人的女郎。这样静止的客观物象就化成了灵动的艺术形象，作者越是把她刻画得楚楚动人，就越能表现出羞女山奇特的美丽，更能激起人们对她的热爱和向往，达到了西晋陆机在《文赋》里所说的“笼天地于形内，挫万物于笔端”的目的。事实上，这里有一个观察事物特征、把握主观反应的问题，不论是观察人与事还是观察景与物，都要求注意观察其个性和差异性，捕捉其特征，惟其如此，才能辨别该事物与其他事物的区别，才能把事物写得具体、鲜明、传神。比如，峻青在《记威海》一文中，对“日出”情形的观察：

“这时，东方地平线上，渐渐吐露出一线晨辉，由灰变白，由黄变橙，由橙变紫，一轮红艳欲滴的朝阳喷薄而出，缓缓离开了地平线。开始像一盏扁圆的宫灯悬挂空中，霎时，便形成滚圆的火轮，高高升起，喷射出万道金幅，撑起绚丽的火伞，给万物罩上一层灿烂的霞辉，群山苏醒了，大地一片光明！”

作者从色彩、形态两个方面把握住了日出的特征，细致地观察了日出色彩的变化过程，以及形态的变化经过。正因如此，才使得作者笔下的日出与其他作者笔下的日出迥然不同，有着鲜明的特色和独到的发现。特别是“群山苏醒了，大地一片光明”一句，把整个日出的蓬勃景象生动地展现在读者眼前，给人以热烈明媚的生命动感。

（四）采集能力的培养

采集是指写作主体是有着明确目的的、采撷和记录写作材料的一种活动，主要指调查采访和查阅资料。这种采集的主要作用是为写作活动获取直接和间接的材料，同时可以引导确立写作的选题和正确的主旨，还可以在他人成果基础上创新题旨，打通思路障碍，帮助写作主体畅通思路，文思奔涌，豁然开朗。采集活动要求熟练掌握调查采访的艺术和查阅资料的方法，以求实、求新、求多的基本要求，尽力采撷好写作的基础材料，并在实践中积极培养采集兴趣，进一步培养和提高采集的基本能力。

1.积极培养采集兴趣

采集能力含有一定的技术、技巧因素，其能力的培养也有很大的主观意向。采集需要调查采访和查阅资料，其间既包含脑力劳动也包含体力劳动，是一种艰巨而细致的写作准备工作，它的起始、进程和结束，都要求写作主体具有强烈的兴趣，因为兴趣是人们认识事物和爱好某种活动的主观意向，需要积极而自觉的行动与不达目的不罢休的追求精神。这种主观意向是提高能力的前提。在实践中，要尽力做到耳勤、腿勤、眼勤、口勤、手勤这“五勤”。耳勤要求写作主体耳目灵通，以采集的嗅觉和敏感去“耳听八方”，尽快发现需要采集的线索和信息；腿勤要求闻风而动，一旦察觉到“蛛丝马迹”，便赶赴现场跟踪追击，以发现重要材料。新闻界所谓的“脚杆新闻”，强调的就是腿勤；眼勤要求眼观六路，具有敏锐的观察力，对人、事、景、物，都要察言观色，明察细鉴，尽收眼底；口勤要求不耻下问，勤于探询请教，努力提高谈话艺术；手勤要求勤于记录，录以备用，所谓好记性不如烂笔头，强调的就是提笔记录不偷懒。

2.努力提高调查艺术

调查采访是写作主体为搜集写作素材而进行的、带有特殊性质的调查研究活动，它既是一门学科，更是一种艺术，绝不是简单应对、直来直去就能奏效的。有的写作主体很快便能得到调查采访的丰富材料，有的则收获甚微，甚至一无所获。这就涉及一个调查能力和调查艺术问题，首先是要求写作主体在调查采访中迅速接近调查采访对象，做到身近、心近。身近指的是设法迅速接近不同的调查采访对象，因人而异，尽力消除其紧张、拘谨、胆怯、戒备、冷漠、傲慢等心理，创造融洽气氛，伺机而动，见缝插针，展开调查采访，获取所需材料；心近则在身近基础上，进一步注意感情、态度和礼仪等，增进情感交流，交心谈心，使调查采访对象有亲近感，做到以诚相待，一视同仁，不卑不亢，从而畅所欲言，乐于倾吐。其次是擅长访谈提问。访谈提问是写作主体在调查采访活动中的主要实施形式，也是关系调查采访活动成败的关键，具有很高的技巧性。比如白岩松对余秋雨的访谈提问就很有水平："您的文章，很多人看了之后都说鬼斧神工，常有神来之笔，那么当您写完之后，回头看自己的文章，是否也有种新奇感？我在您的文章中曾经注意您这样一个思想：人应该有一种大气和超越，才会有一种深刻的悲和美。那么您认为对于文人而言这一点是不是尤其重要？您是否也在体验着深刻的悲和美呢？中国的文化已经很悠久了，在这个过程中有很多的文人在传递着它，岁月流逝，文人们相继地去了，但心灵中这种体验却是一脉相承的。那么，现在您是否觉得自己非常有责任来承担弘扬民族文化的使命，或者说您很幸运成为这个血脉中的一分子？当面对自己的时候，或者说在酒后，您有没有构思或想过自己是唐朝的一个诗人或者宋代的一个词者？"白岩松的每一个访谈问题都带有自己对传统文化的深厚认识及对余秋雨作品的独到见解，这样的访谈能够最大限度地挖掘出白岩松所希望得到的真实材料。再次是做好调查采访笔记。俗话说"好记性不如烂笔头"，调查采访中要以笔记为主，心记为辅，用心记忆不如立即记录和追记补遗，以确保所得材料的真实准确。

3.熟练掌握查阅方法

要在浩如烟海的古今中外图书资料中迅速查找到自己所需的材料，写作主体就必须学会和运用查阅图书资料的各种方法，这是培养采集能力的重要组成部分。查阅的基本方法包括搜索分类目录、书名目录、著者目录、标题目录等在内的目录，查找综合索引与专门索引等索引，以及使用字典、辞典、百科全书、年鉴、年谱、年表、文摘、手册等在内的工具书。当下，随着信息技术革命的日新月异，电脑已经全面普及，使用电脑搜索、查阅资料已是人尽皆用的简便方法了，大幅度提高了资料查阅的效率。

二、感受与想象能力

感受和想象也是写作主体必须具备的重要能力，如果写作主体只会观察，而不会在观察的同时进行感受并展开想象，是写不出鲜明生动、富有感染力的作品的。

（一）感受的含义与分类

感受是写作主体的感觉器官受到客观事物的刺激后产生的某种情感颤动和情感体验，它是一种比较复杂的心理活动过程，包含着一定的认识和理解事物的因素。从心理学的角度看，感受包括感觉和知觉两个要素，它以感觉为基础，以知觉的形式体现结果。感觉是客观事物直接作用于感观时，人脑对事物个别属性的反映，如事物的形状、色彩、质地、大小、气味、温度、轻重、节奏等，它是人的感官具有的能够接受外界信息的功能，是人们认识世界的开始，通过它可以获得关于客观世界的一切知识；知觉则是反映客观事物的总体属性以及各个属性之间的相互关系，它以感觉为前提，又与感觉相联系，不可分割，是人的大脑所具备的功能。由感官所接受的各种信息经过大脑的选择、梳理，会产生悲喜、好恶、取舍、沟通、联结等一系列反应，其中也渗透着人的认识因素和理解因素，是情与理的交融，它比感觉更深入，更具主观性，是主客观的统一。

感受不同于观察，它们之间既有联系又有区别。观察侧重于客观方面，着眼于表现客体的具体形象和深刻本质；感受侧重于主观方面，着眼于表现主体的感情层次和情感变化。也就是说，观察所要反映的是“物”，而感受所要表现的是“情”。感受是在观察的基础上进行的，主观感受往往需要以客观观察为前提，它们有着相互联系又相互渗透的一面。

感受一般分为生理上的感受和情感上的感受两大类。生理上的感受指的是人的感官对客观事物超越本能的体察与感知，它又可细分为视觉感受、听觉感受、嗅觉感受、触觉感受、味觉感受等。比如，王小鹰在《雾重重》中对“雾”的描写：

“天地间只有白茫茫的雾，灰蒙蒙的雾，湿漉漉的雾，凉丝丝的雾。掬一把，软绵绵的；吸一口，甜津津的；踩一脚，轻悠悠的。雾从眼前横过，睫毛上挂起一层细的珍珠，雾从耳边掠过，仿佛母亲低吟着清缓的催眠曲；雾在身旁浮沉，身子摇摇晃晃像飘在九重云霄。”

在这段文字中，作者调动了多方面的生理感受功能，多种感觉复合为一个整体心理感受中的“雾”：“白茫茫”“灰蒙蒙”“细的珍珠”是视觉感受；“催睡曲”是听觉感受；“湿漉漉”“凉丝丝”是触觉感受；“吸一口，甜津津”是嗅觉和味觉感受；“像飘在九重云霄”是幻觉感受。这种感受是由单一的感觉向综合的知觉发展的心理过程，并凭借视觉、听觉、嗅觉、味觉和触觉等方式完成整体综合的心理感受，为读者展现出多方位的立体感和活生生的氛围感。又如，冰心在《饥饿》一文里描写了她对饥饿的感受：

“当你听到肠子饿得咕咕叫的时候，好像有一条巨蛇，要从你的腹内咬破了皮肉钻出来一般；有时你饿得头昏眼花，坐起来又倒下了；想要走路，一双腿是酸软的，拖也拖不动；有时一口口的酸水，从肚子里翻上来，使你呕吐，却又吐不出半点东西；更有时人实在不能忍受了，想在自己的胳膊上，咬下一块肉来吞下去……”

这也是生理上的感受，作者用比喻手法把自己对饥饿的感受准确、生动、形象地表达出来了，如果没有对饥饿的亲身体验和切肤感受，是写不出这样精彩的文字的。这说明感受是需要去体验的，只有用心灵去体验和感受生活中的一切真善美和假丑恶，才能写出具有独特感受的灵性作品。

情感上的感受是指精神意识上对客观事物有丰富情感反应的独特感受，它要求写作主体在外界事物的刺激下融入主观认识，引发沉睡在心灵深处的某种情感，这种情感正好是借助于当下的情景而爆发，当下的情景又因为情感的加入而深刻感人，与众不同。比如，史铁生在《我与地坛》一文中对四季的描述：

“……要是以这园子里的声响来对应四季呢？那么，春天是祭坛上空漂浮着的鸽子的哨音，夏天是冗长的蝉歌和杨树叶子哗啦啦地对蝉歌的取笑，秋天是古殿檐头的风铃响，冬天是啄木鸟随意而空旷的啄木声。以园中的景物对应四季，春天是一径时而苍白时而黑润的小路，时而明朗时而阴晦的天上摇荡着串串杨花；夏天是一条条耀眼而灼人的石凳，或阴凉而爬满了青苔的石阶，阶下有果皮，阶上有半张被坐皱的报纸；秋天是一座青铜的大钟，在园子的西北角上曾丢弃着一座很大的铜钟，铜钟与这园子一般年纪，浑身挂满绿锈，文字已不清晰；冬天，是林中空地上几只羽毛蓬松的老麻雀。以心情对应四季呢？春天是卧病的季节，否则人们不易发觉春天的残忍与渴望；夏天，情人们应该在这个季节里失恋，不然就似乎对不起爱情；秋天是从外面买来一棵盆花回家的时候，把花搁在阔别了的家中，并且打开窗户把阳光也放进屋里，慢慢回忆慢慢整理一些发过霉的东西；冬天伴着火炉和书，一遍一遍以坚定不移的决心，写一些并不发出的信。”

在这段优美的文字里，作者对四季的感受，实际上是融入了作者15年来对生命、对人生、对时间长河、对宇宙的种种思考，以及对亲人的长长思念。以15年的时间来感悟四季、感悟人生，其情之浓、其感之深是无人可以和他媲美的。史铁生把他对四季的感悟和对人生的感悟写绝了，他的情感是多方面、多角度、多棱面、全方位的。这样的例子在古诗词中也比比皆是，如“感时花溅泪，恨别鸟惊心”“两岸猿声啼不住，轻舟已过万重山”“踏花归去马蹄香”“吹面不寒杨柳风”等。

（二）感受在写作中的作用

郁达夫曾说过这样一句话：“艺术家是善感的动物。”王蒙也在《当你拿起笔……》一文中谈文学创作问题时说：“作家的能力首先是感受生活和表现生活的能力。”感受能力人皆有之，但每个人的灵敏度、精确度是有差别的。有的人感受能力异常灵敏，对外界事物的刺激感受强烈，持续时间长，能对事物有准确的认识，能产生丰富的情感反应；有的人则比较迟钝，对外界事物的感受比较微弱，一闪即逝，对事物的认识也比较模糊，情感反应也单一；有的人对外界事物的刺激较为麻木，甚至无动于衷。从写作活动的角度来看，感受与写作有着密切的联系，尤其是文学作品的创作更是离不开对生活的感受。写作主体对生活的感受与一般人是不同的，作者在对客体进行从现象到本质、由表及里的感知、观察与分析的基础上，其感受更侧重于情感的激发、形象的捕捉和美的发现，也就是说，写作主体的感受属于艺术感受，其侧重点在于对生活进行艺术的体验和发现，为写作提供丰富的精神资源。古今中外的文学家和理论家通过自己的体验和研究，都特别强调感受对写作的重要作用。

1.感受激发写作动因

丰富多彩的客观世界和复杂多变的社会生活，给人们提供了体验生活、感受生活、捕捉信息的广阔舞台。从写作的过程来看，人们写作的动因总是心有所感，对客观的人、事、景、物产生了某种强烈的感受，引发了一种不可抑制的表达欲望，感到不吐不快，于是便产生了写作冲动，这就是《毛诗序》所说的"情动于中而行于言"。可见，感受是引发写作冲动、激发写作主体实施写作行为的主要因素。巴尔扎克曾在《驴皮记》初版序言中说："写作之前，作家应该分析过各种性格，体验过全部风尚时俗，跑遍整个地球，感受过一切激情。"古今中外许多名篇佳作都是在这种强烈的写作冲动下创作出来的。比如，歌德在《歌德谈话录》中谈到《少年维特之烦恼》的创作体会时曾说：

"使我感到切肤之痛的、迫使我进行创作的、导致产生《少年维特之烦恼》的那种心情，无非是一些直接关系到个人的情况。原来我生活过，恋爱过，苦痛过，关键就在这里。"

歌德所说的"切肤之痛"，指的就是强烈的感受。歌德在维兹拉实习法律业务时，曾热恋过少女夏绿蒂。这一段刻骨铭心的爱情感受，使他无法忘怀，产生了强烈的创作冲动，促使他写出了《少年维特之烦恼》。感受在激发写作动因时，往往是从某一"点"上爆发出其光彩的。生活中的细小事物，在特定情况下都能引起写作主体的情绪波澜，诱发写作欲望，点燃灵感的火花，哪怕是一种自然景象，一个人物形象，一句精彩话语，一个简单情节等，都可能引起写作主体的某种感受，都可能照亮文章写作的某一思路，成为诱发写作动因的"导火索"。

2.感受催生艺术形象

艺术的表达是要靠形象说话的，特别是文学创作，更是要通过独特的艺术形象来传情达意。因此，写作的过程也是孕育形象、发现形象、创造艺术形象的过程，而艺术形象的创造，又与感受密不可分。无论是长期积累的深刻感受，还是由某种强烈刺激引发的瞬间感受，都能直接诱发和催生出艺术形象。可以说，艺术形象是主观感受与客观外物相互作用、相互交融的产物。写作主体的感受是否强烈，是否新颖与深刻，都直接影响着艺术形象的独创性、审美性和表现力。托尔斯泰在创作《安娜·卡列尼娜》之前，曾耳闻目睹过许多类似安娜的妇女的生活经历，尤其是一个叫A·C·比比可娃的女人，因为和丈夫争吵而卧轨自杀。托尔斯泰曾赶到出事地点，目睹了这幕悲惨景象。后来，这些强烈的感受终于催生出安娜的形象。托尔斯泰说：

"好像在用她那忧郁的目光恳求似地凝望着我。幻象消失了，但我已经不能再摆脱这个印象，它白天黑夜追逐着我，我应该想办法把它体现出来。《安娜·卡列尼娜》就是这么开始的。"

罗曼·罗兰笔下的约翰·克里斯朵夫，也是由长期的感受积累，加上外在因素的偶然刺激而催生出来的艺术形象。罗曼·罗兰年轻时醉心于音乐，怀有献身艺术的远大理想，而父母却要他从事教育职业，于是，理想与现实相冲突，使他内心感到非常的苦闷和压抑。他在内心深处，甚至潜意识中，不断用自己的感受和经历刻画出一个为施展自己的艺术天赋而不断反抗现实、进行个人奋斗的约翰·克里斯朵夫的形象。但这个形象暂时还是潜在的、无形迹的。直到他在二十四岁那年登上罗马城，忽然心有所动，在漫天彩霞中，他看到克利斯朵夫这个人物“顿时涌现”。他后来回忆道：“起先那前额从地下冒起，接着是那双眼睛，克利斯朵夫的眼睛。”可见，若没有长期的个人感受的积累，罗曼·罗兰就很难孕育、催生出克利斯朵夫这个不朽的艺术形象。

3.感受丰富作品内涵

感受不仅激发写作动因，催生艺术形象，而且也是写作的对象和内容。把感受的积累运用到写作中，将大大丰富作品的内涵。一些初学写作者常常感到无事可记，无话可写，即使勉强写起来，也感到内容单薄，难以展开，原因就在于作者生活阅历不丰富，见识不广，缺少感受的积累。巴金之所以能写出小说《家》，与他对自己的家庭生活有着二十多年的切身体验、积累了丰富的人生感受密不可分。他说过：

“书中人物都是我所爱过和我所恨过的。许多场面都是我亲眼看见或者亲身经历过的。的确，我写《家》的时候，我仿佛在跟一些人一同受苦，一同在魔爪下面挣扎。我陪着那些可爱的年轻生命欢笑，也陪着他们哀哭。我一个字一个字地写下去，我好像在挖开我记忆的坟墓，我又看见了过去使我心灵激动的一切。”

写长篇小说是这样，写散文、写诗歌也是如此，多种感受的汇集将丰富作品的内涵，扩大作品的容量。贾平凹的《读书示小妹十八岁生日书》，就是包容了作者多种感受的佳作。十八岁生日是一个女孩重要的生日，身为作家的哥哥，将送给妹妹什么样的生日礼物呢？贾平凹选择了写信，和妹妹谈读书，谈做人，谈人生感受，他向妹妹敞开心扉，娓娓叙来，最后还特别交代，小妹十八岁生日，他没有像邻人所提的那样，送给小妹一大笔钱，而是买了一套名著共10册寄给小妹。这封信如叙家常，情真意切，发自肺腑，字里行间融进了作者的多种人生感受，处处渗透着作者对妹妹的关爱之情和殷切希望，大大丰富了信的内涵，使得这封信的内容已超越了普通的生日书，而具有了普遍的感化作用、教育作用和鼓励作用，读之能给人以启迪，引起强烈的共鸣。这说明作品内容是来自生活的真实感受和体验的。

4.感受奠定情感基调

感受总是和特定的情感体验联系在一起。当客观事物在人的心理活动中引起刺激和反应时，总是和人的需要、信念、习惯、观点、态度等发生关系，总是伴随着喜爱或厌恶、快乐或忧愁、肯定或否定等情感活动。什么样的感受，产生什么样的情绪。感受不仅激发写作动因，催生艺术形象，丰富作品内涵，也自然而然地奠定作品的情感基调。写作主体在提笔写作时，首先要为该作品确定一个情感基调。基调是作品的灵魂，是全篇的主色调与主旋律。作家冯骥才在谈到作品的情感基调时曾深有体会地说过：“作家在确定自己作品内容时，同时要确定作品的基调。一部作品一个基调，定在C大调还是A大调上，庄重的还是抒情的，伤感的还是热烈的，微风般的还是急雨样的，历史感的还是市井气的。要有一个调子，调子破坏了，作品会走样，或者不伦不类。”有了基调，作品才有情感的主旋律，才有作品的整体观念，才能把握好作品的分寸感，才能对作品的场景、气氛、情节、结构、节奏等起着一种主导作用，才能对作者的情感反应及审美评价起着调节、诱发、规定和引导作用。

“文章不是无情物”“但写真情与实境”，作品的基调与作者的主观感受密切相连，可以说，有什么样的主观感受，就决定了作品产生什么样的基调。比如，舒婷在1980年8月参加诗刊社主办的首届青春诗会期间，当她得知“渤海2号”钻井船沉入海底，七十二名兄弟壮烈牺牲，舒婷感到满腔的悲愤，便挥笔写下了《风暴过去之后》，以纪念遇难的七十二名同志。在创作过程中，诗人心情是沉重的，内心是悲痛的，同时也是为死者感到不平的，这种种复杂的感受直接化成了全诗低沉、痛哭、悲愤的基调，不仅表达了诗人的悲哀之情，也表达了诗人的愤激之思，唤醒人们对生命价值的尊重和护卫，具有撼人心魄的力量。郭沫若的历史剧《蔡文姬》，揭示了蔡文姬归汉时的矛盾心情：一方面，衷心希望回到自己的祖国，看到梦寐以求的故乡旧貌；另一方面，又难以割舍自己的亲骨肉——在匈奴所生的两个孩子。剧中主人公的这种心理状态，同作者本人的生活感受有着高度一致性：抗日战争爆发后，作者为了祖国的存亡，抛下日本的妻子和孩子回国，但内心总免不了牵肠挂肚的骨肉离别之感。这种矛盾的心理感受，通过《蔡文姬》这一剧中的主人公表现出来了。如果没有真切的感受，是写不出《蔡文姬》这样的历史剧的。

（三）感受能力的培养

通常情况下，能够写出美妙文章的重要因素之一，就是要有敏锐的感受能力。感受能力不仅是写作主体由外向内的摄取能力，也是其内在心理的加工能力。要培养敏锐的感受能力，除在实践中不断进行观察外，写作主体还需要在以下三个方面加以努力。

1.训练敏锐的感知能力，培养触景生情的习惯

法国文学评论家丹纳在《艺术哲学》里说：“艺术家需要一种必不可少的天赋……就是说艺术家在事物面前必须有独特的感觉，事物的特征给他一个刺激，使他得到一个强烈的特殊印象。换句话说，一个生而有才的人的感受力，至少是某一类感受力，必须又迅速又细致，他凭着清醒而可靠的感觉，自然而然能辨别和抓住种种细微的层次和关系。……他靠这个能力深入事物的内心，显得比别人敏感。”丹纳在此强调了感知的细微和敏锐。

感知是感觉和知觉的合称，是构成人类认识过程的初级阶段。要具备敏锐的感知能力，首先对事物要敏感，要有一种一触即发的感受力和灵敏度，特别是要积极开放写作主体的五官，在实践中自觉训练视觉感官、听觉感官、嗅觉感官、味觉感官和触觉感官，使自己拥有沈从文在《从文自传》里提出的“蜗牛般的眼观四方的目力，狗一般的嗅觉，田鼠般的耳朵”，这样才能集中精力，敏锐地感知事物、洞悉事物，准确地辨析外界刺激的各种层次，随时做出反应，摆脱粗疏、模糊、混沌的状况，从而不失时机地追踪和摄取具有写作价值的信息。

惟其如此，才能延展和丰富自己的感情，对世间万物随时充满敏感、情绪和灵性，哪

怕是江川湖泊、春夏秋冬、日月星辰、百鸟神兽、一人一事、一草一木、一砖一瓦，凡能入眼者皆能以灵敏的观察力、明快的感知力和细腻的感受力见微知著，触景生情，睹物思人，成为文思泉涌的写作内容。

2.追求独特的体悟能力，保持冷静处理的理性

感受是一种心理活动，具有浓厚的主观色彩。独特的体悟能力是精神产品有创造性品格的前提，要求写作主体在生活实践中不断地选择自己的重点体察对象，并在认真体验的基础上及时捕捉特定时间呈现的独特感悟。每个人的生活经验、知识积累、兴趣爱好、心境情绪各有差异，因而也就产生不同的感受。同样是写春天，“春风又绿江南岸”“红杏枝头春意闹”“踏花归去马蹄香”“吹面不寒杨柳风”等，都因调动了不同的感觉器官而有了独特的感受，生动而形象地写出了春天的不同景象。又比如，同样是写梅，陆游见梅“愁”：“驿外断桥边，寂寞开无主。已是黄昏独自愁，更着风和雨。无意苦争春，一任群芳妒。零落成泥碾作尘，只有香如故。”瞿秋白见梅“喜”：“寂寞此人间，且喜身无主。眼底云烟过尽时，正我逍遥处。花落知春残，一任风和雨。信是明年春再来，应有香如故。”毛泽东见梅“乐”：“风雨送春归，飞雪迎春到，已是悬崖百丈冰，犹有花枝俏。俏也不争春，只把春来报。待到山花烂漫时，她在丛中笑。”三个人的思想境界大不相同，各自用独特的心灵感受刻画出了各有千秋的艺术形象。

高级的情感能力是忘我，要把这种忘我的强烈情感冲动转化为作品，需要经过冷静细致的理性处理，这既要保持住已有感情，又要防止理性可能使情感枯竭。在这个较为压抑的心理承受过程中，既要敏锐地把握住感受的瞬间，同时还要适当地拉开距离，以便准确地关照审视，这是比较困难的，需要保持冷静处理的理性。

3.扩展丰富的情感趣味，寻找呈现感受的方法

丰富的情感体验是使文章鲜明生动的土壤，在写作活动中，感受的丰富性也是感受能力的基本要素之一。如果说观察是侧重于客观方面，着眼于捕捉客体的具体形象的话，那么感受必须侧重于主观，依赖于主体的心灵感应和体验，也就是说观察得到的是物，而感受表现的是情，情倚物而存在，物倚情而升华。司马迁在《史记·屈原贾生列传》里说：“屈平之作《离骚》，盖自怨生也。”刘勰在《文心雕龙·情采》中也说：“繁采寡情，味之必厌。”无情，难以引起美感效应。写人中含着情，写事中藏着情，写景中寓着情，咏物中暗示情，这就是王国维《人间词话》里所谓的“一切景语皆情语也”。各种议论文、应用文甚至说明文也并不排斥情感。这要求作者对自己的生活进行多元化的情感体验，深入到各式各样的人物内心世界，去观察、体验他们的心理、情感及其独特的表现和细微变化，来丰富自己的情感生活经验。

感受能力丰富了，能触景生情了，也能冷静处理了，还要寻找贴切的表现方法，因为美丽的情感和冷静的理智都是抽象的。作为写作主体，一旦有了某种感受和情感，就不能任其自然，而应当进一步深化、集中、梳理情感，努力使之成为一种情趣，一种兴味，一种

哲思，一种爱憎等，并在动笔写作中恰当地呈现出来，让读者明白你，认识你，和你一起激动，和你一起思考。这种情感呈现的方法包括形象表达、展开想象、恰切比喻等。

（四）想象的含义及分类

想象是人脑对已有的记忆表象进行加工改造从而创造新形象的心理过程。所谓表象，是指人的头脑中所保存的外界事物的印象。心理学认为，想象是“对过去经验和已有记忆表象加工改造，构成新意象或观念的心理过程。”说明想象是人类创造活动的心理机制之一，是人类具有的一种特殊机能，它以过去的知觉和记忆为基础，以表象的运动为特征，借助大脑的思维活动完成。从认知心理学的角度来看，想象就是外在信息和内在信息重新组合的过程。当人们在现实生活中直接或间接地感知某种客观事物之后，这些客观事物的形象就会印记在人们的头脑中，贮存在记忆的仓库里，在某种情感的推动下，或者在某种动机的驱使下，人们就会发挥思维的作用，对记忆中的表象进行分析与综合、加工和改造，将它们重新组合成人们从来没有见过甚至在现实生活中根本不存在的新事物形象。那些在日常生活中常见的各种事物，它们在自然关系上并不相联相通，但经过人脑的组合，这些事物就会超越客观的间隔和差距，被赋予新的意义。比如，《西游记》中的孙悟空、猪八戒等形象，在现实生活中是不存在的，他们的形象是作家对民间流传的西游故事中猴子和猪的形象进行改造、组合、重新加工创造出来的新形象。又如神话中的太阳神、月宫等，也是人们根据日月星辰的表象，经过加工、重组创造出来的。有关天堂和地狱的生活情景，以及人们熟知的狮身人面、美人鱼等，也是人们以现实生活为原型，经过想象创造出来的。所以，想象在写作活动中能起到缀合材料、推动构思、贯通思路、塑造典型形象等作用。而这种作用的发挥，要求以生活积累的丰富表象为基础，以澎湃升腾的情感为动力，以超越常规乃至超越逻辑为法则，进行重新组合、调动和改造，创造出奇思异想、全新意义的事物形象。

从写作活动的心理角度和想象的方式与形成过程来看，我们可以把想象分类为关联想象、推测想象、再造想象、独创想象和幻想等。

1.关联想象

关联想象也就是我们平常所说的“联想”，即由已感知的事物回忆或联系到与之相关的另一事物的想象形式。这种联想的渠道非常广阔，人们可以利用事物之间的或相通，或相似，或相反等相关性，展开由此及彼、通物会意的思维活动，外在的形似可以形成联想，内在的质同也可以形成联想，合理引申、反义用之、心物同构、情境对应等，均可以形成联想。比如：

暖水瓶—水—热水。

人们一看到暖水瓶，就会马上想到里边装的是水，而且是热水。这就是从暖水瓶的功能方面展开联想。又如：

内向—含蓄—低调—内敛。

从词义的相近性展开联想，内向叫含蓄，含蓄又叫低调，低调又叫内敛，这种由此及彼、内在质同的联想是很合理的。

2.推测想象

推测想象就是根据已有的认知和表象材料的内部关系对可能出现的新情况、新变化作出推测，它能在文学作品中创造出目前无法看到的或将在未来发生的情景或意向。比如，柳永在《雨霖铃》中的名句：

“今宵酒醒何处？杨柳岸，晓风残月。”

作者因惜别而借酒浇愁，但醉酒后依然还是要清醒的，待到天快亮时，一阵清秋的冷风吹来，醉态中的诗人清醒过来，看河道两岸移动的柳影和挂在天空的一弯残月，凄凉的心情难以言表，便用推测想象，为我们创造出了一幅幽冷凄清的艺术画境。这种推测想象也常用在论证性文章中。如方志敏在《可爱的中国》中设想未来的面貌：

“到那时，中国的面貌将会被我们改造一新。所有贫穷和灾荒，混乱和仇杀，饥饿和寒冷，疾病和瘟疫，迷信和愚昧……离去中国了。朋友，我相信到那时，到处都是活跃的创造，到处都是日新月异的进步，欢歌将代替了悲叹，笑脸将代替了哭脸，富裕将代替了贫穷，康健将代替了疾苦，智慧将代替了愚昧，友爱将代替了仇杀，生之快乐将代替了死之悲哀，明媚的花园，将代替了凄凉的荒地！”

方志敏的这种推测想象虽然存在一定的猜想和假设成分，但并非凭空虚构，而是有一定的根据和基础的。所以，推测想象要求把握住事物的内部联系，要合乎常情和生活逻辑，是直接感知和已有表象的扩大、延伸与补充，它能够扩大视野，丰富文章内容。

3.再造想象

再造想象是依据语言、文字、图形或别人对某一事物的描述，在头脑中再造出相应新形象的心理过程。不管是文学创作，还是新闻文体、应用文体的写作，都离不开再造想象，这种想象的基本特征表现为以他人对事物的描绘为依据，以回忆有关事物的表象为材料。比如，萧红在《回忆鲁迅先生》一文中，写她在鲁迅家中与一位商人一起吃饭的情景：

“下一次是在楼下客厅后的方桌上吃晚饭，那天很晴，一阵阵的刮着热风，虽然黄昏了，客厅后还不昏黑。鲁迅先生是新剪的头发，还能记得桌上有一盘黄花鱼，大概是顺着鲁迅先生的口味，是用油煎的。鲁迅先生前面摆着一碗酒，酒碗是扁扁的，好像用做吃饭的饭碗。那位商人先生也能喝酒，酒瓶就站在他的旁边。”

该文写于1939年，写的是好几年前的事情，但写得很细致，这种对往事生活细节形象的丰富追忆与生动描绘本身就是想象。又如，当我们读到“天苍苍，野茫茫，风吹草低见牛羊”“两个黄鹂鸣翠柳，一行白鹭上青天”“雨中黄叶树，灯下白头人”等诗句时，头脑中就会呈现出相应的图景，这就是再造想象所起的作用。可见，通过发挥再造想象的作用，语言文字在读者心中能唤起无比丰富的形象感，人们也只有通过再造想象，才能有效地去欣赏文学作品。但值得注意的是，再造想象的有效实现，必须依靠一些基本条件：

第一，引发再造想象的客观依据应该具体明确；第二，对所提供的再造想象的依据要做正确理解；第三，要有丰富的生活积累和表象存储。

4.独创想象

独创想象是不以现成的描述和图片的显示为依据，而是根据创造的意图，借用已知的原有记忆表象进行加工、改造、分解、重组，从而在头脑中独立地创造出新形象的心理过程，具有鲜明的独立性、新颖性，给人以耳目一新之感。这种想象在文学艺术创作中有着重要的意义。比如，"龙"的形象，就是我们的祖先创造想象的产物，它是生活中动物形象的分解与综合，分别抽取了马头、鹿角、蛇身、鸡爪，并且根据原始人的生命观，将这些形象进行变异、改造和加工，从而创造出"龙"这个前所未有的新形象，作为一种生命符号。

在古今中外浩如烟海的文学作品中，那些个性鲜明的典型人物，那些跌宕起伏的故事情节，那些神奇瑰丽的审美意象，那些美妙动人的艺术境界，都是创造想象的艺术结晶。比如具有浪漫主义风格的孙悟空、猪八戒、美人鱼等，具有现实主义格调的贾宝玉、阿Q、陈奂生等，都是运用独创想象创造出来的。又如，鲁迅笔下的人物形象：

"没有专用过一个人，往往嘴在浙江、脸在北京、衣在山西……"

如果没有独创想象，鲁迅是难以实现这种典型艺术形象的综合归纳和加工提炼的。一切典型的艺术形象和美妙的艺术境界，都是从独创想象中孕育、形成和完善的。

5.幻想

幻想是一种超越现实存在的思维方式，是受愿望支配、指向未来的特殊现象，也是人类共有的一种心理活动。在写作活动中，幻想具有独特的表现功能，既能创造诸如《精卫填海》《夸父逐日》《女娲补天》《后羿射日》等许多美丽的神话故事，也能创造诸如《海底两万里》《地心游记》等令人神往的科幻作品。每个人都有许多美好的愿望，而很多愿望又很难在现实生活中得到实现，于是人们便在幻想中去寻求补偿，获得精神的安慰。人类在改造世界、创造更加美好生活的征程中，有许多幻想已经变成了现实，如嫦娥奔月的美丽幻想，就借助于高度发达的科学技术而变成了今天登顶宇宙、行走太空的现实。

幻想的跳跃性很大，它往往和眼前的事物、活动没有直接的联系，而是侧重于对未来的追求。在有些情况下，它同神秘的幻觉相联系，进入一种特殊的心理感受境界，如醉如痴，获得正常、清醒状态下无法获得的体验和臆想。比如，徐志摩在《泰山日出》中的描写：

"那时候在这茫茫的云海中，我独自站在雾霭溟蒙的小岛上，发生了奇异的幻想——我的躯体无限的长大，脚下的山峦比例我的身量，只是一块拳石；这巨人披着散发，长发在风里像一面墨色的大旗，飒飒的在飘荡。"

这种在云海中对身躯、长发由幻觉到幻想的描写，写出了徐志摩在特定时空中潜意识非常活跃的幻想，引领读者进入一种如梦如诗般的幻境。

(五)想象能力的培养

1.积累生活，注重化形塑造

想象以表象为基础，而获得表象的前提是生活积累。一个人想象能力的强弱，与他的头脑中贮存的记忆表象的数量和质量有密切关系，表象贮存得丰富、深刻，想象力就会开阔透彻。想象是扩大了的或重新加以组合了的记忆，是人的感官所能得到的材料和记忆保存的材料的创造性重新组合。茅盾曾在《茅盾论创作》中说："没有类似的经验基础，要想象也难以想象。北方人有一生一世没有到过南方的，如果有人告诉他江南一带河道之多，前门是河，后门又是河。勉强要他'想象'出来，一定弄成四不像。"因此，作为写作主体，要想提高想象能力，就要善于观察，勤于记忆，以深厚的生活积累和表象记忆为基础，力求在自己的记忆仓库里储存更多的信息，以供想象选择、排列、组合，并在此基础上把那些抽象的概念、思想、情感等化为具体可感的形象，从而塑造出更加鲜明的新形象。生活经验积累多了，表象丰富了，想象就能丰富而活跃，所塑造的形象也就会更加新颖而鲜活。比如，金圣叹盛赞施耐庵在《水浒传》中描绘的景阳冈上武松打虎的精彩形象和场面：

"乃今施耐庵忽然以笔墨游戏，画出全幅活虎搏人图来，凡今而后要看虎者，其尽到《水浒传》中，景阳冈上，定睛饱看，又不吃惊，真乃此恩不小也。……我真不知耐庵何处有此一副虎食人法在胸中也。"

金圣叹其实知道，施耐庵把虎的形象刻画得如此逼真生动，特别是虎的一扑、一掀、一翦势，是作者多年来对生活的观察积累，对各种虎的表象习性记忆进行整理，从而塑造出鲜明生动形象的结果。

2.超越时空，进行表象合成

康德曾在《判断力批判》一书中解释道："想象是一种创造性的认识功能，它有本领在真正的自然界所提供的素材里创造出另一个相似的自然界。"在写作活动中，材料固然重要，但只有材料还不能成为文章，这和砖瓦木料不等于房子、布匹线头不等于衣服是一个道理。想象的可贵之处就在于能把零乱散落的材料按照一定的需要缀合起来，像把散乱的珍珠串到一根彩线上一样。人脑有一种肢解、改造原有记忆、重新组建新形象体系的功能，这种功能最后转化为想象能力。想象意味着对现实程序的扬弃和超越，意味着打破时间和空间的局限，也就是对某些已知的事物的表象，进行超越常规、超越时空甚至超越逻辑法则的重新组合、调动和改造，创造出全新意义的事物形象，这完全是一种以"合众为一"为思路的奇思异想式想象，它不排斥主观情感和愿望，并不遵守客观规律和逻辑法则，与理性思考形成了鲜明对照。刘勰在《文心雕龙·神思》中对这种想象的功能和特征作了精辟论述：

"文之思也，其神远矣。故寂然凝虑，思接千载；悄焉动容，视通万里；吟咏之间，吐纳珠玉之声；眉睫之前，卷舒风云之色；其思理之致乎。故思理为妙，神与物游。"

刘勰在这里所说的"思接千载""视通万里"指的是不受时间和空间限制，"珠玉之声”“风云之色”指的是听觉表象和视觉表象。作者在想象中能够呼风唤雨，移山倒海，凭借主观心理的调遣，突破时空距离的限制，通过想象把平日的生活积累打碎、揉烂，按照写作的需要杂取种种人物、故事、环境揉成一体，重新塑造新的艺术形象。这样的例子比比皆是，如李白的“红颜弃轩冕，白首卧松云”、岑参的“忽如一夜春风来，千树万树梨花开”、贺知章的“不知细叶谁裁出，二月春风似剪刀”、陆游的“楼船夜雪瓜洲渡，铁马秋风大散关”等诗句都是想象奇特、造意奇绝，因而成为千古名句。

3.理性提炼，寻求神来之象

想象作为一种人的特殊思维活动，其本身就包括了理性思考的成分。虽然想象能由此及彼，超越时空，创造新形象，但就写作活动而言，不一定一切新的形象都是有用的。严格地说，未经加工和提炼的想象是粗糙甚至是残缺的。想象需要对原有表象进行分解、选择和取舍，这就离不开迅速、灵活、正确的辨析、比较和判断，这种表象的重组需要高度的理性思维能力，即综合与创造能力。罗曼·罗兰的《约翰·克利斯朵夫》中的主人公克利斯朵夫，就是作者以贝多芬为原型经过综合、提炼、再创造而形成的鲜活典型，用鲁迅的话说，即“杂取种种人，合成一个”。列夫·托尔斯泰的《安娜·卡列尼娜》中塑造的女主人公娜塔莎·罗斯托娃，就是将两个熟知的女人形象进行分析、综合而创造出来的。托尔斯泰曾说过：“我把索涅与丹涅融合在一起，就出来了一个娜塔莎。”索涅是托尔斯泰的妻子锁菲娅·安德烈也芙娜，丹涅就是索涅的妹妹塔娅娜·安德烈也芙娜。同样，曹雪芹笔下的林黛玉、施耐庵笔下的武松、鲁迅笔下的阿Q、郭沫若笔下的屈原、姚雪垠笔下的李自成、钱钟书笔下的方鸿渐、高晓声笔下的陈奂生、蒋子龙笔下的乔光朴、谌容笔下的陆文婷等，都是通过想象创造的典型形象。

文学作品中的新形象，可以是具体的，也可以是概括的；可以是感性的，也可以是理性的；可以是完整的，也可以是片段的；可以是清晰的，也可以是模糊的。这就需要在写作中灵活运用比喻、夸张、拟人、象征、通感、变形等艺术手法与技巧，在形象思维中渗入心灵深处某种神奇、隐秘的感受，侧重于内在精神韵致的呈现，展开丰富的想象，以寻求神来之象。用古人的话来讲，就是“有神韵可味，无迹象可求”“水中之月，镜中之花”“象外之象，景外之景”。比如，作家张贤亮在《绿化树》中描写一个四年没有吃过白馍的人饿坏了、馋极了的心理状态：

“我一点点地啃着、嚼着、啃着、嚼着……尽量表现得很斯文。我已经有四年没有吃过白面做的面食了——而我统共才活了二十五年。它宛如外面飘落的雪花，一进我的嘴就融化了。”

作者运用夸张的手法，通过比喻“它宛如外面飘落的雪花”来夸张，这就是想象中的神来之笔。又如李白《秋浦歌》中的“白发三千丈，缘愁似个长”、杜甫《古柏行》中的“霜皮溜雨四十围，黛色参天二千尺”、毛泽东《七律·长征》中的“五岭逶迤腾细浪，乌蒙磅礴走泥丸”等夸张的诗句，都是想象的艺术结晶。

三、思维与表达能力

思维是人的大脑对客观事物本质和规律性联系的一种自觉的、间接的、概况的能动反映。表达是将思维结果用语言文字反映出来的行为，包括口头表达和书面表达两个方面。思维能力和表达能力也是写作主体应具备的重要能力。

（一）思维的含义与类型

思维是人脑对客观事物本质和规律性联系的一种自觉的、间接的、概况的能动反映，它以感觉、知觉、表象为基础，以语言为工具，通过由此及彼、由表及里的分析、综合、概括等形式，解释事物的本质和规律。思维是人类认识和改造对象世界的主导力量，所谓“心之官则思”，说明人有得天独厚的思维能力，思维是人脑特有的机能，是人脑对客观现实的反映。思维贯穿于整个写作活动过程，从观察、感受到体验，从选材炼意到谋篇布局，从表现方法到行文修改，最终形成文章或作品，都依赖于思维这一特殊的心理功能。

写作活动中思维主要包括抽象思维、形象思维、灵感思维三种类型。

1.抽象思维

也称逻辑思维，是思维的主要形式，它是舍弃了具体的感性形象、表面现象与偶然因素，运用判断、推理等方式，以及分析与综合、归纳与演绎等基本方法的一种思维方式。抽象思维要求冷静客观、周密严谨，所以是理论性、实用性、说明性文章写作时所运用的主要思维形式。比如学生在考试中做客观题，或是在实验室做科学严谨的实验等，运用的都是抽象思维。又如，理科学生看烟花时，望着满天的烟花，可能会得出如下结论：

紫的是钾，黄的是钠，绿的是铜。

这就是抽象思维的典型，它以概念、判断、推理为形式，由前提推理出结论，达到对事物本质和规律的认识。

2.形象思维

又称艺术思维，它是主要借助于事物的具体形象，以表象为工具，通过联想、再现、想象来组成形象、画面的思维活动形式。其特点是不把生活概念化、抽象化，而是通过具体的形象、场景、细节来展现生活的多姿多彩，暗示作者对生活的感悟、理解和审美体验，因而是文学艺术作品主要运用的思维形式。我们日常阅读的诗歌、散文、小说、戏剧等文学作品或是观看的影视剧、绘画作品，都是通过形象思维来表现生活，通过个别揭示一般，阅读或观看时都能感到如临其境、如经其事、如闻其声，能受到极大的感染和启迪。比如，同样是理科学生观看烟花，有的学生可能会想：

望着满天烟花，我只想说“紫的是钾，黄的是钠，绿的是铜”，我怎么说不出朱先生的“红的像火，粉的像霞，白的像雪”这么文艺的语言呢？

在得出科学结论的同时，有的理科学生表达不出朱自清先生那种充满强烈感情的“文艺”语言，就是受到抽象思维的限制而不会运用形象思维展开联想进行描述的表现。

3.灵感思维

这是一种特殊的思维形式，指人们在科学或文艺创作中，包括灵光一现的思想、瞬间顿悟的观点、豁然开朗的答案等的一种思维形式。它具有突发性、独创性、机遇性的特点，因而灵感思维能使写作主体迅速获得精巧的构思、动人的情节和美妙的语句等。这种显得神秘、突然的思维形式，与平时的生活经验、知识积累是分不开的，要求写作主体对生活中的任何现象都要充满好奇和新鲜，保持深入想一想的热情和兴趣，在不断的感动、激动、冲动中随时获得感受与积淀。

写作活动需要抽象思维、形象思维、灵感思维等多种思维方式，因为它们在写作实践中相互联系、相互交叉，应当综合起来加以运用。

（二）思维在写作中的作用

思维在写作活动中，特别是在作品生成中处于核心地位，并起着决定作用。写作，就是借用语言文字符号把以语言为载体的思维成果表达出来，变为人类的精神产品。写作能力既是一种文字表达能力，更是一种借助于文字进行思维活动的能力。人类正是通过思维，创造了灿烂的物质文明和精神文明，一切优秀的文章或作品，无不是思维的结晶。

思维在写作中的作用，主要体现在以下两个方面。

1.思维贯穿于整个写作过程之中

思维是写作的前提条件，又是运笔行文的先导，我们一般把写作过程划分为选材、炼意、构思、谋篇、表述、修改几个环节，这些写作的全部环节，都与思维密不可分。作者从观察事物、摄取外界信息、体验感受或阅读、检索、收集材料开始，思维就已渗透其中；进入构思谋篇阶段，思维更是异常活跃、高度集中，从炼意到谋篇布局，都依靠思维的积极推动；思维的形式化即表达阶段，包括使用语言表述、文字符号排列和修改，都需要思维的积极调控，才能取得最佳效果。换言之，思维的对象化，就是选定写作目标，收集写作材料；思维的意象化，其主要任务在于确立主题，确定写作内容；思维的形式化，其任务在于语言表述，篇章制作。从写作活动的整个过程看，由选材、炼意、构思，到谋篇、表述、修改，都是按照思维的路径来进行的，始终离不开作者的思维活动。

2.写作活动需要运用多种思维形式

上面我们已经介绍过，人类的思维形式主要有三种，即抽象思维、形象思维和灵感思维。抽象思维是运用概念、判断、推理等方式，对感性材料进行分析、综合，以达到对客观事物本质规律的认识的思维方式。它包括以归纳推理、演绎推理、类比推理为方法的形式逻辑，以及以归纳与演绎、分析与综合、抽象与具体相结合为方法的辩证逻辑。形象思维是通过具体的感性形象把握事物、创造文学艺术、认识和反映社会生活的思维方式，具有具体性、形象性、完整性和跳跃性的特点；灵感思维是一种特殊的思维形式，是人们在进行科学和艺术创造活动中，以一种偶然顿悟、突然爆发、意外获得成果为特征的思维活动。写作是一种复杂的精神活动，几乎人类所具有的思维特点，都能在写作活动中体现出来。抽象思维、形象思维和灵感思维之间并没有绝对分明的界限，在具体写作过程中，它们相互渗透、相互关联、相互诱发、相互推动，共同发挥着作用。文学创作主要运用形象思维，但也离不开抽象思维和灵感思维；写作理论文章或实用文体，也不能一概排斥形象思维和灵感思维。所以，三种主要思维方式应当综合起来加以运用。

（三）思维能力的培养

1.诱发活跃的思维活动

人的大脑总是处在不停的思维状态中，只要人的生命存在，大脑的思维活动就存在。在写作过程中，思维活动总体上是积极的、主动的、有用的，但有些思维活动也会是消极的、被动的、无用的。有时候，思维甚至会处于闭塞、抑制的状态，这就需要通过调整，诱发并激起活跃而积极的思维活动。要诱发活跃的思维，首先要广泛接收各种有效信息。思维的过程，是对感性材料进行加工的过程，而思维中的感性材料，是写作主体通过观察、感知、记忆得到的信息，只有获得有效的信息，才有可能诱发有效的思维，激起沉淀在潜意识中的某个兴奋点，从而产生强烈的写作冲动。无数文人作家的实践证明，信息积累不仅可以成为人们显意识中写作思维的材料，而且也能成为潜意识中诱发创作灵感的媒介。其次要调整好主体的精神状态。从事写作的人，有时候写起来非常顺利，文思泉涌，有时候却思路闭塞，文思不畅，这就有一个精神心态的问题。思维是写作主体内在的心理活动，要活跃思维，就必须致力于心理素质的强化和心理机能的调节，把自己的心理状态和心理素质调整到最佳的写作时境之中，神情专注，情绪饱满，尽力避免心烦意乱、文思阻滞。再次要努力开拓思维空间。人的思维所能达到的空间是没有固定界限的，要学会用思维探测器遍访思想的汪洋大海。写作过程要尽量拓宽思维的涵盖面，开阔的文思来自开阔的视野，洒脱的文风来自洒脱的思维。思维开阔了，行文走笔就能洋洋洒洒、酣畅淋漓，如同行云流水，舒展自如。最后还要打破思维定式，走出那些习惯性的、模式化的、僵固化的思维圈子，大胆突破旧规范，构建富有创造性的新思维。

2.培养创造性思维方法

写作就是创造，写作的过程，就是作者创造性思维及其活跃的过程，写作的成果就是创造性思维的艺术结晶。要想切实有效地提高写作能力，就必须主动地、科学地培养和训练自己的创造性思维能力。创造性思维是指突破已有的思维定式与方法，能在揭示事物本质规律的基础上向人们提供异于他人、优于他人的新思路、新方法、新认识、新成果的思维，包括发现新事物、揭示新规律、提出新观点、解决新问题等。它是抽象思维、形象思维和灵感思维的有机综合，具有新颖性、价值性、敏捷性、概括性、深刻性等特点，要求写作主体精于思，善于思，敏于思，通过不断培养训练，提高思维效率，增强写作能力。在写作实践过程中，在综合运用抽象思维、形象思维、灵感思维外，还可以灵活采用其他一些思维方法，培养思维能力，珍惜思维突然闪现的火花，把握机遇，并迅速转化为写作成果。比如以下思维方法。

发散思维。又叫辐射思维、扩散思维、多向思维、开放思维，是指在思维过程中充分发挥人的想象力，突破原有的知识、经验的束缚，从一点向四面八方散开去，以寻求更多更新的答案，它具有流畅、变通、独特的特点。

集中思维。又叫辐合思维、聚合思维、求同思维。它是一种寻求唯一正确答案的思维，是在大量创造性设想的基础上，通过分析、综合、比较、判断，使之朝着一个方向聚敛集中，使人找到一个最佳的答案，具有“以多趋一”的特点。

逆向思维。是指对司空见惯的、已成定论的事物或观点反向思考的思维活动，其思维结果往往与习惯性思维相反。它属于求异思维范畴，能帮助人们打开思想的另一扇天窗，辩证地看待问题，获得对事物全面、准确的认识。

比较思维。是确定对象之间共同点和差异点的一种思维方式，也是进行逻辑加工的初步方法。分为纵比和横比两种，纵比是指时间上的比较，就是比较同一事物在不同时期的形态，从而认识事物的发展变化过程；横比是指空间上的比较，就是对空间上同时并存的既定形态进行比较，从而认识事物的异同。比较思维有助于作者开拓思路，深化对事物的认识，获得新的感悟和发现。

侧向思维。又称越轨思维，是思维主体有意识地离开一般人所认定的思维轨迹，从其他离得很远的领域获得信息启示，以便解决问题的思维活动。侧向思维的能力就是利用局外的本来互不相干的信息来进行联想组合的能力。

直觉思维。就是未经逐步的逻辑分析而迅速地对问题的答案做出合理的猜测、设想或顿悟的思维过程，具有“能看出但又无法论证”的特点。

潜意识思维。是在潜意识领域中进行的思维，具有自发性和无意性的特点。

在思维活动中，除了上述介绍的种种思维方法外，在具体方式上还可以采用归纳与演绎、分析与综合等。在写作活动中，这些思维方法都不是孤立运用的，而是相互联系、相互推动，共同发挥作用的。

（四）表达的含义与要求

广义的表达是将思维所得的成果用语言表现出来的心理行为，包括口头表达和书面表达两个方面。它以交际、传播为目的，以物、事、情、理为内容，以语言符号为工具，以听者、读者为接收对象，通过运用语言文字，实现写人记事、状物绘景、表情达意、传递信息、交流思想感情的重要作用。

陆机曾在《文赋》中说道：“笼天地于形内，挫万物于笔端。”说明表达的内容是无限宽阔的，包括在物、事、情、理之中。不同的表达内容，使用不同的表达方式，可以构成不同的文体，而要实现这个目标，要靠语言这个工具和媒介。口头语言以人体器官发出的声音为物质外壳表达特定内容，书面语言以文字符号为物质外壳表达特定内容，它们在表达的外在形式上有差别，但在本质上是相同的，都是以一种语言系统为基础。文字是语言的代码，它的使用离不开语言系统。我们阅读任何作品都离不开语言这个第一要素。写作活动其实就是思维过程，而思维是必须要借助语言这个工具的，虽然人类表情达意的手段有许多种类，比如线条、色彩、手势、体态、表情及其他一些符号等，但这些手段都无法和语言相比，语言是最重要、最常用的手段之一。写作就是运用语言把作者对世界的认识、体会、感触表达出来的过程。在这一过程中，语言既是思维工具，又是表达工具，作者把自己的思想感情诉诸语言文字，形成篇章，而读者只有理解这些语言文字，才能体会作者所表达的意思，这就需要作者具备高超的语言能力。因此，对语言表达的具体要求主要体现在准确、简洁、生动三个方面。

1.准确

语言的准确，在形式上首先体现为在“咬文嚼字”基础上选择正确的词语，在内在规定上合乎客观现实。也就是说要最大限度地符合语言规范，仔细辨析词义，尽力避免用词不当、语序混乱、句子残缺等语法错误的同时，还要注意情感色彩、意境推敲等。比如，徐迟在《地质之光》一文中写道：

“李四光用乐观的、十分肯定的语气答复毛主席的垂询。”

这里，“垂询”一词就用得很准确，恰如其分地体现出了交谈双方的关系。又如，韩愈在月夜听见贾岛吟诗：

“鸟宿池边树，僧推月下门。”

韩愈劝贾岛将“推”改为“敲”，这里不仅有文字的区别，还涉及意境推敲的问题。诗的关键不在于用“推”或“敲”，而在于哪一种意境是作者当时所要表达的意思且与全诗是和谐相融的。

2.简洁

语言的简洁就是用尽量少的文字，表达尽可能多的内容，这是一个信息密度大小的问题。简洁的语言，可以使文章显得干净利落，能分散笔力，无枝繁叶茂、拖泥带水之感，使意思表达更加准确。方法上可以采用精选字词、删除浮词、长句化短、提炼警句等，使语言真正言简意赅、简明通畅、文笔凝练。比如，老舍是我国的“语言大师”，他很注意语言的简洁明快，他曾说：

“我自己写文章，总是希望七八个字一句，或十个字一句，不要太长的句子……每写一句时，我都想好了，这一句到底说明什么，表现什么感情，我希望每一句话都站得住。当我写了一个较长的句子，我就想法子把它们分成几段，断开了就好念了，别人愿意念下去；断开了就好听了，别人听得懂。”

老舍的这段话，给我们提供了两条使语言简洁的经验：写文章“要让每一个句子都站得住”，没有多余的话；而写了长句，“想法子把它们分成几段”，化长为短，使语句简短明快。

3.生动

古人说，“言之无文，行而不远。”说的就是文章必须有文采，语言生动活泼，才能起到广泛的传播效应。生动，就是讲究形象和文采，使语言新鲜、优美，富有生动意义和强烈感染力。生动的表达之于作品，其重要意义不言而喻。比如，我们所熟知的“红杏枝头春意闹”这句诗，一个“闹”字，就很好地体现了语言的生动性，呈现给读者的是一种春意到来的活生生的情状。那么，如何做到语言的生动呢？一是要使用形象化的语言。形象化的语言有“声响”、有“色彩”，能唤起读者的想象，给读者以具体的画面，富有表现力。朱自清的《背影》之所以能打动人，就在于作者刻画了“父亲蹒跚的背影”，这一形象化的语言使文章生动活泼。二是要使用新鲜的语言。语言要生动，首先要出“新”，文章的立意要切记拾人牙慧，使用语言也应该有个性，不能人云亦云。比如，沈从文在《边城》中写道：

“老船夫怯怯地望了年青人一眼，一个笑脸在脸上漾开。”

一个“漾”字使画面活了起来，给人以新鲜之感。三是要使用情态化的语言，包括恰当运用各种修辞手法。比如，朱自清在《绿》一文中写道：

“我的心随潭水的绿而摇荡。那醉人的绿呀，仿佛一张极大极大的荷叶铺着，满是奇异的绿呀，我想张开双臂抱住她。……这平铺着，厚积着的绿，着实可爱。她松松的皱缬着，像少妇拖着的裙幅……”

作者把自然景色的“绿”作为女性来赞美，这种拟人化的语言描述，给人以鲜明生动之感。

(五)表达能力的培养

1.培养语言素养与语感能力

写作的过程其实就是思维的过程，而思维必须借助语言这个工具，语言既是思维工具，又是表达工具。要提高表达能力，说到底就是要对语言运用能力进行训练，这就要求培养语言素养，即培养写作主体应具备的正确语感和对语言优劣的判断能力。语感就是对语言的感觉，即当某种客观事物出现在脑海，或某种思想、某种情绪产生于脑海之时，便能敏锐地找到恰当的语言把它反映出来，这就是对语言的感觉。良好的语感能力具有敏锐、准确、精美的特点，相对于写作而言，为什么有的人能意到笔随，有的人却是茶壶里边煮饺子有嘴却倒不出？原因就在于语感能力的强弱上。语感能力强，心里想什么，就能迅速找到恰当的语言把它表达出来；语感能力弱，有话想说却找不到合适的词，提起笔来脑袋空空无从下手。这就要求写作主体博览群书、广泛阅读，掌握语言的基本特性，注意语言运用的灵活多变，理解语言与语境的关系，同时要积极吸收生活中的鲜活语言，并在写作实践中不断加强训练。这既是训练语感能力的要求，也是培养语言素养的基本途径。

2.提高口头语言和书面语言的表达能力

口头语言是人类语言的基本形态，是书面语言产生与发展的基础和源泉。镌刻在心底、还没有表达出来的心理世界中的内部语言，虽然是无意识的、无声的和零散的，但它以音素记忆为标志而存在，将这种内部语言加以整合，用口头表达出来，就成了口头语言。书面语言以口头语言为基础，经过加工整理，更加具有条理性和规范性。从表现形态上看，口头语言以口腔、舌头为工具，书面语言以纸和笔为工具。一般情况下，人们把口语化的语言称为口头语言，把语法规范化、知识条理化的语言称为书面语言。要提高口头语言的表达能力，就要把日常生活中的表达和特定场合的表达结合起来，有机衔接听、说、读、背等环节，把储存词汇量同语言转换训练融为一体。方式上可采取看图说话、口述见闻、口头辩论、讲故事和讲演、口述作文等。而要提高书面语言的表达能力，就要勤于动脑、善于思考、精心琢磨、广泛浏览、阅读经典、学习方法、深入实践、多写多练。唯有如此，才能笔耕不辍，文墨常新，从而不断提高书面语言的表达能力。

3.准确并熟练地运用各种表达方式

要用语言文字表情达意、状物抒怀，就需要运用一些基本的表述方法，只有准确并熟练地运用这些方法，写作主体才能化“思维”为“文章”，变“无形”为“有形”，把头脑中预想好的篇章蓝图组织成为一篇篇色彩绚烂的文章成品。这些方法常用的主要有叙述、描写、议论、抒情、说明等。

叙述即记叙和述说，是一种陈述人物经历和事物发展变化过程的表达方式，一般包括时间、地点、人物、事件、原因、结果六个要素。从内容的详略上可以将其简单分为用较少的文字把人物、事件概况陈述清楚的概括叙述，以及比较周详细致地对人物、事件进行述说的具体叙述。叙述的方法则有顺叙、倒叙、插叙和平叙等。

描写就是用生动的描绘和刻画来展现事物的具体状态和细节的表达方式，它有色彩鲜明、立体感强、生动形象的特点，具有“造型”功能，能给人栩栩如生、惟妙惟肖、形象传神、身临其境之感。描写按对象分类，可以分为肖像描写、心理描写、语言描写、行动描写、细节描写、场面描写、自然景观描写、社会环境描写等；按照手法和风格分类可以分为细描和白描。细描就是用细腻浓重的笔法描绘事物，多用修辞手法。白描的特点则是不设喻不施彩不精雕细刻，以质朴的文字抓住特征，寥寥几笔勾勒出对象的轮廓。

议论就是析事论理的表达方式，一篇完整的议论文通常由论点、论据、论证三要素组成。议论一般分为两大类，即“立论”和“驳论”。“立论”称为证明式文章，“驳论”称为“反驳”式文章。议论在表述上要求明确严密、严谨透辟、犀利有力，要求写作主体有深厚的知识内涵，有较强的逻辑表达能力。在说理性文章中，议论是一种主要的行文方式，要求论点明确、论据充分、论证周密；在散文、随笔等记叙性文体中，议论不要求环环相扣的逻辑推理，而是由叙述、描写引发出的对事物的感想、认识和评价，是一种有感情色彩的理智爆发，是在关键之处的画龙点睛之笔。

抒情就是抒发感情，是写作主体直接或间接地抒发内心感情的表达方式，其方法有直接抒情和间接抒情两种。直接抒情即为直抒胸臆；间接抒情则往往把情感寄托于写人状物、叙事论理的字里行间，其方式有寓情于景、寓情于象等。抒情的一般要求是感情真挚感人、生动具体、淋漓尽致。

说明就是解说事理、说明事物的表达方式。它往往用言简意赅的文字，把事物的形状、性质、特征、成因、关系、功能等解说清楚。因此，其说明的内容偏重科学性、知识性和告知性，要求客观、冷静、有条理地介绍、解说、阐释所说明的事物，做到清楚明白、准确无误，且不加入作者个人情感，不作个人化的评判。

【思考与练习】

1.什么是写作主体？写作主体的能力应包括哪些？

2.什么是观察与采集？常见的观察与采集方法有哪些？

3.怎样观察生活中的人、事、景、物？

4.观察中怎样才能发现别人不易察觉的东西？

5.谈谈感受与想象、思维的区别。

6.谈谈逻辑思维、形象思维和灵感思维的区别及其在文章中的表现。

7.如何提高书面表达能力？

8.简要概述用语言文字表情达意、状物抒怀的常用方法。

9.充分运用观察、感受与想象，描写一位你最熟悉的同学、老师或朋友，题目自拟。

第二节　写作主体应具备的基本素养

素养，是指人的基本素质和修养。对于写作主体而言，其素养与写作思维和写作行为有密切的关系。写作主体应具备的基本素养包括生活素养、学识修养、思想意识、审美理想四个方面。这四个方面是有机的整体，其中，生活素养是写作的基础，思想认识是写作的主导，学识修养和审美理想则是达成写作的桥梁。主体的整个写作活动是其素养的整体和系统的表现和行为，写作的信息源和信息载体都有赖于其生活素养、学识修养、思想意识和审美理想。

一、生活素养

生活素养是指建立在生活阅历基础上的人的生活实践能力和对生活的认知能力，是人们创造一切文化活动的“根须”，其中，生活阅历作为社会存在中的个体存在，给个体以社会化的意识，给人以思想、意志和情感，造成了人的气质、素质和品格，对主体的写作具有决定性作用。写作从本质上讲，就是人的社会化意识和精神思想素质的外在表现，并由此决定写作的价值。

生活是写作的源泉。作为广义概念的生活，不仅包括人的所见所闻，还包括了人的社会遭遇、社会关系、社会背景、社会思潮等。纵观人类创造的一切精神文化成果，从本源意义上看，无不来源于社会生活，来源于写作主体丰富的经历、广阔的视野，以及对社会生活的留心观察与倾情感受。人的精神、观念、情感等主体意识，都是客观的社会生活在人脑中的反映。写作总是反映着人类认识的对象，同时反映着人的精神、观念、情感等主体意识，其源泉自然来自生活。从文体的角度看，无论是文学作品还是应用文体，无论是新闻报道还是纪实文学，都离不开社会生活中的人、事、景、物，都是反映社会生活中的实际情况、现实事件或阐述社会道理、生活观念，哪怕是但丁《神曲》里写的地狱、净界、天堂，也是从生活状态中推演、联想、提炼出来的，吴承恩《西游记》里写的天界神仙体系，实际上也是封建社会官僚结构的投影。

当然，写作一方面源于社会生活，源于时代；另一方面也反作用于社会生活，反作用于时代，而且还随着社会生活的发展而不断演变。不同时代的写作成品总是体现着那个时代的社会思潮，包括文体样式的嬗变、文章的书写工具、写作的材料等，都会随着社会生活、时代的变化而变化。所以，需要写作主体不断地扩大视野、丰富阅历、感知社会、适应时代，尽力递增感性认识和理性认识，贮存积累丰厚的写作材料和信息，以此来培养生活素养。要培养生活素养，可以通过以下方法与途径：一是尽力扩大生活阅历，让生活之树常青。可以有意识地参与生活体验，在现有条件和环境中直接经历各种生活场景及人与事，从中获得对生活的体验和认识，也可以间接地通过道听途说、阅读书报、观看影视作品、浏览电子文章、欣赏艺术节目等扩展生活空间，延伸艺术生命。二是细心考究，形成正确的人生观和方法论。写作意在指引别人的前行方向，这首先要求写作主体的方向要正确。因此，要积极深入社会生活，真正进入生活角色，做生活的有心人，细心地认识生活、体验生活、考究生活，从精神上把握驾驭生活的能力和方式，在写作中正确表现和反映生活，以正确的人生观和方法论写好生活这本书。

二、学识修养

所谓学识修养，就是写作主体在进入写作活动时所需要的基本知识、相关学问和各种见识等，它既包括客观世界逻辑结构和运行规律方面的知识，也包括主体思维所使用的语言概念及其思维程序、规则等方面的知识，是主体所具有的系统性、专业性知识的素质和修养。这种知识的类型从内容上看，有一般知识和专业知识；按信息接受的方式划分，有视觉知识、听觉知识和视听知识；按来源划分，有直接知识和间接知识等。

写作是一种智能劳动，必然需要多方面的知识储备，丰厚的知识是任何类型的文章写作所必备的基础。从广义上讲，人们的感官所接受的所有信息都是知识。从写作角度来看，写作是以文字符号和语言体系作为媒介和工具的，学习写作必然开始于文字知识和语言知识的学习，从认字到组词，从造句到谋篇，从段落到结构，都是在掌握语言文字知识。语音知识、语法知识、修辞知识、逻辑知识等，都属于语言文字知识的范畴，是一种工具性的知识。除此之外，还需要去掌握各种文章的表达方式、表现技法等，以增强文章特别是文学作品的艺术感染力。可见，广博的知识决定着写作主体的知识修养。

知识就是力量，这不仅是指精神力量，也指物质力量。知识不仅是构成个体思维能力的基础，也是社会文化、科学、文明的基础，标志着社会的进步。没有精神力量和物质力量的社会是可悲的，没有精神力量和物质力量的个体同样是弱小的，唯有知识能给社会和个体带来精神财富和物质财富。要提高学识修养，其方法和途径简要地说：一是要博览群书，全方位采集一般知识、专业知识、理论知识等各种类型的知识；二是不断充实调整学识结构，注意抓重要知识和新鲜知识；三是学会思考，善于梳理、消化和应用知识。这里要重点强调学会阅读的问题。

王国维在《人间词话》里说："古今成大事业、大学问者，必不经过三种之境界：'昨夜西风凋碧树，独上高楼，望尽天涯路。'此第一境也。'衣带渐宽终不悔，为伊消得人憔悴。'此第二境也。'众里寻他千百度，蓦然回首，那人却在，灯火阑珊处。'此第三境也。"王国维在这里把诗词创作的艰辛与乐趣都已说尽。前面的两种境界是人人都经历过的，但未必人人都能达到第三种境界，那是艺术的最高境界，像海市蜃楼那样诱惑着你，却可望而不可及。你要走近它，没有任何快捷方式，只有平平淡淡的四个字：且去读书。

为什么要读书？因为阅读和写作是人不可缺少的精神生活活动。人的精神生活活动包括科学、哲学、艺术等方面。科学是人类精神生活的重要一面，没有基本的科学常识，人就无法跟周围的自然对话，世界对他来说就是一个陌生、神秘、不可知甚至是敌对的存在；哲学是人类精神生活的又一面，人的生活如果没有丝毫的哲学色彩，那么在充满矛盾和不安宁的世界中他的精神就会崩溃；艺术可以帮助人跟自己的内心世界对话，人的内心世界是广阔深邃的，如果人只顾同自然和社会打交道，忘记了抚慰自己的心灵，其精神就会失衡，人性就会分裂，就会丧失归宿感。

阅读可以帮助人们寻找精神家园。通常认为，人类有三个家园：一是创造——沉醉于工作——事业的家园；二是爱——沉醉于温情——亲情的家园；三是审美——沉醉于艺术世界——精神的家园。这三者构成了人的精神生活的"全圆"。三者缺一，人就会有家园丧失感、无家可归感。

当我们阅读或写作的时候，作品中的人、事、景、物能引起我们情感上的共鸣，投入一种刻骨铭心的体验，而这些人、事、景、物，跟我们又没有直接的功利关系，我们可以拉开审美距离去品味。举例来说，尽管某个悲剧的故事会让我们情不自禁地落泪，但这不会伤害我们，流泪以后反而获得一种满足，觉得是一种情感的宣泄，得到了心理上的平衡和精神上的愉悦，是一种精神上的享受而不是负担。

阅读和写作可以满足我们的审美和自我实现的需要。马斯洛的心理学理论将人的需要分成几个等级：最低一级是人的基本需要，包括生理需要、安全与保障的需要、爱与归属的需要、自我尊重与他人尊重的需要以及满足这些需要的先决条件（外部环境）；再上一层是人的发展需要，即追求真善美等（包括审美）；最上一层是人的自我实现的需要。当我们全身心地投入阅读或写作，被作品中的情境所陶醉，心灵进入一种与现实世界不同的艺术境界时，就会忘却一切，包括自己无尽的痛苦，达到一种无障碍的自由和谐境界，觉得心情格外舒畅，生活是那么美好。你会为自己居然能进入这样一种境界而自豪。

如果没有自己的想象、感知、联想、回忆、组合、判断、取舍、创造等心理活动过程和综合的素质能力，那是绝对不会进入这种境界的，因此，阅读和写作的过程实际上是检测自我能力、实现自我的过程。

阅读和写作共同完成审美现实。写出来的作品有一种“意义的不确定性”，只有通过阅读才可以在想象中把不确定的东西，通过“具体化”变为现实的、鲜活的、实实在在的审美对象。比如，同样是一部《红楼梦》，鲁迅就说过：“经学家看见《易》，道学家看见淫，才子看见缠绵，革命家看见排满，流言家看见宫闱秘事。”这是为什么呢？这就是作品的“不确定意义”，被不同的读者阅读后“具体化”为不同的审美对象的缘故。

可见阅读不仅是写作的基础，而且还是写作的完成者。

古人云“不动笔墨不读书”，阅读与写作如影随形。阅读可以采用博览、专攻、精读、略读、朗诵、速读、疑读等方法，也可以跟写作相结合进行，如听写、抄写、默写、仿写、改写、补写等。要想推开写作之门，就必须学会去阅读。因为阅读是人类最优雅的行为，也是人类最优美的姿态。如果说舞蹈、体育等展示了人类最优美的身体姿态，阅读则展示了人类最优美的思想姿态。学会阅读，学会优化阅读，读那些“能打精神底子”的书，读那些有文脉，对学习、生活、生命有意义的书，而且还要通过“浅阅读”进入”深阅读”，最终达到“悦读”的境界。

王蒙曾在《一个值得探讨的问题》一文中说：“大作家都是非常有学问的人……高尔基如果只会洗碗碟和做面包，毕竟也称不得高尔基，他在他的大学里读了比一般大学生更多的书，如果清代有学士、硕士、博士这些名堂，曹雪芹能在好几个领域如韵学、中医药学、园林建筑学、烹饪学……通过论文答辩而获得学位的吧？现代文学史上的几位大作家：鲁迅、郭沫若、茅盾、叶圣陶、巴金、曹禺、谢冰心……有哪一位不是文通古今、学贯中西呢？”

王蒙的这段话，深刻阐明了作者的主体修养对写作的重要性，要求我们通过阅读不断提升学识修养，从而更好地为写作服务。

三、思想意识

思想是观念、意识和心理思维的总称，其核心是世界观和方法论。世界观是人们对世界的根本看法，包括了人生观和价值观；方法论是认识世界、改造世界的根本方法。世界观和方法论支配着人们内在的精神心态和外在的行为方式，也就是说，人的观点、意志、信仰、情操、道德、品格、理想、情感等，都受着作为思想核心的世界观和方法论的决定和制约，人的言论、风范、仪态、习惯、作风、行为等，也同样受其决定和制约。

思想素质的总体表现不是指某种具体的思想或作风，而是指精神心态和行为风范的整体素质和修养，即人们以世界观为核心的认识论和方法论的总和。良好的思想素质是人们从事一切活动的心理基础和精神动源，是从事一切文化创造活动的先决条件和主导力量。对写作活动来讲，思想素质起着支配和制约作用，它决定文章的选材和立意，决定文章的格调和价值，同时也会影响文章的形式技巧。因此，写作主体必须建构包括人格品味在内的良好思想素养。

写作活动是一种富有个性化的精神劳动，写作主体的精神气质和人格品位对写作成品产生巨大影响，其精神成品的价值取决于主体的思想。只有长期地积累思想、情感和精神，才能写出有价值的作品。作品的格调取决于作者的人格境界，作品的价值来源于作者的思想水平。古今中外历史上的大作家都十分重视思想素质的积淀与提升，他们在某种意义上来说也都是思想家，是人类的精神导师，他们通过其优秀作品引导人类社会向真善美的方向前进。古代诗论家论诗时认为，诗境出自胸境，有一流胸境才有一流高格诗。叶燮就曾在《原诗·内篇（下）》里说："诗之基，其人之胸襟是也。有胸襟，然后能载其性情、智慧、聪明、才辨以出，随遇发生，随生即盛。"叶燮所谓的"胸襟"和"胸境"，就是今天我们说的思想素养。李白以傲岸不屈的风骨，写出气壮山河的诗篇，铸就凌厉奔放的诗调，就是有"黄河落天走东海，万里写入胸怀间"的开阔胸襟；杜甫能写出关心民间疾苦的现实主义一代"史诗"，就在于他有着胸怀天下的思想情怀；文天祥若是贪生怕死之徒，哪能写出大义凛然、视死如归的《正气歌》；毛泽东既是思想家又是文学家，他以天下为己任，以高尚的人格、开阔的胸襟、远大的抱负、旷达的情思以及豪迈的文笔，为我们留下了许多不朽的伟大诗篇。法捷耶夫在《和初学写作者谈谈我的创作经验》一文中指出："毋庸争辩，个人品质——作家的才力、修养、智力发展的趋向、气质、意志以及其他的个人特征，在选择材料的时候都起着重大的作用。"说明人格品位、思想素养与选材立意的正确、深刻与新颖息息相关。莎士比亚认为人是"宇宙之精华，万物之灵长"，人与动物的根本区别就在于人是有思想、有精神的，这种思想会从整体上影响写作过程、灵感构思、表达方式等，字里行间无不渗透着作者的思想境界。这一切都说明，写作主体的思想素质是作品的基础和本源。

我们常说"文如其人""风格出自人格""作文先做人"。要提高作品的格调，发挥其价值功能，写作主体首先要掌握人类最先进的思想武器，不断提高思想品格，并在实践中吸收消化，更新思想观念，努力形成自己的鲜明个性和风格。其次要贴近时代、贴近社会、贴近群众，强化社会意识，发挥出作品的社会功用。再次是要完善人格，不懈地追求自我完善，努力写出真、善、美的作品，以"先天下之忧而忧，后天下之乐而乐"的思想境界和"达则兼济天下，穷则独善其身"的人生信条，真正成为时代、社会和人民的代言人。

四、审美理想

美，会意字，金文字形，从羊，从大，本义为"味美"，其基本形态是艺术美和现实美。美是人们创造生活、改造世界的能动活动及其在现实中的实现或对象化，是一个与真、善相统一的，能够激起人们感情愉悦的感性形象。具体地说，美是人类对某种事物的一种感觉，这种感觉包括人类的视觉、听觉、味觉、触觉，以及人类身心对某一事物的一种愉悦的感受，它出现在任何事物中，如结构的和谐与新奇，色彩的绚丽多姿，大自然的鬼斧神工，音乐旋律的美妙动听，只要你热爱生活，你就能发现人间处处都有美。

审美是人类掌握世界的一种特殊形式，指人与世界（社会和自然）形成的一种无功利的、形象的和情感的关系状态，是人类所特有的一种心理功能和文化活动，也是每个有文化的人应当具备的基本素质和修养。审美是在理智与情感、主观与客观的具体统一上追求真理、追求发展。而我们说的审美素养就是指人所具备的审美经验、审美情趣、审美能力、审美理想等各种因素的总和，它既体现为对美的接受和欣赏的能力，又转化为对审美文化的鉴别能力和创造能力。换句话说，对美的欣赏和情感体验的活动，是人掌握世界、创造文化的特殊方式之一。具体来讲，审美素养包括认识美、评价美、感觉美、鉴赏美、享受美、表达美、创造美等意识和能力。

我们生活的大千世界，是一个充满美的信息世界，从大自然到人类社会，从视觉到听觉，人们每天都在享受着美的精神滋润。而人们的审美理想既可以体现为对美的追求和选择，又可以转化为净化情感的力量和文化创造的动力。事实上，人们对美的追求渗透到一切生活活动之中。自古以来，审美活动就伴随着人类的社会生产实践活动而产生。早在远古时期，人们创造石刀石斧时，就已经用石器作为装饰品，通过欣赏自己的创造，获得对自我价值的认证，同时产生了美感，并促进了更多的创造活动的产生。随着社会的不断发展进步，人们面对衣、食、住、行，除了实用的基本要求，就是审美的要求，比如衣服之御寒之外的美观，房子之居住之外的舒适，都是突出审美意义。审美素养越高，标志着人们的社会化程度越高、精神的文明程度越高。物质需求的不断提高和满足，人们的审美需求也在不断提高，与物质需求和享受相比，精神享受和审美需求也随之向更高层次发展。比如孔子听了一段美妙的音乐之后，陶醉得“三月不知肉味”，说明他的精神享受超越了物质享受而实现了精神的现代化。从本质上说，审美活动是人们从精神上观照现实、把握现实的方式，来自人类的生产劳动和社会实践。随着人类社会的发展和进步，审美领域也不断扩大，审美手段也不断多样化。

写作是一种精神文化的创造行为，它比起衣食住行等物质文化的创造，更多地体现出“按照美的规律”创造的特点，要求写作主体在具备相应的生活素养、知识素养和思想素养之外，还要具备一定的审美素养。任何文体的写作都直接或间接地体现着美的内涵或美的对象，要求写作主体必须具有美的心态，无论是材料选取、语言表达、结构布局还是方法技巧等，都来自和谐有序的思维；任何文章都具有美的属性，文学作品本身就是审美文体，无论是诗歌、散文，还是小说、戏剧，都以形象美、情感美、意境美、理趣美为追求目标；报告文学中有强烈的文学色彩，传记文学中有鲜明的人物形象，通讯通过特定人物与事件反映美的生活内容，随笔杂感融情理于一体，科幻小说充满了想象，科普小品凝聚着美的情感与风味；文章从内容到形式的美感内涵，是主体对写作对象进行审美观照和把握的结果，没有一定的审美素养，是写不出有美感效应的文章的。

因此，要积极地培养和提高写作主体的审美素养。首先要学习和掌握必要的美学原理，认识和理解美的本质与表现，增强审美的主动性与自觉性；其次要努力丰富和提高审美情趣，包括大自然中的天然美、现实美，社会活动中的生活美、人性美、人情美，文学艺术作品中的形象美、情感美、理趣美等，要培养广泛的兴趣爱好，丰富自己的审美情趣，提升自己的审美素养，使自己随时随地都处于审美状态之中；再次要学会以饱满的激情"按照美的规律"创造美，写作主体除了认识美、感觉美、享受美之外，更需要去评价美、鉴赏美、表达美，"按照美的规律"去创造美，多思多写多练，努力创造出无愧于时代和人民的优秀文化作品。

【思考与练习】

1.应该从哪些方面建构写作主体的基本素养？

2.为什么说"生活是写作的源泉"？

3.谈谈阅读与写作的关系。

4.思想素养对写作有什么作用？

5.写作活动如何体现"按照美的规律"创造的特点？

6.认真阅读以下材料：

有一个寓言，说有兄弟两人，他们家住在一栋80层的顶楼上。有一天两个人回家，电梯突然停电了，背着大包裹的兄弟俩决定爬楼梯回家。刚开始很轻松，到20楼时负担重了，于是把行李寄存在了20楼。卸下了负担的两人又爬到40楼，这时已经很累了，两人开始相互抱怨。吵到60楼时，实在太累了，又安静地爬了20层后终于到家。站在80层的楼梯口，两个人互相一看，突然想起了一件事：钥匙忘在了20层的背包里。

请你结合上述材料，运用想象，以"20岁的那把钥匙"为题，写一篇不少于千字的文章。

第三节　写作主体的笔外功夫

一、"工夫在诗外"之于各种文体的写作

宋朝诗人陆游曾在1208年（南宋嘉定元年）给他的一个儿子传授写诗的经验时写过这样一首诗：

"我初学诗日，但欲工藻绘；中年始少悟，渐若窥宏大。怪奇亦间出，如石漱湍濑。数仞李杜墙，常恨欠领会。元白才倚门，温李真自郐。正令笔扛鼎，亦未造三昧。诗为六艺一，岂用资狡狯？汝果欲学诗，工夫在诗外。"

写这首诗时，陆游已经是84岁高龄了。在这份收录于《剑南诗稿》卷七十八的文学遗

嘱里，诗人谆谆嘱咐说：我年轻初学写诗的时候，只知道追求诗句工整，修辞华美，总在字句上下功夫。到中年写诗时，始所有悟，才逐渐窥察到宏大深邃的诗意境界，也就能写出一些好诗来，有如被湍流冲洗的顽石，显得奇特不俗。唐朝李白、杜甫的诗，是不可逾越的高峰，有如数仞高墙挡在眼前，我恨自己领会不深，可望而不可及。元稹和白居易的诗，也只能说到达了高墙的门边，至于温庭筠、李商隐的诗，就不值得一提了，即使是他们的扛鼎之作，也未必能真正领会诗中三昧。诗是六艺之一，哪能仅仅当作笔墨游戏呢？所以，你若真要学习写诗，不仅是学习字词句式，还要有更深的学问，作诗的工夫，在于诗外的历练。

陆游认为，一个写作主体，其所写作品的好坏高下，是由其经历、阅历、见解、识悟所决定的。当然，他所说的“诗外工夫”，也不仅仅是这些，其才智、学养、操守、精神等形而上的东西，同样也是诗人要想写出好诗所需的“工夫”。但陆游强调写作主体对于客观世界的认知能力，主张从作者身体力行的实践，从格物致知的探索，从血肉交融的感应，从砥砺磨淬的历练，获得诗外的真功夫。陆游这个“诗外”说，倒百分之百地意在诗内。唯其诗外功夫扎实而又充分，他的诗词才能在文学史上得以不朽。

不仅仅是写诗如此，“工夫在诗外”的要求同样适用于各种文体的写作。因为写作的各种理论要求，都是写作规律从“笔内”着眼的。事实上，冰冻三尺非一日之寒，各种文体的写作同样讲究“工夫在笔外”。我们这里所谓的笔外工夫，主要是指对客观事物的观察、认识和掌握，以及各方面的知识功底。这是一种综合性的储备，这种储备运用于写作，积累于平时，积累越厚，发之越佳。

二、如何提高写作主体的笔外功夫

写作是一门综合性很强的科学。要提高写作水平，写作主体就必须重思想、广阅历、勤读书、学技法，努力建构起各种学识修养和能力系统，惟其如此，才能创造性地开展写作活动，才能创造出无愧于时代无愧于人民的优秀文化作品。

（一）重思想

宋人范开在《稼轩词序》里曾提出：“器大者声必闳，志高者意必远”，强调的就是思想意识。生活的海洋，犹如彩云密布的天空，到处闪耀着思想的光芒，作为写作主体，要学会及时地发现和捕捉这种思想光芒。只有努力提升思想水准，站位高远，才能独具慧眼，小中见大，收到“于无声处听惊雷”的效果。这样写出来的文章，也才能别开生面，不落俗套。

（二）广阅历

写作主体不仅要“重思想”，还要“广阅历”。俗话说“世事洞明皆学问，人情练达即文章”，没有广博的见闻和深切的感受，凭空杜撰、面壁虚构是写不好文章的。只有做到如顾炎武书于《东林书院》的“风声雨声读书声，声声入耳；家事国事天下事，事事关心”，才能拿出写作主体的眼光观察周围事物，并善于从那些看来十分平凡的事物中发现非凡的哲理。当然，在观察时还必须注意事物的特点，发挥联想，进一步培养自己的想象能力。

（三）勤读书

新世纪是知识爆炸的时代，读书学习对于包括写作主体在内的任何人储知蓄理、改变气质都显得更加重要。高尔基曾说过：“读一本书，就像对生活打开了一扇窗户。”不读书学习，就不可能拥有广博的知识，也不可能拥有文采和欣赏评鉴能力。只有知识丰富了，笔力才能厚实；只有善于读书学习和借鉴，笔法才能开拓创新。正如前面讲过的读书学习的目的性要明，计划性要强，方法要正确，要把浏览和精读结合起来，并随时注意发现和捕捉书中有用的东西，以供写作时参考借鉴。

（四）学技法

提笔写作还要学习借鉴一些相关的技法技巧。写作技法是古代文化遗产的重要组成部分之一，是前人写作经验的结晶。比如古人强调“意在笔先”，要求写作之前要进行充分的酝酿和构思，要求“命意新奇”，做到“言之有理，言之有物，言之有序，言之有文”，防止“意多乱文”等，这些技法观点对今天的写作仍然有借鉴意义。古代的作家十分重视章法、句法和字法，强调“练字不如练句，练句不如炼意”。他们重视文章的修改，清人郑燮就在《词钞自序》中说：“为文须千斟万酌，以求一是。再三更改，无伤也。”这与我们今天说的“树木不剪不成材，文章不改不精炼”是一脉相承的。当然，写作主体不能机械地照搬照用，必须批判地继承，既要反对盲目崇拜，也要反对采取虚无主义态度。

写作活动的综合性，不仅与主体的写作技法技巧有关，还与其思想水平、生活阅历、知识积累等有很强的关系。要提高写作水平，提高语言文字表达能力，必须重思想、广阅历、勤读书、学技法“四管齐下”，不能偏废任何一方面。当然，写作还是一门实践性很强的学科，是运用语言文字来表情达意的一种技能技巧。要提高写作能力，还必须在“多写多练”上下工夫，不断地运用科学的写作理论来指导自己的写作实践。

【思考与练习】

1.如何理解“工夫在诗外”？

2.应从哪些方面提高写作主体的笔外工夫？

3.认真阅读以下两则材料：

材料一：2011年春天，“老人倒地无人敢扶”的新闻开始屡见于媒体。当不敢搀扶倒地老人已变成一种社会风气时，人们都在反思，到底是什么让见义勇为者寒心，让行善的好人得不到法律的尊重和保护，让整个社会陷入信任危机之中？在当年10月，“小悦悦事件”将中国有关社会风气的舆论推向高潮，并成为《求是》杂志旗下《小康》杂志与清华大学联合发布的

“2011中国全面小康进程中最受关注的十大焦点问题”之一：10月13日，2岁的小悦悦在佛山南海黄岐广佛五金城被两车相继碾轧，7分钟内，18名路人路过但都视而不见，漠然而去，最后一名拾荒阿姨陈贤妹上前施以援手。

材料二：我不伟大，但可以让善良“春暖花开”。2012年4月16日，天津的哥马志刚拒收了一位盲人乘客的车费，称“我不伟大，我挣钱比你容易”。当他把这个事告诉下一位乘客后，这位乘客下车时又坚持多付费给他，称“我也不伟大，挣钱也比您容易点”。第二天，的哥女儿写了一段“老爸跑车录”发到微博上，没想到让50岁的的哥师傅几乎赢得了所有网友的心。

请你结合以上现象和内容，联系实际，以“传递温暖，拒绝冷漠”或“让善良春暖花开”为题，写一篇不少于千字的议论文。

【本章参考书目】

[1] 江少川.写作[M].北京：高等教育出版社，1994.

[2] 董小玉.现代写作教程[M].北京：高等教育出版社，2000.

[3] 卢隆光.实用写作与口才[M].北京：机械工业出版社，2004.

[4] 普丽华，江少川.现代写作概论[M].武汉：华中师范大学出版社，2007.

[5] 姚国建.基础写作[M].合肥：合肥工业大学出版社，2005.

[6] 曾焕鹏.当代写作教程[M].福州：海峡文艺出版社，2010.

[7] 方长安，萧映，宋时磊.当代写作学40年（1980—2020）[M].北京：社会科学文献出版社，2021.

第三章　写作过程论

第一节　选择材料

材料是形成认识的基础，也是支撑观点的支柱，是构成文章的基本要素之一。只有掌握了丰富的材料，写起文章来才能得心应手、左右逢源，文章的主题才能得到充分的表现。如果说主题是文章的灵魂，那么材料就是文章的血肉。因此，要使文章内容充实、生动，具有很强的说服力和感染力，就必须掌握丰富的材料。

一、材料的概念与分类

章学诚在《文史通义·文理》中谈道："夫立言之要在于有物。"文章写作要"言之有物"，"物"即指文章中的材料，这乃是写作的物质基础。

材料是写作阶段中用来构思全篇、提炼主题的所有资料的总称。材料的概念非常宽泛，它既指从生活中搜集和积累起来，写入文章用于表现主题的一系列事实现象和理论依据，也指未写入文章但已进入作者视野，被作者意识到、搜集到的一切事实现象和理论依据。诸如人、事、物、景、情、理、数据、观念、意识、看法等，文字的和非文字的都可以充当材料。

材料的种类非常多，按来源分，可以分为直接材料和间接材料：直接材料就是写作者在生活实践中直接体验、感知而获得的材料，我们写的散文很多都源于直接材料；间接材料则是写作者通过书籍、广播、电视、网络等所获得的材料。

若按照材料的特点来分，又可分为事实性材料和观念性材料。所谓事实性材料，是指客观存在的具体材料或报刊书籍所提供的有关资料；而观念性材料一般是指主观上的认识或者看法，基本类似于我们所说的"思想"。按照时间来分，又可分为历史材料和现实材料，很多比较流行的历史文学作品是依赖历史材料写成的，比如二月河的"帝王系列"、当年明月的《明朝那些事儿》等，当然其中有很多演义的成分。

我们在日常学习、生活中还听过很多与材料相关的概念，比如题材、素材。那么材料、题材和素材之间有什么关系呢？其实，这三者都是表达主题的基础，都要为主题服务，但三者含义不同。

简单地说，素材就是没有经过加工、提炼的材料，是指那些进入作者视野并被其所意识、所采用的全部生活现象。它是文学创作的原始材料，也是作者搜集的第一手材料，是作者亲身经历的、真实的材料。

而从大量素材中，经过作者选择、加工、提炼出来的写作材料被称为"题材"。题材有广义和狭义之分。广义题材指的是社会生活、社会现象的某一方面或某一具体的生活范围，如我们常说某作品是"工业题材""农村题材""历史题材""儿童题材""爱情题材"等。狭义题材指的是构成一篇或一部叙事性文艺作品内容的一组完整生活画面，它一般包括"人物""情节""环境"三个要素。

素材和题材有很大区别。首先，从“量”的角度讲，素材“大”而题材“小”；其次，从“质”的角度讲，素材是题材的基础。素材可以说是最原始的资料，是作者在现实生活中经历和感受到的所有的事实、理论或者情感，是完全没有经过加工的“天然”材料。它一般是感性的、零碎的、分散的，不能直接写入文章，但是经过作者整理、加工和改造后写入文章，素材就变成题材。可见，素材是材料积累的第一步。

二、材料的作用

材料是引发感受、形成观点和提炼主题的基础，又是说明观点、表现主题的根据。没有材料，犹如“巧妇难为无米之炊”。我国古代一些文论家在论述文章的构成要素时以人作比，把主题比作人的灵魂，把结构比作人的骨骼，把语言比作人的细胞，把材料比作人的血肉。可见材料在文章中有着十分重要的地位和作用。具体而言，材料在写作中的作用主要有以下表现。

1.材料是形成主题的基础

形成主题的根本途径在于现实生活和社会实践。但是，现实生活和社会实践并不会直接转化为文章的主题，还必须经过作者加工、提炼。在这个过程中，进入作者视野的种种生活现象就成了写作的材料，作者正是依据这些材料加工、提炼出具体的文章主题的。从这个角度看，材料是形成主题的基础。

从材料与主题的关系来看，在动笔前，材料是表现主题的支柱和物质依托。主题形成之后，就面临着把抽象的理性认识用具体的感性材料表现出来的任务。即用典型的、准确的、生动的材料表现主题，如众星之拱北斗，如江河之载舟船。古人说，材料是“寄主意之穴所”“情之所寄，理之所寓”。写作的过程本质上就是即事明理、即事寓情的过程。如果说主题是文章的灵魂，那么材料就是文章的血肉，血肉之躯是使灵魂有所依托的物质基础。

文章的主题不是苦思冥想出来的，而是从大量材料中分析、提炼、抽象、概括出来的。作者写文章总是先感知客观世界，即先从现实生活中或文献资料中获取大量的材料，然后对占有的材料进行分析、思考，予以选择、加工、提炼，使之产生飞跃，形成观点、思想或理论，最后按照一定的章法以语言文字为媒介进行表达，作出文章。文学艺术作品，就是从大量丰富的生活材料中概括、创造出鲜明典型的形象。凡是优秀的文学艺术作品，其思想和艺术上取得的成就，都是和作者深厚的生活积累分不开的。所以，材料成了决定文章写作优劣的关键，是形成主题的有力基础。

2.材料是构成内容的要素

文章的内容由主题和材料两个要素构成，两者缺一不可。没有主题的制约，材料会成为一盘散沙，形不成合力，难以实现文章写作的目的和意图；如缺乏材料或材料不充分，主题就成了“孤家寡人”，成了干巴巴的标语口号，也达不到说服人、感染人的目的。

所以，凡是好文章，都必须做到主题与材料的完美统一，既有深刻独到的见解，又有丰富精致的材料，这样就能给人以思想的启迪和美的享受。古往今来，概莫能外。同时，材料自身也能表现出一定的能动作用：它不仅可以成为文章的一个独立评价标准，还可以对文章的其他要素产生影响，而且从根本上讲，材料本身就是知识。有了材料，内容才能诞生，才有血肉，材料越多，内容就越丰富，血肉就越丰满，这样就为写作提供了构成内容的要素。

3.材料是表达主题的支柱

在构思阶段，文章主题靠材料来形成。主题形成之后，要把它表现出来，让读者信服、理解和接受，就需要材料的支撑，靠材料来表现。俗话说“空口无凭”，因此，写作时，材料是阐明观点、表达主题的支柱。例如，孙绍振的幽默散文《美女危险论》，其主题是“美丽的姑娘是危险的”，随后他引用了一系列的材料来说明：“美女是危险的。西施因为美而被当作政治工具，而那个丑陋的东施却活得好好的。美是可以害死人的，海伦因为美而引起了特洛伊之战，死了十万人。那个打开了邪恶盒子的潘多拉，把全世界的精神都污染了一下，反而没事……那些因为不够漂亮而落选的宫娥却能终老故乡。林黛玉的美毁了她的生命，而傻大姐却活得十分滋润。”这些材料都有力地支撑了作者的观点，并且从一个独特的视角，引起了人们尤其是漂亮姑娘们的关注和思考。

4.材料还可以引发创作冲动

材料还可以激发作者的创作灵感，引发创作冲动。有时一则材料可以激发作者灵感和思维的火花，产生许多联想、想象和独特的感受。例如毛泽东的《卜算子·咏梅》就是因为读了南宋爱国诗人陆游的同题诗词，引发了联想和思考，“反其意”而写下的。

1932年，红军指挥员陈赓因伤秘密到上海治疗，鲁迅曾约请陈赓到家里畅谈苏区的情况。当他听到党领导下的人民群众英勇斗争的事迹后，他产生了写一部反映红军的长篇小说的愿望，但鲁迅最终未能实现这个愿望。他说：“因为我不在革命的旋涡中心，而且久不能到各处去考察，所以我大约仍然只能暴露旧社会的坏处。”这个事例一方面说明材料可以引发作者的创作冲动，另一方面也说明，即使像鲁迅这样的大作家，如果材料不充分，缺乏生活中的实际内容，缺乏对写作对象的必要了解，也是写不出东西来的。如果非要硬写，那也不过是胡编乱造、东拼西凑的平庸之作。

三、积累材料的途径

掌握的材料越多，写作时就越得心应手。秦牧说：“一个作家应该有三个仓库：一个直接材料的仓库，装从生活中得来的材料；一个间接材料的仓库，装从书籍和资料中得来的材料；还有一个就是日常收集的人民语言的仓库。有了这三个仓库，写作起来就比较容易。”可见，材料的积累来自于日常的生活和学习，是一项长期而艰巨的工作。

(一)留心观察、用心体验

1.观察

观察,是指借助人的感官,全面、深入、细致地认识客观事物和现象的知觉过程。在人的感觉器官中,视觉是人认识世界最主要也是最常用的。研究发现,人脑储存的信息有80%来自视觉。观察是认识的基础,是写作者直接搜集写作材料、获取感性知识的重要途径。法国著名作家莫泊桑初入文坛学习写作时,曾请教当时已非常出名的法国大作家福楼拜,他把自己已经写成的作品和准备写作的材料,滔滔不绝地讲给福楼拜听。福楼拜没等他讲完,便打断他的话说,“我劝你不要忙于写这些虚拟的东西。当你走过一位坐在自家店门口的杂货商面前,或走过一位吸着烟斗的守门人面前时,请你给我描绘出这个杂货商,这个守门人,他们的姿态,他们的全部身体外貌。以便我不至于把他们同任何别的杂货商人、守门人混同起来。”莫泊桑深受教益,放弃了从编故事开始学习写作的做法,转而从观察起步,终于成了著名作家。鲁迅在《给董永舒的信》里说:“如要创作,第一须观察。”练好观察的基本功,可以说是学习写作的第一课。

观察可以分为多种类型,如根据观察对象,可以分为人物观察、环境观察和场面观察。根据观察的性质,可以分为科学观察、实用观察和艺术观察。无论哪一种观察,为了更好地认识观察对象,掌握第一手资料,都需要在观察时做到以下几点。

(1)细致

就是在观察对象时要剥开来细细地看,如朱自清说的:“一言一动之微,一步一石之细,都不轻易放过。”要做到这一点,观察时必须集中精力,特别是对于运动变化着的对象,只有投入、专注地观察方可捕捉到它们的特征和神韵。如莫言在《爆炸》里的一段文字:“狐狸在黄色的麦茬地里风似的向南飘,飘过东西向的公路,飘进路南那一片黑色的玉米林。狐狸在玉米林边像火苗样闪了闪,便不见了。”没有细致的观察是很难写出这样生动传神的文字的。

(2)全面

观察还应做到全面。“横看成岭侧成峰,远近高低各不同”,事物往往是复杂、多变的。为了把握事物的多样性、丰富性,获得更客观、准确的认识,就需要我们在观察时尽可能地做到全方位、多角度。比如进入山林,不仅看到了苍翠的树木,还闻到了野花的芬芳,听见了嘤嘤嗡嗡的蜂声,尝到了泉水的甘冽、野果的青涩,触摸到了泉中卵石的光滑等,这些都是观察的收获。

(3)深刻

观察不能只停留在对象的表象上,要由此及彼,由表及里,透过现象发现规律,即要从司空见惯的东西中发现美。恩格斯在《自然辩证法》里说:鹰比人看得远得多,但是人的眼睛识别东西远胜于鹰。原因就是人在观察时还伴随着大脑的分析与思考。把观察与思考结合起来,勤于思考,善于思考,才能有所发现,才能从平常的或异常的事物和现象中感觉到某种人生意蕴,从人们不屑一顾或一笑置之的对象中感悟和挖掘深刻的寓意。

叶文玲在《铸一朵自己的金蔷薇》一文中说，“思考，能帮助观察，唯有多思善思，才能使你从五彩缤纷、光怪陆离的社会生活中，悟出别人还未悟及到的东西。思想是作品的灵魂、作品的核心。大凡核心坚实、人所称道的作品，都是作者对生活认真思考的结果。所以我们不仅要善于观察，还要善于思考。”

(4) 抓住特征

观察的目的就是要找出事物之间相区别的地方。世界上没有两片完全相同的叶子，也没有两双完全一致的眼睛。许多作家都注意运用比较的方法把握事物的特征。《红楼梦》第四十回里，写刘姥姥参加大观园里的一次家宴，在吃饭时讲笑话惹大家发笑。这个笑的场面曹雪芹没有一笔带过，而是通过比较式的观察描写，写出了不同的笑貌、笑态和笑声，展示了人物不同的性格、身份及遭遇。又如郁达夫《故都的秋》、朱自清的《绿》等都运用了比较的观察法，通过比较突出特征。

2.体验

体验是指作者亲自感受进而认识对象和环境的一种特殊的实践过程。在搜集和积累材料阶段，观察和体验往往紧密地结合在一起，观察中有体验，体验中又有观察。然而与观察和感受相比，体验更带有亲临性和情感性。作家路遥曾有过这样的体会：“作家必须要体验生活，这种体验要引起自己心弦的震动，而不是站在一旁的观察、了解、采访、记故事，这样写出来的作品必然是干瘪的。我的想法是，所谓写最熟悉的生活、最熟悉的人物，也就是写自己最熟悉的体验。”

体验有两种情况：亲身体验和感情体验。亲身体验指在生活当中亲身经历、直接感受，这是体验的基本方式。写作者应充分融入生活中，留心周围的一事一物，体验它的真实，感受它的精彩，悟其真谛，得其实质，从而获取鲜活的写作素材。感情体验，即设想自己处在对象的环境中，和对象一同感受各种生活情境。作者将自己置身于人物的处境，全身心地去揣摩、体会人物的思想、情感和性格，从而获得对人物真切、深入的了解。作家张天翼说：“我观察你的时候，完全设身处地地替你想，我不是我，而变成了你。”这种感情体验必须以亲身体验为基础。

(二) 深入调查、直接采访

调查采访是有针对性、有步骤地了解情况、搜集材料的一种有效的方法。与其他搜集材料的方法相比，通过这种方法获得的材料一般比较具体、直接、翔实。同时，它也有它的局限性，就是容易受到被调查者主观情感、思想倾向的影响。调查在写作中起着很重要的作用，有经验的作者总是说，写新闻、通讯、调查报告、报告文学，是“三分写，七分跑”，“跑”主要就是调查。

调查所获，兼有第一手材料和第二手材料。调查的过程是突破个人感知局限的过程，是认识不断深化的过程。古今中外，大量的写作实践告诉我们，调查不仅为作家的文学创作提供了丰富的写作素材，也为科学家和研究人员提供了进行科学研究的对象和撰写论文的材料，为记者提供了新闻报道的材料。在今天这样一个信息时代，人们更需要运用调查的手段来扩大对社会的了解和认识，在这种了解和认识的过程中获取和核实写作的素材。

调查可以分为口头调查和书面调查（问卷式）两种形式。口头调查又可分为专人谈话和开座谈会两种方式。新闻和文学工作者把专人谈话的方式称为采访。无论是口头调查还是书面调查，都要注意以下几个方面的问题。

1.做好调查前的准备

成功的调查来自认真的准备。调查前要做的准备工作：①了解被调查对象的情况，尽可能地搜集一切直接或间接涉及调查对象的材料和线索，充分掌握对调查对象的不同评价。②拟订调查计划、采访提纲或问卷。调查计划包括调查的对象、目的、时间、地点、步骤等。采访提纲是对采访谈话内容及程序的一个总体设计。问卷是书面调查的形式，要发放到被调查者手中，其设计行文要比提纲更加严密和科学。

2.注意谈话艺术

谈话是口头调查的基本手段。谈话是一门艺术，掌握谈话艺术的人，三言两语就能诱导对方打开话匣子。要想获得调查的成功，就必须注意谈话的技巧，力求做到“心相近、语相通、善应变、不离宗”。

3.写好采访笔记

采访笔记并不是要求我们一字不漏地记下对方的谈话（那是录音机的功能），笔记可以着重记以下五种材料：①关键点。如人物的主要事迹、事物发展的关键处、重要背景材料，以及人物个性化的神态和语言等。②易忘点。如时间、地点、人名、数字和专用术语等。③疑问点。比如不够详尽的材料，与已掌握的情况不同的材料等。④闪光点。如被采访者谈话中所表达的最能体现其思想和精神的观点、见解等。⑤感想点。如“这个材料好，可再挖”“这个材料不错，只是浅了些”等采访者的评点。

（三）广泛阅读、勤写多记

除了社会生活以外，书籍和文章是另一个搜集材料的重要来源。阅读是我们获得知识的主要途径。当然阅读的目的不仅仅是增加见识，所谓“观千剑而识器”，它更重要的目的还在于写作。如果说观察是获取经验知识和阅历修养的基本源头，那么阅读就是获取书本知识和学识修养的基本方式。再者，人的精力、时间和活动范围都是有限的，仅仅依靠观察、体验、调查采访等搜集到的材料毕竟有限，要想获得更多的写作材料，就需要查阅相关的图书文献资料。古人说的“劳于读书，逸于作文”“读书破万卷，下笔如有神”，是很有道理的。

除阅读书籍外，还可以综合利用各种资料，如文献资料。所谓文献资料指具有一定历史价值、现实价值的图书、期刊、报纸、图片、文物、录像带、录音带等一切记录和传播人类信息的载体。还有电子资源，尤其在现代社会，印刷出版业的发展、电脑的普及，以及网络的发达，使大量文字信息得以保存和传播，又使得大量资料可以用最快捷的方式检索、查阅、下载等。当今这个信息量极大的世界，要求写作者能更迅速、更广阔地反映现实，而阅读能使写作者在有限时间内最大限度地获得信息，为写作提供源泉。对于在校学生来说，查阅资料更是获得材料的主要途径。学生不像作家、记者那样有较多的社会实践机会，但他们普遍都有较好的使用计算机的能力，可以充分利用网络资源。通过查阅这些资料，不仅可以丰富知识，积累写作材料，还可以学习别人的写作方法和技巧。

从学习写作的角度看，阅读有两种类型，一种是专题性阅读。专题阅读的目标单一明朗，或是直接为写某一篇文章而收集材料，或是以学习为唯一目的。另一种是日常性阅读。日常阅读不是以获取材料为直接目的，它的主要意义在扩展阅读者的知识面，提高阅读者的文化素养，并为专题阅读发现线索。不论是专题性阅读还是日常性阅读，都要掌握一定的方法，才能事半功倍。

1.精读

就是按照材料的顺序一字一句地仔细阅读。要透彻把握阅读内容，往往不是精读一遍，而是反复多次。在阅读中常常要查阅别的资料、读物，翻阅工具书，对读物进行参照、对比、分析、评价。以学习为目的的专题性阅读应该用精读法。

2.略读

也称为"跳读""粗读""泛读"。略读不像精读那样追求全面深入地理解材料，不一定要逐字逐句地阅读，大多是速度较快的一次性完成的阅读。它对那些一般性、辅助性的材料和具体过程，往往略去不看，注重的是那些表达重要观点的材料。这种阅读方法可以扩大阅读量，提高阅读能力。以采集材料为目的的专题性阅读适宜采用略读法，略读之后，对重要的材料可以重新精读。

3.浏览

这是日常性阅读多采用的方法。浏览是比略读速度更快的行云流水似的感知方式。它常常是"一目十行"或"随手翻翻"，对没兴趣的地方一扫而过，但发现有兴趣或有用的地方就放慢速度仔细琢磨，还可以剪贴、摘录。浏览阅读可以用较少的时间从大量的材料中采集到有用的信息。对于今天生活在文字信息海洋里的写作者而言，掌握有效的浏览阅读法有益于学习和写作。

四、材料的取舍与安排

（一）材料的取舍

1.围绕主题选择材料

这是最重要的标准，是由主题的地位所决定的。材料必须突出主题，为表现主题服务。日本作家小林多喜二说得好："只要确定了写什么，以后就好办了；只要沿着必要的路线选择取舍就可以了。"他所说的"写什么"，就是指主题的确立。他认为，只要主题确立了，那么按照表现主题的需要选择取舍材料就行了。这是很中肯的观点。

选择材料的主要目的就是用最精当的材料把主题表现得充分、突出、深刻，使材料更好地为主题服务。因此，必须根据表现主题的需要决定材料的取舍、主次和详略。凡是能够有力地表现、说明、烘托主题的材料，就要选用；而那些与主题无关，不能表现、说明、烘托特定主题的材料，就要舍弃。

但是，初学写作者最常犯的毛病之一恰恰在于疏于选材，不忍割爱。占有的材料越多，这个问题越突出。衡量材料的优劣不是根据主题表现的需要，而是孤立看它的好坏，以自己的"偏好"作为选材的尺度，这是不可取的。有"选材"，就有"剪材"，这是写作中很重要的一条美学原则。善"取"即是善"删"，精于选材就是精于"剔"的艺术。堆砌良莠不分的材料，从来都不能构成真正的艺术、真正的美。

2.选择典型的材料

材料在精而不在多，凡是能够深刻揭示事物本质，具有广泛代表性和强大说服力的材料，我们称之为典型材料。这些材料具有普遍性，有说服力，能以一当十。它可能是一个典型人物、事件、场面或者故事，也可能是人物的典型语言或典型动作。凡是典型材料，不论大小都具有普遍意义，具有同类材料最完备的特性，有较强的吸引力。一篇文章要选择典型的材料，这不仅是因为文章的篇幅有限，而且从读者的角度上来看，一个只需一两个例子就能说明的道理，如果堆砌了过多的例子，不仅不能更深一步地说明道理，还会造成读者在信息接受上的疲劳，适得其反。通过"个别"反映"一般"，通过"个性"表现"共性"，是所有文章的共同点。

材料是否典型，关键在于其能不能说明问题，能不能很好地表现作者的目的和意图，不一定非要是重大事件或者非要用很多的文字去叙述强调。像司马迁写蔺相如，用了"完璧归赵"和"渑池之会"两个材料，是大事也很典型；写廉颇却没有写他的赫赫战功，而是写他如何与蔺相如斗气，如何负荆请罪，这是小事，却能表现他气量小但又识大体的鲜明个性，因此也很典型。

夏衍有一篇散文，题目叫《野草》。一开篇就讲了一个小故事：有人问，世界上什么东西的气力最大？回答纷纭，有的说是大象，有的说是狮子，还有人说是金刚——金刚到底有多大气力，当然谁也说不清。但是，这些答案全不对，世界上气力最大的是植物的种子。为什么植物的种子是世界上气力最大的东西呢？这里，作者用了一个极好的材料：科学家要研究人的头盖骨，但是头盖骨结合得非常严密，动用了很多机械都没能完整地打开，就想出一个办法，即把种子放进头盖骨，加水并提供适宜的温废，让种子发芽。结果随着种子发芽、生长，人的头盖骨被完整地打开了。这则材料可以说是个别的、具体的，但同时又是最具有概括力和说服力的，对于作者所要论述的"世界上气力最大的是种子"的观点，起到了"以一当十"的作用。

3.选择真实的材料

一般文章的写作，对材料的真实性和准确性都有很严格的要求。是否具有真实性是评判文章好坏的标准之一。即使是文艺作品，也要让人感到真实自然。材料的真实性有两层含义。一是指生活真实，它要求材料必须符合客观事实，可信可靠，容不得半点差错与含糊。对于非文学类的文章来说，所选用的材料必须符合生活的真实，绝不允许添枝加叶，这是材料真实性最基本的要求。二是指艺术真实，它允许虚构与夸张，不要求真人真事，只要是社会生活中已经有的、可能有的或者应该有的，都可以算得上符合艺术的真实。文艺作品中的材料就是这样，其真实性要求较为宽松，只要不违背事理、符合生活逻辑就行。

尽管不同类型的文章和作品对材料真实性的要求不同，但真实是一切文章、作品的生命。刘勰在《文心雕龙·宗经》里提出了“事信而不诞”的要求。“事信”即材料真实可信，“不诞”即不荒诞。从写作实践上来看，要做到材料真实准确，也是很不容易的。不下功夫，稍一疏忽，就很可能出差错。有的通讯，写一个先进人物为一项技术革新熬夜，“头发都熬白了”，发表后在该单位引起一片哄笑，因为那个人物早已“谢顶”，根本就没有头发可“白”。即使在散文、杂文或抒情性的文章中，对人、事、感情以及细节的描写也要求真实准确。例如朱自清在《荷塘月色》中写到“月夜蝉声”，就有读者提出疑问。作者为了搞清楚这个问题，专门请教了昆虫学家，自己又几次听到夜晚的蝉鸣，才最终确定了夜晚也有蝉声这一事实。

4.选择新颖的材料

现代社会文章写作的目的，不仅是为了教育读者，更主要的是要和读者平等交流、对话。这就需要认真考虑什么材料是读者喜闻乐见并容易产生感情共鸣的。选择那些新鲜的、生动有趣的材料往往会达到这样的效果。

新颖的材料就是能反映时代精神的、给人以新鲜感的材料。陆游曾说，“文章最忌百家衣”，新颖的材料对读者具有一定的魅力，更能引起读者的阅读兴趣，这对于实现作者的写作意图有着积极的作用。世界是在不断变化的，新事物、新现象、新观念不断出现，作者必须及时、敏锐地捕捉住这些新鲜的材料。作文的时候，要尽量选择富有时代气息、时代风貌、时代精神，能给人以新鲜感的材料。如果一篇文章使用的材料全是人家用过了的老材料，那读者读起来就味同嚼蜡，甚至会引起反感。写文章要尽量摒弃那些陈芝麻烂谷子，即人尽皆知的“老”材料、“死”材料、“硬”材料，摒弃老生常谈之论，这种东西读者是不喜欢的。

新颖的材料包含有时间上的“新”和角度上的“新”两层含义。从时间意义上讲，新颖的材料应当是新近出现的新情况、新观点、新现象。总之，是别人尚未使用过的材料。这类材料最有生气，最具活力，能给人以新的启迪，从而增强了文章的可读性和吸引力。

角度新是对老材料、旧材料而言的。别人用过的材料并不是完全不能用，但要力求变换新的角度，赋予其新意，这同样可以给读者以新的感受和启发。如成语“班门弄斧”，指在鲁班门前摆弄斧子，比喻在行家面前卖弄本领，本有贬义。但是，数学家华罗庚却翻出新意。他说：“下棋找高手，弄斧到班门，这是我一生的主张。只有不怕在能者面前暴露自己的弱点，才能不断进步。”这段由老翻新的充满哲理的语言，发人深省，催人向上。

选择新颖的材料不仅能增强文章的吸引力，满足人们求新的审美需要，同时也有利于提炼新的主题。因为，材料是形成主题的基础，我们只有不断地把握新的情况、新的材料，才能形成新的认识，提炼出新的主题。尤其是新闻、公文等时效性极强的文章，如果不能及时向人们提供新的信息，不能及时对变化着的新情况、新局面作出指导，那就失去了存在的意义。这就要求写作者特别注意发现那些层出不穷的新东西，特别注意研究现实生活中的新课题，像企业用新产品占领市场那样，用新材料支持文意内容，写出高质量的作品来。

（二）材料的安排

材料的安排是一个在实际中应用的问题。同样的材料在不同的作者笔下，完全可能产生不同的效果，这是写作中一个普遍的情况。总的来说，材料的安排讲究一个“活”字，即灵活、巧妙、不拘一格。因为文章是一种精神产品，它不能像组装一部电视机一样，按照同一图纸、同一程序，甚至用机器代替人工进行装配。在材料的安排上，没有什么不变的模式，也没有什么捷径好走，需要根据不同的写作目的以及结合材料的实际情况，作出灵活具体的组织安排。同时要看到，材料的安排同文章的结构、语言等要素有着密切的关系，甚至相互交叉，因此，不应把材料的安排看作一个孤立、封闭的环节。

1.先后有序

面对众多要写进文章中的材料，首先应考虑谁先谁后，作出恰当的顺序安排。这安排就是把材料分类，根据材料的性质、时间的先后，考虑行文的目的和文章的逻辑，有条不紊地一一道来，给人以清晰的印象。同时还要注意各类材料的交叉使用，善于把具体材料和概括材料、事实材料和理论材料、正面材料和反面材料、现实材料和历史材料等进行合理的搭配，做到相互印证或互为补充，形成有机整体，以充分地表现主题和增强文笔上的感染力。

2.详略适当

材料的详略程度要适当。有的材料要细致地展开，像是工笔细描的国画那样，有的材料则只需粗笔勾勒，像是写意。由于不同的材料对于主题的表现具有不同的作用和力度，因此在使用材料时绝不能平均用墨，而应有详略疏密的区别。凡对表现主题起重要作用的材料应当详写，对表现主题起次要作用的材料应当略写；具体典型的材料宜详，概括一般的材料宜略；新鲜的材料宜详，旧的材料宜略；鲜为人知的材料宜详，人所共知的材料宜略；人所难言的材料宜详，人所易知的材料宜略。这样安排使用材料，文章才会详略得当，主次分明，主题才能鲜明突出，从而避免堆砌材料造成的平板呆滞。

3.灵活运用

使用材料要求活脱，应根据文章使用的不同场合，用多种方法、多副笔墨来表述材料。例如，要引用某个材料，可以采取节录式，也可以采取转述式。节录时，或节录其中一段文字，或节录其中一句话，或节录几个字，都要根据文章内容的需要决定。节录引用，必须注明出处，文字标点要准确无误。转述使用材料，则比较灵活，无须校对原文字标点，详略也方便，而且在表述过程中，往往渗入作者的感情色彩。这实际上是材料的文字表现问题。表现得好，材料能显示出应有的情调和力度，成为突出主题的强大支持；表现得不好，生动的材料也可能变得平淡无味，甚至根本起不到支持主题的作用。所以，加强文字的修养，提高驾驭语言的能力，乃是使用材料的基础。材料好，不只是素材好，还要写得好，需要的是行家驾驭文字的功力。同样的材料，在不同的作者笔下，往往有不同的效用，它所显示的情调、所表现的力度和所展示的能力都不尽相同。

【思考与练习】

1.在以下三个材料中，哪个用来论证自学成才更典型？为什么？

（1）我们立志走自学之路，一定会成为有用之才。

（2）高士其刻苦地自学俄语，成为我国著名的科普作家。

（3）华罗庚利用仅有的一本《代数》、一本《几何》和一本50页的《微积分》刻苦自学，在他19岁那年，便写出了一篇震惊数学界的论文，从而受到前辈们的赏识，进入了数学研究的领域。

2.就下列论题范围，选择有说服力的材料展开课堂讨论。

（1）关于考试作弊

（2）关于追星

（3）关于教育的均衡发展

（4）关于平等

3.阅读下列材料，看看它们能否用在同一篇文章中，并说明理由。

（1）春秋时，楚庄王和群臣议论国事，结果群臣的见解都不如楚庄王，楚庄王“面现不悦之色”。人问其故，他慨然叹曰：“我能力如此薄弱，而群臣谋士还不如我，如此下去，楚国将危险了。”

（2）战国时，魏武侯在朝堂上“舌战群儒”，最后文臣武将们一个个败下阵来，大家由衷地承认自己的见解不如魏武侯。魏武侯喜不自禁。

4.阅读下面一段文字，以此为材料，写一篇600至800字的议论文。

一次在取汽车钥匙时，一位富豪不慎丢了一枚2元硬币。硬币滚到车底，汽车若一开动，就会掉到下水道中。富豪及时蹲下准备去捡。此时旁边一个值班员看到了，立即代他拾起。富豪收回硬币后，给了他100元酬谢。富豪对此的解释是：“若我不拾这2元钱，这钱便会在世上消失。而100元给了值班员，他便可将之用去。我觉得钱可以用，但不可以浪费。”

第二节 提炼主题

主题，即作者在说明问题、发表主张或反映生活现象时，透过全部文章内容所表达出来的基本观点或中心思想。这种思想、观点往往表现了作者对生活、对事物的一种认识、理解和看法。

主题在文章中占据统帅地位。主题是作者思想、情感、意志、态度和观点的集中反映，是文章的精髓、灵魂和生命，它决定着文章的质量和价值。一篇文章如果没有主题，犹如一个人没有灵魂一样，没有生命力。主题也是文章的统帅，是贯穿文章始终的一条主线，处于统摄全局的关键地位。一篇文章的材料取舍、布局谋篇、技巧运用、遣词造句、拟定标题等，都要受到主题的制约，服从和服务于主题的需要。确定了主题，作者就能在丰富复杂的材料中抓住主要环节和中心；没有主题，胡乱拼凑、堆砌在一起的材料构不成文章，也起不到表情达意、交流思想的作用。主题不好，选用的材料再典型精当，结构再天衣无缝，语言再清晰流畅，表达再新颖精彩，仍然不是好文章，而没有主题的文章，更是不可能处理好材料、结构、语言和表达方式。

一、主题的属性与特点

主题不论大小，都是写作主体（或阅读主体）的心灵与材料（包括文本）的客观意蕴相互融合的产物。这种相互融合的情况，不仅决定着主题价值的高低、优劣，而且造成了主题现象的纷繁复杂，使主题带上了客观性与主观性的特点。

1.主题的客观性

主题根植于材料，具有客观性。一定的材料都蕴含着一定的客观实在的意义，它是不以写作主体的意志为转移的。不管写作主体能否将其准确地领悟、再现出来，它都实实在在地寓于材料之中。例如，鲁迅的作品，作为客观材料，它所蕴含的“具有现代意识的中国知识分子反对封建文化传统，争取人的解放和民族的解放”的客观实在意义，并不会由于人们概括、抽象的差异而变化更移。因为它是固有的，和材料表象融洽无间。而写作主体正是在对材料中客观实在蕴含的感受、认知的基础上，不同程度地达到对它的理性把握。写作主体只有使自己的主观意识与材料的客观实在意蕴达到较高程度的契合，才会使作品具有较高程度的客观实在性和科学准确性。

2.主题的主观性

写作主体对于材料的客观实在蕴含的认识、把握、揭示除了受制于材料的性质外，同时还受制于自身的状况，即受制于自身的世界观、思想感情、生活经验等，受制于自身的文化心理结构。马克思说过：“意识在任何时候都只能是被意识到了的存在。”“任何一个对象对我的意义……都以我的感觉所及的程度为限。”客观现实反映、表现到文章、作品中，必须经过写作主体这个中介。也就是说，一切客观现象必须转化为写作主体的心灵现象，才能最终体现、物化于文章、作品之中。而写作主体对于材料的客观实在意蕴的认识和把握，是主体心灵对材料的客观实在意蕴的主体性选择、改造和变异，鲜明地体现出写作主体的心理指向性和主观能动性。写作中不同的作者在同一材料中看重和选取的往往是最适合自己心理需要的那部分，因而不自觉地将其余部分舍弃，或者加以改造，并依此构成反映对象的不同的知觉整体。

二、主题的形成

作者在动笔写作之前，已经对自己熟悉的生活和掌握的材料进行过认真的酝酿、思考，逐渐明确写作意图，并产生强烈的表达欲望和激情，这时主题就处于形成过程之中。主题的形成过程，始终伴随着作者认识生活和反映生活的过程，也是对客观世界认识和感受的结果，而且它的形成也要经过从朦胧到清晰再到深化的过程。主题的具体形成主要取决于以下三个方面。

1.广泛采集，研究得之

这是作者有了具体写作任务之后获得主题的一种途径。作者通过调查、采访、实验、考察、文献检索等方法采集素材，然后对各种材料进行分析和综合、归纳和整理，探求材料中所蕴含的思想意义，从而形成明确的主题。主题的这种形成方式，带有较强的必然性。因为在主题形成之前，作者已经有了明确的写作意图或奋斗目标，虽然这个意图或目标并不一定就是主题，但主题的形成是必然的。因此作者会运用各种方法广泛采集、反复研究，直至主题形成为止。这在撰写新闻、通讯、报告文学、总结、调查报告、政论、评论、学术论文中是常见的。

2.长期积累，孕育得之

正确的思想不是探囊取物、伸手可得的。它往往要经过作者的长期积累，认真思索，深入研究，方可得来。主题来自生活实践，它是作者在丰富多彩的生活中，对多种多样的事物和现象有所发现、有所触动，从而唤起某种强烈的感情，或者产生某种比较深刻的认识。秦牧在《长河浪花集》的序言里说：“这就是我所写的，都是曾经使我激动、感奋、欢乐、忿恨或者思索、寻味的事情。”这种感情和认识，就激发了作者的写作欲望，促使作者将感受深刻的生活素材进行反复分析归纳，梳理提炼，逐步形成一种明确的思想，主题也就自然而然产生了。丰富的材料积累和深刻的生活感受，是主题形成的前提。

3.灵感触发，顿悟得之

这是主题在上述两种形成途径中共有的一种特殊途径。它是以主题确定的突发性为标志的。它或是作者在日常生活、学习、劳动中，偶然发现了某种事物而突然产生的某种新的认识或见解，或是长期深入生活、从事研究，苦思不见其成效，百思不得其解，而由于某一偶然事件、事物的刺激，使大脑处于亢奋状态，产生灵感，由感悟变成顿悟，以解决一个曾搜索枯肠仍未解决的问题或缔造一个科学上的新发现。这就是灵感思维形成的主题（观念、观点、结论、原理、定理等），这在科学研究上和写作活动中屡见不鲜。可见，灵感是一切精神创造活动中常见的一种心理现象。触发灵感思维也是一种形成主题的重要途径。

三、主题的提炼

文章的主题形成、确立以后，还要进入一个反复提炼的过程。陆机在《文赋》中特别指出写作常犯的一个毛病是“意不称物”，是说已经确立的主题不能正确地、深刻地表现客观事物，这就意味着主题还有待不断地深化和提高，需要在提炼上下一番功夫。提炼，就是要求作者对搜集来的材料反复研究、深化认识，从中提取出精彩的有深意的材料和思想，表现深刻而又感人的主题。这个提炼的过程也是作者酝酿构思、提高思想认识的过程。成功提炼主题，可以直接加深文章的思想意义。

提炼主题可以从以下几个方面入手。

1.占有丰富的材料

占有丰富的材料是提炼主题的基础。主题是全部材料或题材“思想意义”的准确概括，它具有客观性，因此，提炼主题就离不开众多表达观点的、具体的材料。“主题”是潜藏、寓含在全部材料或题材之中的，作者的任务无非是理解它、消化它、捕捉它，把它准确地“概括”出来。所以，材料是提炼主题的基础和依据，对主题的确立起着客观性的作用。只有当作者感到搜集到的材料既丰富又全面时，经过分析、取舍，了解其所包含的意义和价值，才有可能提炼出正确的主题。主题必须从材料中来，材料也要依据主题来组织，二者密不可分。从提炼的角度看，有什么样的材料，才能提炼出什么样的主题，材料对主题有客观的制约性。为此，作者首先要尽一切可能去搜集有关材料，多多益善，了解它丰富的思想内涵，把握其社会意义和价值，从而对主题作出正确的概括。

2.树立正确的世界观

掌握全部的写作材料，并不意味着一定能提炼出思想观点正确、反映客观实际的主题。选取什么样的材料，作者要经过考虑，带有主观的感情和评价，因此其必然要受到作者世界观的支配。人们的世界观不同，对同样的材料，其认识也就迥然不同，提炼出来的主题岂能一样呢？鲁迅说的“从喷泉里出来的都是水，从血管里出来的都是血”，就是说什么样的世界观决定着什么样的材料选择和主题的思想倾向。加强思想和理论的修养，树立科学的世界观，是提炼主题的必要条件。主题作为一种思想观念的形式，是现实生活在人们头脑中的反映，是对现实生活积极的、能动的表现。准确地说，主题是现实生活和作者心灵相碰撞的产物，这是客观事物和作者思想相感应的结果。

因为主题具有主观性，所以作者的世界观对于主题的提炼起着重要的作用。中国文学史上许多事实说明，同一事物，相同的材料因作者不同、世界观不同，对事物作出的判断、得出的主题就不同。例如，同样是以北宋末年农民起义为题材的小说，施耐庵的《水浒传》塑造了一百零八将的英雄形象，歌颂了农民起义英勇斗争的反抗精神，作者是站在农民阶级的立场上来表现主题思想的。俞万春的《荡寇志》，却将梁山一百零八将为代表的农民起义军写成“流寇”，只能“擒拿正法”，彻底剿灭。俞万春参加过镇压广东的农民起义，他的立场是与封建统治者一致的，他的小说提炼出的主题是“尊王灭寇”的反人民的思想。

3.揭示事物的本质

客观事物内蕴丰富而又错综复杂，事物的本质常常被一些杂乱的表象所掩盖。能不能透过种种表象发掘出事物的本质，这关系到能否提炼出比较深刻的主题来。这是一个逐步发掘的过程，这一过程要做到毛泽东在《实践论》中指出的那样：“必须经过思考作用，将丰富的感觉材料加以去粗取精、去伪存真、由此及彼、由表及里的改造制作工夫。”即摒弃事物那些粗糙的、偶然的、虚妄的成分和表面的、惑人的假象，保留能反映事物内部规律的、正确的并且有本质特征的材料，这样的材料才能完成从物质到精神，从感性到理性的飞跃，才能提炼出真实、可靠的主题来。比如，钱钟书《论快乐》一文，阐述了快乐是人类努力追求的一个人生目标。究竟什么是真正的快乐呢？作者从一般到特殊的推理方式来阐发，分析并驳斥了西方哲学家穆勒把快乐分为肉体和精神的快乐这一观点的荒谬性。作者通过分析大量古今中外典籍中的例证否定了快乐是外在物质刺激所致，肯定了快乐是人的内在精神轻松所致，由此得出了带有本质内涵的深刻的结论：“一切快乐的享受都是属于精神的”“快乐由精神来决定”。这样的分析、论证，深化了对“快乐”的认识，揭示出主题所体现的本质意义，人们就找到了精神战胜一切痛苦的法宝：“精神的炼金术能使肉体痛苦都变成快乐的资料。”钱钟书对这篇文章主题的提炼深入到人生哲学方面，深刻而发人深省。

4.选择新颖的视角

主题的提炼还有一个视角的问题。选取的材料相同，如果观察和认识的角度不一样，表现出来的主题也会有很大的差异。因此，尽量寻求材料自身的特点，抓住事物的本质，选择适当的角度，才能提炼出有新意的主题。角度要新，新的角度能打开我们的视野，发现材料的特征和新的内涵，并把它同现实的需求、人们迫切需要了解的东西结合起来，表达自己对从新角度获得事物的感受和认识。这样提炼出来的主题才可能有独特性和新颖性，增强文章的社会效果。

5.把握时代的脉搏

主题是具有当代性的。当代性指的是主题所固有的时代性的一种集中与浓缩，是时代精神的一种具体化。任何思想或观念均渗透着特定时代、特定时期人们对社会生活及客观事物所具有的那种特定的评价，反映出强烈的时代精神。在当今时代，作者用现代人所独有的、所实际达到的思想高度、文学写作及思维高度、美学高度去认识生活、评价生活，理解与把握事物，准确地传达出当今现代人的思想、情绪、愿望、心声。使自己文章的主题具有前所未有的、不可重复的时代精神，这是写作者必须重视的问题。因此，写作者必须站在当今时代的高度，把握时代的脉搏、时代的精神，提炼出富有时代性的主题来。总之，一切文学作品，不管什么历史时期，作者都要站在那个时代的高度，使自己的作品渗透着时代的气息，体现出鲜明的当代性。

四、主题的表达

主题的表达影响着文章的社会价值和审美价值。一篇优秀的文章，其主题的确立和表现是比较完美的，能够反映客观事物的真实面貌，构成特定的主题思想。它支配着写作的全过程，是写作的重要环节。成功的主题表达，应力求主题的正确、鲜明、集中、深刻、新颖。

1.正确

主题正确是对主题表达最基本的要求。即表达出来的主题能揭示事物的本质，反映社会生活的主流，回答人们普遍关心的问题，体现时代的精神，激励人们开拓进取、奋发向上。这样的主题才有思想性、科学性和审美价值。

文学写作在我国具有悠久的历史，自古以来就有重视思想内容的优良传统。从孔夫子起，就主张立言之旨在于“明道”，主张通过“文”这一形式，“正得失、动天地、感鬼神、经夫妇、孝双亲、厚人伦、美教化、移风俗”（《毛诗序》）。从历史的角度看，无疑体现了主题正确的要求。

屈原、司马迁的诗文之所以千古不朽，固然是由于他们表现出高深的艺术造诣，但更重要的是作品主题正确、鲜明、突出，又通过精湛的艺术技巧表达了可与日月争光的光辉品格和崇高的爱国精神，因而受到后世的景仰，这是一种民族精神和人格的力量，是古代文学佳作至今还广为传颂的原因。但在我国现实社会中，主题存在严重问题的文学作品并不鲜见。例如，宣传色情暴力的，宣扬封建迷信的，披着科学外衣宣传伪科学的，打着民族特色的旗号展示愚昧与落后的，在严肃公文写作中弄虚作假、虚报浮夸的等。此外，还有一些格调不高、胡编乱造、无病呻吟、故弄玄虚的东西在青少年中也很有市场，甚至造成青少年学生在写作中过分追求自我表现、忽视主题正确与否的不良倾向。如此等等，不能不引起我们的重视与警惕。在当今社会中，从有利于社会主义精神文明和物质文明建设出发，我们必须强调“正确”是确立文章主题的第一要求。总之，正确就是要符合人民的愿望和时代的要求，要经得起历史的检验。

2.鲜明

主题表达鲜明，是指表现主题时爱憎的感情、赞成或反对的立场，不能含糊不清、模棱两可，一定要旗帜鲜明地亮出来。特别是议论性的文章，其中心论点，也就是主题思想，必须十分鲜明，一目了然。梁启超的《论毅力》一文的鲜明的主题是：“有毅力者成，反是者败。”作者从人生历程的顺逆关系展开论述，勉励逆境中的有志者要有坚强的毅力，不为失败所吓倒，不为逆境所困扰，振作精神，冲破阻力，达到彼岸。

有的文学作品的主题并不是直截了当地表现出来，而是比较含蓄、巧妙地隐藏在情节之中和字里行间。这种含蓄的表现不会冲淡或模糊主题的鲜明性，相反，通过读者的分析、领悟，对作品主题的理解会更深刻。契诃夫的《苦恼》，从叙述的内容看，小说是写一个鳏居多年的刚刚失去儿子的马车夫姚纳悲痛的心情。他想找人诉说，却遭到人们的冷眼、蔑视，只好向自己的老马诉说内心的悲痛和苦恼。小说一方面揭示了劳苦大众的不幸命运，另一方面通过描写车夫遭遇的情节，对旧俄社会人情之冷漠、现实之无情予以鞭挞和揭露，其主题思想是鲜明的。只不过文学作品的主题有含蓄蕴藉的特点，透过暗示，让人咀嚼和品味，而非故弄玄虚。这是鲜明与含蓄的辩证统一，并不矛盾对立。

3.集中

集中是指一篇文章只能有一个主题，并且要使这个主题贯穿全篇、统帅全篇。主题集中，能给读者留下鲜明、深刻的印象，能很好地达到表达思想、感染读者的目的。我们写文章，总有一个目的、意图，或是为了宣传某种主张，或是为了解决工作中的某个问题，或是为了表达某种感受，或是为了传播某一项经验等。如果目的不明确、表达不集中，必然使文章失去中心，失去统帅，写起来东拉西扯，读起来不知所云，当然也就达不到写作的目的。这些毛病的病根就在于主题不集中。古人讲得好，“意多乱文”，指的就是主题不集中的问题。

在集中上，古典文学作品为我们做出了光辉的典范。如柳宗元的《捕蛇者说》，引用了孔子的话“苛政猛于虎也”，一针见血地指明了主题。范仲淹《岳阳楼记》中的“先天下之忧而忧，后天下之乐而乐”，也明确地揭示了文章的主题。老舍的短篇小说《断魂枪》集中描述了身怀绝技的拳师沙子龙在外敌入侵的急剧动荡的社会中，被迫退出江湖，甘于寂寞的悲剧性命运，表现了处于社会底层的贫民对现实无可奈何的心态，并借沙子龙的形象唤醒民众，使他们清醒面对现实，激奋向上。这篇小说立意单纯、明确，主题高度凝聚，目标始终如一。日本著名文学家小林多喜二在《小说写作法》中说：“在一篇作品里，写‘什么’必须是独一无二的，高度地集中。”围绕中心说深、说透最为重要。有的作品写得冗长啰嗦，主要也是在主题集中上下功夫不够。所以文学评论家唐弢告诫写作者：“主题一经确定，反映这个主题的思想就该像一条红线，或明或暗，若断若续，从头到尾贯穿在作品里，时时刻刻让读者感到灵魂的跳动。”与主题无关的，要割爱，“否则，主题思想不易突出……头绪纷繁，像一堆没有理过的乱麻。”可见提炼主题要遵循集中的原则，对初学写作者来说，更是可以防止枝节旁出、文意迭出、主题分散的毛病。

主题在文章表达中，还涉及人的思维水平和驾驭语言的能力。如果对事物的认识还不够清楚明白，思维本身就是一团乱麻，理不清头绪，自身的语言表达有限，根本无法表达较为复杂的情感认识，这就难免陷入剪不断理还乱、说不清道不明的尴尬境地。因此，写作者必须对“集中”高度重视。

4.深刻

主题是否深刻是衡量文章价值的重要标准。所谓深刻，就是要求作者能“见人所未发”，写出“人人心中皆有，人人笔下俱无”的主题来。“见”和“发”相比，“见”是更为主要的。“见”就是发现、创造。如果在生活中没有深刻的感受，没有透辟的认识，没有独到的见解，总之，没有高人一筹的东西，就无法发现、无法前进，也就谈不上深刻。

“深刻”要求作者从平凡的生活中去发现美，从普通的事物中去洞察事物的本质意义，比一般的写作者观察得更细、研究得更深、琢磨得更透。要做到主题深刻，同主题正确一样，最根本的途径还在于提高作者自身的思想水平，思想平庸和贫乏的作者必定导致主题的肤浅和一般化。例如鲁迅既是伟大的文学家，也是伟大的思想家。所以，他的小说、杂文与散文，都无不体现了时代的精神，反映出了时代的深刻主题。鲁迅于1925年写的文艺性政论文《灯下漫笔》，针对当时社会复古主义思潮的实质作了深刻的剖析和抨击，指出几千年的中国封建社会的历史就是“想做奴隶而不得的时代”和“暂时做稳了奴隶的时代”的交替循环，从而深刻地论证了中国人民长期遭受奴役的历史命运，揭露了所谓“太平盛世”的真相，彻底否定了过去的两种时代，激励青年一代变革现实，担负起开创“第三样时代”的历史使命。鲁迅看透了中国几千年“一治一乱”的历史和专制统治者瞒、骗的愚民统治，从本质上加以揭露，并以此唤醒民众的觉醒，这样的主题揭露深刻，认识高远，是一篇犀利不朽的传世之作。

主题要做到深刻是不容易的，主题提炼的深度与作者对现实生活认识的深度密不可分。这意味着文章的主题能挖掘出事物的“至理”，反映出事物的客观规律，从现实生活中提炼出感人肺腑的思想。要做到主题深刻，就应该锻炼自己的思想，扩大自己的眼界，洞察事物千姿百态的外部特征和复杂微妙的内部联系，能够准确揭示出事理的内核，使读者看到事物的本质。

5.新颖

所谓新颖，就是与众不同、新鲜独特。对文章主题来说，就是见解独特，独具匠心。初读之出乎意料，细读之合乎情理；具有创造性的思维活动能力和对客观现象的敏锐洞察能力以及突破思维定式，这就是新颖。为什么文章要强调新颖？这首先是由写作规律决定的。因文章是客观事物的反映，而客观事物总是处于不断发展变化的过程中，这种变化过程反映在文章中就必须讲个“新”字，如新思想、新事物、新创意等，突出文章的新意。

主题的新颖同选择主题的角度很有关系。很多事物都是有多面性的，同一个事物，从不同的角度去分析认识，就会呈现出不同的思想意义。如照相可以正拍、侧拍、俯拍、仰拍、顺光拍、逆光拍，不同的角度拍出的照片韵味不同，就显示出了照片的新意。有经验的作家会对事物作精心的审视，纵横比较，力图避开那些浮在事物表面的意义特征，从一般人意想不到的角度切入，发掘出事物更新鲜、更深刻的意义来。即使是前人写过的内容，他们也能表达独到见解，写出前人从未写出的新意。

准确地说，文章新颖不单指主题。结构安排上的新、语言上的新、选用材料的新、表述上的新，都可达到审美上的创新。

【思考与练习】

1.请仔细阅读下面的寓言故事，试着提炼几种不同的主题。

一把坚实的大锁挂在大门上，一根铁棒费了九牛二虎之力，还是无法将它撬开。钥匙来了，它瘦小的身子钻进锁孔，只轻轻一转，大锁就"啪"地一声打开了。铁棒奇怪地问："为什么我费了那么大力气也打不开，而你却轻而易举地就把它打开了呢？"钥匙说："因为我最了解它的心。"

2.下面是以礁石为吟咏对象的咏物诗，请分析其主题的差异，并谈谈自己对炼意的理解。

礁石

艾青

一个浪，一个浪，
无休止地扑过来，
每一个浪都在它的脚下，
被打成碎末，散开……
它的脸上和身上，像刀砍过的一样，
但它依然站在那里，
含着微笑，望着海洋……

礁石

曼晴

任凭风吹雨打，
任凭波浪冲刷，
任凭骄阳暴晒，
任凭雷电交加，
你依然屹立在急流险滩，
不走样，摧不垮。
宁可越磨越尖。
决不越冲越滑。

暗礁

梁谢成

暗礁呀！
我要由衷地
对你进行赞美！
因为你始终
默默地坚守着

自己的岗位，
并把那些
不循航道前进的船只
无情地击毁！

暗礁隐藏在水下

碣石

暗礁隐藏在水下，
阴沉的脸上带着狞笑，
却摔出多情的浪花。
在它们身边，
有多少善良的船只失身了
又因懦弱而默然长眠……
唯有那不屈的小舟——
即使在探索中撞翻了，
也要将罪恶揭露在海上……

3.悲观主义者说：这个世界有无数的墙。乐观主义者说：这个世界有无数的门。现实主义者说：这个世界由无数隔膜的墙和沟通的门组成。请以“门与墙”为话题写一篇文章。立意自定，题目自拟，文体自选。

4.有个人，从小便树立了当作家的理想。为此，他十年如一日地努力着，坚持每天写500字，文章写完后，他反复修改，然后满怀希望地寄出去。可是，多年努力，他却从来没有片言只语变成铅字，甚至连一封退稿信也没有收到过。29岁那年，他总算收到了第一封退稿信。那是他多年坚持投稿的刊物总编寄来的，信中写道：“……看得出，你是一个很努力的青年。但我不得不遗憾地告诉你，你的知识面过于狭窄，生活经历也相对苍白。但我从你多年的来稿中发现，你的钢笔字越来越出色……”于是这个青年改练书法，最终成了有名的硬笔书法家。请你以“转弯”为话题，写一篇不少于800字的议论文，题目自拟。

第三节　确定结构

占有了材料，确立了主题，只解决了文章主题与思想内容的问题，还不能称其为“文章”。材料只能解决“言之有物”的问题，主题只能解决“言之有理”的问题。倘若不把这些纷纭的材料依据表达主题的需要加以适当地编织和穿结，进而解决“言之有序”的问题，就形不成文章，这就涉及文章的结构了。

一、结构的内涵和作用

文章的结构是指文章内容的组织构造，即按照事物的发展规律和内部联系形成的文章内容的组织方式和内部构造。结构的过程是对材料进行组合和安排的过程，是使文章逐渐成形并趋向成熟的创造性思维过程。结构是作者表达思想、反映客观事物的主要手段。

结构的主要任务是保证文章“言之有序”。具体地说，结构就是研究文章怎样开头，怎样安排主干，怎样结尾，全篇分作几个部分来写，每个部分怎样进一步划分等。如果没有安排好结构，只是材料归材料，观点归观点，它们各自游离而不能有机统一，那就始终只能是一堆零散的材料和一些抽象的思想，而不能成“形”。

结构的作用在于它关系文章的全局，从全局上影响文章的命运。

1.在形式上，结构是文章的架子

它在形式的诸多要素中占据着特殊的地位。广义地说，形式可以包括体裁、结构、表达方式和语言。体裁影响结构，但它最终还要靠结构来落实和体现；表达方式和语言也很重要，但都有赖于结构来为它们安排或规划实际运用的空间。文章搭好了“架子”，它的体裁才能够获得一个具体的样式，表达方式和语言也才能够获得实际的活动区域和相互组合的格局。

2.在内容上，结构是文章的“骨骼”

文章的主题犹如人的灵魂，没有灵魂只能是一个躯壳。材料好比人的血肉，没有血肉只能是一个空架子。而一篇文章的结构，恰似人的“骨骼”，没有坚实、健壮的骨骼，血肉无所依附，灵魂亦无处寄托。结构与主题、材料之间是相互依存、密不可分的关系。结构要服从于主题的需要，主题、材料也必须借助结构得以表现。

3.在写作过程中，结构是文章表达时的“蓝图”

结构规范着文章的思想内容如何实际地进行表述。整个写作过程，可以分为两大阶段。第一阶段，解决“写什么”的问题，这需要占有材料、研究事物，并形成主题。根本的工作是“研究”，要从接触事物的物质形态开始，通过分析和综合，直至形成内容的观念形态才告终结。第二阶段，解决“怎么写”的问题。根本的工作是“表现”，要从表现既得的观念着眼，通过安排材料和运用各种手段，把既成的观念完整地表达出来，才告终结。结构一般酝酿于第一阶段的后期，并解决于第二阶段的前期。它是承前启后、沟通两个阶段的关键性环节，是将“研究”的成果（观念）转变为“表现”的成果（文章）的关键环节。歌德曾说：“如果你在整体上安排错了，那么一切力量都白费了。”这就告诉我们，学习写作要充分重视结构的安排，注意锻炼结构的能力，要养成在动笔之前精心地“满盘布局”的好习惯。

二、结构的原则

1.结构要正确反映客观事物的发展规律及内在联系

任何事物都有它自身的发展规律和内在联系，结构只有反映了事物的发展规律，文章内容才能符合逻辑。作家孙犁在《谈结构》中提到："作品的结构不单是一个形式的问题，也是内容的问题。因此一篇作品既然是描写一个事件，那事件本身就具备一个进行的规律，一个存在的规律。作者抓住这个规律，写出这个规律，使它鲜明，便是作品的基本结构。"可见，事物存在和发展的客观规律是谋篇布局最基本的依据，而客观事物的发展规律和内在联系，并不浮现于事物的表面，而是要经过作者的细致观察和深入分析才能把握。作者一旦准确把握了事物的规律和联系，就能迅速疏通思路，找到合适的结构。

记叙性文体以写人叙事为主。写人的文章，可以根据人物活动的时间先后、空间变化以及人物思想感情的发展变化来安排结构。叙事类的文章可根据一般事物发展规律，即根据事物的发生、发展、高潮、结局的过程来安排结构。有些文章为了更好地表现主题，采用倒叙、插叙等手法，使行文跌宕多姿，结构富于变化。

议论性文体可以根据对事物的认识规律，先提出具体问题，然后从各个层面进行剖析，最后得出结论。即以提出问题、分析问题、解决问题为顺序来安排文章的结构。这种结构，正符合人们认识问题的思维规律，因此"提出问题——分析问题——解决问题"这样一个过程也就成为议论文展开论述的顺序。但是，具体写作中作者经常突破这种结构形态，在不违背认识规律的情况下，按照自己独特的思路创建结构。

抒情性文体是按照人物感情、心理变化规律和特点来安排结构的。

总之，文章结构要符合客观事物的发展规律，符合人们认识事物的规律，否则就容易造成逻辑混乱、条理不清。

2.结构要服从于主题表达的需要

文章结构的宗旨是为了更好地表现主题。因此，设计开头结尾、筹划层次段落、运用过渡照应等，都要以主题为纲。刘勰在《文心雕龙·附会》中提出"务总纲领"的要求。他认为只有抓住事物的纲领，抓住文章所要表达的主题思想，才能"驱万涂于同归，贞百虑于一致。使众理虽繁，而无倒置之乖。群言虽多，而无棼丝之乱"。反之，离开了纲领，离开了主题，就必然出现"统绪失宗""义脉不流"等弊病。刘勰这里强调的是无论写多复杂的文章，只要抓住主题，以主题为中心安排结构，就可以使文章前后连贯、条理一致。

以《谁是最可爱的人》为例。按作者自己介绍，他通过长期的共同生活，深入地采访、观察和体验，由衷地感受到志愿军战士那种崇高的英雄品格，并产生了一种强烈的愿望来表现他们是最可爱的人这一主题。为了表现这一主题，他写作这篇通讯时，对二十几个"最生动的例子"进行筛选，最后决定选择其中三个典型的材料，加以详尽地实写，结合必要的抒情、议论（实际也是作者自己的感受），把"战士的英雄行为"和"崇高的英雄思想感情”如实地、生动地、深刻地表现出来。为什么安排这种以实为主，虚实结合的结构呢？因为它能够直接反映战士的形象，集中表现心中的感受，产生感人的力量。他将“许多例子”“好多个意思”都删去了，他不愿意“面面俱到”，“哪个意思也没有说透，怎么能给人以深刻的印象呢？”（《我怎样写〈谁是最可爱的人〉》）。

组织材料、安排结构、选择表达方式等都要围绕着主题，为表达主题服务。因此，怎样划分层次、段落，如何安排过渡和照应，何处详写，何处略写，怎样开头，如何结尾等，都要从是否有利于表现主题考虑。否则，文章的结构、布局就失去了准绳。

3.结构要适应不同文体的特点

文章结构要受文体的制约。不同体裁的文章，由于反映生活的容量、表现手段、表达方式的不同，在结构上总有一些特殊的要求，这就决定了安排结构要适应不同文体的要求。

首先从外部构造上看，不同文体的文章具有不同的结构形态。如诗歌有行和节之分，戏剧有幕和场之分，新闻则由导语、主体、结语等构成，而工作总结、调查报告的结构又常分为概况、成绩、经验、结论等部分。

其次从结构的内容上看，着重点不同。一般的记叙文要注意叙述的顺序，层次、段落的安排，时间、地点、人物、事件、原因和结果等。一般的议论文以议论说理为主，在安排议论文结构时，就应考虑中心论点和分论点之间的关系、论点和论据的关系等。

体式一旦被固定下来，就影响着内容的选择和安排。因此在写作中，要熟悉文章体式的特点和要求，这样才能更好地表现内容、安排结构。当然，有时候不同文体在结构上也可以相互沟通。比如报告文学可以采用电影、电视中的蒙太奇手法，影视文学、小说可以采用散文化的结构等。

4.结构要富于变化

各种文体虽有一定的结构模式，但不是一个固定的框架。因为客观事物千变万化，现实生活丰富多彩，作为客观事物反映的文章，其结构形式也应当富于变化。那种把结构形式看成凝固不变的程式，在写作时墨守成规、亦步亦趋，是难以创新的。马克思曾批判“指定的表现方式”的错误时说：“你们赞美大自然悦人心目的千变万化和无穷无尽的丰富宝藏，你们并不要求玫瑰花和紫罗兰散发出同样的芳香，但你们为什么却要求世界上最丰富的东西——精神只能有一种存在形式呢？”所以，我们在遵循结构一般规律的基础上要大胆创新，做到形式新颖、多样化。

三、结构的基本要素

（一）开头与结尾

关于文章的结构，古人有“凤头、猪肚、豹尾”的形象比喻，就是说开头要简练，其基本作用就是导入下文；主体部分要充实丰满，结尾要有力。

1.开头

文章的起始部分，古人称为“起笔”。文章能否一下子让读者产生阅读兴趣，关键在开头。开头又是定基调的地方，能否定得准，也关系到全篇基调是否和谐统一的问题。开头从何处写起，也和全局相关。若开头离了题，就会越写越偏离中心。可以说，开头既重要又难写。因此，历来中外作家、理论家都很重视文章的开头。

开头的写法灵活多样，但归纳起来，不外乎繁、简两种类型。

所谓“简”者，就是“开门见山”的开头方法，就是单刀直入、点明题意，一下子就让读者知道文章写的是什么，给读者留下深刻清晰的印象。如《背影》的开头：“我与父亲不相见已二年多了，我最不能忘记的是他的背影。”再如《白杨礼赞》的开头：“白杨树实在是不平凡的，我赞美白杨树！”

所谓“繁”者，即“曲径通幽”法，是一种“文似看山不喜平”的开头。就是在开头根据写作目的，首先运用一些文字作铺垫，如制造气氛、描写环境、引用诗词谚语、交代一些必要的背景材料、线索等，然后再进入中心内容。我们看这个开头：“穿过县界长长的隧道，便是雪国。夜空下一片白茫茫。火车在信号所前停了下来。”我们读完这短短的开头自然就期待下文，因为这个开头动感很强，读者自然就感觉下面要有人物出场或者要发生什么了。这是日本小说家川端康成的《雪国》的开头。

无论是“开门见山”，还是“曲径通幽”，好的开头都应该满足以下要求。

（1）切题

所谓切题，就是要揭示文章的主题和寓意。无论开头是描绘环境、推出人物，还是叙述事件、渲染气氛，都要考虑到表现主题的需要，使文章的开头具有某种指向性。如果开头就偏离了主题，就会越写越偏离中心。开头切题有利于下文表现主题、展开故事，也有助于读者顺利进入文章的主题。

（2）有吸引力

好的开头对读者有一种潜在的吸引力和暗示作用，能够激起读者的好奇心和期待心理，吸引读者读下去。如《百年孤独》的开头：“多年以后，奥雷连诺上校站在行刑队面前，准会想起父亲带他去参观冰块的那个遥远的下午。”这个经典的开头用倒叙的方式，把叙述引向“那个遥远的下午”，激起读者的好奇心，吸引读者读下去。

（3）开笔定调

所谓定调，指在文章的开头就要确定全篇的基调。开头是定基调的地方，能否定得准，关系到全篇基调是否和谐统一。这种基调须贯穿全文，以利于读者从整体上把握全文，进而把握主题。例如，孙犁的《荷花淀》开头展示给读者的是这样一幅画面：月光下，女人编席，远处有一片飘着荷花、荷叶香的白洋淀，基本色调就是“洁白”“银白”“透明”，没有一点点战争的味道，也没有一点点尘世的纷扰。作者正是通过这样极富美感的开头，把读者带入一种纯美的境界，带入一种特定的氛围。接下来，随着小说的展开，中间部分关于白洋淀水面的正面描写，末尾处对于荷花淀的直接描绘，都与开头的色调保持一致，这种基调贯穿始终。

任何一篇文章都有一个基调，无论何种文体，概莫能外。文章反映出来的基调或庄严，或沉重，或悲壮，或诙谐，或重在理性思辨，或意在解释说明……每一种基调都必须从开始就确定下来。例如，《白杨礼赞》的基调是热情洋溢，《背影》的基调是质朴深沉，《药》的基调是悲凉。基调实际是主题的一部分，如表彰性通报的基调是褒扬，惩处性通报的基调是警戒，这都属于主题的范畴。要真正瞄准主题，就必须进一步准确地定好基调，不高不低，使全文能够顺利地"唱"下去，而不致被迫中途"变调"。

2.结尾

结尾是文章内容发展的必然结果，或是问题的解决，或是叙事的完结。结尾在文章的结构中也具有重要作用，古人说的"豹尾"就是对结尾的一个形象说明。一篇文章，纵令开头美妙至极，然而不能善终，收尾无力或成败笔，正如"为山九仞，功亏一篑"。相反，起句平平，而结尾精彩，则使读者难忘"临去秋波那一转也"。俗话说"头难起，尾难结""编筐编篓，重在收口；描龙描凤，难在点睛"。归有光认为"一篇命脉归束在此，须要言有尽而意无穷"，明代谢榛在《四溟诗话》中云："起句当如爆竹，骤响易彻；结句当如撞钟，清音有余"，白居易提出要"卒章显其志"，林纾说"为人重晚节，行文看结穴""不惟能发异光，而且长留余味"。好的结尾能够将正文收束起来，使主题得到有力的传递。

（1）自然收束

当正文内容已经写完，主题已经写透时，就让那个正文"戛然而止"。叙事类文章经常这样自然收束，好的自然收束，能让人回味无穷。如聂华苓的《人，又少了一个》，描写了一个女乞讨者三年前后的不同形象与神态，表现了人格的堕落这一深刻的主题。文中作者未加任何评论与分析，只是用白描的手法，记述了事件的经过。结尾写道："砰地一声，大门被踢上了。那女人回过头来，冷笑了一声，然后漠然望了我一眼。她已经不认得我了！"这一不加修饰的自然结尾，给读者留下了无限的思考余地，令人回味无穷。

（2）卒章显志

当正文内容已经写完，而主题仍需概括或引申时，用一个总结归纳式的结尾来"点明主题"或"卒章显志"。较长的议论往往有这样概括式的或点睛式的结尾，这种方法一般是用议论或抒情的方式概括全文中心或对文中的人物、事件加以评论。《谁是最可爱的人》一文的结尾段就属于这种类型，这段文字兼用议论与抒情的方式结束全文，最后一句话点题："你一定会深深地爱上我们的战士，他们确实是我们最可爱的人！"

（3）提炼升华

当正文内容已经写完，主题实际已经写透，但作者心中"意犹未尽"时，可以从正文里深掘一层，升华出某种有分量的哲理或情愫，发人深省。抒情散文、述怀言志或抒情色彩强的记人叙事咏物的文章，经常采用这样的结尾方式。如鲁迅的《故乡》的结尾，不直接点题，深沉、含蓄，富有哲理，令人回味无穷："我想：希望是本无所谓有，无所谓无的。这正如地上的路；其实地上本没有路，走的人多了，也便成了路。"此外，方志敏的《清贫》、郁达夫的《怀鲁迅》、杜牧的《阿房宫赋》等，都是这类结尾。

（4）激励号召

作者在结尾时根据内容的要求，融会主观感情因素，提出希望或号召，以激励读者，即所谓"展望未来"或"鼓舞斗志"。宣传性、鼓动性、指导性的文章，往往要有一个这样的结尾。例如，马克思、恩格斯合著的《共产党宣言》的结尾："全世界无产者，联合起来！"这个结尾，富有号召力。这种结尾方式，除了常用于议论文和应用文以外，文学作品也可以适当运用，如鲁迅《狂人日记》的结尾是"救救孩子……"这个结尾不但格式新颖，而且表现了"狂人"的性格发展，还充分体现了作者对封建社会及其伦理道德的深切痛恨，对被压迫人民的热忱关怀和对后代的殷切希望。

总之，结尾的根本任务是收束全文，完成主题。结尾的方法不拘一格，要根据不同文体和表达的需要构思不同的结尾，达到增强文章感染力的作用。

（二）层次与段落

1.层次

层次指的是文章思想内容的表现次序，它是事物发展的阶段性、客观矛盾的各个侧面以及人们认识和表达问题的思维进程在文章中的反映。有时人们又把层次称为"意义段""结构段"或径称为"部分"。在写作时，总是写完一件事情再写另一件事情，写完一个问题再写另一个问题，层次体现了作者思路开展的步骤，常由几个自然段组成。

安排层次是文章结构的重要内容。一篇文章划分的层次是否完整、清楚、合乎逻辑，直接关系到主题的表达，并影响读者对文章内容的理解。层次的安排要根据表现主题的需要和文体的特点，体现客观事物本身的发展、变化和人们认识事物的规律性、条理性，各个层次之间要有内在联系，能体现出某种逻辑关系。因此，安排层次要注意以下几点。

（1）安排层次的标准要统一

一篇文章只能按照一个标准来安排层次，或者是按照时间发展的顺序，或者是按照空间变换的顺序，或者是按照时空交叉的顺序，要做到贯穿始终，不能标准不一致。

（2）安排层次要有序

这是从文章结构的条理性出发的。各个层次在其各自的表现内容上都有不可替代、不可或缺的性质，相互之间的组合次序体现出推进和展现全文内容发展脉络的逻辑必然性。如果各层次之间的排列无序，可以随意调换，必然造成文章结构布局和内容的混乱。

（3）安排层次要分清主次

文章各层次的安排不能平均用力，而应该根据表现主题的需要，分清主次，有详有略。

(4) 各层次要有相对的完整性和独立性

这是从文章的意义上来说的。各层次在意义上既要有相互联系，又要有相对的完整性和独立性。

(5) 安排层次要考虑文体的要求

要根据不同文体的特点安排层次。比如，记叙文多是按照事物发展的顺序安排层次，议论文多是按照问题的性质和事物的几个不同的侧面来安排层次。

2.段落

段落是文章中最小的、可以独立的基本结构单位，是文章内容在表达时由于转折、强调、间歇等情况所造成的文字停顿。它以换行、提头、空格为明显标志，人们通常称它为"自然段"或"语段"。段落的形成是由于客观事物、事理内部联系中的基本成分决定的。它是构成层次的基础，层次着眼于内容的划分，段落则侧重于文字表达的需要。一个是从"内容"上划分，一个是从"表现"上说明。段落之间要有内在联系，上下段之间衔接要自然。

划分段落的作用：

①逻辑地表现思维的进程，清晰地反映出文章的内在层次；

②使文章眉目清楚，便于读者阅读、理解，并给他们在阅读中以"停顿"的时机，从而获得思索和回味的余地；

③某些特殊段落，能够起到强调重点、加强印象、传达某种感情色彩的作用。有些文章，为了强调重点，表达感情，常常有极短的段落，或者为了论证问题的严密、全面，安排极长的段落，这些极短和极长的段落都称为特殊段落。如鲁迅的《论雷峰塔的倒掉》一文的结尾，只用"活该"两个字结束全文，自成一个段落。毛泽东的《人的正确思想是从哪里来的》，整篇文章只有一个段落。

划分段落的要求：

①单一性。指一段文字只能集中表达一个单一的意思。不能把几个意思放在一个段落中表达，也不能一个意思没有说完，又去说另一个意思。

②完整性。一个意思要在一个段落里集中讲完，另起一段则表达另外的意思。不能把这一个意思分到几个段落中表达，破坏段意的完整性。

③连贯性。指段与段之间的意思要有内在联系，连贯而有条理。每个段落都是全文内容发展过程的一个环节，做到"分之为一段，合则为一篇"。

④匀称性。指段落的长短搭配应协调有致。从文章表达形式协调的角度来看，划分段落要做到长短相间，配合恰当。段落过长，则文章节奏缓慢，不易于把握一段的主要意思；段落过短，容易造成零碎和不连贯的感觉。

（三）过渡与照应

文章内容在划分段落和层次以后，还要将各个段落、层次紧密地联系起来，使文章前后连贯，形成整体，这就需要运用过渡和照应。过渡和照应是使文章气血贯通的重要手段。

1.过渡

过渡是指上下文之间的衔接、转换。它是连接上下文的纽带，起到一种承上启下、穿针引线的作用，使全篇内容组织严密，浑然一体。过渡是层次、段落之间的内在联系的表现形式，过渡处理好了，文章就会脉络清晰通畅，层次段落紧凑自然。过渡处理不好，文章就会上气不接下气，读起来会令人感到中间缺少了什么，影响到读者对文章内容的把握。

文章在以下两种情况下通常需要过渡。

一是文章内容转换时。例如，由一件事的叙述转到另一件事的叙述，论述问题时由一个方面转到另一个方面。

二是文章的表达方式变化时需要过渡。如叙述事件时采用倒叙、插叙，由倒叙转为顺叙的地方、插叙开始和结束的地方等，都要注意过渡，以免造成混乱；文章由叙述、描写转为抒情、议论，或由议论、抒情转为叙述、描写；论述问题时，由总到分，由分到总时，都要注意过渡。

过渡的方法主要有以下三种。

（1）用关联词语过渡

如用“因此”“总之”“可见”“但是”“然而”等表示过渡。

（2）用句子表示过渡

在层次或段落之间，安排一个承上启下的句子表示过渡，即为过渡句。

（3）用段落过渡

在层次或段落之间，安排一个承上启下的段落，表示过渡，即为过渡段。

2.照应

照应是指前后内容的关照呼应。前面写到的事物，后面要有着落。后面写的结局，前面早已埋下伏笔。行文前有因，后有果，先有源，后有流，如古代兵法上的长蛇阵法：击首则尾应，击尾则首应，攻其腰则首尾相应。伏笔和照应是使文章前后勾连、脉络畅通、内容周严的一种重要手段。它好比是“纽带”，又像是“黏合剂”，在文章中起着穿针引线、搭桥接榫、承上启下的作用。文章没有伏笔和照应，就像一群散兵游勇，会削弱集体的战斗力；照应运用得巧妙，不仅可以显示文章情节的连续性和布局的严谨，而且能不断地唤起读者的联想与回味，有助于提高文章的阅读趣味，深化和升华主题。

照应的部分可以是观点，也可以是材料；可以和文章的主题有关，也可以只和文章的某一点有关，如某种气氛、环境、景象等。常见的照应有以下三种形式。

（1）文题照应

题目是文章的眼睛，与主题关系密切，文题照应可以突出主题，加深对内容精神实质的理解。

（2）首尾照应

开头和结尾遥相呼应，开头有伏笔，收尾必有照应，给读者一种首尾圆合、结构严谨的感觉。

（3）伏笔照应

指前伏后垫的相互照应，可以将事情的来龙去脉交代清楚，结构自然严谨，内容也能饱满周全。这种照应一方面可以造成悬念，具有调动读者阅读兴趣的作用，还能增加结构的戏剧性。另一方面可以突出某一问题，或使观点鲜明，给读者留下深刻印象。

四、结构的基本形态

结构的基本形态是指人们按照一定的原则对材料进行组合的方式。结构在以不同表达方式为主的文体中表现出不同的形态。

（一）记叙类文体的结构类型

1.事件发展式

即按照事物的发生、发展过程安排文章层次。这是叙事性文章的最基本的结构形态，也称为纵式结构。每个层次表示每个时间段或事物发展的一个阶段，各个层次之间具有递进的逻辑关系。写作时按照事件发展的顺序行文，有利于使文章条理清楚、脉络分明。采用这种结构也可以有所变化，比如可以运用倒叙、插叙等手段。

2.空间转换式

按空间位置的变换安排层次，即按照东西南北中的方位或内外、左右、上下、前后等空间顺序的变换来构成层次，这样能够给人以清晰的视觉把握。游记类散文有许多是以空间转换顺序进行描述的。另外，还可以按照跟事件有关的空间位置的变换安排结构，常见于通讯、消息、报告文学等文体。

3.情感变化式

即根据写作主体或作品人物的认识、感情变化和情绪走向安排文章层次。这种结构形式经常用于抒情散文中，许多通讯和报告文学以及推理小说也都喜欢采用这类结构。这有利于营造悬念和神秘气氛，满足人们的好奇心。

4.意识流动式

即以人物的心灵为聚光点和结构轴心，以人物的意识流动为辐射线，跳跃式地组织材料。它常用内心独白、自由联想、象征暗示等手法来显示人物流动的意识，可以突破时空的限制，多层次、多角度、多变化地反映人物内心世界，扩充作品的容量。因为这种方法一反传统的“线”式结构，呈现出辐射状的“圆圈形”，所以又称“圆圈形结构”。

5.镜头剪接式

即借用电影“蒙太奇”手法，根据主旨表现的需要，有意识地将事物发展的自然顺序打乱，重新加以剪辑，把不同场景、画面紧凑巧妙地组合在一起。它实际上是一种较多地运用插叙，但又不强调“过渡照应”的结构形态。

6.性质归类式

即将有关材料归纳分类，不同的类别、不同的侧面构成文章的不同层次。

（二）议论类文体的结构类型

1.总分式（“分—总”或“总—分—总”）

即各层次之间是总说和分说的关系。一般是先提问题，然后分析，最后总括起来加以综合，这是议论文安排结构的基本方式。前面的“总”是“引论”部分，“分”指“本论”部分的分析论证，后面的“总”是“结论”部分。

2.并列式

即各层次之间呈现的是一种并列、平行的关系。但各层之间并不是互不相连的，它们是一个问题的不同方面，且都统一在文章主旨上。

3.递进式

即各层意思之间是递进、纵式的关系。层次与层次之间是层层推进、步步深入、一环扣一环的关系。以这种方式安排材料，文章的层次顺序具有严密的逻辑性，不能随意颠倒。

4.比较式

在论证思路中，把两种事物（或意见）加以对比，或者是用另一种事物（或意见）来烘托某一种事物（或意见），这就是比较式。结构上是一正一反、一阴一阳、一实一虚，内容上是真与假、好与坏、美与丑、善与恶或用其他对立的两方作对比来发表议论。

以上区分不是绝对的，每种结构方式在局部都可能有总分、并列、递进。这说明对各种结构方式的抽象概括，一般都带有相对性、不完全性，不可生搬硬套。

（三）说明类文体的结构类型

常见的说明类文体的结构，大致有以下几种方式。

1.以事物的时空组合关系为序

（1）通过空间布置说明静态对象的特点和构造

以空间为序说明物体对象特点的作品有叶圣陶的《苏州园林》。开头先概括苏州园林的共同特点，然后从其不讲究对称布局、假山和池沼的设置，树木的栽种和修剪，花墙和廊子的层次，小角落的图画美，门面的图案美，以及漆色的和谐等几个方面进行具体说明。

（2）利用时空改变说明动态对象的发展过程

如简介人物生平和辞书中的人物条目，许多都是按照某年某地从事某活动的次序写的。

（3）利用时间改变说明对象制作或操作的程序

主要是按制作程序先后安排结构，如叶圣陶的《景泰蓝的制作》就是循着制胎、掐丝、涂色、烧蓝、打磨等制作工序设置结构的。

2.以事物属性、功能等为序

家用电器等产品、航空航天技术等成果，往往需要对其属性或成因、功能、影响等加以说明。这类说明文的结构布局没有固定的格式，可根据文章样式和接受者的需求来灵活安排。李信茂的《神奇的激光》中先指出激光高亮度、高纯度的基本属性，然后分别说明其五个方面的特殊性能。说明对象功能时可根据具体情况以不同的顺序安排结构，或从主要到次要，或从新增到原有。这样既符合对象实际，又能照顾到文章接受者的兴趣和需要。

3.以对象的逻辑关系为序

可以说所有说明文的总体结构都是以逻辑关系为序的，而在带有说理性的说明文结构中这种逻辑关系更明显。如于风翘的《北国江城特景——树挂》首先从描绘松花江畔吉林市冬景中引出说明对象"树挂"，进而介绍两种树挂的名称、特点和成因，最后又从总的方面说明树挂的作用。整个结构体现了对象的种属和因果等逻辑联系。

需要注意的是，多数说明文并不仅仅按一种顺序和条理布局，而是有所侧重又存在相互交叉的现象。因此安排文章的结构时，要注意不拘泥于陈说，可以多种结构方式结合穿插使用。

【思考与练习】

1.阅读陈启佑的小说《永远的蝴蝶》，分析其运用了哪些照应方式。

那时候刚好下着雨，柏油路面湿冷冷的，还闪烁着青、黄、红颜色的灯火。我们就在骑楼下躲雨，看绿色的邮筒孤独地站在街的对面。我白色风衣的大口袋里有一封要寄给南部的母亲的信。樱子说她可以撑伞过去帮我寄信。我默默点头。

"谁叫我们只带来一把小伞哪。"她微笑着说，一面撑起伞，准备过马路帮我寄信。从她伞骨渗下来的小雨点，溅在我的眼镜玻璃上。

随着一阵拔尖的刹车声，樱子的一生轻轻地飞了起来。缓缓地，飘落在湿冷的街面上，好像一只夜晚的蝴蝶。

虽然是春天，好像已是秋深了。

她只是过马路去帮我寄信。这简单的行动，却要叫我终身难忘了。我缓缓睁开眼，茫然站在骑楼下，眼里裹着滚烫的泪水。世上所有的车子都停了下来，人潮涌向马路中央。没有人知道那躺在街面的，就是我的，蝴蝶。这时她只离我五公尺，竟是那么遥远。更大的雨点溅在我的眼镜上，溅到我的生命里来。

为什么呢？只带一把雨伞？

然而我又看到樱子穿着白色的风衣，撑着伞，静静地过马路了。她是要帮我寄信的。那，那是一封写给南部母亲的信。我茫然站在骑楼下，我又看到永远的樱子走到街心。其实雨下得并不大，却是一生一世中最大的一场雨。而那封信是这样写的，年轻的樱子知不知道呢？

妈：我打算在下个月和樱子结婚。

2.假设以《梦》为题写几篇体裁不同的文章，请分别设计出一篇小说的开头、一篇散文的开头和一篇说明文的开头。要写得简洁，各篇不超过200字。

3.阅读电视散文《第十一位》的片段，根据内容，为该文加上开头，并续写下文。

……

乡里实在派不出人来，只好请了一位刚毕业等待分配的女大学生来代一段时间的课。不知女大学生当初是出于好奇还是其他什么原因，总之，很快就和孩子们融洽地生活在一起了。

三个月后，女大学生的分配通知到了，孩子们只像以往十次那样去送这位他们喜爱的代课教师。谁知，出人意料的情形发生了。那天，在代课教师含泪走下山坡的那一瞬间，背后突然传来她第一节课教给孩子们的古诗："离离原上草，一岁一枯荣。野火烧不尽，春风吹又生。"

那吟诵的声音久久回荡，年轻的代课教师回头望去，二十几个孩子齐刷刷地跪在高高的山坡上，没有谁能受得起那天地为之动容的一跪。

……

4.阅读下面的微型小说，分析其结构类型，并谈一谈材料的组合对主旨表现的意义。

古老的传说

那家佐

一

落叶，孤桥，古刹。

一个小脚女人，背着个孩子，一个女孩儿。跪于送子观音面前。她虔诚地祈祷，盼着生下个男孩儿。孩儿他爸已经纳了妾，只因她没能生下个男孩儿。这是她外婆的外婆。

二

枯藤，老树，农家。

一个绾髻女人，抱着个孩子，一个女孩儿。久久伫立于古道，翘首等待着离家远走的孩儿她爸，只因她没能生下个男孩儿。这是她妈妈的妈妈。

三

柳丝，清泉，小镇。

一个短发女人，牵着个孩子，一个女孩儿。抽泣着回到娘家，一头扑进母亲的怀抱，诉说着丈夫的打骂，只因她没能生下个男孩儿。这是她的妈妈。

四

霓虹灯，立交桥，城市。

一个披肩长发的女人，疯了似的在跑，身后跟了个娃娃，一个女娃。妈妈给她讲了妈妈的故事，还有外婆的以及外婆的外婆的故事。她笑了，笑着笑着，又伤心地流出泪来。难道自己也是这个古老传说中的她……

第四节　外化表达

表达是将思维成果用语言反映出来的一种行为，是文章反映客观事物的手段。而写作技法是指在长期的写作实践中逐渐形成并总结出的那些带有规律性的方法和手段。技法与表达方式相互依存，不可分割。表达方式是运用技法的前提和基础，同时，技法又体现着表达方式，是表达方式的延伸和拓展。

一、表达方式

要想创造特定的交流语境，就需要借用各种写作表达手段来组织文字，体现思路，这些传达思想内容的方法手段就叫作表达方式。一篇文章具体使用哪一种方式，要根据文章的整体要求和写作目的来确定。深刻理解和熟练运用各种表达方式是写好文章的基本功。常用的表达方式有叙述、描写、抒情、议论、说明等。

（一）叙述

所谓叙述，就是把人物的经历、言行和事物发生、发展、变化的过程讲述出来。这是一种最基本的、使用频率最高的表达方式。

叙述是记叙类文章的主要表达方式，诸如背景的交代、场面的转换、情节的展开、对话的连接、人物的行为、历史过程的演进、时代的更替等，都要借助于叙述。叙述还为议论类文章提供事实论据，为说明类文章介绍对象及其发展演变过程，为实用类文章概述工作情况、工作进程等。可以说，叙述是写作各类型文章的基础。

1.叙述的种类

叙述有多种方式，按不同的标准，可以进行不同的划分。按叙述的先后次序分，有顺叙、倒叙、插叙、补叙和平叙；从叙述的详略角度划分，有概叙和详叙；按叙述的线索分，有合叙和分叙。需要注意的是，每一种方法和其他方法都互不排斥，它们可以结合起来综合运用。我们以叙述的先后次序为例来介绍叙述的种类。

（1）顺叙

所谓顺叙，就是按照自然的流程记叙，依事情发生发展的先后顺序来叙述。这是最常见也是最方便的叙述方法，它合乎人们认识事物的习惯，易于接受和理解。例如，鲁迅的《一件小事》采用的就是顺叙的写法。池莉的小说《烦恼人生》也是以顺叙为主要表达方式，记录了印家厚忙碌杂乱的一天。顺叙的长处是由头至尾，秩序井然，便于组织材料，容易贯通文理，与读者的接受心理也非常贴近。但是，顺叙容易流于平铺直叙，平均使用笔墨，文章缺乏波澜，所以，运用时要分清主次、详略得当，而且一定要在语言上下功夫。

（2）倒叙

倒叙即将事件的结局、高潮或某个突出的片段提到文章开头，然后仍按事件发生、发展的顺序一一道来。鲁迅的《祝福》先写祥林嫂沦为乞丐，当人们过年祝福之际，她却悲惨地死在雪地里，然后再从头叙述她“半生事迹”的三个片段，最后又回到了鲁镇祝福的景象。倒叙并非将整个事件倒过来叙述，而是将最吸引人的场面、情节，或矛盾的焦点甚至结尾提前告诉读者，完整的故事仍按顺叙来写。倒叙的好处是利于制造悬念，使读者急于探本溯源，还有助于创作全文的主导性氛围，定下文章的基调。开头就波澜骤起，能产生先声夺人、引人入胜的效果。但使用倒叙，要从表达需要出发，不可片面追求奇突，矫揉造作，故弄玄虚。还要交代清楚倒叙内容的起止点，“倒”和“顺”既要界限分明，又要衔接自然，使文章气脉贯通，流转自如。

（3）插叙

在叙述中心事件的过程中，由于特殊需要，暂时把叙述的线索中断一下，插进有关的另一件事加以叙述，然后再接着原来的叙述线索进行叙述，插入的片段就称为插叙。例如《包身工》主要是叙述包身工一天的悲惨生活，但中间插进了包身工制度的由来、资本家对包身工的残酷剥削等叙述，使人们进一步认清包身工制度的残酷。还有一种插叙，是插进对有关事件的回忆和追溯，如《故乡》插进对童年时代闰土的回忆的叙述。插叙一般有三种情况：其中对过去事件片段的回忆可称为“追叙”；对有关的人或事作必要的补充、解释，可看成“补叙”的特殊形式；对有关内容作由近及远、由今及古的回溯，可称为“逆叙”。运用插叙，能起到丰富情节、扩展内容、深化主题的作用，但插叙的内容必须与文章密切相关，不可喧宾夺主；还要衔接自然，处理好插叙和顺叙之间的承转、过渡和照应。

（4）补叙

在叙述的过程中或叙述的末尾，对情况或事件作某些必要的解释、补充或说明，称“补叙”。运用补叙，可起到释疑、补缺、点睛的作用，使文章更为严谨、细密、圆合和富有立体感。如《水浒传》中写到林冲被两公差押解到野猪林图谋暗害时，鲁智深忽然从松树林背后跳出来相救。之后，作者再借鲁智深之口补叙他如何一路上暗中保护林冲。如果少了这段补叙，鲁智深的突然出现未免过于突兀离奇，破坏了情节的真实性。但补叙必须紧扣前文，不可节外生枝，应叙事精炼，不可拖泥带水，还要顺其文势，合乎情节发展的逻辑，补得自然得体。

（5）平叙

平叙就是平行叙述，即叙述同一时间内不同地点所发生的两件或两件以上的事。通常是先叙一件，再叙一件。如同俗语所说：“花开两朵，各表一枝。”例如，《红楼梦》中同一时间宝钗出嫁黛玉去世就是用的平叙，一边是“薛宝钗出闺成大礼”，另一边是“林黛玉焚稿断痴情”，两相对照，一喜一悲，深化了宝黛爱情的悲剧性，具有震撼人心的艺术力量。

平叙用得好，可以把头绪纷繁、错综复杂的事情写得眉目清楚、有条不紊。但是，使用平叙除了必须服从主题表达的需要外，运用时还要把事件发生、发展的起讫时间交代清楚。例如，《为了六十一个阶级兄弟》一文中的第二节，小标题是“二月二日”，第一句是："一座新落成的红色大楼里，灯火辉煌。"第三节的小标题是"就在同一个时间内"，第一句是："县委会里，不安之夜。"这样就强调了时间概念，表明了这两节所写的两件事发生在同一时间内。

以上五种叙述方式，并不是互不相关的，在复杂的记叙类文章中，常常结合使用。

2.叙述的视角

叙述视角，即人物的活动、事件的过程由谁叙述，站在什么位置叙述，从什么角度叙述，用何种口吻进行叙述。实质上是作者叙述时的观察点和立足点，也就是叙述人称的问题。不同叙述人称的使用取决于不同的叙述视角。叙述的人称有三种：第一人称、第三人称和第二人称。

（1）第一人称的叙述

作者以"我"或"我们"的口吻叙述所见、所闻、所感，这就是第一人称的叙述。日记、书信、传记、自叙性文章、回忆录、散文等文体常采用这种叙述人称。以第一人称作为叙述的主体，"我"在不同类别的文章中有不同的性质。在写真人真事的文章中，如日记、书信、游记、自传性的文章中，"我"就是作者自己。如朱自清的《背影》和周作人的《苦雨》等，其中的"我"就是作者，是故事的叙述者，也是故事中的人物。而在文学作品中就不同了，小说中的"我"是作品塑造的人物。《狂人日记》中的"我"是"狂人"，是作品中塑造的主要人物，不是作者本人；《孔乙己》中的"我"是一个小伙计，只是作品中的一个线索人物，由"我"来引出孔乙己，起到穿针引线的作用；而在《在酒楼上》这篇小说中，"我"作为吕纬甫的同事，也是作品中的一个重要人物。

用第一人称叙述，便于写"我"的心理活动，便于表情达意，能给读者以亲切、真实、自然的感觉，同时也便于作者抒发自己的感情。但它受到一定的时空限制，不便于反映更广阔的空间，不便于反映"我"以外的人物的思想，叙述面比较窄。

（2）第三人称的叙述

第三人称是所谓全知全能的叙述角度，就像上帝的眼睛一样，对事情的发展了如指掌。第三人称是作者在文章中以"局外人"的身份，用"他"或"他们"的口吻进行的叙述。这种叙述，是作者站在比较客观超然的立场上，叙述人物的经历和事件的过程，作者就像无所不知的上帝，观察着每个人的活动，洞悉每个人的心灵世界。

这种方法有明显的优势，表现在不用受"我"的耳闻目睹的约束，能够在广阔的时间和空间坐标内反映丰富多变的人物形象和事件，表现复杂的矛盾和冲突，所以反映宏大历史场景和事件的长篇小说大多喜欢采用这种叙述人称。但是这种方法同样有其劣势，它不像第一人称那样具有真实感和亲切感，也不如第一人称那样便于直接抒情达意，作者只能隐藏在他所刻画的人物背后。为了弥补这些缺陷，可以利用人物的对话或独白来抒发感情，表达心意，增强文章的客观效果。

（3）第二人称的叙述

关于第二人称叙述是否存在的问题，目前学界说法不一。持否定态度的人认为，叙述的人称是以作者的观察点和立足点来确定的，叙述者只能以当事人或者局外人的身份叙述，没有第三种可能。有些作品把第二人称代词“你”或“你们”引入文章，实际上这个“你”或“你们”要么指代读者，如魏巍的《谁是最可爱的人》中的某些段落；要么指代作品中的人物，如朱自清的《给亡妇》等，而唯独不是叙述人。有些作品中的第二人称在叙述时，似乎无所不知，无所不晓，甚至可以深入“你”的内心世界，这只是第三人称的叙述方式。因此，持反对意见者认为，只要分析一下作者的立足点和观察点，就会发现他们用的仍然是第一人称或第三人称。文章中出现第二人称代词“你”或“你们”，只是一种增强感染力和说服力的表现手法。从凭借叙述人来确定人称这一依据来看，否认第二人称叙述存在的观点是有一定道理的。

然而，使用第二人称“你”或“你们”进行叙述的现象，是客观存在的。第二人称叙述可以在一定程度上综合第一人称和第三人称叙述的优点，使用时也比较灵活，可以通篇都用第二人称，如柯岩的《周总理，你在哪里》；也可以和其他的人称综合使用，如魏巍的《谁是最可爱的人》。第二人称叙述还可以拉近读者与作者的距离，仿佛面对面谈话，直接进行情感交流。“你”既可以是文中的人物，也可以是读者。如朱自清的《给亡妇》，全文都运用第二人称“你”来叙述，如同向读者倾诉衷情般的亲切自然，直接向亡妻敞开了自己的心扉。正因为这一点，第二人称叙述经常运用在抒情诗或抒情散文中，如艾青的《大堰河——我的保姆》等，作者直抒胸臆，亲切而感人。可见第二人称有其存在的必然性和必要性，应当承认这一叙述人称的存在。

有时为了充分发挥叙述人称的优势，往往交替使用第一人称和第三人称，有时也会插入第二人称。人称的转换既能灵活、客观地展示故事的大环境，又能细腻地表现人物的感受。如鲁迅的《祝福》、魏巍的《依依惜别的深情》等，都是第一人称和第三人称叙述交替使用的范例。需要注意的是，在改换人称时，要交代清楚，必要时使用过渡句或过渡段加以提示。

3.叙述的要求

（1）交代明白，线索清楚

一个完整的叙述一般包括人物、事件、时间、地点、原因、结果六个要素，即所谓的“叙述六要素”。叙述要素是把人物的活动、事件的经过交代清楚的基本条件。这六要素一般是缺一不可的，但有些时候只要不影响内容表达，也可以酌情省略。要把事件交代清楚，一定要理清线索。线索是作者思路在文章中的反映，体现了文中材料之间的内部联系。叙述时要抓住主要线索，它可以是“人”“事”“物”“情”或者“文眼”等，叙述时可以采用单线、复线、多线、明线或暗线等，但都要求叙述清楚明白。

（2）详略得当，巧掀波澜

即要分清材料的主次，该详的详，该略的略，切忌流水账似的平铺直叙。叙述的详略问题，也就是叙述的快慢和疏密的问题。叙述快的地方，一般是略叙，叙述慢的地方，则一般是详叙。“疏”，就是粗写，几句话可以交代上下几百年，纵横数千里；“密”，就是详写，下笔千言，只写一景一物一细节。可见，详和略、快和慢、疏和密，这三组概念只是分析的角度不同，本质上是一致的。

写文章要做到详略得当、快慢相间、疏密有致，首先要着眼于主题表现的需要。用以表现主题的主要内容，理应重彩浓墨；反之，自然应轻描淡写。其次，要着眼于满足读者的要求。读者未知、欲知、难知的内容，理应泼墨如画，反之，自然应当惜墨如金。这样，就能使叙述有点有面，既有深度，又有广度，叙述才能生动、波澜起伏，抓住读者的兴趣，获得较好的表达效果。

（二）描写

描写即描绘、摹写，就是用生动形象的语言，对人物、事件、景物、环境及其形态、特征等进行具体、逼真的描摹和刻画。

描写和叙述常结合在一起使用，有时很难截然分开。一般来说，叙述着重于对人物、事件、景物、环境的介绍和交代，使之明白清楚，描写侧重于对人物、事件、景物、环境的描摹和刻画，使之逼真传神、历历在目；叙述在于告诉人们存在什么、发生什么，描写则在于告诉人们事物是怎样地存在着、发生着。

1.描写的种类

描写的类型，按照描写的对象可分为人物描写和环境描写；按照描写的范围可以分为场面描写和细节描写；按照描写的角度可分为正面描写和侧面描写；按照描写的用笔，又可分为细描和白描。

（1）人物描写与环境描写

人物描写指用生动形象的语言，对人物的外貌、行动、语言、细节、内心等进行描摹、刻画，以揭示人物的性格特征和精神风貌。人物描写，既要发掘人物的本质特征，使人物性格典型化，又要抓住人物的个性特征，使人物性格个性化。要做到共性和个性相结合，避免人物概念化、脸谱化、雷同化。人物描写包括肖像描写、行动描写、语言描写、心理描写、细节描写等。

①肖像描写

肖像描写也叫外貌描写，即对人物的容貌、体态、神情、衣饰等外部特征的描写，通过外表来刻画人物，揭示人物的思想性格。人的外貌或多或少地反映了人的内心世界，一个人的身份、修养、情绪、性格等因素会影响他的外部表现，并在言行、体态、穿戴等方面不自觉地流露出来。所以好的外貌描写能够有力地刻画人物性格。外貌描写贵在抓住特点，要把人物外貌特征的描写和他的身份、职业、年龄及性格结合起来，突出最能够反映人物性格的方面。

鲁迅认为，要画出一个人的特点，最好是画他的眼睛。鲁迅对祥林嫂形象的刻画就是通过对祥林嫂眼睛变化的描写，反映了她性格的变化。《红楼梦》里的人物各具特点，其中王熙凤是个典型，人称“凤辣子”，精明能干又贪婪狠毒。作者对她既有同情又有批判，对她的长相的描写就从眼睛入手："一双丹凤三角眼，两弯柳叶吊梢眉。""丹凤眼""柳叶眉"，虽然俏丽，却是"三角"形、"吊梢"状，将她的阴险毒辣刻画在五官长相中。

②行动描写

行动描写是指对人的行为、举止和动作的描写。黑格尔曾说："能把个人的性格、思想和目的最清楚地表现出来的是动作，人的最深刻方面只有通过动作才能见诸现实。"莱辛也说："主要的东西是让人物行动起来，通过行动来显示人物的性格特征。"

在文学作品中，描写人物的行动——人物个性化的行为和动作，是塑造人物的主要手段。法国作家巴尔扎克在小说《欧也妮·葛朗台》中写临终前的老葛朗台时，着重刻画了他三个连续的动作：眼睛复活——肉瘤动了动——双手去抓十字架，非常传神地刻画了葛朗台贪婪成性的资产阶级暴发户的丑恶嘴脸。

③语言描写

"言为心声"，语言是人物思想性格的表现，什么人说什么话。不同性格的人，说话的内容、方式都不同，在文章里重点要写的是表现人物思想性格的个性化语言。不仅要看人物说了些什么，更重要的是看他怎么说的。

语言描写是对人物的语言和对话的描写。准确而逼真地写出人物的语言，能生动地表现人物的思想性格。所以，语言描写一定要个性化，要做到符合人物的年龄、身份、教养和经历，符合人物在所处环境和特定事件过程中的心理状态。要善于选用现实生活中的口语、俗语、歇后语，使人物对话有生活气息，并力求干脆简练。老舍在《我怎样学习语言》中说："对话就是人物性格的自我介绍。"对话巧妙，无须描写人物的模样，就能使读者好像目睹了说话的那些人一样。鲁迅的《聪明人和傻子和奴才》，通篇是对话描写，通过对话，聪明人、傻子、奴才这三种人的思想性格被生动地摆到读者面前。

④心理描写

心理描写是指对人物内心世界的描写。每个人都有自己的内心世界，内心世界又是人物性格的一面镜子。心理描写就是打开人物心理奥秘的钥匙，是刻画人物性格、表达主题思想的重要手段。人物的内心活动是丰富复杂的，描写人物心理活动的方法也是多种多样的。常见的有直接描写、心理剖析、内心独白、梦境、幻觉等方式。

直接描写是由作者直接描写人物的思想、感情、情绪和内心活动，文章中常用"他想""他感到""他觉得"等文字来表达。直接写心理，要能把内心深处最真实的想法生动地写出来，使人物的思想性格得以深刻揭示。如鲁迅的《一件小事》，当作品中的"我"看到车夫送老女人向巡警分驻所走去时，有这样一段心理描写："我这时突然感到一种异样的感觉，觉得他满身灰尘的后影，刹时高大了，而且愈走愈大，须仰视才见。而且他对于我，渐渐地又几乎变成一种威压，甚而至于要榨出皮袍下藏着的'小'来。"按正常的视觉形象，应该是近大远小，而在"我"的感觉里，却一反正常的视觉形象，是"愈走愈大"，用连续转动的镜头更换画面，突出车夫形象的高大。"大"形成威压，榨出"我"的"小"，在纯真的车夫面前，"我"自惭形秽。这种内心活动的直接描写，深刻地揭示了一名知识分子在“一件小事”中心灵的震动和觉醒，对“我”思想性格的塑造起到灵魂作用。

心理剖析是指作者以旁观者的身份对人物内心活动进行叙述、分析和评价。内心独白则是通过对人物的“自言自语”或默想的描写来表现人物的内心活动，揭示人物心灵深处的隐秘或潜意识，显得比较自然、真实。梦境是人在睡眠状态下对生活积淀的变形反映；幻觉原是一种精神病态，是人在半昏迷状态中对生活的一种折射反映。梦境和幻觉是记人叙事的文章常用来描写人物思想活动和精神状态、表现人物内心世界的重要方法。

环境描写指对人物成长、生活和事件发生、发展的场所、自然环境和生活环境所做的形象描绘。人总是生活在一定的环境中，要全面、立体地反映生活，就有必要描写人物活动的具体环境。环境描写包括自然景物描写、社会环境描写。

①自然景物描写

自然景物描写又称写景，指对时序节令、自然气候、山川湖海、花卉树木、鸟兽虫鱼、风雨雷电、日月星辰、城镇村落等的描写。在游记、散文中，自然景物更是描写的重点。正所谓“仁者乐山，智者乐水”，自然山水的刻画既可以描摹景色，也可以传达感情，还具有表现和衬托人物性格的作用。游记是最典型的描写自然景观的文章，中国文学史上产生了很多山水游记题材的作品，其中不乏名篇，如柳宗元的《永州八记》、朱自清的《荷塘月色》等。自然环境描写要写出季节特色、地域特色和氛围特色，创造出具有鲜明特色的独立景观。此外，自然景物的描写还要写出作者对大自然的深刻感受和独特体验，这样才能引起读者的共鸣。

②社会环境描写

社会环境描写主要指对人物活动的时间、地点、背景、氛围、人和人之间的关系的描写。它可以是社会风貌、时代气氛、风土人情，也可以是家庭关系、室内陈设和人们的社会关系。社会环境描写是环境描写的重点，它不仅起着交代背景、渲染气氛、提供人物活动的典型环境的作用，而且还能表现人物的性格特点，增强文章的时代感和生活感。在沈从文的《边城》中，我们可以非常清晰地感到作家笔下湘西世界的风土人情和社会风貌，感到湘西是一个多么美丽的世外桃源。

（2）场面描写与细节描写

场面描写是一种整体描写，是指在特定时间和条件下，以人物的活动为中心的生活画面的描写，如战斗场面、劳动场面、宴会场面、比赛场面、会议场面等。场面描写，不只是对环境的描写，更重要的是写人在环境中的活动，它是人物描写与环境描写的结合与统一。人物、事件和环境是构成场面的三要素。故事的发展、情节的展开、人物性格的呈现无不在特定的场面中完成。要写好场面，就要做到重点突出，点面结合，既可以照顾全面，又能显示细处。

细节描写是相对整体描写而言的。所谓细节描写就是对人物、环境、场面等基本组成单位的刻画，如对人物的细小动作、生活中的细小事件和环境中的细小物件进行细腻入微的描写。它可以显示人物、环境、场面中的细微特征和变化，在刻画人物、显示背景、组织情节、深化主题等方面有着重要作用。俗话说，细微之处见精神。表面看来，这些细节微不足道，但是它们却能以小见大。

（3）正面描写与侧面描写

正面描写，又叫直接描写。是指从正面直接对人物和景物进行描摹刻画。正面描写能让读者直接感受到具体对象的特征、情态、状貌和气氛。正面描写是描写中最常见、最基本的一种方法，多数人物、环境、场面和细节的描写均采用这种方式。

侧面描写又叫间接描写，指作者不直接对描写对象进行正面刻画，而是描写与之有关的其他事物，或是其他人的反应、态度和评价，从侧面衬托出描写对象的特征。也就是通过描写彼人彼物，达到反映此人此物的目的。侧面描写虽然不能给读者具体、确切的形象，却能给读者留下充分的想象空间，完成对描写对象的审美创造。因此，侧面描写具有更大的艺术容量。在古今文学作品中，侧面描写的例子不胜枚举，汉乐府《陌上桑》中对罗敷的描写，是历来备受人们称道的侧面描写典范。

（4）细描与白描

细描又称工笔，就是用细腻、逼真的笔法对描写对象进行细致入微的描摹刻画，往往使用大量生动、贴切的比喻、比拟、夸张等修辞手法，以及绚丽的文字、斑斓的色彩，多角度、全方位地描绘客观事物多姿多彩的状貌。需要注意的是，细描虽然是精雕细琢，但也不是面面俱到、无一遗漏地什么都写，也要抓住对象的主要特征。

白描本是国画的一种传统技法，即单纯用线条勾勒，不加颜色，不事渲染。后来人们把它用在写作上，指用最简练的笔墨，生动、传神地勾勒出对象的轮廓。白描没有浓烈的色彩渲染，也少用形容词和修饰语，而重在抓住事物的特征，寥寥几笔，以质朴的语言极简省地将对象再现在人们面前。白描不尚修饰，重在传神，鲁迅把这种写法概括为“有真意，去粉饰，少做作，勿卖弄而已”。

2.描写的要求

（1）目的明确

描写一定要有明确的目的，为刻画人物、表现主题服务。现代作家、评论家唐弢在《创作漫谈》中说过这样一种情况：“譬如说写景，有些同志似乎对自然风景有很大的兴趣，即使是一篇短短的速写，也喜欢花呀、月呀、山呀、水呀地写上一大堆；又譬如说人物的行动，也往往来去无常，随兴所之，看不出一点必要的约束。”产生这种情况的原因就是目的不明确。如果像这样“随兴所之”，不受“一点必要的约束”，过分描写，过分铺陈，必然会影响内容的表达，甚至会走进为描写而描写的形式主义死胡同里去。

（2）形象逼真

描写要做到具体、形象。只有写得具体、形象，才能收到鲜明生动、血肉丰满、感染读者的效果。这就要求在写人、绘景、状物等方面做到形象逼真。而要做到形象逼真，就必须抓住特点，突出特点。鲁迅是极善于抓住特点来刻画人物的。他在《寄〈戏〉周刊编者信》中谈到阿Q这个人物的特点时说:“样子平平常常,有农民式的质朴,愚蠢,但也沾了些游手之徒的狡猾。在上海,从洋车夫和小车夫里面,恐怕可以找出他的影子来的,不过没有流氓样,也不像瘪三样。只要在头上戴上一顶瓜皮小帽,就失去了阿Q,我记得我给他戴的是毡帽。”这段话充分反映了鲁迅对阿Q形象特点的把握,可以看作是描写要抓住特点的一个蓝本。

(3)不落俗套

一般来说,描写较其他表达方式要难掌握一些。有人为了求生动,不惜照搬“写作词林”“描写词典”一类的书,这就容易落入俗套。古今中外名著固然给我们提供了写作的范例,但只能借鉴,而不能机械模仿。描写要做到新鲜生动,主要还在于提高捕捉形象的能力,在实践中努力创新,这样才不落俗套。

(三)抒情

所谓抒情就是抒发感情,指的是作者或文章中的人物对人、物、事、景的主观感受的抒发。这是诗歌、抒情散文的主要表达方式。除消息、公文、科技类文章、司法文书、经济文书、一般事务文书外,各种文章都可运用抒情。通常情况下,抒情多采用第一人称,以直接抒情或间接抒情的方式,倾吐出作者或文章中人物的炽热情感,引发读者的共鸣。

1.抒情的分类

(1)直接抒情

直接抒情即直抒胸臆,指作者或文章中的人物不借助任何其他的手段,敞开胸怀,或内心独白,或直陈肺腑,或强烈呼告,或复叠咏叹,直接表白和倾吐自己的喜怒哀乐,以感染读者,引起共鸣。直接抒情的特点是坦诚率真,浓烈激越,能打动人。但既要有真情实感,不矫揉造作、无病呻吟,也要有所节制,防止多用则滥,以免浅、空、浮。

(2)间接抒情

间接抒情指将作者或文章中人物的感情依附于人、事、景、物、理,即通过记人、叙事、写景、状物、说理来抒发和表露感情,使抽象的主观感情客观化、形象化,以收到含蓄隽永、余味无穷的效果。间接抒情有以下几种方式。

①寓情于人。指借助虚拟的某个人物,表达作者的情感和襟怀。如苏轼的《赤壁赋》、司马相如的《子虚赋》等。

②寓情于事。指将感情的抒发寄寓于叙事之中。作者将浓郁的感情融于笔端,表面看是客观冷静的记叙,实则表现了作者真挚细腻的情感。如鲁迅的《记念刘和珍君》《藤野先生》等。

③寓情于物。也称托物言志、咏物寄情。指通过描写富有象征性的事物来抒发作者的情怀。如茅盾的《白杨礼赞》、周敦颐的《爱莲说》等。

④寓情于景。也称借景抒情,指借助对客观景物的描写来抒发作者的主观感情。作者带着强烈的主观感情去观察自然景物,使景物带上浓郁的感情色彩,从而使作者抒发

的情感凝聚、渗透在自然景物的形象上。作者笔下在写景，却字字有情，情与景水乳交融，含蓄蕴藉，情丰意笃，意境悠远。如徐志摩的《我所知道的康桥》、郁达夫的《故都的秋》等。

⑤寓情于理。即议论抒情，指将感情熔铸到对事理的议论和评价中。作者以含情之笔说理，以明理之言诉情，理因情生，情因理显，情理并茂，相得益彰。

2.抒情的要求

（1）真挚自然

感情的抒发要真切自然、不能为了抒情而抒情，否则会让人觉得矫情。“感人心者，莫先乎情。”要想感动别人，先要感动自己。情真意切才能动人，矫揉造作、虚情假意只能令人反感。古今中外的感人至深的传世佳作，无不凝结着作者发自肺腑的真情。倘若连自己都感动不了，还想去感动别人，只能是徒费笔墨。

（2）健康向上

抒情有高低之分，应该抒发健康的、有利于人的心灵升华的感情。感情必须要掌握“度”，不能变成纯粹的情绪的宣泄，将文章变成情绪的垃圾桶，这样做既是对文学的亵渎，也是对读者的不尊重。

（3）生动具体

抒情是把抽象的感情用形象的文字抒发出来，所以要在抽象和形象之间建立联系。感情是比较抽象的东西，防止呆板和空洞是抒情应该注意的问题，可以借助多种修辞手法，激发自己的想象力和创造力，把抽象的、不易表达的感情写得具体而生动。

（4）适应文体

抒情要同文章中的叙述、描写和议论协调一致，要有助于主题和内容的表达。情感不是凭空产生的，都是有内容作为支撑的，它是和一定的景物、人物、事件关联在一起的，受到文体的制约。游离于内容之外的抒情无所依附，只是虚妄的宣泄。

（四）议论

1.议论的含义和要素

议论是通过事实材料和逻辑推理来阐明观点，表明立场、态度和主张。在议论类文体中，议论是构成文章的主要表达方式，它运用事实和道理，采取概念、判断、推理等方法，来剖析事物，阐明事理，辨明是非。在记叙类和说明类文体中，议论是在叙述、描写、说明的基础上，引出作者的感想、认识，表明作者对人物、事件、事物的评价，以增强文章的表达效果。

一段完整的议论，一般由论点、论据、论证三个要素构成。论点是作者的观点或主张，必须正确、鲜明；论据是用以证明论点的事实和道理，要确凿、典型、充实；论证是以论据证明论点的方法和过程，要求严密、合理。

2.论证的基本方法

(1)归纳论证

这是通过若干个别事例的分析、综合，概括出一个反映普遍规律、共同属性的结论的论证方法。它的特点是从个别到一般，反映客观事物中存在的个别与一般的逻辑关系，即个别中含有一般，一般要靠个别来表现的关系。这种方法很有说服力。如李斯的《谏逐客书》的第一段，开始便提出自己的观点：“臣闻吏议逐客，窃以为过矣。”接着列举了秦缪公、秦孝公、秦惠王、秦昭王大胆使用客卿所取得成功的历史事实，最后得出“由此观之，客何负于秦哉”的结论，这是归纳论证。

(2)演绎论证

这是根据已知的一般原理推导出关于个别事物的新的结论的方法。它和归纳论证正好相反。归纳论证是从个别到一般，演绎论证却是从一般到个别。演绎论证用来作论证依据的是理论论据，包括经典著作的原理、科学定理以及名言警句等，它们与所要证明的论点之间有着必然的联系。如毛泽东的《为人民服务》中的一段文字：

人总是要死的，但死的意义有不同。中国古时候有个文学家叫做司马迁的说过：“人固有一死，或重于泰山，或轻于鸿毛。”为人民利益而死，就比泰山还重；替法西斯卖力，替剥削人民和压迫人民的人去死，就比鸿毛还轻。张思德同志是为人民利益而死的，他的死是比泰山还要重的。

“他的死是比泰山还要重的”这个论点，是根据“为人民利益而死，就比泰山还重”这个一般事理推演出来的，这便是演绎论证。

(3)类比论证

就是把两类(或两个)某些属性相同或相似的事物放在一起进行比较，从而得出有关结论，其特点是从个别到个别。此论证方法的论证过程即是用含义明确的已知事物与类似的未知事物进行比较，从而推论出未知事物的明确含义。此法的运用，始终伴随着具体事物，所以它具有其他论证方法所不具备的形象具体、内容生动的特点，容易使读者从形象的感受中明白道理。由于它还具有较明确的推理内容(逻辑段或推理段)，因此，还具有较强的逻辑性。

归纳论证、演绎论证、类比论证是议论中最基本的三种论证方法，既可用来证明自己观点的正确，即所谓立论，又可用来反驳某个错误观点，即所谓驳论。与此相联系但又不尽相同的还有例证法、引证法，此外有比较法、分析法、反证法、归谬法等。

(五)说明

1.说明的含义和要求

说明就是用言简意赅的语言，对客观事物的性质、形态、特征、结构、类别、成因、功用等加以解说，或对抽象事理的概念、内容、来源、演变、关系、异同、意义等加以阐释，或对人物、单位、事件的基本情况加以介绍。说明一般不过多地提出作者的主张和看法，尊重客观事物、事理等的本来面目，尊重科学本身。好的说明应满足以下要求：

①客观冷静，不受个人主观好恶的影响。

②抓住特征，努力辨析相似事物、事理的疑似点。

③重视说明的逻辑技巧，提高说明的可信度。

2.说明的类型

①介绍说明指对需要说明的对象作比较全面的介绍。一般用来介绍人物生平、地理概貌、风土人情、生活常识、科技发展历史等。

②定义说明指用精炼且准确的语言，对某一事物的本质特征或某个概念的内涵和外延作出准确的界定。

③诠释说明指详细地介绍和解释事物的性质、特征、原因、功能，解释词语的含义和方法。它与定义说明的区别在于：定义说明必须反映事物的本质属性，语言精练、简洁；诠释说明一般不要求对概念作准确的界定，只要求揭示概念的部分内涵，常根据需要加以推衍阐发，语言具体、详尽。

④分类说明指对同属而不同类或同类而不同种的各种复杂事物，按照统一标准，分门别类加以说明的方法。这要求熟悉事物的特征，找出准确的分类标准。对说明对象可进行多次分类，但每次分类只能用一个标准，不要中途变换或相互交叉。

⑤举例说明就是举出具体、典型的实例来说明事物的特征、解释抽象的事理或深奥的知识的方法。这可以让人通过个别认识一般，直观、具体但缺乏概括说明的能力，需要与其他说明方法结合起来使用。

⑥引用说明就是援引有关的典籍、资料、故事、传说、诗歌、名言等，作为说明的依据，以便充实所要说明的内容的方法。这样可以使说明的内容有根有据、有权威性，又可以扩大使者的视野，形象生动，增强趣味性。

⑦比较说明就是通过比较不同的或相同的事物，或对同一事物的不同情况进行比较，来说明它们的本质特征的方法。

⑧比喻说明就是通过打比方，用人们常见的、熟知的事物来说明不常见的、不熟悉的事物，以达到更好地认识和了解事物的方法。

⑨数字说明指用具体的数字说明某一事物的性质和特征的方法，这是一种精确说明。数字一般分两种，一种是数据，即为说明对象提供有关依据的固定数值；一种是表现数量的数目。前者必须是确数，后者可以是确数，也可以是约数。

⑩图式说明指借助人工语言符号系统——插图、表格、公式、照片、符号等来说明事物的本质和特征的方法。采用这种方法，不仅可以以简驭繁、节省篇幅，还具有形象直观、一目了然的效果。

二、语言表达的要求

语言是人类所特有的用来表情达意、交流思想的工具，是一种特殊的社会现象。从某种意义上来说，所谓写作能力，归根到底是一种语言运用能力。因为写作者的一切思考与谋划，无论是关于文本思想和材料的，还是关于结构安排的，最终都要通过“写”来落实并得以表现，所以语言是文章赖以宣事达理、表情写意的唯一工具和手段。写作的过程就是作者运用语言能动地反映客观事物和思想感情的过程。刘勰在《文心雕龙·章句》中说：“夫人之立言，因字而生句，积句而成章，积章而成篇。”所以，语言表达能力的高下，是决定写作成败的关键。要做到好的语言表达，应从以下两个方面下功夫。

（一）准确适度

所谓准确适度，就是作者的语言灵敏度强，能够精细入微地辨别词义，恰如其分地运用语言。

1.准确

（1）准确辨析同义词

语言准确首先要求用词准确。要做到这一点，就需要精心地辨析词语，准确地区分同义词之间的细微差别。例如，孙中山的一句名言：“夫事有顺乎天理，应乎人情，适乎世界之潮流，合乎人群之需要。”这里的“顺乎”“应乎”“合乎”“适乎”，每个词都用得准确贴切，不可移易。要是满足于“差不多”，统一都用成“顺”字，意思当然也说得过去，但就没有什么文采了。

（2）准确区分词语的感情色彩

辨别词语还要求准确地区分词语的感情色彩，选用词语要褒贬恰当。褒贬不分，就会出差错。例如：“世界强队秣马厉兵觊觎桂冠。”“觊觎”是指非分的希望和企图，而体坛争夺冠军，是比赛双方情理中必然的行动，使用贬义词“觊觎”显然是不恰当的。

（3）选择准确的句式

句子的形式多种多样，不同的句式有不同的表达效果。一般来说，长句严密、精确、细致；短句简洁、明快、有力；整句形式整齐、声音和谐；散句形式多样，富于变化；陈述句语气平稳；问句语气强烈；祈使句用来表示要求和希望；感叹句用来抒发强烈的感情。表达时就应该根据不同的语言环境、不同的句式特点来选择最富有表现力的句子。例如郭沫若的《屈原》中，婵娟的一句台词原先是“宋玉，你是没有骨气的文人”，用的是陈述句，后来改为“宋玉，你这没有骨气的文人”，改“是”为“这”，一字之差，便成了感叹句，带有强烈的憎恶鄙夷的感情色彩，效果就大不一样了。

2.适度

所谓适度，就是语言要避免没有修饰和修饰过度。没有修饰，语言就没有美感；修饰过度则会导致堆砌辞藻、华而不实。强调修饰绝不是允许不分文体、不分场合乱用、滥用修饰。修饰能美化语言，如果无限度地堆砌、形容，失去控制，就会造成语言的“泥沙俱下”。没有控制，就没有适度，即使毫厘之差，也不应当忽视。

（二）新颖独到

创新是人们审美要求的共同心理倾向。语言创新，才能强化刺激信息，引起阅读兴趣，充分发挥文章载体的艺术功能。

1.陈言务去

所谓陈言，是指那些被用滥了、用俗了的表达。有的美词佳句，最初使用时，是新鲜而富有美感的，但是人云亦云，用得太多，逐渐变为陈词滥调，让人望而生厌。因袭陈言，是人的惰性和思想僵化的表现。因此，语言要创新，就必须相应地在思想方式上求新。语言只有不断地推陈出新，才会焕发出勃勃生机，拥有旺盛的生命力。

2.选择独到的词语

语言要创新，主要还表现在词语的选择上。因为词语不过是一种约定俗成的符号，它本身并没有优劣之分。语言新不新，有没有文采，要看选词是否有独到之处。如鲁迅的《故乡》中的一段话：“我到了自家的房外，我的母亲早已迎着出来了，接着便飞出了八岁的侄儿宏儿。”这个“飞”字，很有独到之处，如果用“跑”字，就表达不出宏儿那种活泼敏捷的神态了。

3.创造新词

表达要新，有时需要创造新的词语。大凡杰出的文学家、经典作家，都善于“自造伟词”，以表达独特的感受。但同时，创造新词也应慎重。如果撇开现成的词语不用，而要字字标新，句句求异，不仅行不通，也没有必要。正如老舍所说：“语言的创造并不是另造一套话，烧饼就叫烧饼，不能叫饼烧。”要是生造词语，弄得谁也无法看懂，那就连正常的信息交流都不能进行了，更遑论文采。

三、文面与修改

（一）文面

文面就是文章的面貌，是一篇文章在视觉上显示出来的总体面貌。文面既是文章的文字表现，又是一种传播手段。它包括行文格式、标点符号的使用、文字书写等方面的要求。我们常说文如其人，文面反映出一个人的文字素养和思想修养，表现出一个人写作功底的高低，衡量着一个人写作习惯的优劣。文面合理美观，格式规范，标点准确，书写清楚工整，就能提高表达效果；反之，书写格式混乱，乱用标点，字迹潦草模糊，反映出作者写作态度不认真，基本功不扎实，对读者不负责任，就会影响写作效果。所以我们要重视文面训练，培养扎实的基本功，养成良好的写作习惯。

一篇文章的“文面”包括以下三个方面。

1.文字书写

文字书写方面，首先要求文字规范，不写错别字，这是文字书写起码的要求。遗憾的是，在我们的学习和写作中，错别字却是常见的情况，很多错别字是作者态度不端正、书写不认真造成的，属于“非不能也，实不愿也”，在写作中，这是最低级的错误，应该极力避免。其次，不写不规范的简化字。再次，不滥用简称。如“三峡工程建设委员会”，不能写成“三委会”，否则就会指代不清。有必要使用简称的，也要在文中第一次出现时，先写出全称，用括号随后注明：以下简称×××。下文方可使用简称。最后，文面要保持干净、整齐、清楚。

2.标点符号

标点标写正确，且均应点在格内。逗号、顿号、句号、分号、冒号、问号、感叹号等都只占一格，而且前五个要写在字位的左下格，后两个写在字位的左半部；省略号、破折号要占两格，写在格子的中间线上。引号、括号、书名号，原则上两端均应各占一格。

标点应尾随文后，一般每行第一格内不得有标点。遇有回行情形时，逗号、顿号、句号、分号、冒号、问号、感叹号、后引号、后括号、后书名号等紧接上面文意的符号一定要尾随文后，点在文末最后一格的框外；前引号、前括号、前书名号等紧接下面文意的符号可以回行点在第一格；省略号、破折号要尽可能点在一行，不要拆开分写为两行。引号内又遇有引号时，里面的引号要改为单引号。

3.行款格式

（1）标题

标题要放在居中的位置，上下各空一行，以便突出标题。如果字数少，字与字之间可以空格。如有副标题，一般放在正标题下面一行，具体安排有三种情况：一是在正标题下面一行退后两格以破折号领起，副标题较长需要回行时，应与上行第一个字对齐，分行时要注意保持词和词组的完整及字数搭配上的匀称；二是破折号对齐正标题；三是如果正标题很短，则正标题和副标题一律按居中排列的原则安排。正副标题的字号要有区别，正题的字号大，副题的字号小。如果标题很长，特别是专著性科技论著，标题上下可多空几行，或者让标题独占一页作为封面。

（2）署名

作者署名有三种格式：一是在标题下面居中书写；二是在标题下面偏右书写；三是写在文末。两个字的名字，中间要空一格。

（3）段首空格与提行

每段开头空两格开始书写。凡另起的序码条目（如一、二、三或第一、第二、第三）也要提行。特殊分行，如对话分行、提问分行、称呼分行、引语分行等，也都要另起一行空两格书写。

（4）引文

文章内的引文有段中引文和提行引文两种。如果是在段落中引用别人的原话要用冒号和引号，或只用引号，将原话放在引号内。如果不是引用原话，只是引用其大意时，则只用冒号不用引号。如果引用的字句比较长，或者需要重点强调，那就要把引文另起一行，自成一段，书写时比正文缩进两格，即开头缩四格，其余左右边框缩两格。

（5）附注

附注主要有夹注、脚注、尾注几种形式。夹注也称段中附注，是指把那些简短说明、注释的文字放在正文中间，用括号标示出来，夹注不宜太长，也不宜多用。脚注又称文中附注，把注释文字安放在本页下端。尾注，也叫章节附注，即把注释集中于章节末尾或全文、全书的末尾，并使用上标号标注清楚，便于查找。

（二）修改

修改通常指行文后对文章初稿的修正与润饰加工。广义的修改指从构思到定稿前对文章的修正，贯穿于写作活动的全过程。修改是写作的最后一道工序，是文章的完善阶段，是提高文章质量的重要环节。修改包括以下范围和步骤。

1.主题的校正

这是修改文章的第一步。因为只有主题得到校正之后，以下各步骤的修改才有准绳。主题的校正包括两个方面：一方面是将初稿的主题和写作前确定的主题相对照，看初稿是否正确地反映了构思时锁定的主题；另一方面，是重新审查原来的主题是否正确、深刻，有无片面性。从校正中发现问题，加以订正或补充。

托尔斯泰在撰写《复活》的十年间对其主题有两次大的改动。1889年，作者把"科尼的故事"写成中篇小说，写一个贵族青年由于悔罪而与一个妓女结婚。表现的是一个贵族青年的忏悔，主题纯属道德心理方面。五年后，托尔斯泰重写这个故事，经过开掘、深化，使《复活》的主题由表现道德心理方面转向社会政治方面，使之更具有批判意义。后来作者几经探索，思想上又有了新的突破，认识到人物的悲剧命运是社会罪恶的必然结果，由此把批判的矛头直接指向沙皇专制制度，使作品的思想意义更为深远。

2.结构的调整

结构的调整也有两种情况：一是主题有了变动，为了表现新的主题，结构要有相应的变化，这种修改，实际上是推倒重来；二是主题并未变动，但为了更好地表现主题，需要在结构上做某些局部调整或全局性改动。第二种修改较为常见，通过这种调整，文章层次更加分明。

毛泽东的《采桑子·重阳》的原稿是这样的：

"一年一度秋风劲，不似春光。胜似春光，寥廓江天万里霜。人生易老天难老，岁岁重阳。今又重阳，战地黄花分外香。"

修改时，把该词的上下阕次序进行了调换。结构调整后，上下阕的核心意象由"黄花"转到"江天"，思路由"重阳"转到"春光"。这样由小到大，由近至远，正好上下衔接，符合作品开篇点题且层层推进的特点，有利于开阔视野、深化主题，给人以深刻的哲理启示。

3.材料的增删

修改材料主要是增添材料、削减材料和调换材料。在修改时，针对材料的薄弱环节要增添材料，把那些与主题关系不紧密的材料删除，把不典型的材料换成典型的材料。总之，材料的增删服从于表达主题的需要，最终目的都是更好地表现主题。

鲁迅的《阿Q正传》揭露了国民普遍的劣根性。根据小说改编的同名电影结尾在表现了阿Q临死前游街示众、杀头的过程以后，还添加了几句话："阿Q死了，虽然没有女人，但并不如同小尼姑骂的那样断子绝孙。因为，据考察家们考证说，阿Q还是有后代的，而且子孙繁多，至今不绝。"虽只有几句话，却深化了主题，揭示出国民劣根性的影响深远，不只存在于现代，而且存在于当代及未来。

4.语言的锤炼

"文不厌改"，语言的锤炼尤其如此。文章的修改归根结底要落实到语言的修改上。古人所谓先炼意，再炼句，对语言的修改一般放在最后完成。语言的修改应从以下几个方面着手。

（1）改差误为贴切

严格来说，语言只要不能达到准确、贴切、尽善尽美的程度，就都是一种差误的表现。语言出现差误，谁也难以避免，重要的是能识别、善修改。杨朔的散文《雪浪花》，全文仅3 000字左右，却改了200多处。其中一处原来这样写的："几个年轻的姑娘，赤着脚，提着裙子，叽叽喳喳追着浪花玩。""叽叽喳喳"有嘈杂之意，后来作者改成了"嘻嘻哈哈"，就渲染出一片欢乐的气氛，表达了对姑娘们的赞美之情。

（2）改枯燥为生动

改枯燥为生动，是锤炼语言的重要目标。如浙江民歌《小蓬船》的原稿："小蓬船，橹摇歌响悠悠然，来自柳树云，进入桃花山。""来自""进入"只单纯交代了船的方位和走向，用语枯燥，缺乏表现力；现改为"穿过柳树云""融进桃花山"，就生动地描绘出小蓬船由近而远的画面，流淌着浓郁的诗意，给人以丰富的想象和美的感受。

（3）改繁冗为简洁

锤炼语言，要删繁就简，使语言简练流畅。宋代散文家欧阳修的《醉翁亭记》的开头原来是："滁州四面皆山也。东有乌龙山、大非山，南有花山，北有白米山。"他虚心接受了一位樵夫的意见后，把这几十个字改为"环滁皆山也"五个字，可谓言简意赅。虽然这是戏剧化后的故事，但通过这段故事，可以发现剔除冗词，语言简洁了，文章会更富有表现力。

（4）改暗哑为铿锵

暗哑就是不响亮，不和谐。改暗哑为铿锵，就是要使语言富有一种音乐美，读起来顺口，听起来悦耳。陈毅的《梅岭三章》在初发表时，其中的两句诗为："此去泉台集旧部，旋旗十万斩阎罗。"后来精益求精，把"集"换成"招"。"集"和"招"两字都是平声，词义相近。但“集”字暗哑，“招”字响亮，用“招”字，动感强，音调铿锵，显得更有气势。要使语言铿锵，具有音乐美，最好的办法是多念几遍，要是不上口、不顺耳，就得修改，直至称心为止。

【思考与练习】

1.请把下面的材料扩充为一段叙述文字（800字以上）。

有一天住在A城的一位画家收到一封信，然后就去了B城，几天后画家回到了A城。

2.细节在叙述和描写中至关重要，请选择一个主题进行写作练习，注意要有细节。

（1）去医院看病。

（2）排队买票。

（3）去食堂打饭。

3.描写你的同桌，注意抓住其主要特征。

4.你怎样看待“网瘾”这种现象，你觉得网络给我们的生活带来了什么影响？请以此为题材写篇文章谈谈自己的看法和观点。

5.找出自己以前的习作进行润色修改。

【本章参考书目】

[1] 时煜华，徐丹晖.写作与语言教程［M］.北京：中国传媒大学出版社，2010.

[2] 乔刚.大学写作新编［M］.上海：复旦大学出版社，2009.

[3] 马正平.高等写作学引论［M］.2版.北京：中国人民大学出版社，2011.

[4] 马正平.高等基础写作训练教程［M］.北京：中国人民大学出版社，2010.

[5] 马晖，叶淑媛.写作即生活［M］.兰州：甘肃文化出版社，2018.

[6] 闫学军.观察·阅读·写作［M］.银川：宁夏人民出版社，2016.

[7] 吴传剑.文学写作词句个性化运用［M］.福州：海峡文艺出版社，2013.

[8] 巫汉祥.大学写作教程［M］.北京：科学出版社，1999.

[9] 陈果安.现代写作学引论［M］.长沙：中南大学出版社，2002.

[10] 陈果安.文学写作教程［M］.长沙：中南大学出版社，2002.

[11] 何永康.写作学［M］.南京：江苏古籍出版社，2002.

[12] 段胜鸥.新编写作学［M］.昆明：云南民族出版社，1995.

[13] 徐雪芹.大学写作［M］.北京：世界知识出版社，2012.

[14] 任遂虎.大学写作训练［M］.3版.北京：中国人民大学出版社，2015.

[15] 段轩如.写作学教程［M］.4版.北京：中国人民大学出版社，2014.

第四章　记叙性文体写作

第一节 诗歌写作

无论西方还是中国，诗歌都是文学史中出现最早并长期具有主导性的体裁。西方诗歌的重要类型——史诗，从《荷马史诗》发其端，中经维吉尔的《埃涅阿斯纪》直到中世纪法国后期的《罗兰之歌》绵延千年，然后逐渐被小说——"市民的史诗"所取代。而中国的诗歌从《诗经》编订之前即已开始歌吟，到今天已绵延了数千年。尽管不同诗歌类型在不同历史时期的发展情况有所不同，但无可否认的是，当今中西诗歌依然具有蓬勃的生命力，值得创作者关注、传承和借鉴，值得评论界探寻和批评。

一、诗歌界说

任何一位文学创作者在即将创作时，不仅要选择题材、确定主题，也必然要考虑用什么样的体裁来表达。因此，对某种体裁的性质、特征和分类成竹于胸是实现创作佳境的前提。在此，我们首先从中西诗论的角度对诗歌的本质做一些探讨。

在中国，诗论最早的源头是《尚书·舜典》的"诗言志"之说。"诗言志，歌永言，声依永，律和声。"这句话的意思是"诗是用来表达思想感情的，歌是把这种思想感情咏唱出来。唱出的歌要与思想感情一致，也要合乎音律"。《说文》说："诗，志也，志发于言，从言，寺声。"闻一多认为："志与诗原来是一个字。志有三个意义：一记忆，二记录，三怀抱。"在远古时期，先民的舞蹈、音乐和诗歌表达往往交融在一起，春秋时期"诗言志"进一步与礼乐教化和人格培养结合起来。孔子说"小子！何莫学夫诗？诗，可以兴，可以观，可以群，可以怨""兴于诗，立于礼，成于乐"。《毛诗序》言："诗者，志之所之也。在心为志，发言为诗。情动于中而形于言，言之不足故嗟叹之，嗟叹之不足故永歌之，永歌之不足，不知手之舞之，足之蹈之也。"西晋之陆机在《文赋》中言"诗缘情而绮靡"。南朝刘勰则在《文心雕龙·明诗》中说："大舜云'诗言志，歌永言。'圣谟所析，义已明矣。是以在心为志，发言为诗，舒文载实，其在兹乎？诗者，持也，持人情性；三百之蔽，义归无邪，持之为训，有符焉尔。"刘勰辨诗继承《毛诗序》和孔门论诗之旨，将诗的思想、情性和文采结合起来，在先秦强调诗表达志意和政教意义的基础上，又进一步加强了诗的表情性。

齐梁时代一方面出现"永明体"，提出诗歌的"四声八病"，另一方面"艳体诗"和"宫体诗"诗风流行，虽然促进了诗歌声律和诗语修辞的发展，但又被初唐陈子昂视为"彩丽竞繁，而兴寄都绝"。到了中唐，白居易在《与元九书》中指出："感人心者，莫先乎情，莫始乎言，莫切乎声，莫深乎义。诗者：根情，苗言，华声，实义。"唐代除了白居易的看法，值得重视的还有王昌龄在《诗格》中谈到的"意象"和"意境"、殷璠在《河岳英灵集》中提出的"兴象"以及司空图谈及的"象外之象"。后世探究诗歌观念的自然还有许多，比如严羽的"兴趣"说、李东阳的"格调"说、王士禛的"神韵"说，袁枚的"性灵"说等，这些议题有的虽偏重从创作思维、风格和品评的角度讨论诗歌，但也从某种程度上指涉了诗歌的性质。叶燮在《原诗》中论述道："自开辟以来，天地之大，古今之变，万汇之赜，日星河岳，赋物象形，兵刑礼乐，饮食男女，于以发为文章，形为诗赋，其道万千。余得以三语蔽之：曰理，曰事，曰情，不出乎此而已。"

在近代，由于内忧外患，中国社会面临空前危机，为了救亡图存，诗歌观念也因此要求变革，梁启超提出"诗界革命"："第一要新意境，第二要新语句，而又须以古人之风格入之，然后成其为诗。"黄遵宪则认为"诗固无古今也""苟能即身之所遇，目之所见，耳之所闻，而笔之于诗，何必古人？我自有我之诗者在矣"。五四文学革命，胡适、陈独秀和周作人等人倡导白话创作和平民文学，1920年3月胡适的《尝试集》出版，这是中国新诗的第一部个人专集，自此以后，中国诗歌就一直以新旧两种面貌呈现在世人面前。

古希腊时代，柏拉图认为"从荷马起，一切诗人都只是摹仿者"，并根据摹仿的方式将诗歌分成三类，从今天的角度看，单纯采用摹仿的悲剧和喜剧，单纯采用叙述的颂歌都与诗歌有出入，只有兼用摹仿和叙述的史诗可归入诗歌文体。柏拉图否定诗的真理性，认为诗只能提供影像。亚里士多德承袭其师的摹仿理论，不过他认为诗歌着眼于普遍的事物，比历史更富于哲学意味。贺拉斯认为："一首诗仅仅具有美是不够的，还必须有魅力，必须能按作者愿望左右读者的心灵。"在中世纪，学者们比如奥古斯丁、波伊提乌斯认为诗歌激发非理性的，甚至是堕落的情感，诗神缪斯是异教徒崇拜的神灵。于是，柏拉图敌视诗歌的立场便与基督教的禁欲主义观结合在一起，成为中世纪对待诗歌的基本态度。而但丁受阿奎那的影响，强调了诗歌的寓言性，提出"四义说"。薄伽丘则认为诗的虚构中蕴含着真理，《圣经》和诗皆具寓言的性质，"不仅诗是神学，而且神学也就是诗"，充满虚构。文艺复兴时期，斯卡里格和锡德尼则极力标榜艺术想象，为诗人的地位辩护，认为诗人创造的是另一种自然，比事物原来的面目更优美。"自然的世界是铜的，唯有诗人给予的世界是金的"。古典主义时代，布瓦洛则要求诗歌尊崇"理性"，表现"自然"，即合乎常情常理的人性。英国蒲柏、约翰逊虽对想象、天才、趣味和独创有所重视，预示批评的新方向，但总体而言，依旧强调诗歌应"摹仿自然"。至于启蒙时代德国作家对诗歌的看法，值得注意的是莱辛关于诗画界限的区分，歌德对于寓意诗和象征诗的区分、施莱格尔兄弟有关古典诗与浪漫诗的讨论以及席勒对于素朴的诗和感伤的诗的论述。

到了浪漫主义时代，西方诗歌观念已较为接近今日的看法，而且由于英国浪漫主义诗歌创作的实绩，此时期对诗本身的讨论也更为普遍和深入。华兹华斯和柯勒律治在《〈抒情歌谣集〉序》中提出"诗是强烈情感的自然流露。它起源于在平静中回忆起来的情感"，柯勒律治则言诗"可以解释为是介乎某一思想和某一事物之间的……是自然事物和纯属人类事物之间的一致与和谐"，诗歌天才表现为对韵律、想象力、思想深度和活力的敏锐感觉和表现能力。雪莱则修改了柏拉图的理式观，声称诗歌是迄今获得理式和终极真理的最佳途径，"能直接表现我们内心生活的活动和激情""是语言的、尤其是具有韵律的语言的特殊配合”。赫士列特则在《关于英国诗人的演讲》第一讲“泛论诗歌”中作了如下界定：“诗是任何客体或事件的自然的印象，由于这种印象的生动性，它能使想象和激情不由自主地活动起来，并通过共鸣而产生某种抑扬顿挫的声音或音响来表达这种印象”“诗歌是想象和激情的语言。它与任何使人的心灵感到快乐或痛苦的事物有关，它以人们的胸怀和事物为归宿，只有以最普通、最易理解的形式打动人们的事物才足以成为诗的主题。诗歌是心灵用来与自然和自己相联系的普遍的语言。”

象征主义诗论和浪漫主义一样强调创作主体心灵意识的表现，不同的是，他们反对浪漫主义在呈现物象基础上的直抒胸臆，而是更加强调对超验、幻觉等精神世界的表达以及对“暗示”和“象征”等手法的运用。此外，大部分象征主义诗人有一个共同的追求，即他们都十分重视诗歌的音乐性。爱伦·坡和波德莱尔主张从音乐中获取诗的灵感、增强诗歌的韵律和音响，魏尔伦则力图从音乐中探寻诗歌语言的特性。爱伦·坡曾说：“我们将在诗与通常意义的音乐相结合中，寻找到发展诗的最广阔的领域。”马拉美则认为诗歌是“音乐和韵文的结合”“马拉美毕生的问题……就是还诗歌以现代伟大的音乐作品从它那里夺走的王国。”

相比浪漫主义诗人和诗论家对诗人主体性的高扬，俄国形式主义诗论和英美的“新批评”派继承了象征主义诗论对诗歌语言特质的重视，而且着力探寻修辞运用对诗歌文体及其本性的意义。

彼得堡诗歌语言研究会的创始人之一，什克洛夫斯基提出了“陌生化”理论，认为：“艺术之所以存在，就是为使人恢复对生活的感觉，就是为使人感受事物，使石头显出石头的质感。艺术的目的是要人感觉到事物，而不是仅仅知道事物。艺术的技巧就是使对象陌生，使形式变得困难，增加感觉的难度和时间长度，因为感觉过程本身就是审美目的，必须设法延长。艺术是体验对象构成的一种方式；对象本身并不重要。”立足于“陌生化”理论，什克洛夫斯基认为“‘诗歌语言’正好符合这些条件……这样我们就可以把诗歌确定为受阻碍的、扭曲的语言。”比起散文语言，诗歌语言的陌生化程度更高。俄国形式主义的另一位代表性人物雅各布逊（后为布拉格结构主义的奠基人）则认为“诗的功能在于指出符号和指称不能合一”。诗的本质不在指称、叙述外在世界的事物，而在具有表达目的的诗歌语言的形式显现。

“新批评”派的布鲁克斯则强调了悖论与反讽对于诗歌文体的独特性和重要性。他说：“悖论正合诗歌的用途，并且是诗歌不可避免的语言。科学家的真理要求其语言清除悖论的一切痕迹；很明显，诗人要表达的真理只能用悖论语言。”至于反讽则是“语境对于一个陈述语的明显歪曲”“大量的现代诗确实运用反讽当作特殊的、也许是典型的策略”。艾伦·泰特一方面坚持诗歌的有机论，另一方面提出了“张力说”，在《论诗的张力》中他指出：“诗的意义就是指它的张力，即我们在诗中所能发现的全部外延和内涵的有机整体。”而威廉·燕卜荪则在《复义七型》中列举了大量的诗歌来证明意义多变的语言是诗歌强有力的表现手段，“复义”是诗歌最基本的要素之一。在西方诗论中值得注意的还有庞德的意象主义诗论，庞德认为“一个意象是在瞬息间呈现出的一个理性和感情的复合体”，而诗歌则“致力于传达精炼的感情”“给予我们人类情感的方程式”。

综观中外诗论，不论是中国古代的“诗言志”“诗缘情”，还是诗讲求“性灵”“趣味”和“意境”，无疑都认为诗与主体的情志、性情相关。而自古希腊以来，西方诗论由于受理性主义哲学、神学观念的影响，与中国诗论不尽相同，另一方面，由于修辞学传统影响深远，西方诗学在不同时期不同程度地表现出对诗歌语言、诗歌结构分析的偏好。不过，浪漫主义诗人及诗论家将诗界定为“强烈情感的自然流露”，与中国历来重视诗歌的抒情性观念有较多的一致性。至于对诗艺的探寻，中国历代的诗话、词话，尤其在明清两代有非常多的论述，许多诗论家在其著述中对诗歌的字法、句法和章法进行了阐释，比如胡震亨的《唐音癸签》、张谦宜的《絸斋诗谈》和沈德潜的《说诗晬语》等。总体来看，尽管中西诗论都对诗歌的技艺予以重视，对诗歌的社会功用有充分的关切，但相对而言，中国的诗论由于受“文以载道”和“知人论世”等文艺观念的影响，更加强调诗人的主体意志、情性和资禀等人格因素对诗歌创作的重要意义。

通过上述对中西诗论的评介，可以看出，无论在中国还是西方，诗歌文体均与创作主体的情感积淀、语言表达的韵律性和意象化的表现力密切相关。在创作中，创作主体在特定境遇的触发下，勃发出独特、浓郁的情感，神思激荡，意象纷呈，然后以韵律化的语言、节奏化的章法和微妙的修辞将之外化，诗即被创作出来。我们由此可以给诗大致下一个界定：诗是一种饱含情感、激扬想象，通过意象的织构和精炼的、富于韵律与节奏的语言，表达对宇宙、社会和自我的深刻感悟、反思和咏叹的文学体裁。

二、诗歌的分类

作为不同的文体，诗歌与小说、散文和戏剧等有所区别，即使是同一种文体，诗歌也可分出不同的亚类。这一方面与外在的时代症候和审美风尚相关，另一方面与自身内在的形式嬗变联系在一起，当然，有时也是跨文化交流和影响的结果。

无论是中国还是西方，从诗歌史来看，都出现过非常多样的诗歌类型。由于早期诗歌的吟唱有特定的乐器伴奏，因此有根据乐器伴奏情况进行分类的，比如古希腊的抒情诗分双管歌、琴歌等，女诗人萨福即是独唱体琴歌的杰出代表；有的根据抒写的内容进行分类，比如宗庙诗、筵宴诗、婚恋诗、山水诗、田园诗、悼亡诗、咏史诗等；有的根据艺术形式进行分类，分为有韵诗和无韵诗，比如中国古代诗歌根据押韵、平仄和句式等分为古体和近体，或分为歌行、绝句、律诗和词等；西方则有亚历山大体诗、十四行诗等。总体而言，为了分类的简约，从表达方式和内容倾向上，可将诗歌分为抒情诗、叙事诗、戏剧诗和哲理诗；从韵律和结构形式上，则可以将诗歌分为格律诗、自由诗、散文诗。

（一）抒情诗

抒情诗偏重抒情，有时直抒胸臆，有时经由客观物象起兴“因物生情”“借景抒情”，有时于心象和幻觉中传达独特的情思、意绪，其主体意识和个性色彩强烈。一般而言，抒情诗的篇幅比叙事诗短小，韵律感更强，意蕴精警，富于张力。情诗、颂诗、挽歌和某些政治讽刺诗是这类诗较典型的代表。

情诗的代表作有普希金的《致凯恩》、克里斯蒂娜·罗塞蒂的《歌》、伊丽莎白·勃朗宁的《请收下我心田的情思的花朵》以及叶芝的《当你老了》；颂诗如英国雪莱的《西风颂》、美国朗费罗的《人生颂》和波兰密茨凯维奇的《青春颂》；挽歌的代表作有卡尔杜齐的《古老的挽歌》、格雷的《墓园挽歌》和龙沙的《悼玛丽之死》等；讽刺诗的代表作有裴多菲的《从前有些王侯们》、莱蒙托夫的《别了，污秽的俄罗斯》和奥皮茨的《一个乞丐的墓铭》等。中国是诗的国度，抒情诗亦十分发达，比如历代的悼亡、闺怨、赠别、咏物、咏史等内容都能形成各自的传统。就悼亡诗而言，有元稹的《三遣悲怀》、苏轼的《江城子·乙卯正月三十日夜记梦》、贺铸的《鹧鸪天·半死桐》、陆游的《沈园》、纳兰性德的《南乡子·为亡妇题照》等；闺怨诗如王昌龄的《闺怨》、李白的《长相思》、李端的《闺情》、李清照的《点绛唇·寂寞深闺》等；赠别诗有王维的《送元二使安西》、李白的《渡荆门送别》、高适的《别董大》、杜牧的《赠别》等；咏史诗有刘长卿的《长沙过贾谊宅》、杜甫的《咏怀古迹五首》、刘禹锡的《石头城》等。中西抒情诗虽然因文化传统、民族心理和审美意识的差异，在类型和表现方式上有所不同，但在强调直接抒发或间接表达情志、激情和哲思等主体意识方面还是有许多一致性的。

（二）叙事诗

叙事诗偏重对特定事件、事态和境物的叙述，叙述过程兼及情节、人物形象的塑造和场面刻画。与小说相比，叙事诗的情节结构和形象塑造更为集中和精炼。作为诗歌文体，叙事诗的叙事形态蕴含着丰富多元的抒情质素。叙事诗可分为长篇叙事诗和短篇叙事诗，长篇的比如史诗，偏于集体性创作，口耳相传，一般以古代氏族部落或封建城邦的迁徙、战争，或与自然、超自然力量抗争为表现内容，规模宏大、气势雄浑，富于神话色彩，整体性地体现着民族精神。古希腊荷马的《伊利亚特》、古罗马维吉尔的《埃涅阿斯纪》、古印度的《罗摩衍那》、中世纪英国的《贝奥武甫》和德国的《尼伯龙根之歌》以及我国藏族的《格萨尔王》、蒙古族的《江格尔》等可视为史诗的代表作。从篇幅上看，有些诗作属于叙事长诗，但其起源、取材和体制不同于史诗，比如但丁的《神曲》、莎士比亚的《维纳斯与阿多尼斯》、斯宾塞的《仙后》、拜伦的《唐璜》、普希金的《茨冈》、莱蒙托夫的《童僧》、海涅的《德国——一个冬天的童话》以及我国汉乐府的《孔雀东南飞》、杜甫的《石壕吏》、白居易的《长恨歌》、元稹的《连昌宫词》、韦庄的《秦妇吟》、吴伟业的《圆圆曲》等。较短的叙事诗有华兹华斯的《我们是七个》、兰波的《惊呆的孩子》、莱瑙的《三个吉普赛人》、马雅可夫斯基的《开会迷》、休士的《旋转木马》和格丽克的《一则故事》。《诗经·氓》、崔护的《题都城南庄》、宋之问的《渡江汉》、贺知章的《回乡偶书》、王昌龄的《闺怨》、李端的《闺情》、张籍的《秋思》、戴望舒的《萧红墓畔口占》等，这些诗虽然透着抒情气息，但也有明显的叙事性。

抒情诗和叙事诗的区分并不是绝对的。在某些抒情诗中，叙事性成分所具有的功能十分突出，反之，在某些叙事诗中叙事性话语常常与抒情气氛交织在一起或激发起情感的多向度反应。过去，诗歌研究较多地强调了两者的差异性，甚至将抒情传统归于东方，尤其是中国，而将叙事脉髓诉诸西方，这显然是不够辩证的。今天，国内外的一些研究者也有从叙事学角度探究抒情诗的，比如德国学者彼得·霍恩和詹姆斯·基弗所著的《抒情诗叙事学分析——16—20世纪英诗研究》。

（三）戏剧诗

一方面由于西方诗学从古希腊时代起，已基本将文类划分为抒情、叙事和戏剧三类；另一方面西方戏剧成熟较早，是文学传统中具有典范性的优势文类，因此，戏剧对西方诗歌产生显著影响，以至形成戏剧诗的类型。

较早运用“戏剧诗”这一概念的是“英国文学批评之父”德莱顿，他于1668年发表了论著《论戏剧诗》。不过，在此著中他讨论的焦点主要还是戏剧，即古今戏剧、英法戏剧孰优孰劣，是否遵守“三一律”、是否采用韵体的问题。之后，黑格尔在《美学》中作了分析：“戏剧无论在内容上还是在形式上都要形成最完美的整体，所以应该看作诗乃至一般艺术的最高层。……在各种语言的艺术之中，戏剧体诗又是史诗的客观性原则和抒情诗的主体性原则这二者的统一。”我国的张庚先生认为戏曲亦可谓之“剧诗”。目前，学界对“剧诗”和“诗剧”的使用如“叙事诗”和“诗体小说”一样混乱。我们认为“剧诗”的着眼点在“诗”，“诗剧”的落脚点则在“剧”，尽管它们都体现为诗歌元素与戏剧结构之间的交融。

剧诗，可以说就是剧对诗的影响与渗透的成果，反过来说，它是诗借助剧的某些艺术手段丰富、发展自己的产儿。剧诗源远流长。《楚辞》里的《九歌》是我国最早的剧诗，郭沫若的《凤凰涅槃》则是早期新诗中最有影响的剧诗。剧诗是剧形式的诗，与诗剧有质的区别。诗剧是诗形式的剧。

一般而言，诗剧作者对舞台演出效果的权衡可能要多于剧诗，诗剧对角色塑造、情节结构和戏剧冲突有更全面深刻的追求。诗剧的台词有诗的色彩，有别于一般的戏剧台词，但它仍是剧的一个种类。剧诗不是“剧”而是“诗”，属于诗的文体。剧诗可能蕴含着戏剧冲突，但不一定完整、强烈，剧诗以直接抒发或沉潜涵咏感情为要，它偏重歌唱一出戏，而非如诗剧演出一出戏。剧诗的形象可虚可实，不是舞台形象而是诗歌形象。剧诗和诗剧都会运用诗化语言，但诗剧的诗语服从戏剧旨归和特点，强调动作性和直观性，而非抒情性和可诵性。剧诗则因吸收戏剧性成分，在诗歌“族群”中也有其独特的韵味。文学史上一般将迦梨陀娑《沙恭达罗》、歌德的《浮士德》、华兹华斯的《边界人》、拜伦的

《曼弗雷德》、雪莱的《解放了的普罗米修斯》等作品视为诗剧。邵洵美则不赞成把《解放了的普罗密修斯》称为“抒情诗剧”，而认为它是“戏剧式的抒情诗”。至于剧诗，根据前面的界定，再结合体制规模的考虑，我们可将勃朗宁的《我已故的公爵夫人》、缪塞的《八月之夜》、弗罗斯特的《家庭墓地》、阿赫玛托娃的《我披着深色的披巾握住它》、兹维塔耶娃的《哈姆雷特与良知的对话》、杨牧的《林冲夜奔——声音的戏剧》等这样的作品视为剧诗，它们要么有戏剧性独白，要么纯粹是对话式的场景，还有些作品写得犹如幕和场的提示。伍尔夫曾声称：“无论是过去，还是现在，凡是有天才、有志向的诗人，都从事诗剧创作。自德莱顿去世后，几乎所有的大诗人都曾在诗剧领域一试身手。华兹华斯和柯勒律治，雪莱和济慈，丁尼生、斯温朋和勃朗宁都写过诗剧。”而弗罗斯特在诗集《波士顿以北》中“运用了戏剧性对话、独白，为其无韵诗增添了戏剧性色彩。”

（四）哲理诗

人生世上，演着不同的“戏”，扮着各样的“角”，因此有“剧诗”。因为有悲欢喜怒，有或沉郁或激昂的情感需要宣泄，因此有各种“抒情诗”。因为有疑虑、忧思和觉悟，所以又有“哲理诗”。有“人生不满百，常怀千岁忧”的忧叹，有“末世多轻薄，骄代好浮华”的针砭，有“凌风知劲节，负雪见贞心”的赞许，有“莫愁前路无知己，天下谁人不识君”的激励，有“满目云山俱是乐，一毫宠辱不须惊”的洒脱。

一般而言，哲理诗偏重托物言志、兴情入理，或者感事思辨、触境生觉，是一种以在诗歌文本中表达深邃、隽永和警策的人生哲思或现实感悟为内容的诗歌类型。古往今来，中外诗歌传统中都留下了许多哲理诗的佳作，比如虞世南的《蝉》、杜牧的《题乌江亭》、刘禹锡的《秋词》，欧阳修的《画眉鸟》、苏轼的《和子由渑池怀旧》、王安石的《登飞来峰》、朱熹的《观书有感》，龚自珍的《己亥杂诗之五》、顾城的《远和近》、罗伯特·勃朗宁的《至善》、蒙塔莱的《生活之恶》、佩索阿的《生活在现在》、弗罗斯特的《未选择的路》、里尔克的《严重的时刻》等。

叙事诗、抒情诗和哲理诗的分类大多出于文体认知和诗歌剖析的需要，并不需要绝对化，实际上一首佳作的创作完成，常常意味着它对不同诗体的博采与融会。

（五）格律诗

如果从相对宽泛的意义上言之，即只要呈现在诗中的字数、句式、用韵和节奏相对整一，包含一定的韵律，我们便可以视之为“格律诗”。我们这样讲，是想表明格律诗的发生有一个发展过程，而且比人们认为的要早许多。《诗经》中较多的诗不仅各句的字数相等，也常常押韵，可视为“格律诗”——古体诗即一种格律不是非常严格的“格律诗”。此后，从春秋中期直到齐武帝时期出现“永明体”，诗歌的“律化”进程一直在发展变化，要深入细致地描述这个进程并不容易，它本身即是值得探究的学术问题，不过目前它不是我们这里阐释的重点。到了南北朝，五律已基本成熟，如徐陵、阴铿、江总等人的作品。到了唐初，七言的律化也大致完成，如杜审言、宋之问、沈佺的作品，到了杜甫手上则已法度精研、神机变化，臻于炉火纯青。唐初以后，较严格地遵守格律的诗称为“今体诗”，宋以后则称“近体诗”。近体诗是相对于古体诗的称谓，古体诗是对近体诗产生前的所有诗歌的统称，包括“诗”“歌”“行”“歌行”“引”“吟”“谣”和“曲”等，字数上有四言、五言、六言、七言、杂言等。词和曲也是中国文学传统中讲究格律的诗歌类型。词形成于中晚唐，盛行于宋，它原是合乐歌唱的歌词，按乐谱声律而填，有不同的调，每种词调有特定的名称，称作词牌，如《水龙吟》《浣溪沙》《鹧鸪天》等。词依段数、句数、字数、韵律之不同可分为小令、中调和长调，或分为单调、双调、三叠、四叠等，填词用韵一般参照戈载的《词林正韵》。曲亦是韵文学的一种，通常指宋以来的南曲和北曲，曲还可进一步分为散曲和剧曲两种。总体上，曲较之诗词更为朴质劲爽，也更为口语化，涉及宫调、曲牌，如《山坡羊》，考究声腔，分辨清浊，作曲用韵多参照《中原音韵》。

需要说明的是，现在有些作者将所写的不完全遵守格律的作品标榜为古体诗，这是不恰当的，古体诗并非完全不讲究格律，只是讲究的方式不同罢了。比如可以押仄声韵，可以换韵，不同古体诗的风格也不同，七古偏典重浑厚、歌行多婉转流丽等。近体诗的格律比起古体诗要严格得多，对字数、句数、粘对、押韵都有特定的要求。以七绝来说，它有四句，每句七个字，可在第一句（首句入韵）、第二句、第四句的末字押韵，而且如果不是用当今的“新韵”，就须遵照宋以来流行的“平水韵”（清代《佩文诗韵》）押同一韵部的字，首句入韵的格式可以押“邻韵”。七绝有四种不同的格式。这是中国格律诗的大致情况。西方诗歌也有讲究格律的，比如十四行诗源于13世纪意大利西西里的宫廷诗人，成熟于彼特拉克，15世纪英国诗人魏里将“彼特拉克”体改造为英式十四行并成熟于莎士比亚，称为“莎士比亚体”。从形式上看，意大利体分为一个八行诗组和一个六行诗组，前八行的韵式为“abba、abba”，后六行有“cde cde、cdc cdc、cde dce”等多种形式，“莎士比亚体”采用三个四行和一个两对押的形式，即“ababcdcdefefgg”，并且每行采用抑扬格五音步的形式。除了彼特拉克和莎士比亚，斯宾塞、弥尔顿、勃朗宁、弗罗斯特等诗人都有出色的创作。

格律诗如果运用自如，是可以发挥其语言凝练、结构精严、声韵谐畅的优点的，反之则易于被束缚。格律诗创作并不受时代新旧的影响，一样可以表现现代生活方式和观念，当今的格律诗创作正在复兴和发展。

（六）自由诗

自由诗是相对于格律诗而言的，因为它不受字数、句数、韵脚、对偶、音步、声腔等因素的约束，形式不拘格套，节奏和韵律的变化多以诗意的抒发和流转自然而然地形成。一般而言，佳作大多是形式和内容的完美结合，但也不排除有的诗作将读者的视点聚焦于意义的独特性，而形式被有所忽略。不过，形式总是存在的，并起着各种作用。自清末和“五四”运动以来，追求诗体的自由性成为较显著的趋向，这与整个文化的变革和转型以及对西方文化的吸收和接纳相关。

古典时代的中国并非没有自由诗，不过现代意义上的自由诗主要指白话新诗。胡适的《尝试集》是现代文学史上的第一部白话诗集，现在看来有些作品显得过于直白，有些作品采用格律诗的形式，诗语却较为口语化，体现出新旧交替的不谐，体现出“尝试”的状态。不过，胡适的开创之功却是不容否定的，后来的“湖畔派”“新月派”“七月派”等各种诗派，主张虽有不同，成就亦各有差别，但都与此次诗歌的新“出发点”相关。

除了古典诗，胡适的自由诗创作也受到西方诗歌的影响，后来的新诗诗人也非常自觉地向西方诗歌学习，所以说西方诗歌是中国新诗（自由诗）的另一个重要传统或资源，是并不为过的。中国新诗的创作到了徐志摩、闻一多（他们一定程度上将格律诗与自由诗进行了融合）、戴望舒、冯至、卞之琳、穆旦、郑敏和艾青等人那里已趋于成熟。

西方自由诗的传统一般认为由美国诗人惠特曼的《草叶集》所开创，“惠特曼的诗行长短不一，没有固定的合辙押韵，是自由体的典型例证，应当说自由体作为一种体面的诗歌表达手段而出现在英语诗坛，惠特曼要记首功……英诗自由体并非始于惠特曼，但在他以前，自由体并未摆脱传统格律的束缚。惠特曼的诗彻底突破了韵律陈规，不以抑扬格或扬抑格为顿挫单位，而是以短句为顿挫单位形成语调、语气高低急徐的自然节奏，毫无藻饰和斧凿的痕迹。一首诗不一定有逻辑结构，而是通过若干语法结构相同、内在意义相关的平行结构或重叠结构，使诗意逐步达到高潮，形成一种内在的感情上和心理上的后浪推前浪式的韵律……他的自由体豪迈奔放，而又不失其音乐美感，在英语诗中独树一帜，从根本上动摇了传统格律诗几世纪以来的垄断地位，开了英语诗自由体在20世纪迅猛发展的先河。”

最后，需要指出的是，格律诗和自由诗并不是不可以相互借鉴和吸收，“两栖”的诗人可以根据题材、主题和风格择善而从，或者力争将两者的审美形式完美融合。事实上，中外诗歌史已经有力地证明了这一点：一方面，一些诗歌对格律的成分相对有所保留，即使是惠特曼的诗歌也没有完全抛弃双声、叠韵等的使用，而闻一多、徐志摩等人的新格律诗的实验，也不能说是徒劳无功；另一方面，中国现代自由诗的作者中，有的也十分擅长格律诗的创作，我们专门提出这个问题，是为了直面当今新旧诗因传统和现实因素而形成的相互隔膜的局面，这种不能相互取长补短的局面是不利于诗歌发展的。

有关诗歌的分类，也有一些著作将其分为“古诗”与“现代诗”或“旧诗”与“新诗”，虽然这样分类也涉及形式因素，但它更主要的是从时间上作的总体描述和区分散文诗在某种程度上也可视为自由诗，不过它比自由诗还要灵活。散文诗兼具诗与散文的特点。从诗的方面说，它的语言精练、隽永，结构中蕴含着诗情，注重意象的作用和诗境的营造；从散文方面说，它形式自由，不受格律约束，虽有铺叙的成分，但由于诗性的节制而不完全似散文那样铺排。另外要注意的是，抒情散文即使有浓郁的情感抒发，它也是围绕着脉络相对清晰的人事、景物和情思铺叙的，而散文诗的跳跃性、象征性一般而言比抒情散文更突出。此外，有些抒情散文往往以真人真事为依托，而散文诗就未必了。国内散文诗的杰作有鲁迅的《野草》，国外的散文诗较著名的有纪伯伦的《沙与沫》、泰戈尔的《新月集》、波德莱尔的《巴黎的忧郁》等。

民歌是流传比较久远和广泛的诗体，我国《诗经》中的“风”诗、汉乐府民歌、南北朝民歌、唐代燕乐中的曲调以及早期流行巴渝而后传遍各地的竹枝词，都具有民间性、风俗性和地方色彩，西方普罗旺斯的“破晓歌”也深受民歌的影响。民歌有山歌、渔歌、秧歌、小调等，生活气息浓郁，曲调朴实清新，语言活泼生动，从古至今都是丰富的诗歌宝藏，对诗体变革产生显著影响，为文人创作和诗歌史的发展注入丰沛的活力。

三、诗歌的特征

前面我们对诗歌作了界定，认为“诗是一种饱含情感、激扬想象，通过意象的织构和精炼的、富于韵律与节奏的语言，表达对宇宙、社会和自我的深刻感悟、反思和咏叹的文学体裁”。依据这个定义，诗歌的特征主要表现在真性情的抒发、声律与乐感的追求、精炼与蕴藉的语言表现等几个方面。

（一）真性情的抒发

尽管不同的文学体裁都有情感的表现和抒发，但与其他体裁相比，诗歌与情感的关系尤为紧密，甚至可以说诗歌是情感表现的艺术。没有情感，没有情感之独特深刻的表现，就没有诗歌。俄国文艺理论家别林斯基曾说：“情感是诗的天性中一个主要的活动因素；没有情感就没有诗人，也没有诗。”我国的著名诗人臧克家指出：“诗歌在文艺领域上独树一帜，旗帜上高标两个大字：抒情。叙事诗也不能忽视这个特点。”而陈廷焯则在《白雨斋词话》中言：“情有所感，不能无所寄；意有所郁，不能无所泄。”情感之于诗歌，其意义可谓大矣！屈原因去国怀君的痛楚而作《离骚》，李白因放而被赦的喜悦而作《早发白帝城》，鲁迅因对血腥屠戮的愤慨而作《惯于长夜过春时》，晏几道因相思怀旧的愁肠而作《思远人》。面对缤纷多彩的世界，遭逢跌宕起伏的人生，每个人都会有复杂多样的情感，都会以一定的方式将之表现出来。喜怒哀乐是人生一大境界，亦是诗之一大境界。然诗中的情感又不完全同于俗世之情感，要通过特定的媒介和艺术形式扬弃日常情感。诗中之情感需蕴藉深厚，需真挚、强烈，“词人者，不失其赤子之心者也”。诗人作诗尤为重要的是情感表现的深刻性和真实性。

吴世昌先生指出：“填词之道，不必千言万语，只二句足以尽之，曰：说真话；说得明白自然，切实诚恳。前者指内容本质，后者指表达艺术。易曰‘修辞立诚’，要不外此。论古今人词，亦不必千言万语，只此二句足以衡之：凡是真话，深固可贵，浅亦可喜。凡游词遁词，皆是假话。‘岂不尔思？室是远尔！’伪饰之情，如见肺腑。故圣人恶之。”诗歌可以表达各种感情，可以表达悼亡、惜别和羁旅之悲，可以表达筵宴、重逢和吟赏之乐，也可以表达对腐败、暴虐的愤慨和反抗；诗歌表达感情的方式也多种多样，有直抒胸臆，有借景抒情，有寄情于事，有寓情于景，有浓郁高亢，有潜转低回。无论如何，诗中当有一个“我”在，有一个“真我”存在，“他”须抒发真性，要能撞击人心，好诗的“真我”虽然或显或隐，但一定不会缺席。那些“为文造情”、矫情和滥情、没有真实深切感受的诗，那些玩弄词藻、空喊标语口号、“但睹文字，不见性情”的诗都不会是好诗。好诗虽然也强调审美形式，但大多都是诗人器识、胸襟和人格的氤氲涵容，气质和性情形成特定的诗，诗也滋养着特定的气质和性情。谢枚如云：“稼轩是极有性情之人，学稼轩者，胸中须先具有一段真气奇气，否则虽纸上奔腾，其中俄空焉，亦萧萧索索如牖下风耳。”王国维则言：“幼安之佳处在有性情，有境界。”我国古典诗中的一些悼亡诗之佳处正在于表现出真性情、真境物，如元稹的《三遣悲怀》、苏轼的《江城子·乙卯正月二十日夜记梦》、贺铸的《鹧鸪天·半死桐》、陆游的《沈园》以及纳兰性德的《南乡子·为亡妇题照》等。杜甫的《赠卫八处士》也以真切见长：

“人生不相见，动如参与商。今夕复何夕，共此灯烛光。少壮能几时？鬓发各已苍。访旧半为鬼，惊呼热中肠。焉知二十载，重上君子堂。昔别君未婚，儿女忽成行。怡然敬父执，问我来何方。问答乃未已，驱儿罗酒浆。夜雨剪春韭，新炊间黄粱。主称会面难，一举累十觞。十觞亦不醉，感子故意长。明日隔山岳，世事两茫茫。”

此诗用语平白如话，畅切娓娓，而深情厚意却如细流涓涓，最是人情家常而又兴味悠长。它将世事的沧桑多变置于短暂、热切而又形象朴质的画面背景中，虽为老杜别调，也自是恒久动人心魄的佳作。钱穆先生曾说：

“杜工部诗里也常这样请朋友吃饭，或是别人请他，他吃得开心作一首诗，诗直传到现在，我们读着还觉得痛快。同样一个境界，在杜工部笔下就变成文学了。我们吃人家一顿，摸摸肚皮跑了，明天事情过去，全没有了，觉得这事情一无意思般。读杜工部诗，他吃人家一顿饭，味道如何，他在卫八处士家夜雨剪春韭那一餐，不仅他吃得开心，一千年到现在，我们读他诗，也觉得开心，好像那一餐，在我心中也有份，也还有余味。其实很平常，可是杜工部写上诗里，你会特别觉得其可爱。不仅杜工部可爱，凡他所接触的，其人其境皆可爱。……我这些琐碎话，只说中国文学之伟大有其内在的真实性，所教训我们的，全是些最平常而最真实的。”

清人彭端淑谓“作诗以真为上，而雕饰不与焉。余尝有句云‘处事欲从圆尚易，吟诗直到真方难’”。

(二)声律与乐感的追求

“诗歌”是“诗”和“歌”的结合，原始时代的诗、舞、乐常常是一体化的，它们大多与祭祀活动有联系，自然也与情绪表达的不断精致化和节律化相关。《尚书·舜典》说：“诗言志，歌永言，声依永，律和声。八音克谐，无相夺伦，神人以和。”《诗大序》又讲：“诗者，志之所之也；在心为志，发言为诗。情动于中而形于言；言之不足，故嗟叹之；嗟叹之不足，故永歌之；永歌之不足，不知手之舞之，足之蹈之也”，足见诗歌天然地具有与音乐交融的特点。在西方，早期的诗歌往往融入了民歌的成分，并由行吟诗人传唱，而“芦管诗体”和琴歌都有乐器伴奏。

从《诗经》开始，中国古典诗的诗体演变中，声律和乐感就始终是一个非常重要的因素。如就音乐节拍及其多样性言之，《楚辞》灵动变化的风格迥异于《诗经》“雅”“颂”庄重、舒缓的旋律，汉赋“不歌而诵”和“多声部”的戏剧式演绎又与《楚辞》有所不同。而古风和近体由于平仄、声韵的不同而有规制和风格的差异。中国的歌、歌行、曲子词等诗歌体式，明显地体现出它们与音乐的关系。“痛饮狂歌空度日”的李白，写《峨眉山月歌》的李白，写出了纯粹意义上的“诗歌”。“李白受民歌影响极大，‘李白乘舟将欲行，忽闻岸上踏歌声’，这‘踏歌’不是一般的连手而歌，并踏地以为节，而是上下相接、婉转相递的歌唱形式。它能使诗的关节活络，以最轻的重量和最快的速度运转。所以，李白诗的生成机制，往往是因韵呼韵、因句生句。”“盛唐的光荣最属于三位诗人：杜甫‘吐纳凄婉，收敛浑沦’，王维“容止闲和，意不在歌”，李白‘发声遒润，如从空中来’……一个伟大的王朝，应当在这遒劲而温润的旋律中展开。”

王世贞曾言：“三百篇亡，而后有骚赋；骚赋难入乐，而后有乐府；古乐府不入俗，而后有唐绝句为乐府；绝句少宛转，而后有词；词不快北耳，而后有北曲；北曲不谐南耳，而后有南曲”，这是从音乐的角度论述文体的变迁。音乐性不仅影响文体变迁，而且还在于与诗歌内在结构、情绪和美感有着同构。陆时雍说：“有韵则响，无韵则沉；有韵则远，无韵则局。”袁枚则指出：“欲作佳诗，先选好韵。凡音涉哑滞者、晦僻者，便宜弃舍。‘葩’即‘花’也，而‘葩’字不亮；‘芳’即‘香’也，而‘芳’字不响：以此类推，不一而足。”他们都强调“韵”对诗歌音乐感的重要价值。在西方，由于叙事诗相对更发达，体制往往也相对更宏大，其音乐性可能没有抒情诗敛和，但同样重视叙述声音、情感节奏与诗歌结构之间的内在应和关系，而不同诗体也同样地通过用韵和格律达到独特的声情效果。如用回旋韵的魏尔伦的《泪水流在我心底》（飞白译）：

泪水流在我心底，
恰似那满城秋雨。
一股无名的愁绪，
浸透到我的心底。

嘈杂而柔和的雨
在地上、瓦上絮语！
啊，为一颗惆怅的心儿
而轻轻吟唱的雨！

泪水流的不合情理，
这颗心啊厌烦自己。
怎么？并没有人负心？

这悲哀说不出情理。

这是最沉重的痛苦，

当你不知道它的缘故。

既没有爱 也没有恨，

我心中有这么多痛苦！

“在灵魂中没有音乐的人，绝不能成为真正的诗人。”柯勒律治如是说。

（三）精炼与蕴藉的语言表现

文学是语言的艺术。因此，所有的文学文类都十分重视语言的运用，不过语言之于诗似乎要更重要一些，因为尽管它同样离不开日常语言，甚至其妙处或许恰恰在于处理好日常语言和诗性语言的关系，但是，它确实有对语言的非日常性的独特要求，即使口语化写作也无一例外，因为口语化本身也是一种诗性的行为。诗歌的语言运用或许十分多样，但它总是强调精炼、言约旨远，追求新奇和传神。

雁翼曾写过一首诗《窗外》，用语简练，而意味深长：

窗外，那棵老白杨树，早就化为电线杆了

仍披雪站在那里，等待

云朵送还它的叶子

如我

“阅历”、时光或者某种未被言说的“力量”，已使白杨树凋枯，使“我”皓发如雪，然而我们都将痴情地守望着绿色的青春，怀抱着希望。与此同样简练而又意味深长的还有卞之琳的《断章》。李商隐的《安定城楼》“永忆江湖归白发，欲回天地入扁舟”亦十分精炼，纪昀曾言“千锤百炼，出以自然，杜亦不过如此”。又如刘长卿的“寒渚一孤雁，夕阳千万山”一联，语象无隔、色彩分明、境界壮阔而极简练，增减一字不可得，更易一字亦不可得也。而王维的《辛夷坞》、柳宗元的《江雪》则可谓言近而旨远者也，王勃的《羁春》、李白的《黄鹤楼送孟浩然之广陵》则属有余味者，元稹的《行宫》、金昌绪的《春怨》则以含蓄蕴藉见长。王国维说：“红杏枝头春意闹”，着一“闹”字而境界全出；“云破月来花弄影”，着一“弄”字而境界全出矣。这就是从诗歌语言的传神、意趣的角度说的。此外，诗歌的语言还十分讲究新奇的效果，所以历代诗人也常在这方面下功夫。俄国形式主义的什克洛夫斯基谈到的“陌生化”、布拉格结构主义的穆卡洛夫斯基提出的“突出”概念，也在部分地说明诗歌语言以引人注目为要。不过，好诗的语言不仅要新鲜新奇，还需妥帖自然。在这方面李渔是对的，尽管他在评价“红杏枝头春意闹”时有些拘泥，李渔说：“琢句炼字，虽贵新奇，亦须新而妥，奇而确。妥与确，总不越一理字，欲望句之惊人，先求理之服众。”

四、诗情的构思

如前所述，尽管日常感情是诗情的来源，但它们并不完全就是诗情，一方面日常感情需要酝酿、淬炼、深化和升华，另一方面诗情与文本中的各种形式元素结合在一起相互作用，因此，对诗情的构思和体验是一种具有自觉性、意向性和整体性的心理机制与审美反应。

（一）感发与升华

“物色之动，心亦摇焉”“人禀七情，应物斯感，感物吟志，莫非自然”，每个人都可以触物生情、即事有感。然而，相比常人，诗人有更自觉地将日常感情转换成诗、诗情和诗意的诉求和意愿，并具备与之相应的素养和技能。一般而言，诗人比常人心思更为细微，感受也更为敏锐，对所遇之事、所感之物，诗人往往念念不忘，久久萦怀，如此执着眷念正是强化和升华感情的过程。诗情来自对日常情感的强化和超脱。没有深情、至情是写不出好诗来的，没有超越世俗功利之心也是难于作诗的，这也正是历代重视“诗教”的原因——让人成为重感情的人，让人具有美好的情操。常人听闻大雁“殉情”之事，无非惊异感慨而已，而元好问却写出了千古流传的至情之作《雁丘词》；常人闻蝉声未免觉其聒噪，李商隐却写出了“五更疏欲断，一树碧无情”的诗句；常人见海棠春放，不过觉其绚烂无比，唯陈与义言其“海棠不惜胭脂色，独立蒙蒙细雨中”；常人见菊花秋开，不过称其峻爽朗洁，而独丘逢甲却赞其“淡极君心宜在野，生成傲骨不依人”；常人步行山道，未必作诗，独苏东坡欣然说道“东风知我欲山行，吹断檐间积雨声”。以诗人之眼观物，则物必不同寻常，以诗人之心体物，则物“一时明白”起来，不仅外在世界乃诗产生之必要胚胎，而且诗也是唤醒和烛照外在世界的光辉。古斯塔夫·缪勒说“诗人不是为了减轻自己的痛苦才吟唱的，而是为了照亮这个世界。”，诗让被尘俗和愚妄遮蔽的世界本性得以还原，诗让世界“鸢飞鱼跃”，充满生机和人情味。诗人作诗是以心观物，以情生情，只有诗人自己动心、动情才能强化和转换日常感情，而只有强化和转换了的日常感情才有可能成为诗情。杜甫的诗里充满友情、爱情、爱国之情，充满了热烈之情、忧伤之情、恻隐之情，不仅浑厚饱满，而且时有酣畅淋漓之感，见诸真性，所以在诗中他说“穷年忧黎元，叹息肠内热”“剑外忽闻收蓟北，初闻涕泪满衣裳”“所愧为人父，无食致夭折”“人生有情泪沾臆，江水江花岂终极”，梁启超将其称为“情圣”不无道理。顾随亦曾言“老杜之与众不同仍不在此而在情：……浮云连阵没，秋草遍山长……哀鸣思战斗，回立向苍苍。情如火燃烧、如江澎湃，回肠荡气。……后人诗学诗才都有，往往没有诗情。普遍将回肠荡气看成喊、豪气，而老杜不是豪气是真情。”叶嘉莹教授说写诗有三种方法：“一个是由物及心；一个是由心及物；一个就是平铺直叙，即物即心”。这三种方法都涉及“心”，而心要能生出感动，要能自感感人，要能真切自然、深厚警策，这样方能生成诗情。

诗情的生成有很多因素的参与，但首要的是诗人心生自觉，不是对外在世界熟视无睹或麻木不仁，而是有精微敏锐的感觉和深刻真诚的感动，对体会到的感情进行恰当的强化、节制、渲染和升华！

（二）角度与共情

千百年来人类经历的世事、创造的生存样态日新月异、变化万端，而人类的情感范畴却并未明显地与日俱增，古今之情、中外之情一也。所以，无论是表现人类激情和战争的《荷马史诗》，还是吟唱农耕文明素朴生活的《诗经》，不会因为时空的古老遥远，而不引起我们的感动。在浩瀚的中外文学中，在漫长的诗歌史中，我们体会着欣喜、哀伤、愤怒、怨恨、残忍、嫉妒和怜悯等各种情感或者这些情感的纠葛。今天，我们一样地深受这些情感的影响，并将它们精炼为诗情和诗。不过，不同的诗人在表现这些情感的时候，并未千篇一律，他们既传承传统又别开生面，这使得他们成为诗史中的独特个体，发出不同凡响的声音，而他们的伟大也毫无例外地与此相关。比如，同样地表达怜悯，荷马让阿基琉斯将手伸向他敌手的父亲普里阿摩斯：

“他们两人都怀念亲人，普里阿摩斯在阿基琉斯脚前哭他的杀敌的赫克托耳，阿基琉斯则哭他父亲，一会儿又哭帕特洛克罗斯，他们的哭声响彻房屋。在神样的阿基琉斯哭够，啼泣的欲望从他的心里和身上完全消退以后，他立刻从椅子上跳起，把老人搀扶起来，怜悯他的灰白头发、灰白胡须。”

而但丁在“地狱”中对弗兰齐斯嘉说：“你的痛苦使得我因悲伤和怜悯而流泪。但是，你告诉我：在发出甜蜜的叹息时，爱通过什么迹象、什么方式使你们明白了彼此心里的朦胧的欲望？”弗兰齐斯嘉则对但丁说：“再没有比不幸中回忆幸福的时光更大的痛苦了……当这一个灵魂说这番话时，那一个一直在啼哭；使得我激于怜悯之情仿佛要死似的昏死过去。”白居易则在《后宫词》中描述：“泪湿罗巾梦不成，夜深前殿按歌声。红颜未老恩先断，斜倚薰笼坐到明。”又如同样地表现哀伤，《诗经·黍离》吟道：“彼黍离离，彼稷之苗。行迈靡靡，中心摇摇。知我者，谓我心忧，不知我者，谓我何求。悠悠苍天！此何人哉？”。陈陶的《陇西行》：“誓扫匈奴不顾身，五千貂锦丧胡尘。可怜无定河边骨，犹是春闺梦里人！”翁加雷蒂的《卡尔索的圣马丁诺镇》：

这么多
鳞次栉比的房屋
仅仅残存了
断垣残壁
几堵

这么多
患难与共的朋友
幸运的
生者
屈指可数

一个个十字架
竖立心中
我的心啊
是最悲伤的坟墓

这些诗都是古今中外的佳作，它们表达的情感是相似的，但是它们“诗情”的具体性和表现方法却并不一样，它们所服务的诗歌主题也有所不同。荷马的“诗情”是从敌对情节中投以怜悯，并刻画阿基琉斯性格的多面性，表现出他既残忍又率真挚诚。写他为父亲哭泣的同时，荷马还不忘写他也为帕特洛克罗斯哭泣，既写父子深情，又写朋友至情，此外又写普里阿摩斯为儿子哭泣，一个“哭”字一笔并写多面，真是高明！但丁的“诗情”是从“地狱”与现实的对比中折射出来的，亦真亦幻，是从恶性的情杀事件中烘托出来的，也表达了他超越禁欲主义的情感判断。白居易之作则以后宫、前殿之“冷”“热”对比，道尽君恩无常、容颜空老之悲，饱含作者之同情、怜悯。

《诗经·黍离》的作者悲悼了故宫室的倾覆，诗歌回环的旋律与痛楚彷徨的“诗情”结合在一起，有动人心魄的深切，开中国伤逝、怀古诗之传统。陈陶的《陇西行》将战争的白骨与春闺佳人作了醒目的对比，将战士之忠勇与佳人之梦盼并置，而家国之情、生命之思纷至沓来。王世贞的《艺苑卮言》说“用意工妙至此，可谓绝唱矣”，蘅塘退士评曰“较之‘一将功成万骨枯’更为深痛”。翁加雷蒂的《卡尔索的圣马丁诺镇》以第一次世界大战时，意、奥激战地之一的卡尔索为表现对象，全诗用语精炼、韵律感强，前两节诗用“多”与“少”，表现战争的残酷，表现生与死的强烈反差，后一节将心喻为坟墓，哀伤已极！

从上述所举诗作可以看出，相同的情感，诗人要表现它，要将它转换成令人印象深刻、强烈的“诗情”，就应当从特定的视角出发，不仅始终不离感性体验，而且精心构思、选材，将自己独特的性情、境遇和体认，通过恰当的艺术形式传达出来。抒情若没有个性化的“情事”“情境”，没有自我色彩，是不能触动人心的。四月对于艾略特来说是“残忍的”，写出“生怕情多累美人”的是郁达夫，认为应该将“自由还给鸟笼”的是非马，觉得“你看我时很远，你看云时很近”的是顾城。“诗人是以一个人的身份向人们讲话的”。

另一方面，诗人的“诗情”是能通向人类普遍情感的情感，是能引起读者强烈共鸣的情感，我们将其称为“共情”。诗人写诗不独与自我交流，也是为了与社会和他人交流，从某种角度讲，“私人情感”是不存在的，情感本身即意味着社会性，意味着历史和现实的各种社会观念和价值规范。所以，伟大的诗和诗人是那些从自我走向普遍性、走向普世关怀、走向超越性的诗和诗人。李煜前期创作的词不过表达一己悲欢，而遭逢覆国、饱经深悲剧痛后，却又对宇宙人生有了更深广的忧思和领悟。所以，王国维说“词至李后主而眼界始大，感慨遂深，遂变伶工之词而为士大夫之词”“后主之词，真所谓以血书者也……道君不过自道身世之戚，后主则俨有释迦、基督担荷人类罪恶之意，其大小固不同矣。”优秀的诗人，是那些有极强的从独特的个人情感通向“共情”能力的诗人。

（三）想象与联想

没有想象和联想，任何艺术构思都不可能进行，诗情构思也一样。

想象力是诗人们“对决”的最高平台，“对决”不会仅仅停留在情感层面，而是进入到想象的领域，非凡的想象力是一流诗人的标志，是天才的印记。强烈的激情可以激发想象，而想象力的运化则让诗情得以熔铸和升华，想象力足以扫却陈腐、守旧的世界，足以重构一个崭新的世界。

中外的诗人们渴求和青睐想象力，而诗论家们也非常重视想象力。在中国，陆机在《文赋》中言：“其始也，皆收视反听，耽思傍讯。精骛八极，心游万仞”“观古今于须臾，抚四海于一瞬”“笼天地于形内，挫万物于笔端”。刘勰则说：“文之思也，其神远矣。故寂然凝虑，思接千载；悄焉动容，视通万里。吟咏之间，吐纳珠玉之声；眉睫之前，卷舒风云之色。”司空图在《与极浦书》中引戴容州的话说：“诗家之景，如蓝田日暖，良玉生烟，可望而不可置于眉睫之前也。”叶燮在《原诗》中说：“诗之至处，妙在含蓄无垠，思致微渺。”

在西方，锡德尼认为诗人是创造者，他说人们几乎在所有事情上都要依赖和服从自然，但“只有诗人，不屑为这种服从所束缚，而是为自己的创新气魄所鼓舞，在其造出比自然所产生的更好的事物中，或者完全崭新的、自然中所从来没有的形象中，如那些英雄、半神、独眼巨人、怪兽、复仇神等，实际上，升入了另一种自然……自由地在自己才智的黄道带中游行。”“世界是铜的，而只有诗人才给予我们金的。”浪漫主义诗人也非常强调想象力，华兹华斯区分了想象和幻想，认为想象力是沉思和表现我们内在的永恒天性的能力，而幻想则是感受和表现外在世界轮廓、特性的能力。想象在创造诗情和意象时具有赋予的能力、抽出的能力和修改的能力。柯尔律治则说：“良知是诗才的躯体，幻想是它的衣衫，运动是它的生命，而想象则是它的灵魂，无所不在，贯穿一切，把一切塑成为一个有风姿、有意义的整体。”柯尔律治把诗的想象看作是一种创造，“是想象使各种相反或不协调的品质，例如，同一和殊异，一般和具体，概念和形象，个别和类型，清新的感觉和古老习见的对象，异于寻常的感情和异于寻常的克制，清醒的判断、沉着的自持和深刻的情感、激动的热忱等，取得平衡谅解，从而完成一个具有生命的艺术整体，给人以美和快感。也就是说，想象具体表现为对现实的理想化、客观的主观化和概念的形象化，离开想象就不可能把对立的不协调的东西造成统一的艺术形象。”

从中外诗人和诗论家的各种描述中，可以见出想象的重要性、特点和功能。想象是诗人化腐朽为神奇的力量，具有妙骋心机、神游寥廓、不为时空所限的特点，通过想象，诗人聚合主观与客观、有限与无限、虚空与实存，从而在现实感情的刺激下熔铸诗意、诗情。

目前，人们将想象区分为再现式想象、比拟式想象和虚构式想象，后两种又被称为创造性想象。联想则是从一种心象涉及另一种心象的心理变化过程，强调“由此及彼”的某种关联和暗示。联想可分为接近联想、类似联想和对比联想。正是想象和联想“翅翼”的翱翔神游，诗人的诗情才澎湃起来，诗境才更富有灵光韵味。以李商隐的《夜雨寄北》为例：

君问归期未有期，巴山夜雨涨秋池。

何当共剪西窗烛，却话巴山夜雨时。

此诗的特点一方面是有细节性，因此想象鲜活，另一方面是通过想象的介入，在时空的互换、回环中，写出妻子和丈夫的彼此牵挂与思念，一者念及长安，一者念及巴山；后两句则想象他日长安团聚，共忆巴山情境。时空的幻变无疑加深了悲欢离合的诗情。

又如唐末诗人张泌的《寄人》：

别梦依依到谢家，小廊回合曲阑斜。

多情只有春庭月，犹为离人照落花。

徐轨在《词苑丛谈》中记述说："张泌仕南唐为内史舍人，初与邻女浣衣相善，作《江神子》词云：'浣花溪上见卿卿。脸波明，黛眉轻。高绾绿云，低簇小蜻蜓。好是问他来得么？和笑道：莫多情。'后经年不复相见，张夜梦之，寄绝句云。"沈祖棻教授在《唐人七绝诗浅释》中分析道："写梦中所见，也就是现实中曾经到过的地方。四面回绕的小廊，一带曲折的阑干，环境多么熟悉，印象多么清晰，记忆多么深刻，所以即使在梦中出现，也这样历历分明。这句只写梦中所见，而此前旧游，往日欢情，别后相思，一切都在其中了。"

此诗的前两句写梦中，后两句写梦后，将梦境与实境结合起来，以月亮之有情、有幸得照离人，而诗人在现实中竟未有机会与"谢娘"再会，从而表现自己对这段情事的萦怀，对"谢娘"刻骨铭心的相思，对人生的怅惘与哀叹。"梦"作为一种独特的想象形态，对诗情的渲染起了很好的作用。

在诗歌的创作中，想象和联想的运用无处不在，那些具有上天入地般想象力和情怀的天才诗人更是如此，比如李白、李贺、兰波，略有建树的诗人也无不运用想象与联想。

在诗中我们分辨着"似花还是非花"，感受着"自在飞花轻似梦"，诉说着"记得绿罗裙，处处怜芳草"！

（四）意象与修辞

诗人用语言文字写诗，也用意象写诗，意象是诗歌最基本的"语言"。

"意象"一词最早源自《周易·系辞》："圣人立象以尽意"，其义为"表意之象"。而作为一个完整的概念，"意象"最早出现于东汉王充的《论衡·乱龙》：夫画布为熊麋之象，名布为侯，礼贵意象，示义取名也。"此处"意象"，是指用"熊麋之象"来象征侯爵威严的画面形象，具有观念意义。南朝刘勰则在《文心雕龙·神思》中说："独照之匠，窥意象而运斤：此盖驭文之首术，谋篇之大端"，此处"意象"所指与今日无异，即"意象"是艺术构思形成的具有一定审美内涵的心象。西方意象派由于深受中国古典诗歌和诗论的影响，也有一些关于"意象"的看法。比如，意象派诗人庞德在《意象主义者的几"不"》一文中，给意象下的定义是"在一刹那的时间里表现出一个理智和情绪复合物的东西"。庞德又在《关于意象主义》一文中扩展了"复合物"这一概念。他写道：

"意象可以有两种。意象可以在大脑中升起，那么意象就是'主观的'，或许外界的因素影响大脑；如果如此，它们被吸收进大脑融化了，转化了，又以与它们不同的一个意象出现。其次，意象可以是‘客观的’，攫住某些外部场景或行为的情感，事实上把意象带进了头脑；而那个旋涡（中心）又去掉枝叶，只剩下那些本质的、或主要的、或戏剧性的特点，于是意象仿佛像那外部的原物似地出现了。在两种情况中，意象都不仅仅是思想，它是旋涡一般的或集结在一起的融化了的思想，而且充满了能量。如果它不能满足这些条件，它就不是我所称谓的意象。”

“一般而言，意象意味着用一种事物表达另一事物……形象语言是意象的另一名称。”美国学者玛丽·奥利弗在《诗歌手册：诗歌阅读与写作手册》中如是说。

而英国的文论家特里·伊格尔顿则在《如何读诗》中批评了西方传统对意象的“可视性”“具体性”的强调，认为意象与修辞的关系在不同时期有不同追求，指出“意象”术语及理论的某种程度的含混。

中外诗人对“意象”各有看法，目前也还存在一些论争，不过，我们认为“意象”说到底是客观事物与主体意识交会、融合后，形成的有特定内涵的心理形象。这一心理形象可兼具具象性、情感性、哲理性和文化精神。目前，对“意象”的分类，有分为心理意象、内心意象、泛化意象和观念意象的，也有的简单划分为客观意象和主观意象的。就后者言之，客观意象是指心理形象可对应现实事物的意象类型，而主观意象是指受现实事物或经验触动、感发后，主体塑造的想象性的意象类型。

对于常人而言，现实中的事物是司空见惯的，其意义也是较为单一的。俄国形式主义学派的文论家什克洛夫斯基提出“陌生化”概念，认为“艺术之所以存在，就是为了使人恢复对生活的感觉，就是使人感受事物……而不仅仅知道事物……艺术是体验对象的艺术构成的一种方式”。诗歌对“意象”的运用也正是为了“恢复”人们对事物的感觉，或者说是刷新人们对事物的既定的知觉，“凸显”事物或者开显人与物之关系和意义的更多可能。那么，诗人如何创造“意象”来进行诗情构思呢？一种是让日常事物烙上诗人个性化的情感、志意或者立场；一种是为特定的情感或者抽象观念，寻找到恰当的客观对应物；再次是通过“意象”创造革新“惯性意象”。由于“意象”的运用和结构往往伴随着修辞的使用，因此我们将二者合起来说明。

第一种情况也就是王国维说的“有我之境，以我观物，故物皆著我之色彩”。如刘禹锡的《竹枝词九首》（其二）：

山桃红花满上头，蜀江春水拍山流。
花红易衰似郎意，水流无限似侬愁。

后二句中的“花”和“水”被赋予情感色彩。

杨适的《南柯子·送淮漕向伯恭》：

怨草迷南浦，愁花傍短亭。有情歌酒莫催行。看取无情花草、也关情。
旧日临岐曲，而今忍泪听。淮山何在暮云凝。待倩春风吹梦、过江城。

诗中的花草被赋予了悲怨之情。《云韶集批语》云：“焉知花草之无情，又焉知花草之关情，总由心中有情，故触处莫不生情。”他如“孤云独去闲”“红杏枝头春意闹”“数峰清苦。商略黄昏雨”，不胜枚举，这些意象多用拟人之法。一首诗如果仅仅是纯客观物象的罗列，是不能令人卒读的。比如黄梵所举的例子：“‘我修剪你种下的树/我照看你撇下的花房/我让窗子四季敞开’，这三行都是客观意象，如果诗写到这里就结束，哪怕这三行写得再美，对整首诗也一无用处，因为它们太客观、中性，没有倾向，只是事实而已，与文学还没扯上关系。当加上一行有情感色彩的话，‘像迎接你到来时一样’，前面的三行客观意象立刻就被‘染色’……因为‘我’被爱情驱使，为了爱恋的女子，‘我’愿意做那么多费劲的事。”

第二种情况是为特定的情感或者抽象观念，寻找到恰当的客观对应物。情感的具象化有贺铸的《青玉案》中的句子：“试问闲愁都几许？一川烟草，满城风絮，梅子黄时雨。”张九龄《赋得自君之出矣》中的“思君如满月，夜夜减清辉”，李金发的“生命是死神唇边的微笑”、冯至的“我的寂寞是一条蛇”。观念的具象化有艾略特的《窗前晨景》：“我感到女仆们潮湿的灵魂，在地下室前的大门口沮丧地发芽。”“灵魂”本是不能直观的，而诗中所述是将较抽象的概念变成具体可感的意象。

最后一种情况是有些“意象”在现实中并不实存，完全是诗人独特心绪的表现或者内心的幻觉式构造。有些则以强烈的新奇性见长。优秀的诗作，不仅整体上诗脉贯通、章法考究，风格浑然一体，而且往往要以新奇的意象廓人耳目，令人萦怀难忘。比如下面艾米丽·狄金森的“意象”：“生命的荒原——重新种上色彩/被接踵而至的春天”（《除了死亡，一切皆可校正》），“他用手指摸索你的灵魂/像琴师抚弄琴键”（《他用手指摸索你的灵魂》），“剖开这只云雀，你将发现音乐/一卷卷，缠绕着如银丝”（《剖开这只云雀》）。又如“月亮是夜晚的伤口，每颗星星都像滴血”（罗伯特·瓦尔泽《在办公室》），“在你眼睛的清泉里/密布着疯海渔夫的网，在你眼睛的清泉里/绞死者勒死了绞索”（保罗·策兰《赞美远方》）。

诗歌“意象”不只是“个人语言”，它也意味着民族精神和文化意识，比如中国文学中的意象“南浦”“青鸟”“杜鹃”“精卫”“梧桐”等，不过，优秀的诗人不仅应该善于运用传统、运用“集体文化意识”，也应该积极表达出个人体验，而不是因袭。“忽如一夜春风来，千树万树梨花开”“欲把西湖比西子”，岑参、东坡用过后，后人再用便不会给人新鲜感。诗歌要保持鲜活的生命力，首先要去陈言，要赋予“惯性意象”以生命力，要创造贴切、新颖的意象。

意象创造有时就是语言表达和修辞的问题，上述的例子已经足以说明这个问题，它们要么通过隐喻、比拟、夸张、对偶，要么通过借代、象征、悖论和反讽等生成，有时则是从语言的独特运作中产生。最后，诗歌的意象创造和表现还需注意意象之间的“互文性”，即相互之间的各种组合和映衬关系，还要注意“象外之象”。

【思考与练习】

1.如何理解诗歌的定义?你怎样看待不同诗论家的看法。

2.选一首诗谈谈其文体特征。

3.你怎样判断诗的优劣,请举例言之。

4.请尝试写作一首诗。

第二节 散文写作

一、散文及其分类

(一)散文界说

最能让中国人引以为豪的是文章。文章里装着五千多年的文明,文章里也展现着未来和希望。而散文,就是素有“文学的正宗”和“文学体裁之母”之称的一种“情种”艺术。在中国古代,凡不押韵、不讲排偶,即韵文、骈文之外的文章统称为散文。

中国是世界上散文第一大国,有着悠久雄厚的传统,散文品类之繁多,作家之灿若群星,作品之浩如烟海,无不让世人惊叹中国是诗歌的国度的同时也是散文的国度。散文这一概念,在中国古代实际上包罗了除韵文以外的一切文学和非文学类的散体文章,如古代文体中的传、记、议、论、序、跋、奏、书,乃至笔记体小说,只要散行无韵,不论是文学性的,还是应用性的,都统称散文。

以公元前16世纪至11世纪殷商王朝的“甲骨散文”为标志,最初的散文是由简单的记言记事起步的。先秦散文空前繁荣,诸子散文和历史散文影响深远。随着时代的发展,散文在内容和形式上都发生了很大的变化,由简单的记言记事发展成为叙事生动、描写形象、议论锋利的成熟文章,如汉代的汉赋和《史记》。汉赋讲究铺陈和辞藻,对仗工整,韵散夹杂,是介于散文和诗之间的一种文体,在汉代盛极一时;司马迁的《史记》集先秦散文之大成,作者在塑造人物、描写事件上都有卓越的技巧,在语言艺术上更是堪称巨匠,成为我国散文史上的一座丰碑。魏晋南北朝是文学史上的一个发展变化的时期。这一时期散文在题材上扩大了,之前鲜少注意的山水景色成为了一时竞相描写的对象,文章中的抒情成分也明显增加。唐宋两代是散文发展的重要时期,名家辈出,星光灿烂,出现了著名的散文八大家:韩愈、柳宗元、欧阳修、苏洵、苏轼、苏辙、王安石、曾巩。这一时期的散文结构更为精简,写作范围更加广阔。元明清时期,散文创作也不乏佳品,最值得称道的是“公安三袁”的袁宏道、袁宗道和袁中道,他们提倡“独抒性灵”,要求在散文中打破旧框框,自由地表达个性,直抒胸臆。

新文化运动使散文呈现出前所未有的新面貌。现代散文在思想启蒙运动中脱颖而出,以白话文为基础,宣传新思想,开创新艺术,充分展现对时代的感性体悟和观察,一方面承接古典的精髓，另一方面吸收西欧乃至日本风格的精华，开山人物如巴金、胡适、鲁迅、周作人、朱自清、林语堂、徐志摩、郁达夫等，他们的小品、记述、抒情、记游、随笔、议论、说理、杂文等，大大丰富了散文文体，创造了一个辉煌的散文时代，对后世创作影响深远。这一时期对文学文体采用了四分法，即把现代散文看作是与小说、诗歌、戏剧并列的一种文学体裁，是一种广义的散文，其范围很广，包罗过杂，包括了杂文、随笔、小品、序跋、日记、速写、素描、游记、风俗志、记事文、抒情文、散文诗、通讯、回忆录、人物传记、报告文学、科普小品等。

进入当代，由于各种原因，散文的创作道路越走越窄，直到20世纪80年代，在一批老作家和学者的忆人怀旧之作中，散文创作才开始复苏，找回了遗失已久的真诚品格和鲜明个性。20世纪90年代，散文备受文坛钟爱，在类别上出现了“反思散文”“文化散文”“学者散文”“女性散文”“校园散文”等，使散文变成了一种狭义文体，专指那种短小精悍、自由灵活，重在表现情感、情绪、情思、性灵的纯散文或美文，其最大特征是具有极强的表现性，如同诗歌一样，具有强烈的主观性和抒情性，注重个人独特的感受表达和主观性灵的自然流露，追求唯美，饶有情韵，能体现作者的妙悟和睿智，极具打动人心的艺术魅力。

由此，我们可以得出这样的结论：散文是与诗歌、小说、戏剧并列的一种文学体裁，是一种既要在字里行间流露真情、表抒真心，又要不依托任何艺术手段而获取最佳表达效果的文学样式，它从天地万物中取材，以简短精悍的篇幅，自由灵活的手法，文情并茂的语言，把情感美、哲理美、自然美、意境美等合起来，抒写心态性灵，表现内心情感和思想体验，陶冶性情，给人以美感享受。

（二）散文的分类

关于散文的分类，按照作品内容和基本表达方式的不同，目前通行的都是采用三分法，即把散文通常划分为记叙散文、抒情散文、议论散文三类。

1.记叙散文

以叙述和描写为主要方式，穿插议论或抒情，具有较强的客观纪实性和审美价值。记叙散文还可进一步细分为记人、叙事、状物、绘景四类。比如鲁迅的《藤野先生》，该文是收录于《朝花夕拾》的一篇回忆性记人散文。1926年8月底，由于北洋军阀反动政府的迫害，鲁迅离开北京，到厦门大学任教。这篇回忆自己早年在日本留学生活的文章，就是在这时期写的。文章表达了鲁迅对藤野先生的真挚怀念，赞扬了他正直热诚、治学严谨的高尚品质，记叙了一段感人的师生情、一颗动人的爱国心，同时也追述了鲁迅弃医从文的思想变化，洋溢着强烈的爱国主义感情。全文依据时间的推移、地点的转换和事件发生的先后顺序来记叙，以作者与藤野先生的交往为叙事线索，围绕表现藤野先生的崇高品质这一中心组织材料，突出了人物的精神品格。

这类记人散文是通过记叙人物的生活片段和典型细节，来表现人物的性格特征和精神风貌的，胡适的《我的母亲》、巴金的《怀念萧珊》、沙汀的《贺龙将军印象记》、贾平凹的《记一个作家》等都属记人散文；而叙事散文以记事为主要对象，通过事件抒发作者情思，表达作品题旨，如鲁迅的《风筝》、张爱玲的《公寓生活记趣》、许地山的《落花生》等都是通过叙事写人；状物散文是运用描写、叙述等方式，对某一客观物象或物件进行具体、生动的描写，使之形象地呈现在读者面前，从中也流露出作者特有的欣赏趣味和情调，如郦道元的《江水》、鲁迅的《雪》、周作人的《乌篷船》、梁实秋的《门铃》等都属状物散文；包括游记在内的绘景散文则往往通过描写山川景物、田园风光、名胜古迹、风土民俗等来表达作者的情思，如柳宗元的《永州八记》、朱自清的《桨声灯影里的秦淮河》、郁达夫的《故都的秋》、徐志摩的《我所知道的康桥》等都属此类。

2.抒情散文

在内容上强调抒发作者的主观感情，在表达方式上也是以主观抒情为主，运用比兴、象征、拟人等手法，写景抒情，托物咏志。虽然抒情散文也叙事、记人、状物、议论，亦有场面和细节描写，但都是随感而发，缘情而生，为抒情服务，其突出特点是感情强烈、联想丰富、想象新奇、思绪跳跃、语富诗意，可见作者的个性与情趣，如郁达夫的《故都的秋》。1921年9月到1933年3月，郁达夫曾用相当大的精力参加左翼文艺活动和进行创作。由于国民党白色恐怖的威胁等原因，1933年4月他从上海迁居到杭州近三年，在这段时间里，他过着闲散安逸的生活，并花了许多时间游山玩水，写下许多游记散文。1934年7月，郁达夫从杭州经青岛去北平，再次饱尝了故都的“秋味”，并写下了《故都的秋》一文。作者在对北平秋的描绘中，寄寓了对故都自然风物的眷恋和对美的执着追求，流露出一种沉静、寡淡的心境。在颂秋的文字中写得最有味道的，当数此文。这篇散文用平实质朴的语言向读者展示了北平的秋，其意境清静、幽远，令人感觉不到秋的萧萧与落寞，只是觉得北平的秋有花、有树、有秋雨、有秋蝉，还有秋天的果实。一切的一切，是那么的迷人又富有韵味，令人遐想无限；是那么的平常，却又充满生活气息，充满了诗情画意。南国的秋与北国的秋相比，真是“黄酒之与白干，稀饭之与馍馍，鲈鱼之与大蟹，黄犬之与骆驼”。郁达夫用故都的秋色风韵，抒发了对具有深沉、坚毅等品格的北国秋天的赞美之情，透露出人生的一种志趣，情景交融，韵味悠长。

季羡林曾说：“写抒情散文，可以尝试着像谱乐曲那样写，主要旋律可以多次出现，把散文写成小夜曲，借以烘托气氛，加深印象，使内容与形式彼此促进。”

抒情散文依据作者的抒情方式，可分为直接抒情和间接抒情两大类。直接抒情是以某一事物为引发点或凭借物，把作者内心强烈的感情直接倾吐出来，如朱自清的《给亡妇》、刘再复的《读沧海》、三毛的《什么都快乐》等。间接抒情又可分为即事抒情、借景抒情、借物抒情三种。即事抒情主要是依托于叙事抒情，或完整或零散的叙事都是为了抒情，其中一些动人的片段或细节能深深拨动读者心弦，如杨牧的《死过一回之后》、陈敬容的《偷读》等；借景抒情就是融情于景，借助景物抒发内心强烈的感情，冲击读者心灵，如朱自清的《荷塘月色》、巴金的《海上日出》、刘白羽的《长江三日》等；借物抒情也可叫作托物言志，是将作者的主观感情寄寓在客观外物之中，通过对该物的描写抒发感情，达到“物”“情”“志”的巧妙结合，自然得体，如周敦颐的《爱莲说》、徐迟的《枯叶蝴蝶》等。

3.议论散文

也称随笔散文，就是通过对具体事物的描绘来议论说理，以表现作者思想情趣。这类散文更为自由灵活，往往随兴而生，有感而发，不拘一格，或记叙、或议论、或说理、或抒情，行文自如，情理相彰，平和亲切，如丰子恺的《缘缘堂随笔》、巴金的《随想录》。缘缘堂是丰子恺先生的寓所之名，1924年，弘一法师（李叔同，子恺先生的老师）云游经过上海，来到永义里丰子恺家中时将寓所命名为“缘缘堂”。《缘缘堂随笔》分上、中、下三篇：上篇论述把丰子恺儿童题材书写命名为“婴行”符号的理由，分析此符号的“写生”与“宗趣”两个特征；中篇论证“婴行”符号所呈示的“复调”现象及其要害；下篇则追问创造“婴行”符号的人格成因，即从“文化心理结构”水平对丰子恺的“习性”给出学理性描述。

巴金晚年写作了在当代中国产生巨大影响的《随想录》，这是他用全部人生经验倾心创作的。他在《随想录》中痛苦回忆并深刻反思，重新开始青年时代的追求，并完成了一个真实人格的塑造。在书中，人们又见到了那个熟悉的巴金，他开始独立思考而不再盲目听命，挣脱思想枷锁而不再畏首畏尾，直言时弊，痛批时风，以罕见的勇气“说真话”，为中国知识分子树立了一座丰碑。

此外，丰子恺的《散沙与沙袋》、陈村的《四十胡说》、杨绛的《读书苦乐》、毕淑敏的《母爱的级别》等，都属于优秀的议论散文。

二、散文的特征

在各种文体中，散文占尽先机，不断出彩，一直呈现出风骚之势。特别是自20世纪90年代以来，由余秋雨引领的文化“散文热”席卷全国乃至于风靡整个华文世界。散文能发挥出其最大的特征：“形散而神不散”，或曰“形散神聚”。它具有题材广泛、篇幅短小、以小见大、语言优美、诗意浓郁、写法灵活的特点。概括起来，散文的基本特征突出表现在以下几个方面。

（一）贴近生活，取材广泛

在所有的文学体裁中，散文是一种最贴近人们日常生活，最有利于表现作者对日常生活的观察和思考的文体，在表现生活方面具有很强的真实性和直接性。生活中多种多样的人物、大大小小的事件、形形色色的现象、不断涌现的新事物新观念等，都可能吸引散文作者的关注，引发散文作者的体验和沉思，并信手拈来，涉笔成文。诗歌中的意象、意境都是作者通过想象创造的，具有极强的变形性和概括性，而散文所表现的形象、场面都是真实的、具体的；小说中所写的人物、情节、环境等都是虚构的，带有明显的超现实性，而散文中所写的人物、事件、场景、物象、细节等，都是作者在生活中亲经亲历、所见所闻的，具有鲜明的纪实性。因此，散文在贴近生活、贴近真实方面，具有其他文学体裁不可替代的优越性。

如前所述，散文的取材是最广泛、最丰富、最自由的。它涉及客观世界和社会生活的各个层面，大到宇宙规律、社会巨变，小到悲欢离合、市井百态，几乎无所不在，无所不包。凡是不宜于用诗歌、小说、戏剧来表现但又有着某种表现价值的生活内容，均可用散文来写作，哪怕是一个片段、一个细节，或是一举手、一投足、一颦一笑，皆能做到“一粒沙里看世界，半瓣花上说人情”。

（二）长于抒情，个性鲜明

散文是主情的文学体裁，如同诗歌一样，是侧重于抒发感情和表达内心体验的文学样式，它对于社会生活和自然图景的再现，往往反射或融合在作者的主观感情和主观体验之中。作者的人格、个性、所历、所感，不仅要求像抒情诗一样抒发浓厚、蕴藉的感情，还要做到更袒露，无包藏，而且要注重真实自然。因此，长于抒情是散文与小说、戏剧文学的区别所在。散文的艺术魅力源于它所写的都是真情实感，并且处处都打上了作者鲜明的个性色彩。无论写人记事，还是状物绘景，散文都是来自作者对生活的直接观察和体验，并且在这种观察和体验的基础上，再激活自己的情绪、联想、想象、会意、思考等，并由此产生更强烈、更丰富、更深刻的感受，抒发更浓烈的、源自生活的、发自内心的思想感情，从而产生一种真实的艺术感染力去拨动读者的心弦。古往今来，那些深受读者喜爱的散文，无不是以真情实感叩动读者的心扉的，如诸葛亮的《出师表》、李密的《陈情表》、韩愈的《祭十二郎文》、林徽因的《纪念志摩去世四周年》、萧红的《饿》、李锐的《怀念田家英》等，都是以酣畅饱满的真情打动人心的。

作者写入散文中的感受，应当是一种高度个性化的感受。散文在写真人、真事、真景、真物的同时，还要将它们纳入自己的心灵，使之浸染上情感和个性的鲜明色彩，流露性灵，展示个性，才能产生独特的艺术魅力。文学史上，庄子的汪洋恣肆、韩愈的冷峻峭拔、鲁迅的忧愤沉郁、周作人的冲淡闲适、徐志摩的浓得化不开、冰心的清新纤丽、郭沫若的气势磅礴、茅盾的细致入微、刘白羽的壮丽雄浑、杨朔的清丽典雅、朱自清的质朴凝重、碧野的绚烂多姿、巴金的缠绵、林语堂的从容、郭风的轻柔……皆为散文之气韵，或称之为“神”也，他们以鲜明浓烈的个性色彩在文学史上独占鳌头。又如梁实秋的《雅舍》、林语堂的《秋天的况味》、丰子恺的《给我的孩子们》、周作人的《爱你》、鲁迅的《藤野先生》、朱自清的《荷塘月色》、方纪的《挥手之间》、萧乾的《关于死的反思》、梁玉春的《观火》、孙少川的《妻子和房子》等，都是表现独立的人格与独立的思考，流露真性灵、真思想、真情感、真境界的好文，无不带有作者的鲜明个性。

（三）自由灵便，舒卷随心

所谓“散文无定体”，是指散文不拘一格，不循一路，没有固定格式，取材自由，表达灵活，手法多样。与小说、戏剧相比，散文不需要完整的故事情节，不需要塑造人物形象；与诗歌相比，它不那么讲究音韵声律，运笔随便，不受时空限制，跳跃性大。在所有的文学体裁中，散文是最为自由的一种文体，它无拘无束，自由自在，可以突破规范和程式的限制，根据表现内容的需要，有感而发，随心所欲。

散文写作在表达上的灵活性与自由化特点非常突出。凡是被作者感受和体验过的日常生活中的人、事、景、物、理都能成为散文写作的题材，选材的海阔天空，思绪的无拘无束，诚如林语堂在《人间世·发刊词》中所说的：“可以发挥议论，可以畅泄衷情，可以描绘人性，可以形容世故，可以札记琐细，可以谈天说地。”哪怕拾取生活中的一鳞半爪，话家常，谈趣味，讲闲话，都可以行云流水，兴之所至，笔之所录，自由自在，无拘无束，做到苏轼所云的“行于所当行，止于不可不止。”可凭作者自己的灵感和智慧，将切身感受、遐思玄想，托任何之题材，取随意之形式，加以灵活地抒写，使之读来闲散、优美、亲切。

余光中曾在《缪斯的左右手》一文中说：“散文乃走路，诗乃跳舞；散文乃喝水，诗乃饮酒；散文乃说话，诗乃唱歌；散文乃对话，诗乃独白；散文乃门，诗乃窗。”这话非常形象地说明了作为主情艺术的散文，其写作体制的自由、随意与散淡，充分说明了散文外部特征的“散”。

（四）注重写实，文短韵长

不管是抒情，还是叙事，散文的真精神在于真实，不能虚构。散文就其本质特性而言，都是写作者的所见所闻、所思所感，其创作的支撑点在于写实而非虚构，散文所写的都是真人真事。散文又称闲适小品，作者把其当作真正有趣的闲逸谈论，所以往往把散文直接称为“絮语体”“娓语体”“谈话风”“语录体”等，但无论是自叙、独白抑或闲谈，都要亲切和蔼，娓娓道来，真诚自然，力求文中理趣、情趣、意趣等趣意盎然。如鲁迅的《藤野先生》、周作人的《山中杂记》、冰心的《若子的病》、朱自清的《给亡妇》、巴金的《爱尔克的灯光》等名篇都注重写实。

散文的篇幅一般不长，短小精悍，如“盆景”，似“扇面”，格局虽小，气象万千。其内容的丰富多味，语言的耐读有趣，均给人以美不胜收、余味无穷之感。如周作人的《雨天的书·自序一》中的文字：

“今年冬天特别的多雨，因为是冬天了，究竟不好意思倾盆的下，只是蜘蛛丝似的一缕缕的洒下来。雨虽然细得望去都看不见，天色却非常阴沉，使人十分气闷。在这样的时候，常引起一种空想，觉得如在江村小屋里，靠玻璃窗，烘着白炭火钵，喝清茶，同友人谈闲话，那是颇愉快的事。”

周作人这段语言表现的情趣、气氛、语调、声音，都有着作者特有的风味，读来既感到亲切自然，又隽永耐读。这就是散文的语言之精妙。

三、散文的创作

（一）抒写真情，情物交融

散文是主情的文学样式，不论是写人叙事，还是绘景状物，都要求作者在真切感受的基础上抒写胸臆，倾吐真情实感。刘勰主张“为情而造文”，刘熙载提出“情至而文生”，朱自清提倡“我手写我心”。无论是哪种散文，作者的主要目的在于表达真意、抒发情怀，以表现作者的主体精神为美学目标，直接、细腻地表达作者的情感情绪，抒写个人独特、深厚、有个性的心路历程与精神追求。要抒写真情，首先必须真诚，敢于袒露自我，展现作者的个性、人品、气质和性格。散文感人至深的魅力来自真挚诚实的情感，不虚情假意、矫饰做作，这是散文的生命力之所在。鲁迅的《从百草园到三味书屋》中，写童年的经历和亲身感受，表现了真挚的稚子之情；巴金“掏出心”来写《随想录》，说真话、抒真情，使真诚成为《随想录》的灵魂；林觉民的《与妻书》、李密的《陈情表》、韩愈的《祭十二郎文》、袁枚的《祭妹文》等散文佳作，都会让读者感受到那种极有独特个性而又感人肺腑的真情实感；杨绛的《干校六记》，不仅是对作者亲身经历的描写，也真实地再现了她心灵嬗变的轨迹，正是这种对写作对人生的坦荡负责的态度，使这一语言平实的作品有了扣人心弦的艺术美；朱自清的《背影》不仅是记叙回家和父子离别的琐事，还是吐露一种对父亲的怜惜和敬爱；散文真实地抒写了作者经过长期积淀之后提炼出来的情感体验。

散文的写作最自由，最随意，也容易袒露自己的心灵，显示独特的个性，作为一种心灵艺术，它的长处就在于能够更自然、更直接、更贴近生活地抒写自己的真情实感，做到个性化、情感化和概括化的完美统一，实现情物交融的审美价值目标。这就要求作者善于捕捉独特的感受，灵敏地捕捉细微独到的感觉、知觉和情感反应，注意激活自己的想象、联想、幻觉以及潜意识活动，并通过移情作用使客观外物产生独特的艺术变形。面对无数的生活素材，要能够最大限度地感知生活的氛围，敏感地发现和筛选出那些独特新颖、形象化的材料，并将自己的情感倾注其中，用心体味，从而挖掘出散文素材的深沉内蕴。比如，唐敏在《等雪》一文中写道：

“从人字梁的三角形大洞外边，飘进来无声小雪花，它们停留在我的被子上，停在楼板上，停在我乌黑的头发上，除了我的脸上，雪停不住，化成湿湿的潮气。一层绒毛般轻盈的、极薄的雪盖住了我。小雪花一落到我的脸上，就像被烫了一下，它尖尖的角便刺我一下，想跳开去，但已经融化了。我清楚地看着它们六角形的花样，在瞬间消逝。我还用眼角斜斜地看着自己头发上发着蓝色光芒的薄雪，我不敢动一动，怕破坏了雪对我的抚爱和打扮。”

作者对雪的观察与感受非常细致、独到，从触觉、视觉的角度，分别写出了对雪的具体感觉，还特别写出了雪花落在脸上的奇异感觉，表达了对雪的挚爱与尊重。又如，李汉荣在《雪界》一文中，通过移情作用对雪景作了主观的感觉变形：

“不断降临和加厚的积雪，使它远远看去像一只盘卧的鸟，它正梳理和壮大自己白色的翅膀，它随时会向某个神秘的方向飞去。……雪仍在落，雪被它自己的白感动着陶醉着，雪落在自己的怀里，雪躺在自己的怀里睡着了。”

在这段文字中，无生命的雪变成了有生命的鸟和人，平常的自然景象变成了新奇的艺术境界。不仅如此，作者还进一步激活自己丰富的感情，使雪景发生更为奇妙而美丽的变形，人们熟知的雪景已完全变异为陌生化的充满柔情与魅力的情爱世界和诗意世界，在作者丰富多彩的感觉世界里，在奇异的联想、想象和幻觉中，人与自然、宇宙融为一体，达到美不胜收的效果。

（二）立意造境，托物言志

一个作者要想将日常生活中的形象、事理等化为散文艺术，前提之一就是要培养用自己的眼睛和心灵去观察、体验人、事、景、物、理的能力，通过形象化的发现，情感化的孕育和哲理化的探寻，立意造境，托物言志。“凡文以意为主。”散文的“意”存在于深厚的生活土壤和浩瀚的生活海洋之中，要想获得它，必须依靠写作者对生活的深入观察、感受和理解。散文的意境来自“意”与“境”的结合，意境是情与境的交融与统一，是作者浸透了时代精神的主观感情、意志与自然环境和社会环境的统一，是可触摸、可感知的动人心弦、震颤魂魄的诗情画意。其中，意是灵魂，境是血肉。比如，朱自清写《荷塘月色》，全篇着力于“淡淡的情趣”，顺着沿路走来、伫立凝思的线索，通过细腻的描绘使小路、荷塘、花姿等风姿绰约，可见可感，而香叶、蛙鸣、蝉声又清新怡人，可闻可味，再加上心情的抒写，创造出一种淡雅、娴静、情景交融的意境。这种优美的意境，正是散文作者努力追求、可以创造的。散文的意境同时来自文采斐然的笔调，其诗意往往直接源于灵动跳荡的笔墨，鲜明生动的画面，犀利思辨的哲思，机智明丽的语言。比如，郁达夫在20世纪30年代写就的《花坞》片段：

“花坞的好处，是在它的三面环山，一谷直下的地理位置，石人坞不及它的深，龙归坞没有它的秀。而竹木萧疏，清溪蜿绕，庵堂错落，尼媪翩翩，更是花坞独有的迷人风韵。将人来比花坞，就像浔阳商妇，老抱琵琶；将花来比花坞，更像碧桃开谢，未死春心；将菜来比花坞，只好说冬菇烧豆腐，汤清而味隽了。”

这段文字清新、凝练、优美，富有诗意，其中的风俗典故，信手拈来，语言俏丽，富于变化，读之上口，品之有味，不失为经典的散文佳作。

在创作散文时，往往需要作者通过借助一物、一景或一事，来寄托深刻的寓意，按照叶圣陶先生的说法，就是“这个里头蕴蓄着那个，那个里头蕴蓄着这个”“含有象征意味”，这就是我们常说的托物言志。优秀的散文寓意，可以使散文贮满浓浓的诗情画意。比如，刘再复的《榕树，生命进行曲》一文就是通过多角度描写榕树，谱写出一支壮丽的生命进行曲：作者或写榕树在风中的摇曳；或写雄风吹动榕树的情形；或写榕树在找不到任何营寨时竟从生命深处撒出一束根须，即所谓的“气根”，靠吸收空气中的养分，把自己养育成榕树另一翼的生命线。作者处处写的是榕树，实际上托寓的是人的强大生命力、抗争力，谱写了一曲强者之歌、勇者之歌、奋进者之歌。而贾平凹的《月迹》一文，则是采用借事托寓的方法，描写几个孩子和奶奶一起跟踪月亮的足迹，围绕着望月、找月、得月的行文线索，谱写了一支孩子的追月之歌。作者暗示人们，只要你永不停顿地追求，每个人都会实现自己的理想，获得自己的希望。作者写月迹只是表象，寄托的寓意才是实质，二者水乳交融，形成了浓郁的诗意，具有强烈的艺术感染力。

（三）精心构思，散而有序

作为主情的语言艺术，散文的写法充满随意性，其情感的抒发完全可以像河流自然流布，也有充分选择流向的自主性。但这只是强调了散文写法的自由灵活，没有固定模式可循。事实上，散文写作也需要讲究一定的“章法”，首先需要精心构思，在作者的情思引导下，因势赋形，神随形至，从而达到“言能逮意，句能述意，文能达意”的美学要求。

散文构思的萌发往往是从主体的情与人、事、景、物、理发生碰撞、感应开始的，这首先在于主体情感的积累。与诗歌、小说和戏剧文学相比，散文侧重于描写情境，这里的“情”是指主体接触了日常生活中的人、事、景、物、理而激发的独特情感体验与哲理感悟。“境”是指日常生活中的人、事、景、物、理的具象。日常生活中的某一人、事、景、物、理成为散文写作的意象具有无限可能性，但这需要经过作者主观情志的浸染与孕育，只有客观的“境”与主观的“情”相融合时，才会出现触动、感染作者的情境，当这种情境被作者用散文语言描述出来时，才会物化为打动、感染读者的散文作品。研究文学史上的优秀散文佳作，我们便会发现作者进行精心构思的奥秘，比如父亲的背影之于朱自清，北方的白杨树之于茅盾，北京的秋天之于郁达夫等。萌发了构思之后，就要精美、缜密地筹划如何将“意”展开，如何安排主线，如何展现情景，将一系列单个形象和画面构成完整的艺术整体。于是，通体的连贯、匀称，前后的呼应、组合等整体设计，便成为构思的主要内容。散文写作看起来自由、随便，实际上，散文写作要求作者的构思精美、缜密，行文布局可以舒卷自如，但结构体式必须散而有序。

李广田先生曾在其《谈散文》一文中有过一段十分精辟的论述：“我以为以诗与小说和散文相比，也许更容易见出散文的特点。假如各用一个字来说明，那就是：诗必须圆，小说必须严，而散文则比较散。若用比喻来说，那就是：诗必须像一颗珍珠那么圆满，那么完整……小说就像一座建筑，无论大小，它必须结构严密，配合紧凑……至于散文，我以为它很像一条河流，它顺了壑谷，避了丘陵，凡是可以注处它都流到，而流来流去却还是归入大海，就像一个人随意散步一样，散步完了，于是回到家里去。这就是散文和诗与小说在体制上的不同之点，也就是以见出散文之为‘散’的特点来了。”这段话把散文的行文布局比作河流的自然流布，比作散步的随意从容，十分形象地点出其无拘无束、舒卷自如的特点。虽然散文在结构外观上给人一种舒卷自如、开放大方的潇洒美，但在结构内质上却暗藏着一种散而有序、散而不乱的秩序美与规范美，它的构思活动自觉地受作者的理性控制，讲究立意，重视相应的法度，行文缜密有致，体现出严谨、有序又自然的内在特征。比如，朱自清的名篇《背影》中，作者开篇点出父亲的背影之后，其思路布局是分三次展开的：先叙述两年前与父亲一起奔丧徐州，理丧扬州之事，这是略写；再写在南京浦口火车站父亲为自己送行，重点描述了父亲送橘子过铁道爬上月台的情景，这是详写；最后又回到今日，抒写在北京对父亲的思念。开头、中间、结尾三次点到父亲的背影，运思布局的顺序依次由三幅画面拼接展开，由远而近，首尾呼应，最终完成构思、谋篇、布局。萧红的《鲁迅先生记》也很讲究结构艺术。萧红是在鲁迅先生的关怀和培养下成长起来的作家，她的成名作《生死场》及其他不少作品，都是经鲁迅先生推荐、介绍出版或发表的。鲁迅病逝时，萧红正在日本东京，当噩耗传来，萧红无比悲痛，立即写了《海外的悲悼》一文，以后又写了《回忆鲁迅先生》和《鲁迅先生记》。《鲁迅先生记》题目很大，但该文却只有千字，萧红在写作时果断地舍去了鲁迅许许多多可记可写的事情，而只选写了鲁迅屋子里的花草，众多花草里又只选写了一瓶万年青。作者写"我"在一个冬天的黄昏走进鲁迅家里，看到花就问鲁迅是什么花，鲁迅只说了一句话："这花叫'万年青'，永久这样！"接着写鲁迅抽烟："鲁迅先生的纸烟，当它离开嘴边而停留在桌角的地方，那烟纹的卷痕一直升腾到他有一些白丝的发梢那么高""那红的烟火，就越发红了，好像一朵小花似的……"作者巧妙地把人与物联系起来，在文中反复强调万年青"不怕冻""最耐久"，是一种使"我"感到惊奇的"在四季里都不凋零的植物"。鲁迅生前，瓶里的万年青"常常摆在客厅的黑色长桌上"，陪伴着它的主人；鲁迅逝世后，这万年青"依旧活着""有时仍站在那黑色的长桌上，有时站在鲁迅先生的照像前面"，使人一见就想起了它的主人。作者非常巧妙地把万年青和鲁迅联系起来，写万年青的坚韧顽强、不畏严寒、四季常青，正好象征着鲁迅先生朴实、坚韧、崇高的形象及其战斗的一生。这一例子说明好的构思谋篇和结构艺术是能起到以一当十、以少胜多、散而有序的美学效果的，散文就是要这样运用精巧的结构来展现它的意境美，求得内容与形式的和谐统一。在结构方式上，可以采用板块式、蛛网式、串联式、对比式、辐射式、意识流等。

【思考与练习】

1.什么是散文？散文可分为哪些类别？

2.作为主情艺术的散文具有哪些主要特点？

3.谈谈散文和诗歌的异同点。

4.认真阅读以下材料：

有这样一个禅宗故事：一个徒弟去问他师傅，一碗米价值多少钱？师傅说，这太难说了，要看在谁的手里。要是在一个家庭主妇手里，她往里加点水，蒸一蒸，十多分钟后一碗米饭出来了，就是一块钱的价值；要是在小商人手里，他把米泡一泡、发一发，分成四五堆，用粽叶包成粽子，就是四五块钱的价值；要是到一个有头脑的大商人手里，加点发酵粉，把它适当地发酵、加温，用心地酿造一下，一瓶酒可能是二三十块钱的价值。因此，一碗米到底有多少价值，这是要因人而异的。

请结合以上内容，展开想象，以“我的那碗米要……”为题，写一篇不少于千字的散文。

5.认真阅读以下材料：

傍晚，一只羊独自在山坡上玩。突然从树木中窜出一只狼来，狼要吃羊，羊跳起来，拼命用角抵抗，并大声向朋友们求救。牛在树丛中向这个地方望了一眼，发现是狼，跑走了；马低头一看，发现是狼，一溜烟跑了；驴停下脚步，发现是狼，悄悄溜下山坡；猪经过这里，发现是狼，冲下山坡；兔子一听，更是如箭一般离去。山下的狗听见羊的呼喊，急忙奔上坡来，从草丛中闪出，一下咬住了狼的脖子，狼疼得直叫唤，趁狗换气时，怆惶逃走了。

回到家，朋友都来了。牛说：你怎么不告诉我？我的角可以剜出狼的肠子。马说：你怎么不告诉我？我的蹄子能踢碎狼的脑袋。驴说：你怎么不告诉我？我一声吼叫，吓破狼的胆。猪说：你怎么不告诉我？我用嘴一拱，就让它摔下山去。兔子说：你怎么不告诉我？我跑得快，可以传信呀。在这闹嚷嚷的一群中，唯独没有狗。

请结合以上内容，联系实际，以“默默关注你 ”或“我只在乎你”为题，或自拟题目，写一篇不少于千字的散文。

第三节　小说写作

一、小说的界定

“小说”一词，最早见于《庄子·外物》篇：“饰小说以干县令，其于大达亦远矣。”但这里的小说不是指文体。庄子是把“小说”和“大达”对应起来说的，指不足以达到大道的琐屑言论。后来，东汉班固在《汉书·艺文志》中写道：“小说家者流，盖出于稗官。街谈巷语，道听途说者之所造也。”指的也是那些无关大雅的琐语逸闻。可见，先秦两汉时期的所谓小说同我们今天所说的小说的含义大不相同。今天所谓小说是指以塑造人物形象为中心，运用描写、叙述等多种艺术手法，通过完整的故事情节和具体的环境描写，广泛而深刻地反映社会生活的一种叙事性文学体裁。人物、情节、环境是构成小说的三个基本要素。在近代和现代文学中，小说极为发达、丰富，成为文学艺术中最重要、最引人注目的一大文学体裁。

但现在我们对小说文体的界定，不仅要注意传统小说的历史背景，还要注意现代小说的变化与更新。众所周知，传统小说观念在20世纪以来受到西方现代主义小说的挑战，出现了诸如“荒诞派小说”“意识流小说”“黑色幽默小说”和“魔幻现实主义小说”等流派。于是，传统小说“三要素”的构成与艺术处理便受到极大挑战。比如意识流小说打破了传统小说由作家出面介绍人物、安排情节、评价人物心理活动的做法，直接表达人物的各种意识过程，特别是潜意识过程，看重的是人物的意识活动、内心独白、自由联想和主观感觉，并认为这类人物的意识心理活动更能体现人物的真实性。如乔伊斯的《尤利西斯》、伍尔芙的《墙上的斑点》，都是让小说中的人物自由自在地展示自己的内心世界。此外，像卡夫卡的《变形记》和《城堡》等荒诞派小说、海勒的《第二十二条军规》等黑色幽默小说，更提倡形式的“表现”特征和“变形”艺术，对传统小说的创作观念和艺术手法提出了挑战。以神奇或魔幻来反映现实的魔幻现实主义小说，则凭借丰富的想象与艺术夸张，综合运用了象征、荒诞、意识流手法，对现实生活进行“特殊表现”，把现实变成一种“神奇现实”。加西亚·马尔克斯的《百年孤独》便是通过描写马孔多小镇神奇而怪诞的人物和情节，展示了拉丁美洲大陆孤独而又多灾多难的历史。

二、小说的分类

小说根据其容量和篇幅来划分，可分为长篇小说、中篇小说、短篇小说、微型小说（小小说）四类。如果按内容性质划分，可分为时政小说、言情小说、侦探小说、历史小说、传记小说、科幻小说、讽刺小说、心理小说、推理小说等。

（一）长篇小说

在文学创作中，长篇小说有重要的地位。别林斯基说：“长篇小说超过一切其他种类的文学，独赢得社会的垂青：社会把长篇小说看作是自己的一面镜子，从它认识到自己，从而完成了自我认识的伟大过程。”长篇小说具有以下特点。

第一，从内容上看，长篇小说往往是一幅具有较广泛、较深厚、较复杂的生活内容的历史画卷。它反映的不只是一个生活片段，往往还概括某一个阶段的社会历史，概括某一个时代的物质生产和精神生产状况，以及社会发展变化的全过程，从而使人能深入全面地了解某一时代的精神面貌和它的主要特点。那些优秀的长篇小说创作，往往富有史诗般的效果，这除了指它在艺术表现上的突出成就外，更主要的是指它通过艺术表现所概括和反映的社会历史生活的深度和广度。从字数上看，长篇小说的字数一般都在10万字以上，多者可达到数十万字甚至上百万字。

第二，在人物塑造上，长篇小说所描写的人物比较多，人物关系比较复杂，人物性格也比较完整。如《红楼梦》，全书有名有姓的人物有数百个，除了贾宝玉、林黛玉、薛宝钗、王熙凤等最主要的人物外，在他们周围，还有大量人物。他们互相联系，互相作用，尽管作者对每一个人物的用笔和着墨并不相同，有的浓墨重彩，有的简单勾勒，但每一个人物都栩栩如生，即便是小人物也给人留下深刻印象。如此浩大的艺术描写工程，在中篇小说和短篇小说中是难以做到的。

第三，在结构上，长篇小说的故事情节比较曲折、复杂，往往围绕着一个主要情节、几条线索同时展开，或者几个故事情节平行地展开。后者在中国古典长篇小说中比较常见。

第四，在主题方面，长篇小说除了表现一个主题外，还往往表现若干次要主题或副主题。这是长篇小说的内容恢宏深刻的重要原因。

（二）中篇小说

中篇小说的篇幅介于长篇小说和短篇小说之间，其字数在万字以上，10万字以下。有的学者认为在3万字至12万字之间。中篇小说反映的社会生活内容不及长篇小说广泛，而相比短篇小说又有回旋余地；故事情节不及长篇小说复杂曲折，但比短篇小说更显完整、细致；人物及其关系不及长篇小说复杂，但人物活动的天地却可以比短篇小说广阔。因此，别林斯基说："中篇小说的形式可以包罗一切：轻松的风俗素描，对人和社会的尖锐讽刺，灵魂深处的秘密，以及热情的残酷的戏弄。它把简短和快速、平易和深刻合在一起，从一个对象跳到另一个对象，把生活打碎为细屑，从这生活的大书里撕下几页来。"

中篇小说不是短篇小说的拉长，也不是长篇小说的缩短，而是一种有自身特点的小说类型。相对于短篇小说来说，中篇小说可以描写有一定历史长度的纵断面生活，可以多角度描写某一个典型形象的性格系统，也可以全方位地叙述某一个人物的命运。它有长篇小说"全景式"和"大容量"的特点，但相对于长篇小说来说，它又能精练地、单纯地概括复杂的纵断面生活。它的人物关系不一定复杂，情节枝蔓不多，但人物之间的内心冲突却能得到集中突出的展示，显示了短篇小说所具有的凝练和概括的特点。所以，中篇小说既可以像长篇小说那样从容、细致地展开描写和叙述，也可以像短篇小说那样机智地构思和巧妙地布局，透出作品盎然的可读性和引人深思的生活底蕴。海明威的《老人与海》、谌容的《人到中年》等都是中篇小说的典范之作。

（三）短篇小说

短篇小说往往截取现实生活中的一个断面，或描写某一事件，情节比较单纯，故事线索简单明白，结构也不复杂，虽以写人物为主，但人物关系比较简单集中，篇幅较短小。短篇小说不是鸿篇巨制之作，其重在"借一斑略知全豹，以一目尽传精神"，由个别推及全体，令人对全体有更加切实的感受。如《祝福》，写的是农村中一个普通劳动妇女的悲惨遭遇，篇幅较短小，情节较简单，人物关系也不复杂，但却可以使人从作者对一个主要人物的单纯描写中，看出整个"吃人"的半封建半殖民地旧中国的腐朽和反动。这说明，短篇小说正是通过"以小见大"，起到它所特有的社会作用。短篇小说篇幅短，便于迅速及时地反映现实生活。鲁迅的很多短篇小说，如《狂人日记》《故乡》《祝福》《在酒楼上》等，都是反映当时的社会现实生活的。俄国的契诃夫、法国的莫泊桑、美国的欧·亨利等作家，都以写短篇小说著称。

短篇小说的特点是篇幅短小、情节精练、人物集中，往往截取生活中具有典型意义的某个片断或侧面，围绕一组矛盾、一两个主人公展开故事情节，集中地刻画人物性格，塑造人物形象，表达作者的思想倾向。短篇小说字数一般在3万字以下，千字以上。

（四）微型小说

微型小说是为适应现代生活的快节奏而产生的一种千字以内的小说样式，又称袖珍小说、小小说、一分钟小说。微型小说具有以下特点。

第一，主题思想比短篇小说更单纯明白，简明扼要。微型小说反映现实生活比短篇小说更加及时、迅速。

第二，微型小说的情节比短篇小说更单纯、集中，往往只写一个生活片段，一个场面，一个小故事。

第三，微型小说以写人为主，但人物关系比较简单，出现的人物少，一般只有一两个或两三个。即使有较多的人物，也是作为背景、陪衬，一笔带过。

第四，微型小说在结构上要讲究“巧”，特别是结尾部分。很多微型小说常采用这种写法：前面略加叙述、交代、铺垫，在结尾部分突然变化，出人意料，陡生新意，使人物和主题都得到有力的表现。

三、小说的写作

（一）人物塑造

人物塑造是小说写作的中心环节。小说描写艺术的最主要特质是运用典型化的方法，创作具有鲜明个性的典型形象。它能反映出特定的社会生活的某些本质方面，不是一般化的、共性化的抽象存在，而是能区别于其他人物形象的、具有独特个性特征的人物。人们在长期的写作实践中，总结出一些使人物典型化的基本方法。

1.原型再造

即选用模特儿，对生活原型进行艺术加工。如鲁迅笔下的狂人，其生活原型就来自鲁迅的表弟。鲁迅的表弟患精神分裂症，说同事要迫害他，逃到北京避难，他住在客栈里，听到楼上客人走动，即以为有人在追击他。鲁迅留他住会馆，他一大早就来敲鲁迅的门窗，说今天自己就要被弄去杀头，声音十分凄惨。鲁迅带他去看病，在车上他看见外面背枪站岗的巡警，突然面无人色，眼神非常可怕，充满了恐怖。这件事给鲁迅留下了非常深刻的印象。这个原型同鲁迅对封建旧礼教吃人本质的深刻思考相结合，使他构思出了一个狂人的形象，用以控诉吃人的旧社会。又如巴金《家》中的高觉新，是作者以自己的哥哥为原型塑造出来的；列夫·托尔斯泰的《安娜·卡列尼娜》中安娜的外貌，是作者模仿了俄国诗人普希金的女儿的外貌特征来描写的；海明威的《老人与海》中的老人，是作者以一位他十分熟悉的渔夫作为原型来塑造的。

2.有机组合

就是鲁迅所说的“杂取种种人，合成一个”的方法。鲁迅在《我怎么做起小说来》一文中说他“没有专用过一个人，往往嘴在浙江，脸在北京，衣服在山西，是一个拼凑起来的角色”。这种方法有助于作者塑造更完美的形象，如同雕塑维纳斯女神像是从许多美女中摄取精华，集成一个美的形象一样。德国作家歌德就是从维纳斯艺术形象的塑造上获得启发的。在《少年维特之烦恼》中，他将许多美女们的容姿和特性熔于一炉，铸成了主人公绿蒂。由于这种方法是有机组合，而不是简单拼凑，所以用这种方法塑造出的人物形象，带有更大的概括性。这个人物是从“一类人”中综合归纳出来的，不是具体生活中某一个人的写照，是个“陌生人”，但又有着许多人的影子，这个艺术形象能够成为人们认识生活的一面镜子。

除了有鲜明的个性外，还要表现人物性格的丰富性和复杂性。为此，要开掘人物性格中既对立又统一的复杂因素。鲁迅笔下的阿Q，质朴愚昧而又狡黠圆滑，率直任性而又正统卫道，自尊自大而又自轻自贱，争强好胜而又忍辱屈从，狭隘保守而又盲目趋时，排斥异端而又向往革命，憎恶权势而又趋炎附势，蛮横霸道而又懦弱卑怯，不满现状而又安于现状。这些矛盾对立的性格因素，有机地统一在阿Q身上，构成一个复杂而又丰满的人物形象。

写出复杂的人物性格，要摒弃“脸谱化”“扁平化”的人物。鲁迅在说《三国演义》的不足之处时，认为《三国演义》的作者描写人物常有这个弊病，“写好的人，简直一点坏处都没有，而写不好的人，又是一点好处都没有”“以致欲显刘备之长厚而似伪，状诸葛之多智而近妖”。在谈到《红楼梦》的高明之处时，鲁迅先生说它描写人物“和从前的小说叙好人完全是好，坏人完全是坏大不相同，所以其中所叙的都是真的人物”。鲁迅先生高度评价了《红楼梦》人物塑造所取得的艺术成就，正是着眼于它所写的都是“真的人物”。归根到底，小说创作写出人物性格的丰富复杂性，是为了经过艺术提炼写出人物的真实面貌，使人物像生活中的真人一样，能够取信于读者，给读者留下深刻的印象。

现代小说更强调人的多面性和复杂性，偏重对人物的内心世界，包括人物的意识、观念、感觉的细腻表现。我国当代小说创作中，人物塑造占主要地位，但也出现了人物具象淡化的倾向。具体而言，一种倾向是有意使人物的外部行为、性格刻画淡化，而着重宣泄某一种情绪、渲染某一种气氛。如汪曾祺的短篇小说，更多的是宣泄一种怀旧的情绪。另一种倾向则是干脆抛开人物具象，而着重叙写人的意识和无意识。

（二）情节构思

情节是小说写作的一个重要环节，是小说中体现矛盾冲突、表现人物关系、展示人物性格的一系列生活事件。一般来说，小说总要表达一定的主旨和思想情绪，总要塑造一定的人物形象，反映某个社会矛盾，因而在小说的基本构思及结构中就离不开人物之间、人物与环境之间的关系和矛盾冲突。情节就是在小说创作过程中自然显示出来的构成因素。情节有的表现为生活事件的顺序，有开端、发展、高潮、结局、尾声；有的则只以情绪的铺叙和描写为主，间或展开生活的片断。作者通过情节，创造性地把人物的活动和性格展现在读者面前，同时，作品的思想也得以凸显。

情节和故事是有区别的。情节是按照一定的生活逻辑，以作者所知所感形成的内在思想和情绪为主轴，把人物之间、人物与环境之间的关系描写和展示出来的具有联系性的生活场景或事件。它是艺术化或者审美化了的故事，但又不简单等同于故事。故事主要讲究起、承、转、合，一般来说是按照开头、发展（过程）、结尾的时间顺序安排事件进程，但小说的情节则复杂得多。福斯特在《小说面面观》中曾形象地讲述过情节的特征："情节也是事情的叙述，但重点在因果关系上。'国王死了，然后王后也死了'是故事，'国王死了，王后也因伤心而死'则是情节……对于王后之死这件事情，如果我们问'然后呢'？这是故事；如果我们问'为什么'？就是情节。这是故事与情节的基本差异。"这就是说：故事比较重时间顺序的表述，而小说情节则讲究因果关系的展开。"国王死了，然后王后也死了"，这是时间顺序的客观表述；而"伤心而死"则突出了因果关系，时间顺序虽然也还存在，但已经转变为潜在的、第二性的东西。这种描写，使小说情节的展开具有更加丰富复杂的表现的可能性，使小说家可以更自由、更具象、更生动地表述意识深处情绪的深刻内涵，使小说在体现主旨和刻画人物方面有更广阔的可能性。

由于情节在小说创作中对刻画人物、表现思想有重要的艺术作用，许多中外著名小说作家（包括现实主义作家、批判现实主义作家、浪漫主义经典作家和部分现代派小说家），都非常重视对情节的构思和运用，相应的，也形成了一些情节构思的基本原则。

1.从生活素材中提炼情节

小说是虚构的艺术。小说反映生活并非"照相式"反映，而是经过作者的加工、提炼、改造、重组、夸张、变形等艺术手段的共同作用。如果说诗歌、散文书写的往往是作者真实的经历和感情，那么小说则突破了现实的限制，所描写的并非是实际发生的事件而是作家想象之中的世界。《红楼梦》中的太虚幻境、《西游记》中的神仙妖魔世界，《聊斋志异》中的花妖狐媚并非实而有之，而是作家的生花妙笔点染铺就。

虽然小说的情节是虚构的，但虚构依然离不开现实生活的土壤。有经验的作家都非常重视生活积累。鲁迅先生在《叶紫作〈丰收〉序》中说："作者写出创作来，对于其中的事情，虽然未必亲历过，但最好是经历过……我所谓经历，是所遇，所见，所闻，并不一定是所作，但所作自然也可以包含在里面。天才们无论怎样说大话，归根结底，还是不能凭空创造，描神画鬼，毫无对证，本可以专靠了神思，所谓'天马行空'似的浑写了，然而他们写出来的，也不过三只眼，长颈子，就是在常见的人体上，增加了眼睛一只，增长了颈子二三尺而已。"这段话充分说明了小说的虚构不能脱离现实生活，脱离了现实生活，小说就成了无本之木和无源之水。

小说创作能不能顺利地进入艺术构思，这与作者所掌握的生活素材的多寡，有着密切的关系。看得越多，想得越充分，生活素材积累得越丰富，作者在概括提炼时，就越有用武之地，写出的小说才会有深度和广度。

从生活素材中加工和提炼情节主要有以下方法。

①以生活素材中某一特定人物和事件为基点进行补充加工。如伟大的现实主义小说《红楼梦》。《红楼梦》不是曹雪芹的自叙传，但不能否认的是，曹雪芹的真实生活对他创作《红楼梦》产生了重要的影响。曹雪芹的曾祖母孙氏做过康熙皇帝的保姆，祖父曹寅做过康熙皇帝的伴读和御前侍卫，后任江宁织造。在康熙、雍正两朝，曹家祖孙三代主政江

宁织造达半个多世纪，家世显赫，成为当时的豪门望族。康熙六下江南，曹寅接驾四次。这些情况，在小说中都有痕迹。《红楼梦》第16回写到贾琏的奶妈赵嬷嬷跟凤姐讲述贾家接驾的那段风光历史。所以从小说中的贾家，我们可以看得到现实中的曹家真实生活的痕迹。同样的，我们从作者家世的大起大落，再来反观《红楼梦》里贾家的盛极而衰，会发现曹雪芹把曹家的兴衰史艺术化地蕴含于小说中了。我们虽然不能把《红楼梦》里写到的事情跟曹雪芹的生平一一对应，但《红楼梦》在创作过程中大量使用了曹家的生活素材是可以肯定的。又如《红与黑》《战争与和平》《包法利夫人》《少年维特之烦恼》《复活》《外套》等作品的情节，也是以生活素材中某一特定人物和事件为基点进行补充加工而产生的。

②受到生活素材的启发，对生活素材进行改造，甚至完全脱离原素材，或与原素材内容相反，重新进行构思，这种情况比较多。在作家创作中往往有这种情况：生活中某一个人，某一件事，使他受到触动，忽然联想起另外的人或事，或某个重要主题。于是，他对生活进行再创造。在这种情况下，我们在作品中甚至看不到原生活素材的影子。

2.情节安排要服从于表达主题的需要

作家提炼情节，应注意使情节能够有力地表现主题。孙犁的小说《山地回忆》塑造了一个可爱的农村姑娘形象。通过她，表现了“军民团结一家人”的主题，但生活中的原型却不是这样的。孙犁到村外河边去洗脸时，同一个在下游洗衣的妇女争吵了起来，他非常气愤，悻悻然回到队上。孙犁说：“小说里的女孩子，绝不是这次遇到的这个妇女。这个妇女很刁泼，并不可爱，我也不想写她。我想写的，只是那些我认为可爱的人。《山地回忆》里的女孩子，是很多山地女孩子的化身。”作者对生活原型进行改造，是为了表现自己与人民（八路军和群众）的亲密关系和水乳交融的感情。可见如何构思情节，是要服从于主题表达的需要的。同样的，清代杰出小说家蒲松龄《聊斋志异》中的《促织》，通过一户人家被官府逼迫进贡蟋蟀弄得家破人亡，后因其子幻化成蟋蟀终于得到荣华富贵的过程，深刻地揭露了封建帝王生活的荒淫腐朽，官吏对人民压迫剥削的残酷凶狠和科举制度的虚伪腐败。小说的深刻主题是通过离奇变幻的情节来表现的，但作者并不是为情节的离奇而离奇，这样的情节安排是为了揭露和讽刺，是服从于主题表达的需要的。

3.情节安排要为刻画人物性格服务

情节的主要作用是刻画人物性格，因此作家在提炼情节时，必须以人物性格为中心。《三国演义》是根据真实历史加以小说家的铺陈加工而写成的，所谓“七分史实，三分虚构”。在安排和构思情节时，作者从塑造人物出发，对历史素材作了大胆的改动。如第四回《谋董贼孟德献刀》一节，就是围绕刻画曹操的人物性格来安排的。据《魏书》记载：“太祖（曹操）以卓终必覆败，逮不就拜，逃归乡里。从数骑过故人成皋吕伯奢；伯奢不在，其子与宾客共劫太祖，取马及物，太祖手刃击杀数人。”正史《三国志·武帝纪》中也没有记载曹操杀吕伯奢一家的事情。可是作者为了表现曹操的性格，做了大幅度的改写和虚构。把曹操杀吕伯奢一家的情节写得真实具体，从而把曹操这个封建统治阶级代表人物的极端利己主义的凶残本质表现得淋漓尽致。

4.情节构思的“强化”与“淡化”

一般来讲，作者在安排情节的时候，会体现出两种倾向：一种是“强化”情节，一种是“淡化”情节。

“强化”情节的小说，情节安排讲究艺术技巧，尽量使情节峰回路转，曲折多姿，或复沓回环，跌宕有致。情节发展中安排转折与突变，如事件由成功转为失败、人物命运由喜剧转为悲剧，从而达到异峰突起或曲径通幽的效果。可以进行情节的折叠与跳移；可以借鉴古代短篇小说的“无巧不成书”；可有意省略某些情节部件，制造一定的情节空白；也可以制造悬念，引人入胜等。

“淡化”情节的小说，注重对人物的内心世界进行挖掘，描写人的意识、观念和感觉，营造一种情绪。或以情趣为根据，淡化情节，着眼于人们的感情体验，注重开掘语言和形象之外的意义，营造出诗化的意境。像京派作家废名就是以抒情化的方法，追求创造小说中的诗的境界，如《竹林的故事》《桃园》等。而郁达夫的《沉沦》《还乡记》《迟桂花》等小说，常常掘取生活长河中的片断，形成散文化的结构。另外，林斤澜、贾平凹、李杭育、汪曾祺、何立伟等作家的作品也都注重写意，不以情节取胜，而以情绪取胜。汪曾祺的《詹大胖子》，没有戏剧化的矛盾冲突，作品成了一个旧时代的校工以及他周围人和事的散记；而何立伟《白色鸟》《小城无故事》《一夕三逝》等作品注重写印象、写感觉、写意境，带有很强的诗意和抒情性，被称为“诗化小说”。这些作品与传统小说追求情节的环环相扣、前后呼应、波澜起伏的精心组织就完全不同。而像“意识流”小说，其情节往往呈现出杂乱无章的“心理化”过程，根本无法用传统小说的情节模式来分析。这类小说打破了传统的“再现”性，不再以“记录历史”“再现时代”为艺术准则，而注重主体的个人创造性。

必须要说明的是，“强化”与“淡化”只是作家审美追求的不同，并不代表小说的艺术质量。不论是“强化”情节，还是“淡化”情节，好的小说，都能以其不朽的艺术形象和深刻的主题引发读者的共鸣，得到读者的喜爱。

（三）环境渲染

环境是人物性格形成和事件发生的土壤，可以交代人物活动、事件发生的时间、地点、背景、条件，这些是构成环境描写的主导方面，也是为主题形成和人物塑造服务的。环境描写有直接描写（作者对环境作出直接的交代）、间接描写（通过作品中人物的活动显示出来）、静态描写（作者对社会环境和自然环境作静止的客观的描绘）和动态描写（把环境融合在人物的行动和人物的性格刻画之中）等。好的环境描写，需要注意以下几个方面。

1.凝聚时代气息

小说创作总是脱离不了特定的时代背景，打着特定时代的烙印。好的环境描写，能充分表现特定时代的背景氛围，并在此基础上展开小说情节。鲁迅的小说《祝福》中有这样一段描写："家中却一律忙，都在准备着'祝福'。这是鲁镇年终的大典……杀鸡，宰鹅，买猪肉，用心细细的洗，女人的臂膊都在水里浸得通红，有的还带着绞丝银镯子。煮熟之后……拜的却只限于男人，拜完自然仍然是放爆竹，年年如此，家家如此……"这段环境描写画龙点睛地揭示了男尊女卑的封建礼教的束缚和毒害，不仅鲜明地反衬了祥林嫂的悲惨命运，而且渗入了作者对封建卫道者的无比愤怒和强烈讽刺。英国作家哈代的小说《苔丝》描写的是19世纪后期英国农村衰败、农民贫困破产的生活图景，从这个真实而具体的生活图景来看，把苔丝推向毁灭深渊的，正是资本主义制度下的政治、经济、宗教、道德等势力集中起来的社会力量。因此，小说中的环境描写便凝聚着时代气息，有力地烘托了主题。

2.衬托人物性格

环境描写并不直接写人，却可以从侧面衬托人物性格。在现实生活中，人们总是习惯按照自己的生活特点、经济条件、兴趣爱好和审美情趣来"创造环境"，以达到环境和自己和谐一致的状态。这样的自然环境，实际上是"人化""情化"了的环境。生活环境的陈设、格局等，通常反映出人物的气质和性格特点。如在曹雪芹的《红楼梦》中，为了表现薛宝钗"贞静"自守的性格，写她住的蘅芜苑，室内"雪洞一般，一色的玩器全无。案上只有一个土定瓶，瓶中供着数枝菊，并四部书，茶奁、茶杯而已"，这样写突出一个"淡"字。为了表现林黛玉孤高自许、目下无尘的性格，写潇湘馆外"凤尾森森，龙吟细细"的几竿翠竹和小道曲径两边的点点苍苔，突出一个"幽"字。为了表现李纨心如死灰，胸襟淡薄的性格，写她住的稻香村只是"一带黄泥墙""数楹茅屋""两溜青篱"，突出一个"朴"字。《红楼梦》中人物的居处，无不和人物的性格、身份谐和一致，使环境成为人物性格的外化，与人物融为一体。

3.渲染烘托气氛

小说中的氛围是一种特定的情绪，它不能凭空产生，必须同具体的艺术描写融为一体。环境描写就是一种有效地制造、渲染气氛的手段，不仅可以创造氛围，还能表现人物心境，引发矛盾，联结情节并推动情节发展。如鲁迅的《故乡》中，开头写"我冒了严寒，回到相隔二千余里，别了二十余年的故乡去"。接着写渐近故乡时，天气阴晦、冷风呜呜、荒村萧索，引起人的心境悲凉。这开头的环境描写，蕴含着强烈的情感悬念和情节悬念，为后面牵引出闰土、杨二嫂的贫穷现状和性格变化作了铺垫。

【思考与练习】

1.发挥自己的想象，把下面这个故事改写成情节，注意突出因果关系。

（一个孩子，带着一条狗。孩子经常被人追打，狗忠心护主。孩子离开了一段时间，回来时狗已经死了。）

构思提示：

(1)孩子是什么身份，为什么带着一条狗？

(2)孩子为什么会被人追打？狗如何忠心护主？

(3)孩子为什么离开？回来时狗为什么已经死了？

(4)尝试用不同的视角改写故事(人的视角、动物的视角)。

2.小练笔：请参考例文《屈子行吟》，以“嫦娥奔月”“鹊桥相会”“渊明采菊”“昭君出塞”为题(四选一)，仿写一段场景。

要求：

(1)运用外貌描写、语言描写、动作描写、心理描写等手段刻画人物。

(2)运用环境描写渲染气氛，烘托人物性格。

(3)有简单的情节推进。

屈子行吟

冬的气息还没有完全褪尽，汨罗江上的风还冷得有些刺骨。

江边的那段堤岸，已被江水冲打得残缺不全。时令虽然是初春，柳条还未抽芽，光秃秃的枝干依然萧瑟地在风中摇摆着。

楚大夫屈原朝这边走来，那是一张饱经风霜、形容枯槁的脸。他身上长长的灰白色布袍显得有些破旧。一条青色腰带压住布袍，腰带末端，一束兰花散发着淡淡的幽香。腰间一把长长的佩剑提示着曾经的威荣时光。他踽踽而行，佩环叮当作响，发出单调的声音。

自经流放，昔日的荣誉和官爵一夜之间化为乌有。他紧紧握着剑柄，口中喃喃说道：“我没有过错啊，你这个狼心狗肺的子兰，你这个祸国殃民的奸臣……”他的手在微微颤抖，发丝散乱，泪流满面。他感到有些头重脚轻，便仰靠在江边的柳树上，望着灰蒙蒙的天空。他真盼望下一场大雨，在雷与电之中，把自己撕个粉碎。

突然一声霹雳，一道闪电，把他从恍惚中惊醒。沉沉的天边，闪出一道白光。那是一匹雪白的骐骥(骏马)，向着他奔来。骐骥在他的身边徘徊，扯着他的衣角，嗅着他身上的兰花的芬芳。他跨上骐骥的背，骐骥一跃而起，腾空而去。白光渐渐远去，江风还在狂劲地吹着，天地间唯余一声苍老而又坚定的回响——路漫漫其修远兮，吾将上下而求索！

3.以“那天我回到家的时候，已经是半夜了……”作为开头，续写一篇微型小说。

4.以“寒冷”为题写一篇微型小说，800字。

作文要求：

(1)构思时注意突出“寒冷”的不同层次：表层肌肤之“冷”与深层心理之“冷”。

(2)有人物，有情节，符合小说的文体规范。

(3)对生活素材作必要的加工，用巧妙的构思突出主题。

第四节　剧本写作

一、戏剧与剧本

自百年前电影艺术诞生后，作为新媒介、新技术和艺术形式的融合，影视艺术得到了空前的发展。今天，由于日新月异的技术创新，各种艺术生产、文化活动和审美交流也正向更加纵深、多元和综合化的方向拓展。比之影视艺术，戏剧艺术的传播和影响力虽然有所式微，但在一定范围内它依旧蓬勃向前，受到部分受众的尊重和欢迎，也值得艺术家和评论家为之倾心。毕竟，正如戏剧演出不能取代剧本，影视传播亦未能“一统天下”取代戏剧演出，未能脱离剧本的基本框架。相反，优秀的戏剧演出和影视制作，都依赖于出色的剧本创作，并充分汲取戏剧传统的精髓，而剧本的创作也必须心有“舞台”、胸存“演出”，只有明确其他两种艺术形式的独立性、特性和优点，才能相互参照借鉴、相得益彰。

戏剧创作的前提，一方面是要充分地阅读和领悟戏剧经典，获得审美经验并汲取滋养，另一方面则须较深入、全面地认识戏剧和剧本的概念、观念、理论和历史嬗变，以及其他相关的范畴。限于篇幅，我们在此着重介绍戏剧和剧本。

（一）戏剧与剧本的界定

德国剧论家斯丛狄认为：“戏剧只是一种特定的舞台文学形式。”日本剧论家河竹登志夫指出：“戏剧是一种凭借人的形体，在‘演员、剧本、观众、剧场’这‘四次元’的世界实现戏剧性，通过视觉和听觉来感染人的能动艺术。”而英国的导演彼得·布鲁克却说：“我可以选取任何一个空间，称它为空荡荡的舞台。一个人在别人的注视下走过这个空间，这就足以构成一幕戏剧了。”

显然，在界定“戏剧”这一概念时，我们不可能追求并达到统一的、绝对的、完美无缺的陈述。毕竟，一方面不同时代的戏剧实践有差别，有时是很大的差别；另一方面作者经验、剧论家的观念以及民族传统和审美意识也有较多的不同。因此，我们对戏剧的界说，只能以达成大致的共识为目标，只要包含戏剧的核心要素、符合人们日常认知和审美经验即可。遵循这样的认识，我们认为：戏剧是一种以剧本为基础，以演员的舞台表演为中心，融合文学、音乐、舞蹈、美术等艺术成分，以塑造角色、演绎剧情，实现与受众交流为目的的艺术样式。

而剧本则是一种与诗歌、散文、小说并称的文学体裁，它是戏剧和影视的脚本和基础。剧本是在陈述对话、呈现动作中演绎剧情的文学文本。戏剧和影视具有文艺性和剧场性，而剧本只有文学性，其剧场性是潜在的，要经过编剧、导演、演员和观众来共同实现。剧本的功用既指向演出，也指向阅读。如何有效地实现戏剧、影视自身各成分的完美融合，实现它们与剧本的互补，这是一门并不容易的学问，值得编导和剧作家用心探寻。

（二）戏剧与剧本的关系

剧本与戏剧（剧场）的关系，有时表现为“不和谐”的关系，各求“独立”，有时则相互促进、相得益彰。

有的剧本上演不成功，从演出方面考虑，也许是编导对剧情的改编过于生硬，抑或演员没有理解角色个性，又或者是观众的观念过于保守等。从剧本方面讲，有的剧本适宜“案头”，而非“舞台”，或者剧本的情节结构松散，又或者剧本的对话缺少表现力等。在广义的戏剧史中，不乏剧场演出和文本创作的论争，体现为“剧场中心论”还是“剧本中心论”。比如明代的“汤沈之争”，表面看似文辞与声律之争，实际上也可置于剧本与舞台（戏剧）的关系中来审视。汤显祖以“临川四梦”和才情文采名重当时，而作为吴江派之代表的沈璟也颇负盛名，不过，沈璟认为戏曲演出较为依赖音乐手段，如果仅仅强调文采，则不利于演出。他说：“宁律协而词不工，读之不成句，而讴之始叶，是曲中之工巧。”而汤显祖则认为剧本创作和戏曲演出有不同的原则和诉求，他给朋友孙俟居的信中讲：“弟在此自谓知曲意者，笔懒韵落，时时有之，正不妨拗尽天下人嗓子。”又说“不佞《牡丹亭记》，大受吕玉绳改窜，云便吴歌。不佞哑然笑曰，昔有人嫌摩诘之冬景芭蕉，割蕉加梅，冬则冬矣，非王摩诘冬景也。其中骀荡淫夷，转在笔墨之外耳。”可见，他对“笔墨之内”较之“笔墨之外”更加属意。而曲论家王骥德则言：“临川汤奉常之曲，当置‘法’字无论，尽是案头异书……临川之于吴江，故自冰炭。吴江守法，斤斤三尺，不欲令一字乖律；而毫锋殊拙。临川尚趣，直是横行，组织之工，几与天孙争巧，而屈曲聱牙，多令歌者咂舌”，又云：“其词、格俱妙，大雅与当行参间，可演可传，上之上也，词藻工，句意妙，如不谐里耳，为案头之书，已落第二义。”王骥德论曲受沈氏影响，似亦偏重演出，不过，对沈汤二人的地位及影响力的认识还是较为中肯的。《曲律》以“词林之哲匠，后学之师模”“今之词学，吴郡词隐先生实为指南”评沈璟，于汤显祖则称之为词场“射雕手”，并断言“临川汤奉常之曲……使其约束和鸾，稍闲声律，汰其剩字累语，规之全瑜，可令前无作者，后鲜来哲，二百年来，一人而已”。李渔则在《闲情偶寄·词曲部》中，从“宾白”的角度指出，创作剧本时亦当心存剧场演出，看法还是较为辩证的：

“从来宾白只要纸上分明，不顾口中顺逆，常有观刻本极其透彻，奏之场上便觉糊涂者，岂一人之耳目，有聪明聋聩之分乎？因作者只顾挥毫，并未设身处地，既以口代优人，复以耳当听者，心口相维，询其好说不好说，中听不中听，此其所以判然之故也。笠翁手则握笔，口却登场，全以身代梨园，复以神魂四绕，考其关目，试其声音，好则直书，否则搁笔，此其所以观听咸宜也。”

西方也有一些学者从“舞台文本”与“案头文本”的角度间接论及剧本与剧场的关系。

第一文本与第二文本之间数量与质量关系的不稳定也使文学文本的深层与舞台文本之间的关系显得多种多样。也就是说，在演出中，文学文本既可以允许导演任意选择场景的表现方式，也可对之加以严格限制。一种极端的现象是，在一部戏中，每个姿势和行动都要求与具体的语言相对应。拉辛的戏剧最接近于所设想的这种形式：在已知的戏剧和表演程式中，只有戏剧角色的语言才能规定每一个重要的行动，行动和事件只不过是口头表达的变种，而非与后者同等重要的独立的符号传送渠道。所以，我们有理由忽视第二文本中有关动作的舞台指示，因为相同的内容已经完全包含在对话中了。另一种极端的现象可以契诃夫的戏剧为例。在他的剧本中，没有规定人物语言和行动之间的直接关系，甚至连两者间的必要联系也没有，导演和演员必须自己设计出符合语言内容的各种元语言、面部表情和身体姿态的表现方法。

以上两例说明，文学文本与演出文本之间的关系不仅取决于文本的结构，还取决于演出的程式化程度。在戏剧演出和舞台表现手段极度符码化的时代，戏剧文本主要由相应的文学基层所决定，而在实验戏剧的形式中，文学基层的重要性则要弱得多。

戏剧与剧本的“不和谐”关系，有时也表现在当它们被置于时代观念和社会意识的辐射域中时，社会意识形态、剧本精神、剧场境遇和观众的接受视域、欣赏习惯之间并不一定“和谐”。比如，莫里哀的《伪君子》在17世纪上演约200场，在18世纪上演约900场，在19世纪上演1 100场至1 200场，是法兰西剧院上演场次最多的剧目。可是，该剧当初为了取得上演资格历经5年抗争，剧作因被视为“否定宗教”多次遭禁，以至于莫里哀不得不修改剧本，数次向路易十四递交“陈情表”。作为浪漫主义戏剧的宣言，雨果的《欧那尼》上演遭到假古典派的反对，双方在剧场展开了喝彩与喝倒彩的对抗，直到第四十三场，浪漫派方获胜，其地位得以确立。此外，又如戏剧史中关于“古典主义”“三一律”“戏剧的民族化”和莎士比亚地位的评价等，无不体现出剧本与戏剧的关系论争。美国的“小剧场运动”体现的不仅是商业意识形态与艺术价值诉求之间的选择，也与下层观众观剧空间的拓展有关。赫恩的代表作《玛格丽特·弗莱明》对美国戏剧的发展做出过重要贡献，但当时却面世甚难，且颇遭訾议，原因是作者不惧冒犯传统，以超前意识写作，揭露了资产阶级纨绔子弟的恶行，挑战其双重道德观念。当时，无人敢出面上演此剧，作者不得已自己出面组织演出，不过观众反应冷淡，甚至有敌对情绪。

“19世纪90年代的美国观众对这种在大庭广众之中坦率地讨论婚姻上的不忠问题没有思想准备，对赫恩无视他们多年来认为婚姻是神圣不可侵犯的金科玉律不能容忍。另外，赫恩的戏剧风格太写实了，没有能令观众激动的时刻，没有独白，没有突然的逆转，换句话说，匮乏传统情节剧的那些特点；而且他让玛格丽特当众给婴儿喂奶的场面把观众惊得目瞪口呆，评论家对这种‘令人羞赧’的场面也痛加指摘。还有人讽刺地说，此剧是‘平庸中的精华，它的语言就是商店里、大街上和厨房炉灶前讲的口头英语，剧中的人物都是一些走出剧院就想忘掉的无足轻重的平常人’。”

剧本观念的超前和演出的大胆，虽然因挑战观众的价值观念和审美惯性而遭到非议，但也有有识之士独具慧眼，看到它的优点。小说家哈姆林·加兰对此剧在波士顿的演出给予极高评价，认为此剧：“简单明了，完全忠实于生活”，在“主题、演出和魔力”诸方面超过了美国舞台上的其他剧作。豪厄尔斯称此剧是“一部划时代的剧作”，剧本“拥有易卜生最优秀的剧作中所拥有的同样深刻犀利的道德活力，它是一部非常有戏剧魅力的作品。”

至于剧本与戏剧(剧场)关系"和谐"、相互促进的例子,也是不胜枚举的。比如,戏剧领域的现代主义的形成,除了有社会历史和思想文化思潮的原因外,还与现代剧院等戏剧媒介的发展演变等相关。"独立的、实验性的、不以营利为最终目的的小剧场的诞生繁盛,为现代主义剧作家的戏剧探索搭建了空间。斯特林堡与密友剧院、叶芝与阿贝剧院、阿尔托与他的残酷剧团等,现代主义剧作家的理论和实践往往与特定的剧院以及特定的演员群体关系密切。'编剧的手法与戏剧为之创作的剧院的类型是不可分的',可以说,没有现代剧院体制,现代主义戏剧理论和实践就不会走得太远。"

剧本与戏剧的相互促进,有时表现在同一位剧作家的剧本被不同的编导在舞台上实现,可以见出高下,进行改进。而不同编导的剧场演绎和观众反应,亦会给剧作家许多教益,剧作家、编剧、导演、剧院经理和观众,这几个"角色"若不同程度地融合于同一主体,其对剧本和戏剧的相互促进,有得天独厚之便。同一位剧作家的剧本,被不同的编导在不同舞台上实现,最佳的例子莫过于莎士比亚的剧作,数百年来莎剧不仅成就了不少编剧、导演,自然也将许多平庸者淘汰出局。至于身兼数职的情况,比如莫里哀、詹姆斯·赫恩、戴维·贝拉斯科均是身兼数职,自己"赤膊上阵",自然深谙其中甘苦,明辨个中优劣。而1935年布莱希特在莫斯科第一次看到也是唯一一次看到中国戏曲的表演后,颇受启发,于后相继写了《谈中国的表演艺术》《中国表演艺术的间离效果》。布莱希特认为中国戏曲具有象征性的特点,演员总是意识到自己是作为演员在舞台上活动,象征化的表演产生了观众与角色的"距离",但中国戏曲演员的杰出之处在于这种"距离"并没有妨碍观众对人物产生情感;布莱希特还对中国戏曲演员在表现内心的激情时,唱词、台词都诵唱得从容不迫大为赞赏。1935年布莱希特观看梅兰芳的表演时,他的叙述体戏剧理论正处于逐渐成熟时期。无可否认,中国戏曲及中国的戏曲表演艺术,对布莱希特的戏剧理论与创作起到了促进作用。

优秀的剧本对于读者、编剧和导演是多义性的、开放性的,他们可以从特定角度入手获得灵感和成功,而出色的剧场演出,对于剧作家而言,既是安慰、激励,也是反刍和促进,观众则深受教益或在审美之境的体验中"回味无穷"!

二、戏剧的基本特征

前面我们对戏剧和剧本作了界说,对二者的关系进行了简要分析,这里我们对戏剧的基本特征,作进一步的介绍和阐释。由于戏剧和剧本是两个既联系紧密,又有所不同的概念,因此,它们的特征各有侧重。一般而言,剧本的核心要素,戏剧也大都具备,所以,我们介绍戏剧的特征就着重于艺类的区分,而不是体裁或文类的区分。另外,从艺类区分的角度看,综合性并不能区分影视与戏剧,但既然戏剧也具有此特征,我们也适当作介绍。

(一)综合性

前文我们对戏剧概念所作的界定是:"戏剧是一种以剧本为基础,以演员的舞台表演为中心,融合文学、音乐、舞蹈、美术等艺术成分,以塑造角色、演绎剧情、实现与受众交流为目的的艺术样式。”

从这个界定可以看出戏剧包含着多种艺术形式，正是在这个意义上它被称为“综合艺术”，具有“综合性”。当然，也有人认为戏剧凸显了时空交融的特性，或者某些戏剧综合运用各种剧类而具有“综合性”。不过，也有人质疑戏剧的“综合性”，因为他们认为戏剧只要有演员和观众即可。比如波兰导演格罗托夫斯基认为：

“戏剧定义的数量实际上是无限的……一个人必须自问戏剧必不可少的是什么。让我们来看看吧。没有服装和布景，戏剧能存在吗？是的，能存在。没有音乐配合戏剧情节，戏剧能存在吗？能。没有灯光效果，戏剧能存在吗？当然能。那么，没有剧本呢？能；戏剧史上证实了这一点。在戏剧艺术的演变中，剧本是最后加上去的一个元素。如果我们把几个人安置在舞台上，带上一张剧情说明，他们自己会搭配起来，让他们各自的角色现场创作，像在即兴喜剧里那样。即使话不是贯通一气的，只是自然流露的，演出会同样是好的。但是，没有演员，戏剧能存在吗？据我所知，没有这样的例子……没有观众，戏剧能存在吗？只有一个爱看戏的人，也需要举行演出。因此，我们只剩下演员和观众了。我们可以就此给戏剧下这样的定义，即‘发生在观众和演员之间的事。’其他都是补充品——也许是需要的，但毕竟是补充品。”

应当说，格罗托夫斯基的说法是有一定的道理的，且不说对“贫穷戏剧”的追求可以节省很多成本，更主要的是，格罗托夫斯基或许认为“非戏剧性成分”的过分“侵人”模糊了戏剧的“本性”。所以，他试图强化对演员表演和观众接受的重要性的认识。因此，从相反的角度，他的说法启示我们：一出理想的、完美的戏剧，应该是各种戏剧成分的有机结合，恰到好处地“融合”，而不是某一成分的“喧宾夺主”。如果不考虑题材、剧情、角色性格，大肆“铺张”布景、灯光、服装、化妆、音乐等元素，则不仅无益于戏剧演出，而且会降低其艺术水准。

相反，优秀的戏剧，不仅能够深刻领会、激活剧本精神，甚至能进行绝妙的再创造，对造型、舞蹈、音乐、绘画等元素的运用不仅得体，有时还别开生面。比如，从剧本方面言之，剧作者创作的人物，因“活在”语言中、“活在”纸上，为戏剧形象的再创造提供了很多可能，莎士比亚的“哈姆雷特”，既是“一个”，也是许多个，而戏剧演出则一定要“演活”、演出既带“莎味”又体现此次演出独特性的“这一个”哈姆雷特。这一点，著名剧论家谭霈生先生的看法有所不同，他强调莎士比亚只有“一个哈姆雷特”，而不同戏剧演出了多个哈姆雷特，当然这也并非没有道理。戏剧追求还原剧本，自然无可厚非，而在表演中将编剧、导演、演员的独特戏剧精神、个性和想象力融入其中，亦是自然而然的。从这个意义上说，优秀的戏剧是演出和剧本的“综合”。

至于造型成分，有人认为：“这些因素在戏里的重要性有时并不次于演员的表演”，而法国舞台艺术家鲁舍说过：“没有被表演用上的道具，就没有在舞台上存在的理由”。其实，舞台布景、道具、灯光、服装和化妆等因素，对于某些戏剧而言，可能不一定“必需”，但对于大多数戏剧而言，却是必不可少的，是可以“增光添彩”的。这些造型成分，有的标示出人物的身份、地位，烘托气氛或者凸显角色的个性气质，有的调节剧情及其节奏，起到深化主题的作用，有的则赋予全剧以特定的格调，不一而足。

“不同的导演风格可能表现出不同的特色，有的更注重对舞台画面的雕饰，有的更重于朴实自然；但是，一般说来，舞台调度方面的杂乱无章是与造型美的原则相违背的。焦菊隐说过：‘我从来不为‘舞台画面’去设计演员的部位，而只把人物活动中所自然形成的画面现象，加以调整或润饰。’尽管如此，这位导演在处理舞台画面时，其‘调整’和‘润饰’都是颇见功力的。请回忆一下《蔡文姬》的演出吧！那里的很多场面都渗透着造型美。有人说它们像是‘中国写意画’，有人说它们比‘宋画还要美’。在这些流动的画面中，斑斓和谐的色彩，人和环境融为一体的画面布局，都为演出增添了光彩。”

至于音响对剧情的推动，著名演员阿·波波夫说过：

“在莫斯科艺术剧院演出的《安娜·卡列尼娜》一剧中，安娜卧轨自杀以前，远处火车的汽笛声使她产生了只有一死的念头。随着火车的渐近而逐渐增强的汽笛声，终于使她下定了自杀决心。卡列尼娜死亡的这一瞬间，若没有音响效果的配合，就不可能在舞台上表现出来。在《铁甲列车》演出中，有这样一个激动人心的瞬间：铁甲列车应该发出它所有的轰轰声、碰撞声、铿锵声而冲上舞台。这时的音响效果就压倒了其他一切因素，而成了剧中的‘角色’”。

此外，奥尼尔的《琼斯皇》中鼓声的心理效果，也是常为人们称道的。对于创作动机，奥尼尔说：“有一天我在读有关刚果宗教节日祝典的书，那里用到了鼓：它怎样从一种正常的节拍开始，然后逐渐加强，直到在场的每一个人的心跳与疯狂的鼓声相应和。我有了一个主意，也做了一种试验。这种东西在剧场里对观众的效果如何呢？”事实证明，奥尼尔运用鼓声达到了绝妙的效果，“西方批评家说鼓声打在琼斯心上，如打在观众心上，使观众惊慌不安，若剧终时还不停下来，一些自控力弱的观众会跳上舞台，随鼓声跳起非洲战舞。”

和西方戏剧一样，音乐、服装、化妆和脸谱在中国戏曲中的重要性，亦是不言而喻，前面讲过的“汤沈之争”即涉及声腔的问题。

说到底，多种艺术形式的运用，不是用不用的问题，而是用得恰不恰当、用得好不好的问题，毕竟，不用的情况只存在于少部分作品中。

（二）假定性

艺术是艺术家运用各种媒介，凭借自己的才情、心智和想象力对现实的一种重塑。这种重塑不可能完全遵循现实的逻辑，要么具有虚构性、要么具有假定性，从这个意义上讲，假定性是大部分艺术都具有的特征，不过，戏剧的假定性又有自身的特点。戏剧的假定性涉及舞台时空、戏剧情境、演员表演以及观众的态度和反应。

首先，假定性是一种“艺术化的契约”，导演、演员和观众都认为其所提供的环境、所演的情节和所塑造的形象是“假的”，但又都通过“假定”它是“真的”来进行表现和接受，如果不认同这一点，演出和观看是不能取得预期效果的，甚至也是无法进行表演的。“戏剧的假定性具有两重性质：一方面是纯粹的虚拟，另一方面它又由演员、服装、道具等真实因素构成。它既是假定的，又是真实的，是假定和真实的奇妙组合。这种假中求真、以假当真的表现形式，正是戏剧的特点。台上的表演者‘假戏真做’，台下的欣赏者‘视假为真’，双方达成默契。戏剧的假定性以约定俗成为原则，以观众认可为标准，观演双方对戏剧的非真实性保持一种心照不宣的态度。戏剧的这种性质使得它比任何其他艺术都更加逼真地模仿现实，让观众感到‘酷似生活’。”

当然，不同导演、不同戏剧流派对“假定性”及其程度有不同的理解和要求，这便是戏剧史中对于“写实”和“写意”两种不同倾向和不同风格的追求。比如，西方的某些自然主义戏剧和现实主义戏剧强调演出的“逼真性”，希望尽力将舞台上的一切还原为现实生活，从而试图消除“现实”和“对现实的表演”的醒目痕迹，消除演员与角色、观众和演员之间的距离，形成真实性的幻觉。然而，艺术并不仅仅是摹仿和复制，没有对比和距离，没有提炼和升华，由“现实”转化而成的“艺术”势必呆滞而无性灵，穷极心思亦无法将整个森林和海洋搬上舞台。

而对于写意派而言，他们追求的是另外一种“真实”，心灵的或想象的“真实”，对此，看过昆曲《玉簪记》“秋江”场景的人，会和演员达成默契，通过演员的划船动作，视为他们在江中舟上，而不必搬一艘船到舞台。西方的表现主义戏剧和荒诞派戏剧也都较多侧重心理意识和存在感的表达，比如，奥尼尔的《琼斯皇》《毛猿》，萨特的《禁闭》以及贝克特的《等待戈多》等。表现派和写意派的“拟容”而“取心”，略“形”而求“神”，以“虚”写“实”之法不无优点。不过，这种追求应贴近演出的主题、遵循剧情的逻辑以及表演的机制和效果。要想创作出杰作，不仅要尊重艺术规律，还需将艺术辩证法娴熟地运用于整个创作过程中。

其次，“假定性”是一种对舞台制约性的自觉意识。与小说和电影比较，由于戏剧对剧情的演绎是在舞台和剧场中进行的，因此，受到媒介的限制、时空的限制会更大。西方由来已久的对“三一律”的重视和论争，除了考虑观众的反应，更主要的是考虑剧情时空如何与舞台时空调和，从而集中地、强烈地凸显戏剧性。从这个出发点考虑“三一律”自然是有可取之处的，只不过如果将之变成僵化的教条那就不足取了，毕竟不同的剧本不能用相同的表现方式来表现。另外，我们认为艺境之获得完全在“破”与“立”之间。

从空间方面看，一般的戏剧舞台并不都能容纳数万观众，即便能容纳，各种各样的剧情空间和场景也并不都能承载，即使能承载，也未必适应观演机制。因此，只有对舞台空间“假定性”的自觉和理解，才能使戏剧舞台和表演游刃有余，尽显魅力。“演员扮演的角色和剧中人物的动作，都是在一定的空间中进行的。说到底，演员（剧中人物）活动的空间，只是一个几十平方米的舞台。可是，这个范围狭窄的舞台，通过艺术家的创造性劳动，却能够造成变幻莫测的境界：“它一会儿是富丽堂皇的宫殿，一会儿又变成了浪涛翻滚的大海；忽而，它成为中世纪苏格兰大将的府邸，忽而，又变成了最现代化的海滨浴场……在生活场景的变换中，正是‘假定性’在发挥作用。”“舞台空间的‘假定性’，是戏剧艺术能够长期存在的条件之一。戏剧艺术家正是借助它，使一个小小的舞台具有很大的生活容量。”

要使狭小的舞台和剧场表现广阔的生活内容，首先是认可“假定性”，其次是在此基础上对表现方式作出调整，比如恰当地突破固有的舞台法则，比如在写实和表意中作出转换等。

从时间方面看，剧情时间和舞台表演时间一致性的情况是较少的。有的剧情时间涉及几十年、几百年的跨度，而演员表演时间和观众观演时间不可能很长。所以无论是空间表现，还是时间表现，都必须围绕核心的、重要的情境和场面，必须通过重构物理时间与心理时间的关系来优化艺术效果。对此，有的剧作家使用压缩、延缓等手段，有的使用“虚拟”的方法，有的则恰到好处地运用幕间和场间的空隙。“在多幕（场）剧的幕（场）间，对剧作家说来，是裁剪生活素材、扩大时间容量的最广阔的天地。一幕（场）戏进行当中的时间是‘实’的，而幕（场）间的时间则是虚的。这种大实大虚、虚实结合的时间处理方式，恰恰是话剧艺术时间假定性的主要表现”“在舞台时间的创造上节奏起着完全特殊和十分重要的作用。现实生活的节奏不可能机械地搬上舞台；戏剧的假定性就要求舞台时间的假定性。演出的节奏组织也帮助其达到必要的感觉，使观众对现实生活的时间概念不混淆，而又和剧院的舞台时间融合起来。”

（三）剧场性

尽管不同艺术的舞台性、表演性会有所不同，但若不深入探讨，从常见的认知看，戏剧并不能完全从这样的特性中与舞蹈、歌会、影视、演说和魔术表演等其他艺术样式区分开来。因此，我们认为只有剧场性才是戏剧的本质特性。

由于西方戏剧成熟较早，因此，不论是实体剧场，还是剧场观念和剧场理论的发展，都很充分和系统。当然，这并非意味着中国戏曲传统缺乏剧场意识和理论。大多数学者认为剧场观念来源于19世纪以来的论争。不过，我们认为自希腊剧场演剧以来，剧场观念就存在，在剧场中演剧不可能没有剧场意识和观念，只不过它们要么不够成熟，要么没有被详尽记录，要么没有被充分研究。古希腊戏剧演出的剧场，经考古发掘至今遗迹犹存的，有科林思附近的托里科斯剧场、雅典卫城山坡下的酒神狄俄倪索斯剧场、伯罗奔尼撒半岛东北岸的厄庇道洛斯剧场等60余个。其中托里科斯剧场被认为可能是最古老的剧场，而兴建于公元前4世纪的厄庇道洛斯剧场，则是迄今保存最完整的剧场，它的结构对称，音响效果极佳。罗念生先生的专著《论古希腊戏剧》中曾引吴雪先生的说法称：坐在厄庇道洛新剧场观众席位上，能听见圆场（表演区）上撕纸的声音。

美国著名舞蹈家邓肯曾说：

“古希腊剧场还反映出建筑师和剧作家及演员之间的合作关系。建筑师对剧作家说：‘你希望在怎样的剧场里演出你的剧本？’剧作家回答说：‘要这样的剧场：大量的观众能在里面同时看、听和感受，他们的地位是平等的，产生的情绪也是相同的’……建筑师又问演员：‘你需要怎样的剧场？’演员回答说：‘要这样的剧场：在里面我发出的每一个声音都能以它的声波自然地传播开去，数不清的观众在我面前谁也不觉得比谁优先，都能听清楚我的声音而且为之感动；在这样的剧场里，我的激情可以从一个人身上传递到另一个人身上，感情的波涛可以到处翻滚、到处激荡，它从我心中涌向观众，又从观众心中流回我心中。’”

作为物理空间存在的剧场，是戏剧表演得以展开的客观条件。不过，剧场性则是发生在这样的空间中的艺术表达、心理反应和主体交际等社会性和审美性的行为与意识，是物理空间、造型技术和主体空间、心理空间交互作用而生成的审美空间和过程。作为对西方戏剧最早作出系统性总结，并影响西方戏剧史两千多年的亚里士多德的《诗学》，从那时起就强调了戏剧是对行动的摹仿，并十分重视其情感交流性及伦理学效果。也有一些学者从“贵族政体”和“剧场政体”的角度讨论了雅典民主，剧场和戏剧的功用可见一斑。剧场性是剧场、剧本、剧场中各主体及其相互关系的表现。知名学者刘家思说：

“不论是室内剧场还是野外草台，是圆形剧场还是方形剧场，是大剧院还是小剧场，都不仅仅指一种建筑形式，更包括了由演员和观众共同构成的主体性空间，是一种情绪的相互感染，一种心灵的触动，一种心理的趋同，一种情感的共鸣，一种思想的融合。”

乔治·贝克则说：“真正具有戏剧性的材料，也必须仔细加工，才能够在舞台上取得成功，就是说，才能够成为具有适当的‘剧场性的’材料。因此……剧作者必须研究怎样才能使‘戏剧性’成为‘剧场性的’方法，技巧的意义就在这里。”而罗兰·巴尔特则从符号学的角度认为：“剧场性是‘一定程度的符号’和‘真正信息的复调音乐’，他将剧场性归结于多重符号不断运作产生的意指效果。”

不同学者、剧作家对剧场性有不同的解释，这些不同的看法，体现了戏剧观念史的变迁，有的本身来自创作，却又反过来影响了戏剧创作。比如，布莱希特、高行健以及彼得·汉德克。后者的《骂观众》被剧场学家们认为它代表着“戏剧剧场”的终结，宣告了“后戏剧剧场”的到来。当今，人们对戏剧剧场性的重视，不仅因为它体现了剧本的再创造性，强化了观众意识以及各戏剧主体之间对话的复调性，而且也因为其“在场”的主体间性，在一定程度上开启了一种对技术传媒的批判性视野，抗拒着影视传播的挤压。格洛托夫斯基认为戏剧若想存活下去，就不要与电影、电视趋同而争奇斗艳，而要回到电影、电视所无法取代的属性，即演员与观众直接面对面交流的这一剧场性。值得注意的是，当代的一些社会活动和艺术交流，为了强化参与性或使参与者获得独特的体验，也不时借鉴剧场经验和效应。“剧场是多种艺术结合起来以产生奇妙效果的地方，是最崇高、最深奥的时不时借着千锤百炼的演技来解释的地方，这些演技同时表现滔滔的辩才和活生生的图景；在剧场里，建筑师贡献出最壮丽的装饰，绘画家贡献出按照透视法配置的幻景，音乐用来配合心境，曲调用来加强已经激动的情绪。最后，剧场是这样一种场所，它把一个民族所拥有的全部社会和艺术的文明、千百年不断努力而获得的成就，在几小时的演出中表现出来，它对不同年龄、不同性别、不同地位的人都有一种非常的吸引力，它一向是富于聪明才智的民族所喜爱的娱乐。”

三、剧本的创作

虽然现当代戏剧观念和形态呈现出新的变化，但戏剧传统并没有完全被颠覆，戏剧冲突、动作和台词依然是戏剧最核心的要素。因此，戏剧创作的前提，一方面是加强对戏剧核心要素的认识，另一方面是围绕这些要素选择适当的表现形式。

（一）“没有冲突，就没有戏剧”

一部戏中，冲突可以有不同的表现形式，可以激烈，也可以温和，可以鲜明，也可以隐约，可以以行动加以呈示，也可以用境遇加以渲染，但不作任何冲突表现的戏毕竟是少数。即使是象征派的梅特林克和荒诞派的贝克特，也不能完全无视戏剧冲突的存在。英国戏剧理论家尼柯尔认为：“所有的戏剧基本上都产生于冲突。在悲剧中，总是有形体力量之间的冲突，或精神力量之间的冲突，或二者兼而有之。而在喜剧中，总是有人与人之间的冲突，或个人与社会之间的冲突。”法国戏剧理论家布伦退尔则说：“戏剧所表现的是人的意志与神秘力量或自然力量之间的冲突，它将我们之中的一位放在舞台上，在那里，他反抗命运，反抗社会规律，反抗他的同类之一，反抗自己，反抗他周围人的野心、兴趣、偏见、蠢行和恶意。”

两位学者的说法，尽管并非无懈可击，但他们对戏剧冲突的强调也不是毫无意义的。至少对于传统戏剧而言，许多作品都以营造戏剧冲突为能事。有的重在表现人与命运的冲突，如索福克勒斯的《俄狄浦斯王》、埃斯库罗斯的《被俘的普罗米修斯》，有的则突出不同伦理尺度之间的碰撞，如《安提戈涅》《俄瑞斯忒亚》，有的则展示人与人之间的矛盾，如《美狄亚》《窦娥冤》《雷雨》，有的则以人的身心分裂为内容，如《麦克白斯》《哈姆莱特》。当然，更多的时候，一个剧本往往同时编织起不同种类和层次的戏剧冲突，而且戏剧冲突不是观念化的、非情境化的，而是与特定的人物性格和技巧融合在一起。莎士比亚的戏剧之所以被称为“莎士比亚化”，其原因正在于它刻画了戏剧冲突的深度和广度，其戏剧冲突紧紧围绕人性的书写展开，并且满含着非凡的艺术匠心。以《哈姆莱特》一剧来看，戏剧冲突在多个层面弥漫，如克劳狄斯与哈姆莱特、哈姆莱特与母亲乔特鲁德、哈姆莱特与奥菲利亚，雷欧提斯与哈姆莱特等，冲突不仅表现在外部，也深入到灵魂深处，有的不可调和，有的进退两难，有的出之于情感，有的诉诸意志，有的是个性的，有的则是共性的。它们在剧中被以人性的质感和激情表现出来，它们既笼罩着古代命运悲剧的余晖，又投射着时代症候的光影。哈姆莱特的悲剧来自于冲突的情境性、必然性及无意义性，来自于冲突所导致的既往价值和理想的坍塌以及透入心髓的人性的孤独和怀疑。

尽管并不是所有的戏剧都以戏剧冲突取胜，但是杰作常常令戏剧冲突在不同的契机上完善戏剧的本性，要么扣人心弦，要么优化结构，要么在面向灵魂反观尘俗中开启意义的另一扇门。

（二）“动作是支配戏剧的法律”

戏剧是一种直观的视听表演艺术，除了服饰、道具、剧场布景等因素外，观众能直接感知到的就是演员的动作。没有动作，戏将不成其为戏，剧本也不可能被表演出来。亚里士多德说：“悲剧是对一个严肃、完整、有一定长度的行动的模仿”，而“行动”既是事件，又由不同长度的动作及动作关系的考究和安排形成，对戏剧具有重要意义。美国戏剧学者贝克曾说：“动作是激起观众感情的最迅捷的手段……对大多数观众来说，动作在戏剧中处于首要地位。”著名导演斯坦尼斯拉夫斯基指出：“在舞台上需要动作。动作、活动——这就是戏剧艺术、演员艺术的基础。”艺术家梅耶荷德则认为：“舞台动作的作用，比其他戏剧成分的作用更重要，丢掉语言、服装、灯光、边幕、剧场建筑，只留下演员及其精巧的动作，戏剧依然不失为戏剧。”戏剧家布莱希特强调：“戏剧”是“从动作里取得一切的”。他指出：“演员，必须为他的角色的感情找到一个外部的、感官的表现——一个动作，以便尽可能地随时展露内心的状态。”由此可见，动作是戏剧表现方式的核心，不论是形象的塑造、情节的推进，还是意蕴的深化，都主要依赖动作去实现，而不是叙述者的转述，除非剧情的某些部分不适宜通过动作呈现或者动作本身难于表现。

在戏剧里，观众需要直观地、印象深刻地看到演员通过动作表现出人物的音容笑貌和悲欢喜怒，通过动作的限度明了它所能创造的深广的意义空间。在戏剧中，尽管时空和肢体制约着它的表现方式和程度，但是杰出者常常能最大限度地发挥给定条件的效用，化方寸为乾坤，寄无限于有限，使可见可闻的唤起不可见不可闻的，使外在的昭示内在的，从而将戏剧的境界升华到极高的层次。对于戏剧创作而言，剧作家们既要写出适合演员表演的动作，又要考虑动作在剧本中的独特作用，而演员则需准确地把握动作的内涵，在此基础上完美地、个性化地展现情境化的动作和动作化的情境。如此，观众不但可以通过演员的不同动作表现，多方位地理解剧情，还能充分地感受动作本身。由于戏剧的表演性和观感性，不只剧情及其内涵之于戏剧是有意义的，表现剧情的动作、音响等形式因素也有纯粹的审美价值。比如，中国的昆曲艺术不仅以诗文气韵令人感受到优雅，也以旖旎悠远的行腔和细腻流美的舞蹈动作使人陶醉。

戏剧中的动作有不同的类型，美国学者贝克划分了五种类型：纯粹的外部动作、性格化的动作、帮助剧情发展和说明剧情的动作、内心动作和静止动作。不同的动作对剧作具有不同的意义，它们的逻辑关系、相互作用和对特定情境的适应，正是戏剧得以实现的基础。以《牡丹亭·惊梦》为例，剧本首先通过杜丽娘游园的一系列外部动作，如“人立小庭深院”“停半晌，整花钿。没揣菱花，偷人半面，迤逗的彩云偏”“闲凝眄，生生燕语明如翦”，来呈现其闺秀气质，又以其对院中景物的所见所闻，激起其心中的所感：

“春色恼人，信有之乎！常观诗词乐府，古之女子，因春感情，遇秋成恨，诚不谬矣。吾今年已二八，未逢折桂之夫；忽慕春情，怎得蟾宫之客？昔日韩夫人得遇于郎，张生偶逢崔氏，曾有《题红记》、《崔徽传》二书。此佳人才子，前以密约偷期，后皆得成秦晋。〔长叹介〕吾生于宦族，长在名门。年已及笄，不得早成佳配，诚为虚度青春，光阴如过隙耳。〔泪介〕可惜妾身颜色如花，岂料命如一叶乎！”

此是外部动作引起和强化了内心动作。当然，内心动作有时也支配着外部动作，比如俄狄浦斯的悔恨、悲楚和无望，激起他毁灭的举动；麦克白夫人的恐惧，使得她不停地洗手等。动作，尤其是戏剧性动作，总是被审美理想浸润、被艺术形式经营。动作的集中与分散、紧张与舒缓、不同动作之间的对比和转换等影响着戏剧的效果，而演员的功夫和力道，有时正从动作中见出。戏剧是动作的系统，动作是戏剧的戏剧性的主要来源。

（三）“剧中人物被创造出来，仅仅是依靠他们的台词”

在戏剧中，除了冲突的营造和动作的表现，语言的考究也是极为重要的。戏剧语言主要由两个部分组成：一是舞台提示，包括时空环境的提示，人物及其行为、情绪的提示，音响效果的提示等；二是人物的话语，以对话、独白、旁白、潜台词等为方式。前者如《等待戈多》第一幕的提示：

“乡间一条路，有一棵树。傍晚。爱斯特拉贡坐在一块石头上，想脱下鞋子。他用两只手使劲地拽，累得直喘气。他筋疲力尽地停下来，一边喘气，一边休息，随后又开始脱鞋。同样的动作。”

后者如《麦克白》中的独白：

“要是我在这件变故发生前一小时死去，我就可以说是活过了一段幸福的时间；因为从这一刻起，人生已经失去它的严肃的意义，一切都不过是儿戏；荣名和美德已经死了，生命的美酒已经喝完，剩下来的只是一些无味的渣滓，当作酒窖里的珍宝。”

同样是语言，戏剧语言有着不同于其他文类的特征，为了适应表演性和观感性，戏剧语言更强调语言的性格化、口语化和动作化。由于在戏剧中角色不完全是“纸上的生命”，要被直观地呈现出来，因此，它容不得冗长的描述，必须通过鲜明的、个性化的语言表现出来。比如，《牡丹亭》中老学究的酸腐、《麦克白》中麦克白夫人的冷酷与邪恶，奥尼尔《奇异的插曲》中尼娜的贪欲等。至于戏剧语言的动作化，这是更为重要的方面，霍华德·劳逊指出：“无论对话如何富有装饰性，只要它们不足以推进动作，它们便毫无价值。”人物内在的意念、情绪、潜意识等因素，要在情境中直观化地呈现出来，戏剧冲突要适应剧情的合理导向，这些都离不开动作化的戏剧语言。比如，昆剧《玉簪记》中的《琴挑》，《原野》第二幕中的焦氏与仇虎，《哈姆莱特》中乔特鲁德与哈姆莱特的对话，均极富张力感，所谓情动于衷而形诸言。当内在强烈的或者起伏波动的情感在语言层面表现出来，抑或语言与动作发生较强的相互作用时，语言的动作性就比较突出。实际上，在现当代的戏剧理论看来，形体动作本身就是一种独特的戏剧语言。

除了动作化，戏剧语言某种程度上还追求口语化，昆曲的衰落与它的非口语化的书卷气不无关系，因为受众面受到限制，戏剧既然在舞台上演出，一定程度的口语化自然有利于被受众接受，往往也使戏剧呈现出自然真切的“本色”。王国维曾说：“元曲之佳处何在？一言以蔽之，曰：自然而已矣。”“然元剧最佳之处，不在其思想结构，而在其文章。

其文章之妙，亦一言以蔽之，曰：有意境而已矣。何以谓之有意境。曰：写情则沁人心脾，写景则在人耳目，述事则如出其口是也。”李渔则指出：“诗文之词采，贵典雅而贱粗俗，宜蕴藉而忌光明。词曲不然，话则本之街谈巷议，事则取其直说明言。”当然，戏剧的口语化又需词浅而意深，不适剧情、人物和风格的过分浅俗亦未必得其真髓。

【思考与练习】

1.结合某一剧本分析其特征。

2.联系剧本谈谈中国戏曲与西方戏剧的不同特征。

3.尝试写作一个话剧剧本。

4.谈谈戏剧在当今现实中的意义。

【本章参考书目】

[1] 朱光潜.诗论[M].北京：生活·读书·新知三联书店，2012.

[2] 王佐良.英国诗史[M].南京：译林出版社，2008.

[3] 洪子诚，刘登翰.中国当代新诗史[M].北京：北京大学出版社，2010.

[4] 陆侃如，冯沅君.中国诗史[M].北京：商务印书馆，2011.

[5] 伊格尔顿.如何读诗[M].北京：北京大学出版社，2016.

[6] 纳尔逊.英国经典诗歌阅读与欣赏：从多恩到彭斯[M].北京：中国人民大学出版社，2009.

[7] 袁行霈.中国诗歌艺术研究[M].北京：北京大学出版社，2009.

[8] 朱自清.中国古典诗歌吟味[M].北京：北京大学出版社，2016.

[9] 王佐良.英美现代诗谈[M].北京：北京出版社，2018.

[10] 奥利弗.诗歌手册：诗歌阅读与创作指南[M].倪志娟，译.北京：北京联合出版公司，2020.

[11] 黄梵.意象的帝国：诗的写作课[M].桂林：广西师范大学出版社，2021.

[12] 浦江清.中国古典诗歌讲稿[M].北京：北京出版社，2016.

[13] 缪钺.诗词散论[M].西安：陕西师范大学出版社，2008.

[14] 孙玉石.中国现代诗歌艺术[M].北京：北京大学出版社，2010.

[15] 江弱水.诗的八堂课[M].北京：商务印书馆，2017.

[16] 江少川.写作[M].北京：高等教育出版社，1994.

[17] 董小玉，刘海涛.现代写作教程[M].北京：高等教育出版社，2000.

[18] 普丽华，江少川.现代写作概论[M].武汉：华中师范大学出版社，2007.

[19] 姚国建.基础写作[M].合肥：合肥工业大学出版社，2005.

[20] 曾焕鹏.当代写作教程[M].福州：海峡文艺出版社，2010.

[21] 曾焕鹏.当代散文美学论[M].福州：海峡文艺出版社，2010.

[22] 贾平凹.散文研究[M].保定：河北大学出版社，2001.
[23] 王国维.宋元戏曲史[M].北京：中华书局，2010.
[24] 劳逊.戏剧与电影的剧作理论及技巧[M].邵牧君，齐宙，译.北京：中国电影出版社，1978.
[25] 谭霈生.戏剧艺术的特性[M].上海：上海文艺出版社，1985.
[26] 史雷格尔.戏剧性与其他[M]//周静波.西方剧论选——从诗学到美学（上）.北京：北京广播学院出版社，2003.
[27] 尼柯尔.西欧戏剧理论[M].北京：中国戏剧出版社，1985.
[28] 贝克.戏剧技巧[M].余上沅，译.北京：中国戏剧出版社，1985.
[29] 谭霈生，路海波.话剧艺术概论[M].北京：中国戏剧出版社，1986.
[30] 周宁.西方戏剧理论史[M].厦门：厦门大学出版社，2008.
[31] 普菲斯特.戏剧理论与戏剧分析[M].周靖波，李安定，译.北京：北京广播学院出版社，2004.
[32] 河竹登志夫.戏剧概论[M].陈秋峰，杨国华，译.北京：中国戏剧出版社，1983.
[33] 斯丛狄.现代戏剧理论（1880—1950）[M].王建，译.北京：北京大学出版社，2006.
[34] 谭霈生.论戏剧性[M].北京：北京大学出版社，1984.
[35] 秦学人，侯作卿.中国古典编剧理论资料汇辑[M].北京：中国戏剧出版社，1984.
[36] 董每戡.中国戏剧简史[M].北京：北京出版社，2020.
[37] 马丁艾思林.戏剧剖析[M].罗婉华，译.北京：中国戏剧出版社，1981.

第五章　议论性文体写作

议论性文体，也被称为说理性文体，指的是依靠举例子、摆事实、讲道理、辨是非或是逻辑论证等“议论性”“说理性”手段，来帮助作者表述某种思想见解，树立相关主张，论证事理正误，或者批驳对立立场的文本体裁。与记叙性文体利用形象生动的记叙性语言来间接表达思想感情，以及说明文采取说明性语言来引介或阐释事物成因、性质、形状、功能等作用不同，议论性文体具有观点明确清晰、论点论据充分、论证合情合理、语言精练简洁、思维逻辑严谨等特点，更侧重以理服人。

论点、论据、论证被称为议论文体的三要素，议论文体本身的特点要求在写作中的论点简洁清晰，论据合理充分，论证严谨缜密，议论文体的写作是对人们理性思维培养的重要途径。

论点，简单来说就是指一篇议论性文章需要证明的是什么，应该是对作者观点的完整叙述与表达，在文章中通常以一个可以完整且简明地表达作者肯定或否定态度的判断句形式出现，具有表态性、陈述性的特点。对文章总体来说，论点具有统摄全文的作用。对文章论点的把握至关重要，对中心论点起到补充与证明作用的分论点可以有多个，而统率这些分论点的中心论点有且仅有一个。不管是文章的标题还是开篇，或者是文章中间，抑或是结尾，都有可能找到论点的身影。通过对文章论据进行分析，或者摘录句段等方式都可以帮助读者较为迅速地捕捉到文章论点。

论据，也就是指作者在文章中用什么来加以证明。无论是引今据古，还是采纳其他国家、相关学科的学术成果、研究结论等，都要求其论据具有真实性、可靠性和典型性。论据类型可以简单分为事实论据和道理论据，其在文章中出现的次序安排应该与论点相互照应，并且足够支撑、证明中心论点与各分论点，最终得出结论。

论证，即如何证明，是作者利用真实、可靠且典型的论据对全文中心论点进行证明的整个过程。论证方法主要分为事实论证、道理论证、对比论证、比喻论证等。完整的论证过程可以使文章整体更加完善，避免产生误解，充分表现出作者的观点立场等。就论证在分段中的作用来说，需要证明该句段的分论点，而就文章的整个篇章来说，则需要能够强有力地支撑其中心论点，保证经过论证之后所得最终结论的合理性、科学性等。

“是什么”“为什么”“怎么做”被称为议论文体“三部曲”，在结构上，可以基本与一般议论文体的提出问题（引论）、分析问题（本论）、解决问题（结论）的结构相互对应。根据议论文体内容的内部逻辑关系来进行分析，其具体的文章结构形式大致可分为纵式与横式两大类。其中，纵式议论文体主要表现为“层层深入”式和“正反论证”式两种论述结构，横式议论文体的论述结构则是并列展开式的，主要有“分论—总论”“总论—分论”以及“总论—分论—总论”这三种。对论文结构进行分析研究时，需要以具体文章段落与段落之间层次的内部联系为立足点，同时着重关注在文中起到承上启下作用的过渡词语、过渡句和过渡段。

议论文体的分类方法多种多样，不一而足。除了按照文章结构来分类，还可以根据其形式特点来进行分类，主要可分为短论、专论、读后感与杂文等；就其文章内容来说，又可以分为社会评论、文艺评论与学术论文等。本章将从社会评论写作、文艺评论写作以及学术论文写作这三方面来深入介绍写作议论性文体的方式与方法。

第一节 社会评论写作

一、社会评论及其分类

社会评论是写作者或媒体编辑部在各种报刊、广播、电视、新媒体平台上对当下现实社会生活中大众所关心的重大事件、生活现象、社会问题、思想倾向等进行评述、议论、阐述自己观点立场，具有内在论证结构的一种说理性文章。社会评论承担着其他议论文体所不能完成的责任和义务，需要实现平民性与政策性的统一、实用性与政治性的统一、警示性与即时性的统一、事件性与非事件性的统一等。“以铜为鉴，可以正衣冠。以史为鉴，可以知兴替。”那么，以社会评论为鉴便可以“裨补时阙”，引导社会舆论，指导社会实践，创造更加美好和谐的社会生活。

从逻辑思维的类型来看，社会评论说到底就是一种是非判断。社会评论虽然是就各种社会现象发言，但其着眼点从来都在主观精神层面，诸如政治倾向、思想认识、价值取向、道德操守等，而不在各种社会现象所涉及的具体业务圈子里面纠缠。具体的业务问题大多不是是非问题，简单的是非判断非但无效而且有害；而精神层面的问题恰恰是一个是非问题，对其不做是非判断才是有害的、违反思维逻辑的。

因此，社会评论需要对现实社会生活中出现的一些热点事件，特别是较为突出的、典型的或具有普遍意义的社会问题、生活现象、群众矛盾与思想倾向等作出分析、议论和评价，并明确表明相应的观点立场与见解态度。肯定还是否定，提倡还是反对，或褒或贬，都要旗帜鲜明，绝不允许模棱两可，含糊不清。当然，是非问题有时很复杂，是中有非或非中有是两者都会出现， 社会评论应是其所是，非其所非，这才是彻底的鲜明性；如果混而不分，一概褒之或贬之，那不是什么鲜明性，而是简单化。对社会评论进行分类时，所依据的分类视角差异，最终会表现在所得类别的千差万别上。

按所论内容，社会评论可分为政论评论、思想评论和文化评论等。政论评论是需要就政治态度、政治倾向等政治生活方面的问题进行评论，而思想评论是针对思想潮流、思想作风等思想层面的现象展开评论，文化评论则是围绕文化现象和文化问题等文化领域的风尚发出评论。

文化评论的说法，以往很少被人提及，似乎我们面对的不是政治问题就是思想问题了，但这是不符合实际的。诸如环境保护、社会心理、生活习惯等方面的风尚，如果不是视为文化问题去评论，而是当作思想问题甚至政治问题去谈，肯定就会南辕北辙，也谈不到点子上，更不会令人信服。

按表现形式，社会评论可分为专论、短论和杂谈三类。与短论、杂谈相比，专论理论性更强一些，论证更全面一些，风格更庄重一些，篇幅也相对长一些。短论多为一事一议，就事论理，论证多集中于一点深入下去，篇幅短小精悍，形式灵活多样。杂谈则多为缘事而发，连类相从，由此及彼拓开，比短论更多一些文学性的点染，可从“随笔”处“拿来笔调的灵动”，也可从“杂文”处染上点“杂”味。

由于科学技术的不断发展，当下社会的传播方式也呈现出多样化的趋势。电台、报纸、期刊、电视或者网络等平台都有很多社会评论性文章。所以，从社会评论所依赖的传媒方式这个角度又可以将其分为报刊评论、广播评论、电视评论以及网络评论等。

按评论目的，可以分为褒奖型社会评论、引导型社会评论、答疑型社会评论、讨论型社会评论和指斥型社会评论五类。接下来将会就此分类方法做进一步地介绍与探究。

（一）褒奖型社会评论

褒奖型社会评论，也被称为赞扬型社会评论。新人新事新风尚，新观念新精神新思想，一切先进积极的事物都是褒奖型社会评论关心的对象，以此从正面呼唤、倡导，构建筑牢社会主义精神文明大厦。

这类社会评论需要对评论对象进行多方面、全方位的具体叙述与生动描写，以增强其形象的立体感，凸显出典型性和真实性。以此来褒奖先进的个人或集体、事物、行为或思想倾向等，其实质在于弘扬、鼓励好人好事，把控舆论导向，大力向全社会树立正面典型，宣传积极形象，彰显榜样的力量，推动我国社会主义精神文明和先进文化建设。比如，2020年3月11日新华社发表的评论性文章《向新时代最可爱的人致敬》一文就写道：

在这次新中国成立以来在我国发生的传播速度最快、感染范围最广、防控难度最大的重大突发公共卫生事件中，广大医务工作者发扬特别能吃苦、特别能战斗的精神，白衣执甲、逆行出征，英勇无畏地投入防控救治工作，同时间赛跑，与病魔较量，为疫情防控工作作出了重要贡献。疾风知劲草，烈火见真金。危难关头，广大医务工作者以坚韧不拔的顽强拼搏、不顾个人安危的无私奉献，展现了医者仁心的崇高精神，展现了新时代医务工作者的良好形象，感动了中国，感动了世界。在抗击疫情的严峻斗争中，“白衣战士”是当之无愧的最大功臣，是亿万人民心中最可爱的人。

除此之外，在这篇社会评论中，还引用了习近平总书记在湖北武汉实地考察并慰问当时奋斗在抗疫第一线的医护工作人员时，对他们的称赞——“新时代最可爱的人”。这不仅是对那些不顾自身安危，积极在抗疫前线顽强拼搏的医务工作者的极大鼓舞，同时也为那些受到新型冠状病毒威胁与折磨的广大人民群众注入了一剂强心剂。

这正好体现了褒奖型社会评论最大的功能与作用，即树立了“新时代最可爱的人”的高尚形象，弘扬了他们身上所体现出来的无私无畏的奉献精神与医者仁心的崇高品格，强调了这种精神是新时代中国精神的重要组成部分，凸显了其作为新时代思想导向的强大作用，并且也对作为新时代一分子的我们发出了向他们致敬与学习的响亮号召。

（二）引导型社会评论

引导型社会评论，也叫启迪型社会评论。主要侧重于利用社会评论的形式，向整个社会表明作者自身对相关人物、事件与思想倾向等的态度、观点和立场。并期望以此来达到吸引受众、引导社会舆论、启迪思考探究等目的。日常生活中接触到的许多报刊社论文章和被称为“编辑部”或“评论员”类的社会评论文章，往往都承担着引导型社会评论的角色与功能。比如，2019年11月24日《光明日报》发表的评论员文章《营造良好和谐的社会氛围》一文中指出：

一个社会的和谐发展，既表现为整体社会氛围的改善，又体现出每个社会成员的身心舒畅。在良好和谐的社会氛围中，人们如沐春风、如饮甘泉，以一种自尊自信、理性和平、积极向上的社会心态，正确对待自己、他人和社会，正确对待困难、挫折和荣誉，彼此之间团结友爱、和睦相处；同时，每个富有幸福感、安全感和归属感的社会成员又能以实际行动，积极参与社会事务，履行公民责任，推动形成人人为我、我为人人的社会氛围。因此，良好的社会氛围是和谐文化的重要组成部分，是社会和谐的最显著的标志之一。只有切实营造良好的社会氛围，和谐社会建设才能拥有优质的社会环境，才能使人人都切身感受到和谐的独特魅力。

本篇评论以其鲜明的观点、立场向读者表明了和谐的社会氛围的诸多优越之处，并引起了社会大众对于今后更加和谐的社会氛围的向往之情。与此同时，也在积极引导读者珍惜、爱护当下来之不易的良好和谐的社会环境，并且不断鼓励大家为维护、营造这样和谐的社会氛围而不懈奋斗，为我国社会主义现代化建设添砖加瓦。

（三）答疑型社会评论

答疑型社会评论，顾名思义，指的是以社会上发生的一些热点事件、出现的思想倾向、颁布的方针政策等为立足点，从作者自身或者其他相关角度来及时向社会大众解答困惑的社会评论文体。通过答疑型社会评论对热点事件的梳理、对思想倾向的疏导、对国家政策的解读等，能够在很大程度上解开社会大众心中的疑惑，消散笼罩其心头的疑云，起到揭开表象、显露真相的作用。

人口政策，是我国合理调节人口结构、积极应对人口问题的重要举措，关乎家国未来，聚焦了举国上下的目光。比如2021年5月31日澎湃新闻发表题为《放开三孩，切实构建“生育友好型社会”》的社会评论，对“三孩政策”的一些具体实施办法进行了一定的解读。文中写道：

中央是号准脉、开对了方子，放开三孩生育，不仅是在政策上开口子，更是要保障公民敢生、愿生，养得起、育得起，要让妈妈不被歧视、上学不再焦虑。要激活生育意愿，相关鼓励政策力度必须要加强，要让公民在生育中感受到“实惠”。以税收政策来说，目前《个税法》仅规定，每个子女按每月1 000元定额扣除教育费用（不是抵扣），这对于养娃的高成本来说，税收优惠效应就不太明显。生育相关的税收、住房、休假等财政投入要拿出真金白银，给出实打实的优惠。

不仅如此，文中还强调了“三孩政策”对国家发展、社会进步、血脉延续的重要作用，从税收政策、住房保障、休假制度等方面介绍了国家对改善人口结构的相关举措与办法，解答了人民群众对于人口新政策的疑惑。

（四）讨论型社会评论

讨论型社会评论，主要是对全社会共同关注的时事热点事件、问题等发表不同的看法。一个社会对差异的认可度能够从侧面反映出这个社会的进步程度。因为科技发展与创新，催生出了许多新型的媒体平台，促进了人们思想上的解放和包容度的提升。不同社会群体针对热点时事的观点、看法千差万别，但整个社会对这些观点、看法的接受度与宽容度都是有目共睹的。

但是如果只有这样单纯的认可与接受是远远不够的，如果说沟通是心灵的桥梁，那么讨论就是求同存异的途径，而且这样的“同”并不是要求达到完全相同的“小同”，而是同中有异的“大同”。这时候，讨论型社会评论就有其用武之地了。并且，这类社会评论应该对热点时事的讨论对象存在的问题进行深层剖析和深入探讨，在吸收众家之长后，去粗取精，提出并传达更具科学度、合理度和正确度的意见与建议。有争议或易误解的事物，似是而非的问题，貌似公正实则掩盖着另一种倾向的说法，都是讨论型评论特别留意的对象。比如，2021年7月9日《环球时报》在其发表的社评文章《阿富汗是中美善恶的一面镜子》中写道：

经过20年的战争和动荡，阿富汗政府和塔利班至今都视中国为朋友，可以肯定地说，整个阿富汗都视中国为朋友。这为中国今后在阿富汗局势中发挥积极作用提供了良好基础。

然而我们相信，中国会非常谨慎地使用自己的影响力。中国不会去阿富汗“填补”美军撤出留下的真空，美国是强行侵入阿富汗的，一度野心勃勃地试图对它进行改造，主导该国的重塑。中国作为阿富汗友好邻国的自我定位不会变，不干涉阿富汗内政的基本原则不会变，我们只会向阿提供必要且力所能及的帮助，永远不会萌生主导它的念头。

文中就外界对我国在该地区可能采取的一些可能的后续行动做了适当的介绍和讨论，但随即便指出：“中国会非常谨慎地使用自己的影响力”，并不是如激进莽撞者那样贸然“填补”前者退场留下的“真空”，也不像保守观望者那样袖手旁观，而是使二者融合互补，秉持我国一贯坚持的“和平共处”五项原则，走中国特色社会主义大国外交之路，在不干扰其内政的基础上向对方提供力所能及的帮助。

（五）指斥型社会评论

作为社会评论中重头戏之一的指斥型社会评论，与前文提到的赞扬先进事迹、鼓励正义行为的褒奖型社会评论相对立，甚至可以说截然相反。指斥型社会评论指的是从道德、政治、法律等角度，针对社会上出现的病态、丑状、腐败等负面的、不合理的热点事件或现象进行斥责、批评的议论性文章。坏人坏事坏风气，旧观念旧习俗旧思想，一切错误或落后的东西都是指斥型评论关注的对象，以此从反面贬斥、扼制，清除各种不良影响。

这类评论要求必须做到对其所斥责、批评的对象进行由表及里、逐层深入的剖析讨论，重在揭示、说明相应的危害性和破坏性，并且以事实为立足点，实事求是。

自新中国成立以及改革开放以来，我国的社会主义探索路程和中国特色社会主义建设都取得了令全世界瞩目的巨大成就。不仅如期实现了“两个一百年”中第一个“一百年”的承诺与目标，取得了全面“脱贫攻坚”的伟大胜利，向广大人民群众证明了中国共产党强大的领导力；并且还将带领我们朝着第二个“一百年”目标继续前进，建成社会主义现代化强国，基本实现中国特色社会主义现代化和中华民族的伟大复兴，并最终走向共产主义社会。不可否认的是在物质生活变得丰富的同时，许多消极不良甚至腐朽落后的思想观念和贪婪腐化的行为也在出现和蔓延。面对这些状况，社会评论必须承担起其针砭时弊、激浊荡腐的时代责任。比如，2021年9月30日人民网发表了一篇来源于中央纪委国家监委网站的关于对一名有严重违纪违法行为的时任公安部党委委员、副部长的公职人员处以开除党籍和公职的处分决定文章。文中写道：

经查，该人从未真正树立理想信念，背弃“两个维护”，毫无“四个意识”，政治野心极度膨胀，政治品质极为恶劣，权力观、政绩观极度扭曲，妄议党中央大政方针，制造散布政治谣言，阳奉阴违，欺上瞒下，捞取政治资本；为实现个人政治目的，不择手段，操弄权术，在党内大搞团团伙伙、拉帮结派、培植个人势力，形成利益集团，成伙作势控制要害部门，严重破坏党的团结统一，严重危害政治安全；狂妄自大，恣意妄为，大搞特权，在抗击新冠肺炎疫情一线擅离职守，私藏私放大量涉密材料，长期搞迷信活动；使用公安侦查手段对抗组织审查。违背组织原则，在组织函询时不如实说明问题，大肆卖官鬻爵、安插亲信、布局人事，严重破坏公安政法系统政治生态；无视中央八项规定精神，生活腐化堕落，长期收受大量贵重物品，长期接受可能影响公正执行公务的宴请和高档消费娱乐活动，长期安排私营企业主租用高档寓所供其使用，长期沉溺于各种奢靡服务；毫无道德底线，大搞权色、钱色交易；极度贪婪，大肆进行权钱交易，非法收受巨额财物。

我国作为社会主义大国，也作为最大的发展中国家，一举一动无不吸引着国际社会的广泛关注。在党的领导下，不仅有在疫情中、在灾难面前表现出的强大的国家力量，还有“脱贫攻坚”这项前无古人、后无来者的伟大工程在新时期取得的巨大成果，更有带领全国各族人民走向共同富裕、实现共产主义的坚定决心，这些都赢得了来自全世界赞许与钦佩的目光。

在国际交往中，中国始终秉持“和平共处五项原则”的基本外交原则，谋求与世界各国建立友好交往的外交关系，提出建设“一带一路”的倡议，憧憬共筑人类命运共同体的美好愿景。然而，尽管如此，国际社会上仍然不乏一些恶意的目光，不愿站在客观的角度看待我国建设已经取得的成就，甚至对其充耳不闻，并且大肆宣扬“中国威胁论”，败坏我国国际声誉。反之，以美国为首的西方资本主义国家破坏地区和平，谋求自身利益的行为却被一些国际上的不良媒体大肆进行虚假宣传，以混淆视听。

在这种时候，指斥型社会评论就更应该发挥出其功能，利用先进的媒体平台和多样的宣传方式，站在客观公正的角度，对国际社会上发生的各种热点时事进行报道和评论。打破西方媒体妄图封锁真实信息的幻想，揭露事实真相，防范恶意中伤，维护国家形象等。比如《环球时报》于2021年8月16日发表了一篇名为《阿富汗局势20年轮回，美国栽了大跟头》的社评。写道：

事实上，前些年在新疆出现猖獗的恐怖主义活动，最大根源是美西方。美西方以“人权”之名为新疆的恐怖分子辩护，将他们的暴恐活动描述成“对中国政权实施压制的反抗”，不断从意识形态上煽动疆内的“三股势力”。对国际恐怖主义势力，当它们的矛头指向中国时，西方也往往睁一只眼闭一只眼。西方的双重标准实为中国反恐的最大挑战。

所以说，中国会非常理性地面对阿富汗变局，既要防止那里的局势对新疆产生负面影响，也会保持评估的客观性，我们决不会跳入西方舆论专为中国设的陷阱。美国的反恐战争失败了，它在阿富汗所经营的一切被连根拔掉，阿富汗变局最大的挑战显然要由美国和西方承受。

文中不仅揭露了美军插手阿富汗问题的真实目的以及在当地留下的深重罪孽，还揭示了其企图通过“改造”阿富汗，进而起到影响我国的新疆地区，最终破坏我国“一带一路”的倡议以及国家发展、民族复兴大业的不良目的。深恶痛绝地批判了一些媒体美化发生在新疆地区令人发指的暴恐活动的丑恶用心，这些媒体对以中方为目标的恐怖活动以及中方实施的反恐措施采取双标态度，假借“人权”之名，实谋不当之利。

与之不同的是，中国在面对阿富汗变局时，不会因为当地局势可能对新疆产生负面影响就贸然行动，而是会客观分析，理性评估，在必要的时候对处于变局之中的阿富汗提供力所能及的帮助。

如同人不是单一的，而是一个复杂的综合体一样，社会评论的功能与类型同样如此。一篇优秀的社会评论性文章，在评论所针对的对象时，可能兼具多种目的与作用。通过对社评文章的解读与分析，或许能够发现其具有褒奖作用的同时还兼具导向作用，又或者是答疑型社会评论与讨论型社会评论等多类型的社会评论的结合体等。同一篇社会评论功能的多样化，可以将评论对象进一步形象化、立体化，使其对社会产生的影响与作用得到进一步的提升和强化。

社会评论就其篇幅而言相对简短，想要在立足于现实的基础上，就其所针对的事件交代清楚具体的来龙去脉，实现社会评论相应的功能与作用的同时，还要考虑到所面对的受众群体之广泛、知识水平之差异等，这些对写作者的分析能力、语言水平、行文技巧等都提出了不少的要求。

二、社会评论的现实性、针对性和群众性

社会评论与文艺评论、学术论文都属于议论性文体范畴，与文艺评论相比，社会评论不必刻意追求文章在美学方面的体会和感悟；而相较于学术论文，社会评论是对各种社

会现象中普遍性的现实问题进行评述和议论的一种文体，不用太过于注重论证过程的学术科研性和论述逻辑的严密完整性。除此之外，其本身的特征为我们提供了将其与其他两者区别开来的最重要依据，即社会评论具有以客观事实为基础的现实性，以具体事件为对象深入分析的针对性，以广大读者为受众广泛传阅的群众性。同时又需要不俗的审美情趣，以情动人，还需要不凡的科学精神，以理服人。社会评论的基本特征，是对其内涵的具象化描述，属于一种本质性规定。

（一）社会评论的现实性

“现实性”是从西方引入的哲学概念，指的是包含内在根据，合乎必然的存在，是客观现象与事物各种联系的综合。事物发展中表现出必然性的部分才具有现实性。现实性总是不断发展的，是过去“现实”发展变化的结果，也是能引起将来“现实”的因子。

社会评论的现实性不同于哲学意义上的现实性，一般来说，社会评论需要立足于真实事件，具备高度的准确性，反映并揭示现实事件的本质。以现实事件为源头和立足点的社会评论，无论是其内容还是形式，都必须依托于事实和事件本身来进行评论，而不能脱离事实。否则就与无源之水、无本之木一样毫无根据，更别提想要发挥出应有的功能与作用了。

新闻存在的意义在于满足社会大众对各种日常信息、热点事件以及国际要闻等的需求，更侧重讲述客观事实，具有明显的陈述性。我国新闻学大家徐宝璜先生百年之前，就在其著作《新闻学》一书中明确指出：“新闻者，乃多数阅者所注意之最近之事实也，故第一须确实，凡闭门捏造，以讹传讹，或颠倒事实之消息，均非新闻。”社会需要的是真实的新闻，社会评论也是如此，不过在叙述现实事件的同时需要从道德、法律、政治、民族等角度来分析探究，做出有一定倾向性的评论。依托于现实事件，面向社会大众，讲述相关事迹，激浊扬清，起到褒奖引导、答疑解惑、斥责议论等作用，利用各种宣传方式和多样化的媒体平台，掌握信息话语权，在社会层面引起共情效应，进而推动社会朝着更加和谐美好的方向发展。

社会生活中出现的评论议题和材料是社会评论最好的评论对象，包括事实材料和理论材料等，比如生活中发生的各种事件和人物，来自各媒体平台的热点、动态新闻等。善于抓住与时代发展有关的敏感问题与社会焦点问题，开拓、丰富自身信息视野，注意观察体验，了解、获取第一手材料，利用报刊杂志、广播电视、互联网等渠道捕捉相对准确的数据和信息。紧跟时代步伐，培养对社会问题的敏感反映和敏锐的评论动机。立足于现实，在评论中表现出“天下兴亡，匹夫有责”的人文情怀与胸襟，以及源自对社会现象和问题的深入思考与关注。

丧失了现实性的社会评论，就好比被抽筋剔骨一样，空剩皮囊。作者发出的社会评论只能以现实事件的本来面目为评论对象，避免粉饰夸张，甚至虚构想象。社会评论一旦脱离现实事件、虚构评论对象、大谈道理、空泛评论，那不过就是披着社会评论“外衣”

的寓言故事罢了，也实在难以称其为社会评论。由此可见，现实性好比社会评论的筋骨，是社会评论的首要性质和基本特征。只有从一而终坚持社会评论的现实性，才能对社会起到褒奖引导、答疑解惑以及指斥讨论等现实作用与意义。

（二）社会评论的针对性

生活在中唐时期的白居易对现实主义诗歌的创作理论颇有贡献，所谓“文章合为时而著，歌诗合为事而作”便出自其《与元九书》。文章中表现出了白居易对汉乐府“缘事而发”的现实主义精神的继承，同时寄予了文章、诗歌应该“裨补时阙”的深厚期望，认为创作对象应该与时事相关联，打上时代的烙印，这与今天社会评论的现实性特征和针对性特征高度契合。而且，白居易的作品语言通俗易懂，尽量让平民百姓也能够通晓其意，这在一定程度上体现了之后将要提到的社会评论的群众性特征。如果白居易生活在现在这个时代，那么他应该还有另一重身份，即优秀的社会评论家。

社会评论的针对性，是指针对现实生活中产生的某一现象，出现的某一问题或萌发的某一思想倾向，有的放矢地谈论看法、发表评论。这种针对性首先体现在对现实问题的及时反应上，即总是紧跟时代步伐，追踪社会发展，贴近生活，密切关注现实中迫切需要回答的问题，同时还要迅速、及时地做出反应。其次，还体现在所议问题的普遍性上，如果评论的都是偶然现象、个别事物或特殊问题，不具有普遍性或倾向性，不是社会关注或人们迫切需要解决的问题，就会导致针对性下降，甚至完全落空。另外，这种针对性还体现在评论目标的单一集中上，一篇评论总是致力于集中解决一个问题，围绕一点深议细说，“一事一议”“一理一评”，不期望在有限的篇幅中解决多个问题。否则使得火力分散，贪多嚼不烂，淡化了针对性，达不到预期目的。

在分析有关事件和阐述重要问题时，必须注意紧密联系当下工作的实情和干部群众思想的实际，这就要求社会评论所针对的评论对象是具体的。或是针对当前工作中的薄弱环节，提出来并加以克服；或是针对社会上的某种发展倾向，提醒人们加以注意；或是针对群众中流行的错误观点，加以澄清；或是针对人们普遍关心的问题，给予正向的回答和引导；或者是针对某些尚未被人们所认识的新人、新事、新风尚，加以倡导等。

社会评论要做到有针对性，关键在于从实际出发，也就是以现实性为基础，脚踏实地搞好调查研究。甚至可以认为，调查研究是社会评论的选题和立论之本，没有调查研究就没有评论权，就更谈不上评论的针对性。优秀的社会评论所承载的信息和发挥的作用甚至会超过对所针对事件的新闻报道本身。

标题作为一篇文章首先映入读者眼帘的部分，其地位与作用不言而喻。社会评论也不例外，其针对性在标题中就应该有所体现。社会评论的角度在很大程度上决定了社会评论的功能与作用，即评论角度能决定社会评论的类型。有时候评论对象或者评论本身是很有针对性的，但是如果角度选取不到位，便不能引起人们群众的深思，也不能发挥社会评论应有的功能和无法达成其目的。

社会评论所评论的对象源自社会生活，与整个民族、国家，甚至国际社会都是息息相关的。很多时候需要针对重要的国家方针政策、决议决定等来作出评论，引导个人或集体朝着相应的目标去奋斗、社会朝着相关方向去发展等，以此来为政策措施的推行与实施扫除障碍、铺路搭桥。因此对党和政府重要的决议、报告进行钻研，掌握其中要义，才能把握全局；结合各方信息，才能选取到切合的评论角度，奠定评论针对性的坚实基础。

（三）社会评论的群众性

社会评论是面向社会大众发表的，而不是面向少数人的，这就使它具有了其他评论体所不具备的特点——突出的群众性。社会评论读者受众之广，几乎涵盖了整个社会的所有群体。无论是知识层面还是年龄阶段，都有很大的跨度，这就要求社会评论必须以大家当前关心的问题作为评论对象，联系广大人民群众，为人民群众服务，反映人民群众的声音与诉求。同时也要求社会评论的论述方式、写作形式、语言水平等都要符合大众的口味，所表达的思想内容与读者接近，兼顾知识性和趣味性。评论内容生动活泼、通俗易懂、丰富多彩且“接地气”，才能广泛地为人民群众所喜爱。

如果期望社会评论产生尽可能大的社会效应、舆论效果，推动社会的进步，就必须考虑受众的接受度问题，其语言运用的群众性高低、生动与否都是影响具体的社会评论在群众中接受度大小的重要因素之一。社会评论文章存在着一般性的合理结构，以及大体一致的遣词用语风格，但也并非千篇一律，因而，在语言的运用中应该拒绝死板生硬的套话，同时也应反对空话和大话。

学理性是社会评论所不容忽视的，但是在对特定的思想倾向、专业问题或理论事实进行评论分析时，也应避免探讨纯理论问题。不能在理论上“玩高深”，而要着力于深入浅出地表达，把道理讲得通俗易懂。注重社会评论中的学术性、理论性固然关键，但切忌使用过于艰深晦涩的理论化术语，以免大众理解困难。就事论理、就实论虚，辅之以生动、通俗的群众性语言，把专业性很强的知识现象、深奥的学术理论和抽象的事物本质讲述透彻，给人以亲切实在的理论感，让普通社会群众也能阅读和接受。

要保障社会评论的群众性，还应该注意研究读者群体的心理状态。由于具体的社会评论本身的评论对象不同，另外读者自身的知识水平、社会阅历、年龄阶段等方面也具有较大的差异，因此社会评论想要适应具体的对象，贴合读者群众所关心的问题，就要认真深入地研究不同读者群体的心理状态，选取合适的角度，写作出能说到读者心坎儿上的社会评论。

群众性还体现在社会评论的写作主体上，无论文艺评论还是学术论文，其写作主体都必须具备一定的专业素质，而社会评论的作者却不一定具备这样的素质。从某种意义上说，社会评论可以看作是一种“大家都来评，评给大家看”的议论性文章体裁。积极正确的社会价值观和“以人为本”的人文情怀对于社会评论的作者来说，都是不可或缺的。

社会评论针对的是这个时期出现的有关民众生活的社会热点问题或思想倾向，所做出的褒奖或指斥具有显著的社会导向作用，对社会舆论的发展和社会价值观的形成等都有强烈的导向作用。某个时期社会风气的形成、思潮的蔓延，都会在很大程度上受到该时期社会评论的导向和左右。如果评论者缺乏积极正确的社会道德观、价值观，那么在对社会问题的分析评判上，自然就不会秉守民本关爱、公正合理的人文情怀与经世态度，便不能“裨补时阙”，也做不到发挥引领社会和谐发展的功能和作用。

积极正确的价值观要求社会评论者具有强烈的社会责任感，要有关怀人民群众生存状态的人文道德情怀，要始终以联系群众、发展群众作为理想目标。通过对社会问题与热点事件的评论批判，来表达对社会生活中假、恶、丑的指斥与否定和对真、善、美的褒奖与向往。面对社会发展中出现的新困惑、新问题、新倾向，评论者则要予以答疑和引导，来充分展现社会评论的思想导向以及精神引领作用。

三、“大题小做”和“小中见大”

文章的做法多种多样，可以大题小做，也可以小题大做；可以正题反做也可以歪题正做等，选择得好，能起到给文章增色添彩的作用。社会评论主要是面向社会大众，针对现实社会中具有代表性、典型性的各种事件作为评论对象来进行评论的。在面对这些引起人民群众广泛关注的“大”事件时，要善于寻找“小”切口，学会“大题小做”。善于抓住知全豹的“一斑”、动全身的“一发”、激起千层浪的“一石”、尽传精神的“一目”，从小处着手，使论题具体集中，有鲜明的针对性。

“小”与“大”，本是意义相反的两个词，但在一定的条件下，又可以相互依存、彰显。这里的“小”有题材上的，也有立意上的。在题材上化大为小，就是从写作题材纷繁复杂的结构组成中，精选那些易于被人忽视、看似平凡的事物作为角度，通过对这些“小”的细节化、深化，来展示整体事物的万千气象之“大”（“小”要能体现整体事物的精髓）；立意上化大为小，即从一个大主题中找出一个不受重视、偏细节性的“小”来切入话题，展现大主题。通过把一个大话题分割成若干子话题来加以评论的分割法，以及在大话题的前后加上相应的词语而让该话题更加清晰具体的限制法，都可以帮助我们“小”化、确切化评论的题目，把大题目做小、做细，才可以比较具体、深入地来阐述问题。

选题要小，不是指评论要抓的问题小。相反，首选的问题还得是大问题，只是要从小的角度切入，所谓“牵一发而动全身”“窥一斑而知全豹”，就是这个意思。选题要抓的就是这“一发”或“一斑”，这就叫“大中取小”。大中取小就是大处着眼，小处落笔，也就是通常所说的“大题小做”。如果选题过大，首先难以面面俱到则极易走向空泛，大而无当；其次难于在有限的篇幅里抓住关键点深入下去，把问题谈深说透，产生足够的说服力；另外还容易出现雷同化等情况。

社会评论面对的问题并不都在一个“重量级”上，并非所有的小问题都不能选。只要其蕴含着一定的普遍性、倾向性或代表性，或者能反映、折射出大问题，那就能谈出大道理来，就是社会评论绝佳的选题。所谓“小中见大”，就是指这种“小题大做”的社会评论选题。从小的可以看出大的，指通过小事可以看出大节，或通过一小部分看出整体。在写作中指对形象进行强调、取舍、浓缩，以独到的想象抓住一点或一个局部加以集中描写或延伸放大，以更充分地表达主题思想。

比如领导干部读错字，与腐败问题相比是小得不值一提的事。但就是这样的小问题，如果我们想到为什么领导读错字却长期不纠正，可能就会发散出极有价值的话题来：如领导者如何对待批评意见的胸怀问题，“为官者讳”的封建意识问题等。

从本质上把握住“小事”与整个时代、社会生活的内在联系。这就要求在写作中要从大处着眼，小处落笔。即便处处描写“小”，也时时都要表现“大”。这样，我们的文章就可以收到滴水藏海之效。社会评论虽然短小，但其以理论为支撑，以事实为依据，思想深邃，感悟深刻，阐发科学，虽见人之所见，实发人之所未发，观点具有普遍的代表性和强大的说服力，能起到“四两拨千斤”的作用。

就社会评论主题的相关表现手法而言，写小题材的社会评论，应寓以大主题；而写大主题的新闻，则言善于从小处着手。社会评论写作中的“大题小做”与“小中见大”，是巧妙表现社会评论主题的两种主要方法，其共同点就在于能够达到化大为小和见微知著的效果。从所写的大话题中寻到一个小巧、易于切入的突破口，管中窥豹，做到“大题小做”。从小处着手，在小题材中挖掘出深刻、闪光的思想，就事论理，开掘深意，从而以小题材反映出大主题，做到“小中见大”。

四、形象化议论

社会评论说到底，在本质上仍然是一种议论性的文章体裁，其论证的过程也是推理的过程。不管是归纳法，还是演绎法，严密的逻辑推理是保障议论性文体严谨性的重要手段，社会评论自然也不例外。因此，如果要体现出社会评论的群众性，那么采取形象化议论的方法，来让评论对象更加具象化、形象化就显得至关重要。著名的美学家朱光潜也说过：“说理文要写好，还是要动一点感情，要用一点形象思维。”

加强评论的形象性，注重逻辑性和形象性的有效统一是使得社会评论能够艺术地表达观点的重要手段。也就是说，社会评论在讲求逻辑性之余，还应该自觉地把抽象的道理讲得形象，这样可以增强说理的艺术性，从而达到增强评论文章的吸引力和感染力的目的。因此，要对评论对象着意进行形象化、概括性的叙述和描写；必要的时候适当结合相关修辞手段，如比喻、排比、设问等；具体分析，合情合理，注重情理关系的处理，寓理于情，情理交融，做到人性探讨与理性分析的高度统一；使用巧妙、机智的论述方式，以及轻松而又不乏感染力的笔调与语气，表达一种严肃的观点与立场……这些都能加强社会评论的形象性。以下将对这些常见的方法作简单的引介。

（一）形象描绘法

即在议论时抓住某一事物的形象特征进行简洁描绘，揭示出普遍的社会意义，来达到形象地论证中心论点的目的。在说理时以漫画或速写式的笔墨，极简地勾画出一个形象，作为一种典型，以显示生活中某些人和事的本质特征，从中解释深刻的思想，表露强烈的爱憎。运用形象描绘法要结合文题，概括出事物的形象特征，挖掘出事物形象所体现的社会意义，才能准确生动，感染力强。比如，《在为铺路石精神点赞》一文中，作者便写道：

铺路石精神是勇于担当。"'健康所系，性命相托'，当我举起右拳宣誓时，责任的重量让我感到踏实"，正如一位青年医师所言，当责任成为信仰，使命成为力量，便演绎出"生命至重，贵于千金"的职业担当。在洪水泛滥的江河旁、流感肆虐的病毒前、地震倒塌的瓦砾上、援藏援疆的最前方，广大医务人员总是战斗在第一线，与死神搏斗、与病魔抗争，用对生命的爱，托起新生的希望。将每年8月19日设立为"中国医师节"，正是党和国家对广大医务人员的充分肯定。

文章运用极富特征的精彩描绘，贴切地勾勒出了医护人员一直以来即使面对危难，仍然无私奉献、勇担责任的高尚形象，表达出了人民、国家和社会对他们的赞美与肯定。

（二）设喻取譬法

亚里斯士多德说过："善比喻者为天才。"古今中外的作家，无不采用比喻来写景状物，阐发事理。运用比喻这种形象化方法，取象附理，贴切自然，语境清新，能够使社会评论中包含的深邃理论通俗化、抽象事理形象化。比如，《每个人都可以做促进民族团结的那颗石榴籽》一文中这样形容中华各民族：

石榴籽不仅紧密相连，而且亲密相依。虽然无数的石榴籽相互嵌入在石榴里，但它们之间和睦相处、"千房同膜"。各民族之间又何尝不是如此，共同生活在中华民族这个大家庭里，或许没有惊天动地的举动，也没有起伏跌宕的故事，有的只是点点滴滴、平平淡淡的真情流露，以及润物细无声的感动，而恰恰是这些，转化成了我们前行的巨大力量。

中国这样一个多民族国家，只有在全国各族人民如"石榴籽"一般紧紧拥抱在一起，和睦相处，团结进步，才能创造更加美好和谐的明天，共同推动中华民族伟大复兴的进程。

（三）巧用故事法

巧用故事法主要指在议论时巧妙地穿插一些文学性强的故事、寓言、典故，使论证起伏跌宕，富于变化。

国家发展进入新时期，各种新机遇、新挑战并存，防腐反腐工作就是党和国家所要面临的严峻问题之一。比如，在《典故的意义》一文中，就这样对反腐工作进行描述：

中国经过30多年的改革开放，取得了巨大的成就，开始进入"深水区"。深水区改革会触及许多艰难的问题，然关乎国家的命运、民族的前途，容不得其他选择。深水区改革重要的一项是必须疗治体制上积累的各种顽疾，打铁先需自身硬，必须剔除各种痼瘤。反腐惩贪，就是清除毒瘤的大手笔。这无疑需要更大的勇气、更多的智慧、更强的韧性。清除体制上的脓疮、剜除体制上的毒瘤、剔除体制中的害群之马，需要壮士断腕、刮骨疗毒的勇气与决心。正是因为这种敢于向自身体制动刀的勇气与决心，中国目前的反腐才取得了重大突破。

（四）特征比较法

这是一种抓住事物的总体特征或个体特点，分清优劣，褒贬抑扬对照鲜明，同时显示文笔的灵活，增强感染力的方法。闻一多曾说过："一切的价值都在比较上看出来。"通过比较不同事物的特征，才能找出其无可比拟的特点并凸显其可贵之处。有比较，才有鉴别，才能准确抓住事物的总体特征或个体特点，分清优劣，褒贬抑扬，并在评论文章中将其鲜明地进行对比，显示出文笔的灵活性，增强评论的感染力。

"爱美之心人皆有之"，对美的追求是人之常情。时代在发展，社会对美的标准也处于不断变化之中。一个人的外貌外形、气质精神等都是评判其究竟有多"美"的重要参考尺度。比如，人民日报发表评论《什么是今天该有的"男性气质"》一文就写道：

从对于热血男儿的推崇，也可以看出，外形不是问题的关键，内涵才更深刻地决定着人们对一个人的评价。其实，关于到底什么是男性应有的气质，从来没有一个标准答案。"文质彬彬，然后君子""谦谦君子，温润如玉"，是中国传统所推崇的男性画像，从外在形象看也包含有精致、文雅的一面，而那种五大三粗的个人形象、不修边幅的生活习惯、大男子主义的做事方法，历来受到人们的摒弃。"重质不重形，魂到品自高"，这样的认识应该说是主流。即便在少数人眼里"颜值"可以成为硬通货，甚至有"靠脸吃饭"之说，但那些能持久地作用于社会文化、作用于世道人心的，仍然是闪现于一言一行、一举一动的"内在美"。

文章通过对真正的美男子标准和片面的"大男子主义"特征进行举例描绘、互相比较，也就不难看出什么才是今天该有的男性气质。这种男性气质应该是内外兼修的，是温良恭谨的稳重品性与干练整洁的言行外貌等的完美结合。五大三粗不会得到赏识，好看的皮囊也终不能长久。这些论述抓住特征进行形象比较，爱憎分明，是非清楚，振聋发聩，惹人深思。

（五）设想举例法

主要指为了突出某一事物的特征，或为了突出某一道理的正确性，设想生活中还未出现，甚至不可能出现的某种现象为事实，以此作为论据来支撑论点的一种方法。

历史的发展和现实的生活都告诉我们，脚下生活的这片土地有多么和谐美好，将来也只会更加和谐美好。就如《"故宫免费"的设想不会永远只是"设想"》所描绘的将来社会民生生活的冰山一角一样：

我们国家现在很注意这些民生政策的实施。大方向看，知名景区免费化，有很大的可能性。那时候，黄山是免费的，泰山是免费的，黄鹤楼是免费的，西湖更是免费的。我们想去哪就去哪，只要遵守当地的规定就好。这都是切切实实，可以让我们感觉到这个国家进步的地方。

通过对这些情况的描写，便可管中窥豹，预见今后国家在民生以及其他社会生活各方面政策实施的状况。让社会民众感受到国家的发展进步，分享到切实的福利待遇，从而鼓舞激励民众不懈奋斗的勇气与信心等。

可见采用形象化议论，即物明理，借象喻理，寓情于理，能使文质兼美，增强可读性，富有感召力。须知，议论文向散文借鉴手法，是一种可贵的写作追求。社会评论的评论对象须是现实的，论证过程须是科学严密的，但是形象塑造、行文方式等，却不是一成不变的，可以向议论性文体之外的各种文章体裁学习借鉴，因此，还有待我们今后进一步的发展与完善。

【思考与练习】

1.社会评论的内涵与分类依据分别是什么？

2.社会评论具有何种特征？

3.在写作社会评论时，如何做到“大题小做”和“小中见大”？

4.什么是形象化议论？形象化议论的具体方法有哪些？

5.就近期发生的社会新闻、热点事件等，选取相应的角度，结合社会评论的作用与具体写作方法，展开分析，深入探讨，创作一篇不少于1 000字的社会评论。

第二节　文学评论写作

一、文学评论的含义及特点

文学评论又被叫作“文学批评”，是一种运用相关文学理论对文学现象进行评论的理论性、议论性文章体裁。刘勰在其《文心雕龙·论说》篇中就讲到了“评”“论”：“评者，平理”，即评价、裁断，“论者，伦也”，即阐发道理。文学评论是最基础的文学研究活动，需要运用一定的理论、方法对各种文学现象进行体悟分析、探讨评论，并反映相关研究成果。文学史、文学理论、比较文学等文学领域的研究都与文学评论密不可分。

顾名思义，文学评论的评论对象主要是来自文学领域的，这与上文提到的以社会人物、事件等为评论对象的社会评论有所不同。文学作品囊括的内容十分广泛，包括诗歌、小说、散文、戏剧、影视等。诸如文学家、作家、艺术家、文学作品、文学理论、文学思潮、文学运动、文学流派以及文学史等一切文学活动、文学现象都是文学评论的直接对象。其中，作家及其文学作品是文学评论的主要对象，因为它们是各种文学实践活动最基本的客体，所有的文学活动、文学现象都以此为基础而产生、发展，文学评论也以这些特定的对象来构筑起其科学的理论与方法体系。

二、文学评论的写作要求

在做出评论之前，应该对具体的评论对象有一定初步的感性认识，否则很难实现评论的针对性，更不能做到评论的一针见血。对文学作品的深入阅读、理性分析是进行文学评论的基础和出发点，粗浅的阅读很难孕育出优质的文学评论。其写作不仅要对所分析、评论的具体文学作品进行认真阅读，还应认真收集相关的文学材料、学习理解相应的文学理论，并进行细致的研究、解读。相关文学作品创作的时代背景、文化环境和作家整体的创作状况、人生际遇、个人身世，以及同类作家的创作情况和特定时期的文学发展路向等，文学评论家对这些了解得越多、越深入，对作品的定位、评价就可能越鞭辟入里且公正合理。

在进行文学评论的写作时，既可以跟踪最新出现的文学潮流和倾向，也可以评论历史上的文学事件与现象。倾向性的问题自然具有可评性，个别性的问题也同样不能忽视。一篇评论中集中探讨一个问题的不在少数，同时涉及多个方面的也不少见，比如一部作品的思想内容、精神内涵与文学特色和一位作家的创作手法、行文方式及语言风格等。

通过质疑、鉴别、赏析和评判不同的文学评论活动，可以品评出具体评论对象文学水平的高低深浅和文学价值的好坏优劣，这是一种创作性的阅读，也可以被看作是阅读能力的最高级状态。作者在其写作的文学评论中，可以表达自己主观上对相关作品在文学价值、美学价值等方面的认识和评价，对原作品作者提出积极有益的评论、建议等，来达到启发读者并提高其文学鉴别、文学欣赏水平的目的和作用。文学评论的写作是一项创造性的审美活动，对评论对象的阅读鉴赏是其前提和基础，具有极强的综合性，需要较高的能力层次。

优秀的文学评论家必然也是一名饱读优秀作家作品的人，必然是以古今中外经典作品作为文学评论标杆来评价文学作品的人。优秀的文学评论家不同于普通读者，他必须具有敏锐的审美鉴赏能力以及广泛的阅读视野，风格各异、形式多样的文学作品都是其必须了解的对象，需要对各种文学样式做到烂熟于心，才能对所品读的文学作品有准确的判断和贴切的定位，才能尽可能保证文学评论的理论性、科学性等。

品味文学作品既要全身心地深入到作品的领域世界，调动全部的情感和阅读经验去把握作品的内涵，还应从作品中跳出来，保持客观的审慎姿态。在品味文学作品、创作文学作品的时候应积极调动评论者自己的想象，赋予文学评论鲜明的个性和更广阔的空间，评论者自身的情感因素将使客体成为一个更具有生命感的存在。对于一个优秀的评论家而言，既要有自己丰富的情感感觉系统，也要有深厚的文学素质、理论修养，不能总是停留在自己熟悉的文学领域、避风港湾，而应该像探险家对新事物的执着那般，满怀激情地开启不同的探险之旅。

三、文学作品分析不能等同于文学评论

一般的思想评论和作品分析都不能等同于文学评论。思想评论的对象是人及其在社会生活、工作中表现出来的种种思想倾向、思想问题等，目的是帮助人们拓宽眼界，提高思想认识，辨别是非，能够通过多种类、各方面的材料来加以论述、写作。而文学评论则需要以一定的文学欣赏能力和水平为基础，但又不仅仅局限于单纯的文学欣赏。因为文学欣赏最终需要的是参与、理解和创造作品的情感性，满足的主要是主体个性的审美趣味需求，更偏重审美享受意味，着重实现作品的审美价值。文学评论则是以文学欣赏为基础来对作品进行理性的鉴赏、剖析、评论，必须有一定的理论背景和理论原则作为自己的立足点与支撑点，在感受、理解作品的基础上，加之理性的判断，总结审美体验的规律，或从典型的艺术视角去探究更加广阔的社会意义和现实作用。

文学评论与文学作品分析的差异表现在，文学评论主要是以对文学作品的阅读分析、观赏品味来作为评论前提和基石，没有对相关文学作品的深入分析，也就谈不上文学评论。而文学分析本身虽然也含有对作品的分析与评价，但侧重谈论作品“是这样”，而文学评论则侧重探讨文学作品“为什么是这样”，以及评论“这样好不好”“这样有多好”等。

作为议论性文章体裁之一，文学评论不仅必须要对作品有总的评价和评论，并且还不能缺少一定的论证过程，但思想评论与作品分析等就未必如此。文学评论还具有相应的专业性，常常涉及文学、艺术等方面的专业问题，诸如文学构思、形象塑造、意向经营、描写技巧……一个简单的是非判断显然不能解答清楚这些，所以立足于文学分析基础上的得失判断和以文学作品为根据的逻辑论证对文学评论来说就更加关键，也更有价值。

文学评论主要运用文学理论对文学现象、文学作品进行研究探讨，揭示文学发展的轨迹，来指导文学创作的实践活动。其任务在于揭示文学评论对象所包含的审美价值和思想意义，探讨文学创作的方法和规律，以提高文学创作的水平。与此同时，还能帮助读者正确理解相关文学作品，培养和提高读者的文学鉴赏能力和文学评析水平等。就如社会评论是社会的一面镜子一样，文学评论也是文学的一面镜子，可以帮助读者理解文字，树立正确的审美观，提高鉴赏能力，同时也帮助文学理解自己，进而更好地为时代做注解。

四、文学评论不等于读后感

在读过一篇文章或一本书之后，把获得的感受、体会以及受到的教育、启迪等写下来，写成的文章就叫“读后感”。读后感以阅读为基础，利用“四字诀”即引、议、联、结，抒发个人在阅读过程中或者完成阅读之后的感受和想法。既要写“读”或“观”的具体内容，如所阅读的某篇文章、某本书等，又要写读后或观后的“感想”，重点不是“读”或“观”，也不是“评”或“论”，而应该是“感”。

文学评论是“对具体文学作品进行分析判断和评价，它可以向读者推荐和阐述作品，

文学评论者作为作者的知音和读者诤友，应该使读者和作者、读者与作品的思想紧密地联系起来，以使读者更加全面深刻地理解作品的思想内容，欣赏作品的创作艺术。”虽然同样需要从阅读出发，但最终是需要对相应的评论对象进行深入的分析鉴赏，经过一系列的逻辑推理和论证，来面向社会探讨文学创作的方法和规律，提高社会整体的文学创作水平。

“一千个读者眼中就会有一千个哈姆雷特”，在品味文学作品的时候，“感”可能是多方面的，不同的人会有不同的感受。要立足在具体文章分析、思考的基础上，选择最有价值、感受最深、见解最新颖独到的“感”，选取最有针对性和现实性的感受来写。一篇读后感通常只能容纳一个感点，其他感点无论多么好，必须忍痛割爱。明智之举是抓住一点，不及其余，并围绕一个感点，联系实际，谈深谈透。

文学评论可以从不同的分论点角度，利用不同的论据来对中心论点进行论证、叙述。可以同时就具体评论对象的多个方面出发，立体化地进行评论。比如可以评论所涉及的思想内容、精神内涵与文学特色，以及作家的创作手法、行文方式与语言风格……

说到底，读后感是通过对某部作品或某篇文章的心得感想进行叙写，将自己有关这些作品文章的内心思考、情感共鸣以文字的方式表达出来，即要以写自身的认识感想为主。文学评论则不仅仅是作者个人对相关文章作品的探讨议论，很多时候是要面向社会大众进行发表的。所以在写作的时候就要注意减少其中的“个人感想”，赋予评论一定的社会性，体现出较高的文学理论性质和社会指导意义。

诗歌散文、小说剧本等都属于文学，另外文学所包括的内容远不止于此，还包括戏曲、剧集、影视等，也就是说这些都可以作为文学评论的评论对象。但是读后感却不是这样，如果要表达自己由一些戏曲、剧集、影视等引发的思考、共鸣，那读后感也就不再是读后感了，叫作“观后感”更加贴切。而戏曲评论、影视评论也还是属于文学评论不可分割的重要部分。

顺着文章作品的原意生发感想是读后感的一大特色，社会评论则并非如此，甚至有时候是针对文章作品的原意来表明态度的。如果把读后感比作顺水推舟，那文学评论恐怕就是指手画脚了。俗话说“见官大三级”，所表达的意思与评论类文章体裁所处的地位十分符合。很多优秀的文学评论家最初也是著名的作家，这并不是说写作文学评论必须得先成为作家，需要多高的社会地位，而是一种对文学性、专业性的要求，因为如果没有相应的专业素养与理论水平，要“指手画脚”，那不过就是班门弄斧而已。

总的来说，读后感是指个人由于受到一些文章作品启发之后而得到的共鸣感想，并最后以文字形式诉诸纸上，在其中主要表现的是较为单一的、属于个体的感想。文学评论需要以对相关作品的深入分析和解读为基础，以社会大众为读者受众，在评论时必须选取更加专业化的文学角度，利用更加理论化的文学理论，来使文学评论的群众性、文学性、理论性等得到提高。如果在写作文学评论的过程中不加以注意，难免就会将其写成一般的“读后感”，导致文学评论变了模样、失了味道。

五、"以评带述"而不是"以述代评"

在评论文章中，复述是很重要的评论步骤之一，评论是具有针对性的，因此复述可以说是评论的起点。复述是对具体文学评论作品内容的叙述与介绍，抓住其要点，传达出作品的神韵，将评论者自身对原作的阅读情感和思想认知融入复述之中。

评论，是指针对于事物进行主客观的自我印象阐述。评论最重要的在于"评"，"评"得准确、精彩，"论"才能有价值，才能出彩。"评"是"论"的前提和基础，能为"论"提供必要的价值判断；"论"则是"评"的补充和延展，是为"评"的科学性、理论性寻找一定的事实依据与理论参考等。文学评论如果评得不深入、不到位就很难体现说服力，也自然失去了其真正的社会功能和普遍意义。

文学评论之所以叫文学评论，是因为其是以文学为评论对象的。评论就应该在这类文体中占据主导，应该做到"以评带述"。不过，与社会评论需要对评论对象进行描述一样，文学评论在评论之前也应该对相应的文学作品，即原作进行一定的复述、描述，特别是对读者不太了解的作品进行复述。这种复述可以是集中的，也可以是分散的、边评边述式的，是对原作有选取性的叙述介绍，必须与评论者的论述有机结合。可以转述，也可以适当复刻原文，特别是原作中被公认为最精华的句子、段落、情景等。

复述并非易事，稍不留意就会走向"以评带述"的对立面——"以述代评"，颠倒评论和复述二者的关系和地位。别林斯基作为俄国优秀的文学评论家，曾指出平衡"述"与"评"之间关系的矛盾在于：整体与局部的矛盾，自身文学叙述与保持作品原貌的矛盾，评论作者概括与摘引原文句段的矛盾等。

在写文学评论时，大可不必成段引述原作材料、成篇描述原作情景，否则只会顾此失彼，挤掉评论中应有的观点论述。另外，还要尽量提高观点的集中性、鲜明度，利用对原文作品的深入分析和独到理解去支持观点。相应的引证材料首先要来自文学作品本身，旁征博引自然不是不可取，不过这些材料和观点始终要能够支撑自己的论证过程和文学评论本身，不然只会与自身评论观点相左，适得其反。在对文学作品进行叙写、复刻的基础上，还可描述评论者对作品本身的体验和认识过程，重在发现并展示相关作品的独特之处，指出作品给人以美感的地方，这种描述本身也就带有不低的文学性。

文学评论是对评论对象的评判，说到底是对具体的文学作品的评判。为了清晰地呈现其优缺点，除了复刻原作、深入分析、展开评论外，还应采用分析的方法，借助一定的文学理论对作品的内容、形式进行解剖，指出其文学艺术的构成要素，揭示作品的优劣之处，理清它与文学史上的其他文学作品之间的关系，反映了什么样的创作倾向等。

小说、诗歌、散文、戏剧、绘画、影视等都可以作为文学评论的评论对象，目的是通过对文学作品所包含的思想内容、创作风格、艺术特点等方面的议论、评价，来吸引、启发读者受众，以提高读者的阅读、鉴赏水平。由于篇幅限制，一篇文章往往只能详细分析具体文学作品的某个方面，所以在分析时应注意对作品内容的整体理解，观点不可过于偏激、片面。复述、复刻与评论之间应以“评”为主，在具体文学评论的写作中，需要做到“以评带述”，根据评论对象的实际情况妥善处理二者的关系，灵活机动地运用。

六、防止“跟着作品跑”和“从作品跑开”

阅读感受、沉浸赏析是文学评论的基础，认真阅读文学作品，感知原作，让感觉说话，嗅出具有进一步探索评论意义的文学作品并深入认真感知，然后评论者才能对所评论的文学作品有基本的理解，才有进一步评论与批评的可能性。只有经过感知鉴赏，评论者才能获得对相关作品的独到理解，才能培养开放、敏锐的评论眼光，才能养成文学评论家特有的审美情趣。所有基本的文学理论几乎都是产生于对文学作品文本的深入分析，所以文学评论活动也应该从最基本的文学作品出发，由文学作品到文学评论，由文学评论到文学理论再到文学实践。

优秀的文学作品，如果要得到社会大众的关注与青睐，就必然不能缺少一流的文学艺术性、强烈的情感渲染力以及高度的精神导向性等。在对其进行评论时，想要不被在感知分析过程中接触到的导向性内容中的类似赞赏、敬畏等个人情感影响，从而“跟着作品跑”是有相当难度的。

创作文学评论的过程中，需要“以评带述”，就是要在对具体文学作品进行评论的同时，复刻、引述原作品中的内容，这必然会使文学评论创作者在某种程度上受到作品作者表达的观点、看法的影响。评论作者如果缺乏属于自己坚定的观点看法，便难免人云亦云，“跟着作品跑”。这时候想要保证文学评论的客观公正性就无从谈起了，更不用说为文学理论的发展完善做出贡献，也不会因对读者有引导作用而发挥相应的社会意义了。

但是如果文学评论家太过坚持自己的相关角度立场，就会在其评论中注入或多或少的个人情感，这也有损于文学评论的客观公正性。甚至会出现评论家的观点看法与相关文学作品中所涉及、表达的观点看法相悖的情况，处理不好，便会在进行文学评论创作的时候从自己主观的角度出发，脱离文学作品本身，“从作品跑开”，带上褊狭的个人趣味，甚至有意贬低、恶意攻击。这或许就是文学评论有时候不受文学家欢迎，甚至深恶痛绝的原因。

文学作品可以分为语言层、现象层、意蕴层等，读者受众对于文学作品的感知是由表层现象逐渐深入其深层内涵的。粗略的品味过程导致了粗浅的文学评论，为了深入准确地把握文学作品中包含的思想情感，在沉浸体会文学作品时还应该怀以宁静平和的心情，排除外界干扰，并保持自己思维的敏捷性。同时还应该通过对文学作品的反复品味来过滤文学性低下的成分，探索其多重内涵，把握其深意主旨，尊重阅读感觉，从感觉出发，对作品进行深层分析。作为文学评论者，每次应对具体文学作品进行阅读、品味得到的理解、感受加以记录，以此作为评论的出发点，并以具体作品为根据，将这些感受文学作品的过程和源于文学作品与自身思想的感悟写入评论之中。

当代文学评论的写作十分便捷，评论者可以就相关问题与文学家“近距离”对话，通过这样的接触和交流来深入地了解文学作品中可能体现的思想观念。范伯群认为：作家与评论家都要去认识生活，理解生活；但评论家体验生活的独特内容之一是了解作家。了解作家就是我们的生活。因此与作家交朋友，了解作家攀登中的苦恼，分享作家成功时的喜悦，与作家推心置腹地谈艺，都是我们深入文学作品的内容之一。

坦白来说，所有这些与文学家的私下交流活动都是为了帮助文学评论家更好地了解作家、理解作品，以作品为根据写出好的文学评论。虽然这样的说法略显功利残酷，不过事实就是如此。二者的这种私下的亲密关系也具有两面性，产生便利的同时，也会产生相应的问题。如果文学评论家与文学家的关系过于密切，便容易造成评论的庸俗化，导致自身沦为文学家作品的推销员、鼓吹者。这就要求评论家在与文学家保持私下交流沟通的过程中不能丧失自己的独立性。对文学作品的评论应尽可能排除非文学因素的影响，如评论家与文学家之间的私人关系、创作者的个人地位等。做到始终从文学作品本身出发，防止因为评论家个人因素，而产生“从作品跑开”的情况出现。

文学评论家如果不能从文学作品中获得审美感悟和精神享受，没有引起强烈的情感反应与思想共鸣，是难以写出有真知灼见的评论的。中国古代的文学评论家们都很注重评论者对评论对象的深入感知，写作评论时也很注重对于所评对象感觉的贴切表达。现代印象派批评很强调批评者的阅读感觉，阅读时要尽力抛开已有观念的束缚，胡塞尔认为现象比本质更为重要，应对自己已有的理论和经验加上括弧，避免由于受自身思想的干扰和局限，而导致文学评论与文学作品的脱节。

随便以一个文学作品来当作评论对象，只是为评而评，无的放矢，这样不仅写不出社会所需要的文学评论，还很有可能会被文学作品中的观点看法左右而“跟着作品跑”，最后沦为平庸，便难以启发读者，对文学发展做出贡献。“从作品跑开”就会“弃作失评”而丧失文学评论的针对性，如果是这样那还不如将其叫作评论家的“随想”。只有平衡好“跟着作品跑”和“从作品跑开”这两种极端情况，在既不对文学作家及作品过于心存敬意，也不有意贬低斥责的情况下，“无私于轻重，不偏于憎爱”，做到“平理若衡，照辞如镜”，才能创作出一篇优秀的文学评论。

【思考与练习】

1.文学评论的含义和特征分别是什么？

2.文学评论与读后感的区别表现在什么地方？

3.什么叫“以评带述”？

4.怎么防止“跟着作品跑”和“从作品跑开”？

5.选择自己喜欢的文学作品，深入感知，结合相关文学作品与理论，写作一篇不少于800字的文学评论。

第三节 学术论文写作

一、学术论文的概念和性质

学术论文，是指某一学术课题在实验性、理论性或预测性上具有的新型研究成果，或是创新见解与知识的科学记录，或是某种已知原理应用于实际并取得新进展的科学总结，用以在学术、科学领域的相关会议上宣读、交流、讨论或在学术刊物上发表的书面文件。“学术”，指专深而系统的学问、理论；“论文”，指研究、讨论问题的议论性文章体裁。学术论文，就是对某一学术领域的专题进行专门而系统的研究与构建，是对社会科学、自然科学、思维科学等领域中的某些问题和现象进行科学探究的书面成果，故亦称科学论文、研究论文。

与其他议论性文体不同，学术论文是用以探讨各种学术问题，进行科学研究的重要工具；是描述相关科学研究成果，传播学术信息的主要载体。与社会评论、文学评论相比起来，不仅要有更强烈的专业性要求，而且作为学术研究的载体，还需要具有更深入的探索性和更突出的科学性。其写作过程要求作者采取全然客观的态度，在论文中应提供新的研究方法和科技信息等，内容上必须有所发明创造，有所前进完善，而不是贯彻俗语“天下文章一大抄”所说的那样，重复模仿、剽窃抄袭前人的研究方法及成果。

学术论文应具备以下几个主要特点。

（一）科学性

所谓学术论文的科学性，要求作者在立论上不得带有个人好恶的偏见，不得单纯从主观出发，猜测臆造。必须根据事实数据，切实地从客观实际出发，从中引出切合实际，符合逻辑的结论。学术研究无论是宏观的还是微观的，都应注重对本源、特点、现状、功能、关系等的把握，抓住事物内部与事物之间的本质特点和有机联系，抽象提炼出具有普遍指导意义的规律性认识。在论据上，应尽可能多地查阅资料，分析材料，以最充分充足、确凿有力的论据作为立论的依据和论点的支撑。在论证时，必须经过周密的思考研究，进行严谨的推理论证，得出科学的结论和成果。

（二）创造性

科学研究是对新知识、新领域的求索、探寻，创造性之于科学研究有如性命之于生灵。学术论文的创造性在于，论文作者要有属于自身的独到见解，并有根据地提出新的观点和理论。这是因为“科学方法主要是发现新现象、制定新理论的一种手段，旧的科学理论就必然会不断地被新理论推翻”。因此，如果没有基于旧方法、旧理论的创新，缺乏创造性，学术论文就不具备科学价值与学术价值。

（三）理论性

学术论文在形式上属于议论文，但与一般议论文不同的是，学术论文必须有其自身完整的理论系统，围绕一个中心，环环相扣，将其自觉地纳入一个严密的推理论证过程之中。这就决定了在写作学术论文时，不能只是材料的罗列堆砌，应进行大量事实数据的收集整理和文献材料的分析研究，如果有必要还应该采取实地调研、科学实验等方法，使初步的感性认知上升为科学的理性认识。学术论文的观点要有一定的深度，要从对事物的表面感知提炼成系统的理论体系，所论述的不应只是普遍现象和浅显经验，而应揭示、反映事物的本质规律。通常来说，学术论文不能缺少论证色彩或论辩色彩，论文内容与论证过程等必须符合历史唯物主义和唯物辩证法观点，另外还要运用“实事求是”“有的放矢”“既分析又综合” 等科学研究方法。

（四）平易性

平易性指的是学术论文需要用通俗易懂的语言表述清楚相应的科学知识、学术理论等。即使是面对深奥的专业术语，也要尽量使其显得“平易近人”，不仅要做到文从字顺，而且要准确生动、和谐鲜明。艰涩难懂、词不达意只会削弱其可读性、科学性以及可信度等，局限其应有的学术作用。理论性与平易性，在学术论文的写作上应该是相辅相成、和谐统一的。

（五）专业性

专业性具有两层含义：一是指学术论文内容的专业性。学术论文要对某一学科领域的相关问题进行研究，往往需要带有明显的专业指向性，因此，学术论文也就形成了自己的语汇系统，有别于新闻、文学和日常生活等方面的语汇。二是指体现了作者水平及综合素质的专业性。不仅能反映其作者在相关领域内的专业水准，还能综合反映其学识积累、逻辑思维、科研能力等。

学术论文是某一学术课题在实验性、理论性或预测性上具有的新型科学研究成果，或是某种创新见解的科学记录，或是某种已知原理实际应用时取得新进展的科学总结，用于在学术会议上宣读、交流和反馈，或用于在学术刊物上发表。如果缺乏专业性，便“难登大雅之堂”，更不用说公开发表了。而且专业性还是区分论文类型的主要标志，也是我们进行论文分类的主要依据。

另外，“实践是检验真理的唯一标准”，学术论文来源于实践，最终要指导实践。实践性是学术论文具体实践价值的体现，但是并非所有学术论文都需要具有很强的实践性，比如对一些理论性知识的研究探讨等，主要是为了对其进行丰富和完善，但是相应的实践性就会比较低。学术论文的实践性表现在论文内容上，便是旨在根据一定的专业工作任务与目标要求，来培养相应的能力，指导实践，提高实践的水平。

二、学术论文的分类

不同的分类标准可以划分出不同类型的学术论文。参考其专业性等不同的依据，学术论文有如下几种分类方法：

按研究的学科领域分类，可将学术论文分为社会科学论文和自然科学论文。按其各自的门类，又可将社会科学论文细分为文学、历史、哲学、教育、政治等学科论文，将自然科学论文细分为数学、化学、医学、物理、天文等学科论文。

按研究的内容分类，可将学术论文分为应用研究论文和理论研究论文。应用研究论文，侧重于研究如何将各学科的理论知识转化为专业技术和生产技术，直接服务于社会；理论研究论文，重在对各学科领域的基本学术概念和基本理论定律的研究。

按写作的目的分类，可将学术论文分为交流性论文和考核性论文。交流性论文，目的在于方便专业工作者进行学术探讨，发表各家之言，以显示各学科发展的新态势；考核性论文，目的在于检验学术水平，是有关专业人员升迁晋级的重要依据。

从研究的范围分类，学术论文可分为宏观学术论文和微观学术论文两类。

从研究的目的和写作的目标分类，可将学术论文分为目标论文、报刊论文和学业论文。

（一）目标论文

目标论文主要指各学科领域中专业人员按照上级有关领导部门的要求，根据有关科研或攻关需要，进行科学研究，描述科研成果，提交给科研部门或上级有关部门的学术论文。这种论文要求反映出各学科领域中的最新研究成果，代表着国家在某一学科领域所达到的研究水平，标志着一个国家理论水平的状况。对促进我国科学事业的发展、加速我国现代化建设起积极引导作用，其中一些深论精著甚至能对国家方针政策的制定起重大作用。

（二）报刊论文

报刊论文主要指报刊职员、科研人员等有关人员在报刊、杂志上公开发表的论文。报刊论文包括部分可以公开发表的目标论文。报刊、杂志是学术论文的主要载体。

（三）学业论文

学业论文主要指高等学校学生所写的不同级别、不同要求的学术论文，可分为学年论文、毕业论文、学位论文。

（四）学年论文

学年论文也称“课程论文”，指在各高等院校人文科学、自然科学、社会科学及师范类专业攻读相应学位的学生，在教学计划规定的某一学期内，由教师指导并给定课题，让学生独立进行研究而写出的小论文，是教学过程中的一个重要环节。学生通过资料收集与分析、文献搜寻与查阅等环节，自主制定研究方案，经过合理严谨的逻辑论证完成论文写作，旨在培养学生综合运用已学课程的理论知识，解决专业具体问题的能力。其间，教师须及时检查、了解学生的工作情况和研究进度，并给予必要的启发、指导。写作这种论文，题目不宜太大，篇幅不宜太长，涉及面不宜过宽，因为其写作目的主要是为今后的毕业论文写作打下良好基础。

（五）毕业论文

毕业论文写作是高等学校在教学过程中，针对应届毕业生设置的最后一个考核环节。从文体而言，是对某一专业领域内的现实或理论问题进行科学研究探索的具有一定意义的议论性文章体裁。毕业论文是学术论文的“初级阶段”，符合学术论文的基本性质和写作要求，其写作过程主要通过导师的指导，利用学生在校期间的学习成果和知识储备，由学生独立自主地完成撰写并提交，目的在于培养其综合运用所学知识解决实际问题的能力。毕业论文应对某一课题进行较深入的研究，题目由教师指定或由学生提出，通常比学年论文稍大一些，以使学生通过撰写毕业论文，在资料查找、文献分析、调查研究、实验设计等方面得到全面训练，综合考查学生的学业水平，可以为学生毕业后继续学习深造和进行更高层次的学术研究打下相应的基础。

（六）学位论文

学位论文是以作者在其从事的科学研究中取得的创造性结果或新的见解发现为内容撰写而成，作为向有关部门机构提出申请，以求授予相应的学位时评审用的研究报告或科学论文。提交学位论文之后，再通过答辩环节，便可获得相应学位和毕业资格等。《中华人民共和国学位条例》第三条规定：“学位分学士、硕士、博士三级。”与这三级相对应的学位论文分别有学士论文、硕士论文和博士论文。

1.学士论文

学士论文是大学本科毕业生为获得学士学位和毕业资格所需撰写的学术论文，应反映出作者已经掌握的大学阶段所学的基础理论、学术知识和专业技能，显示出能综合运用所学知识进行科学研究的基本素质，对研究课题有一定独到的见解。选题范围不宜过宽，通常以所学专业领域中某重要问题的一个侧面或难点为研究对象，同时还应避免过于狭窄、陈腐，要有时代性和创新性，还要把握价值性与可行性。在正式撰写之前，需要拟订提纲，安排好论文整体结构，构建起基本框架。最终在教师的指导下，由毕业生本人独立自主地完成。用于论文写作及修改完善的时间应持续两三个月，字数通常为8 000~10 000字。

2.硕士论文

硕士论文是指在高等学校或科学研究机构攻读硕士学位的研究生所撰写的论文，在论文中应体现作者在本门学科专业领域已掌握的基础理论之坚实宽广与专业知识之系统深厚，具备从事相应的科学研究工作或独立负责专门技术工作的能力、水平。硕士论文应在导师的指导下，由研究生本人独立完成，论文应有属于作者自己对有关研究课题的新见解。用于完成并完善论文的写作时间一般应持续一年左右。通常来说，理工类硕士论文的字数为2万~3万字，管理及人文社科类硕士论文的字数为3万~4万字，其中要求绪论为3 000~5 000字。

3.博士论文

博士论文是在高等学校或科学研究机构攻读博士学位的研究生所撰写的论文。可以说是三类学位论文中质量最高的，是政府等机构收集和利用的重点。博士论文应该在导师的指导下，由研究生本人独立完成，在论文中不仅要体现前两类学位论文所要求具备的理论基础、专业知识及科研工作能力等，还需要站在相关学科前沿，对学科建设提出创造性见解，对学科水平的提高作出贡献。用于前期准备、完成写作并最终完善论文的时间较长，需要两年左右。一般情况下，理工类博士论文的字数为6万~8万字，管理及人文社科类博士论文的字数为8万~10万字，其中要求绪论为1万字左右。

博士学位论文代表着相当高的学识水平，是重要的文献情报源。通常不在刊物上公开发表，只能通过学位授予单位、指定收藏单位或私人途径获得。国际学位论文检索工具有《国际学位论文文摘》（Dissertation Abstracts International），由美国UMI（University Microfilms Incorporation）公司编辑出版，收录美国、加拿大、英国、法国、比利时、澳大利亚等国的450余所大学的学位论文文摘和各国著名大学的学位论文目录，分A（人文与社会科学）、B（科学和工程）、C（欧洲学位论文文摘）3辑出版。我国于1979年恢复实行学位制度，北京图书馆、中国科技情报所和中国社会科学院文献情报中心都是指定的博士论文收藏单位。

三、学术论文的写作

（一）学术论文的选题原则

确定选题实际上就是确定“写什么”，亦即确定研究方向，确定学术论文的主攻方向，也就是确定论文主要研究或解决的问题。选择正确的题目，是论文写作的第一步。俗话说，良好的开端是成功的一半，因此就有人认为，题目选好了，论文等于已经写好了一半。这虽然有夸大的嫌疑，但也从侧面说明了选题的重要性。

学术论文是衡量一个人学术水平和科研能力的重要标志，其重要性不言而喻。论文题目作为学术论文的“门面”，在写作中更是头等重要。这是因为，只有研究有意义、课题有价值，学术效果才能更好，才能对科学事业和现实生活等有所贡献。如果一项研究毫无意义可言，即使研究调查入木三分，逻辑论证密不透风，遣词用句华美瑰丽，也不具备任何科学价值。

钱学森教授说过：“研究课题要紧密结合国家的需要，在研究方法上要防止钻牛角尖，搞烦琐哲学。目前在社会科学中，有的人就古人的一句话大作文章，反复考证，写一大篇论文，我看没有什么意思。”因此，我们选题的时候应当注意选择科学研究领域所涉及的核心问题，或是针对学术界有争议的前沿问题，或是围绕生产实践、社会改革中遭遇的突出问题，或者是作者自身对某一研究问题独到的见解阐述等。总之，选题应具备科学性、前沿性，辅之以适度的专业性、创新性等。这是论文学术质量得以保证的重要前提。

故论文选题应遵循如下原则。

1.实用性

所谓实用性，即选题应能回答或解决现实生活中的实际问题。所以在进行论文写作之前，既要注意选题的学术价值，也要注意选题的实用价值，保证学术论文的实用性。

2.创造性

选题的创造性表现为：用新方法解决新问题，用旧方法解决新问题，用新方法解决老问题。国家科委成果局对《发明奖励条例》第二条解释："在科学技术成就中只有改造客观世界的才是发明……认识客观世界的科学成就，则是发现。"条例中对"新"的含义做了规定，所谓"新"即前人所没有的。凡公知公用的，都是前人已有的，算不上"新"，便不具备创造性。

3.科学性

选题科学性的内涵包括：解决亟待处理的课题，介绍新发现、创造，填补短缺、空白，纠正谬误，发展完善前人理论等。在有事实或科学理论作为依据支撑的基础上进行选题。

4.适应性

所谓适应性，即题目的大小、难易要与客观的科研条件和自身主观的知识积累、能力水平相适应。首先就要估计自己的知识储备情况，其次还要掂量自己的研究能力，最后才要考虑自己的专长和兴趣。各门学科内容十分广泛，科研工作条件有所限制，不能什么都想研究。论文选题要有利于发挥自己掌握的知识优势，研究能力每个人不一样，一定要量力而行。

（二）学术论文的选题方法

以上选题原则只是在确定论文题目时提供一定参考，具体选题的确立还需要通过大量的资料查阅工作来触发思考、启发灵感。通过图书馆、阅览室或网络等途径查阅专业书籍和有关资料（包括辞典、年鉴、文摘、专业手册、百科全书、相关报纸期刊等），了解本学科领域研究的历史和现状，进一步确定选题范围和研究重点。并且学术论文的选题，还要讲究具体方法。

1.快速阅读选题法

顾名思义，快速阅读法即通过快速阅读所收集的文献资料，在比较中确定选题。阅读时要勤于记录，比如制作文献目录卡等，更不能放过随时涌上来的心得体会和印象深刻的感想感悟，在消化吸收相关资料之后提出问题，找出自己想要研究的方向。

2.追溯验证选题法

即以主观的“拟想”为出发点，沿着研究的方向，跟踪追溯，了解有关的学术动向。事先需有一定的想法，然后根据知识积累，初步确定选题范围。“拟想”必须以客观事实与客观需要为根据，通过追溯来验证其可行度。如果自己的想法与别人一致，就应立即改变“拟想”。

当今学术研究呈现学科交叉的发展趋势，社会科学与自然科学交叉，学科内部交叉，教学向所有学科领域进一步渗透，高度综合的“大学科”群既是社会科学的研究课题，也是自然科学的研究课题，需要文、理科综合，共同解决与社会发展和科学进步有密切关系的问题。随着科学技术的进步和人们认识能力的提高，许多已有结论的问题会重新引起人们的认识，遭受质疑，产生争论。学术研究应勇于参与争议，从有争议性的课题中确定，这不仅能推动学术的发展，也能提高研究的能力。此外，国际学术动态也是确定选题的沃土。

选题想要达到目的，就要找出在理论上或实践上未被发现、适于研究课题的一切事物。了解并掌握相应的选题原则与方法是非常必要的，但最根本的是清楚学术理论和社会实践的需要，根据社会需要选题。初学者的选题，一般源自书本，但是，尽信书不如无书，学术研究不能为已有资料和书本文献所局限，也应该敢于选择别人尚未系统研究的新问题。学术论文写作要勇于开拓科学领域的无人区，寻找出已有研究成果中的薄弱环节，直面争议性问题，积极关注最新的学术动态，选择能填补科学研究空白的课题，为相关学术理论的发展完善做出贡献，为社会实践的开展提供指导。

（三）立论

立论即针对客观事物或问题，直接提出自身见解、主张，经过严谨的逻辑论证阐明理由、提炼论点、表明观点态度的过程。也就是运用恰当的论证方法，用论据证明论点。具体而言，即通过概念、判断和推理等逻辑思维形式对客观事物进行综合分析与研究，然后摆出事实、讲清道理，提出鲜明的看法，确立并建立论点，最终达到合理正确地揭示客观事物本质规律的目的。除了通过建立论点来立论，有时也可在“破”的基础上进行，即所谓“不破不立”“先破后立”“边破边立”。立论作为议论重心，无论撰写何种议论文，都是重中之重，驳斥他人论点的目的也是为了确立自己的论点。

立论性文章要求具备三要素，即论点、论据和论证。

1.所提论点要准确、明确且正确

论点，是在论题范围内和明确的写作目标下，对所搜集的材料进行研究而形成的观点。其出现的位置各有不同，可在标题上，可在文章开头、中间或结尾，也可由几个分论点总结归纳而成。作者提出的观点看法要能如实反映客观事物的实际情况，确立的论点要能揭示事物的本质属性，要明确表达作者的鲜明态度（即赞成什么、反对什么），还要合乎科学原理和党的方针政策，反映出人民群众的愿望和要求。论点是由学术论文一系列观点看法构成的体系，需要以总论点的确立为前提，以符合逻辑顺序安排的分论点为支撑，两层论点以特定的关系形成论点体系。

2.所用论据要典型、真实且充分

学术论文的论据必须确凿、恰当、典型，力求精炼、生动，并富有时代感，不可随意编造、断章取义。无论事实论据还是理论论据都是用来确立、证明论点的依据，必须具有真实性、代表性。即使文献材料富足，也要经过细心挑选，只有真实、典型的材料作为论据来证明论点，论文才能具有说服力和充分的论证力。另外，所收集的材料应进行分类登记，在撰写论文时，必须注明所用论据的具体出处。

3.安排好论证的逻辑关系

不管是先提出论点再证明，还是先论述然后归纳论点，都与论证方法的运用有关。论证指用论据来证明论点的方法、过程，主要是按照一定的逻辑推理形式把论点和论据组织起来，证明论点正确可信且有价值意义。由于议论内容的差异，采用的论证方法也各有不同。论证的方法与逻辑推理形式密不可分，一种论证方法就是某种逻辑推理形式的具体运用。论证合乎科学，就是要合乎逻辑，合乎人们认识事物的规律，只有这样，论证才是有力的。常用的逻辑论证形式有归纳、演绎和类比推理等。

归纳推理是从对诸多个别事物的分析、研究之中，通过摆事实等直接论证方式，归纳出具有共性的一般结论，其特点是从具体到抽象，从个别到一般，这比较合乎认识规律。演绎推理是以讲道理等间接方式，从共性到个别来得出结论的方法，特点是从抽象到具体。归纳和演绎推理是写作议论性文体时，最基本的推理形式，运用极为普遍。类比推理是从已知事物的某种属性，类推出未知事物也具有同样属性的方法，特点是从个别到个别，学术论文写作时也经常使用。

确定论证体系、安排材料和论证形式，就是在确定论点体系的基础上，确定如何用论据来证明论点。首先要安排材料的归属和使用，找到发挥材料作用的最有效的方法。其次要考虑使用各种论证形式，比如是采用并列式还是掘进式等。论证的实质是找出并剖析论点和论据之间的内在联系，并以合乎逻辑的方式来说服读者。

(四)引用

引用是指在说话或写作中引用现成的语句语段，如诗句、格言、成语等，以表达思想感情，说明自身对新问题、新道理见解的修辞方法。引用可分为明引与暗引、正引与反引、直接引用与间接引用等。写作时进行适度的引用，既可使文章言简意赅、简洁凝练，有助于说理抒情，还能使语言生动活泼，增强表现力、感染力等。

引文在学术论文中是常见的，它有助于说理论证、表情达意。“引前人之言论，证作者之理论。”为自己的观点和看法提供有力的论据，不仅使立论有根据，还可以表现出作者深厚的理论积累和对前人研究成果的看齐致敬，增强说服力。在论文中所引用的内容，应该是在论文写作之前作者经过长时间系统收集、悉心整理得到的。

学术论文的性质决定了在引用的时候应该注意其内容的系统性，不能“见缝插针”式地乱用。引用的最终作用与目的是帮助作者更好地进行逻辑论证，支撑论点，以得出合理的学术结论。所引用的内容不能过于晦涩深奥，也不要求其经典性，但必须与论文的论据、论点、结论等高度契合，并出现在论文中的合理位置，完善论证体系。

如果引用的是原话，必须做到准确无误，一字不差，甚至连标点符号也不能随意改动，同时要加双引号。如果不是引用原话，而是原意，则用冒号将其引出即可。引文常需注释，以注明出处。加注的方法有夹注、脚注、尾注等。学术论文最常见的是脚注或尾注，脚注即在当页的最下面加注；尾注即在正文之后集中加注。注释应统一编流水序码，文中注释序码和文尾注释序码相同。注释项目一般为著者（作者）、书名（篇名）、出版地、出版者（期刊名称、报纸名称）、出版时间与版次（期刊期号、报纸日期）、页次等。

在进行学术论文写作的时候，对引用的使用应该适度，否则便与抄袭无异。学术论文的创作要求具有一定的创新突破，不能满篇“老生常谈”，更不能全是前人言论的照搬堆砌。这种无视他人学术劳动成果的行为，是学术论文的禁忌之一，应引起警惕并坚决杜绝，否则对学术发展、科技进步毫无益处。如果论文被发表出来，这种抄袭剽窃行为还有损于个人信誉与发展，甚至带坏社会学术风气。因此，学术论文的写作不是儿戏，对待引用转述等更应该采取审慎的态度，严于律己，坚持学术诚信。

（五）表达

学术论文最终是要形成书面材料，以文字的形式表达出来的。即使随便写一篇几百字的小作文也要列一个提纲，以便组织语言，规定行文逻辑，来表达清楚相应的意思，更不用说要进行动辄几千上万字的学术论文写作了。所以在论文写作之前，形成相应的提纲，记录下大概的构思模式，对之后论文的创作完善很有帮助。

提纲能概括性地叙述纲目、要点，具有纲要性、条理性的特点。不用在其中体现论文的所有内容，只需把论文的主要内容、大致框架提纲挈领式地写出来，尽可能做到条理清晰，一目了然。

提纲作为论文的骨架，在写作之前对其进行构思，可以帮助作者在写作之前对全篇论文的整体结构有合理的把握，对写作过程了然于心，在写作的时候做到层次分明，思路清晰。同时从整体出发，突出重点，把握论文核心以及段落之间的逻辑关系。

提纲的具体拟订过程大致包括3个方面的内容。

1.拟定论文标题

标题即论文题目，是其核心及主旨所在。能够引导读者把握文章脉络，理解论述主题。标题应该直接或间接地揭示文章所研究的领域及相关学术问题，要具备概括总结全文核心内容的作用，全文则要紧紧围绕标题展开论述，二者相互照应，相辅相成。标题是论文核心内容的缩影，太过微小或太过庞大都不合适，应具备言简意赅的概括性、鲜明独特的直观性以及清晰概括的具体性等特点。另外，拟定论文标题的时候还需要注意不宜过长，同时尽量不用标点符号，避免不常见的缩略语、字符、代号和公式等。如果觉得标题意犹未尽，可以添加副标题。

2.划分段落

这里所说的划分段落不同于具体的自然段落，而是指支撑全文的各个主要部分。多数论文是从几个主要方面来概括论述对象的，内容、重点应有主次之分，较长的论文可以详细划分出具体章节。还可提炼段落小标题，凸显论文的整体脉络和构思进程。用以支撑文章大标题的段落标题称为目，要求语意精炼准确、层次分明、方向明确。

3.拟定分论点

分论点是对全文主体段落内容的划分和概括。论点与论据是相互统一的整体，论点的确定即决定了论据的内容，论据要为论点服务。初次写作学术论文，应详细完成论点和论据的概括。提纲是论文整体内容的高度浓缩与提炼，能够决定论文的写作方向，反映作者的写作观点。因此，提纲直接影响论文的学术质量，分论点作为论证过程的重要组成部分和总论点的支撑，应该在提纲中得到一定的体现。

提纲可以说是论文的“设计蓝图”，可以将论点体系、论证体系具体化为文字形式。编写提纲就相当于设计论文框架，要求做到有中心、有层次。有中心，即以总论点为中心，来组织分论点和论据进行逻辑论证，以使行文有条不紊，完整统一；有层次，就是按顺序、分层次论证总论点，以使逻辑严密顺畅，层层递进。与一般文章的开头、主体、结尾相对应，论文是由绪论（引言）、正论（正文）、结论（结束语）三部分构成的，即提出问题、分析问题、解决问题。但这并不意味着需要把文章的结构形式刻板化，论文写作应灵活多样地进行。

四、学术论文的文本规范

国家标准局1987年5月5日发布，1988年1月1日实施的中华人民共和国国家标准GB 7713—87《科学技术报告、学位论文和学术论文的编写格式》规定，学术论文（包括科学技术报告、学位论文）的编写格式包括前置部分、主体部分、附录部分和结尾部分。

（一）前置部分

前置部分可包括封面、题名、摘要、关键词、目次页、插图和附表清单等。

1.封面

封面是报告、论文的外表，提供应有的信息并起保护作用。封面不是必不可少的。学术论文如果作为期刊、书或其他出版物的一部分，无需封面；如作为预印本、抽印本等单行本时，可以有封面。封面上可包括分类号、密级、责任者姓名、申请学位级别、专业名称、论文题目、指导教师姓名、职称、工作完成日期等内容。

2.题名

题名是以最恰当、最简明的词语反映报告、论文中最重要的特定内容的逻辑组合。应能概括整个论文最重要的内容，具体、切题、不能太笼统，但要引人注目。题名力求简短，一般不宜超过20个字。报告、论文用作国际交流，应有外文（多用英文）题名。外文题名一般不宜超过10个实词。题名在整个报告、论文中不同地方出现时，应完全相同。

题名语意未尽，可用副题名补充说明报告、论文中的特定内容。报告、论文分册出版，或是一系列工作分几篇报道，或是分阶段的研究结果，各用不同副题名区别其特定内容。

3.目录

长篇报告、学位论文可以有目录（目次页），短文无需目录。目录应是报告、论文组成部分的小标题，由篇、章、条、款、项、附录、译文等的序号、名称和页码组成。整套报告、论文分卷编制时，每一分卷均应有全部报告、论文内容的目录。

4.摘要

摘要是报告、论文的内容不加注释和评论的简短陈述，200~300字。摘要一般应说明研究工作的目的、意义、方法、结果和最终结论等，重点是结果和结论，要突出本论文的创造性成果及其理论水平和技术水平，语言力求精炼。为了国际交流，还应有外文摘要，不宜超过250个实词。摘要应具有独立性和自含性，即不阅读报告、论文的全文，就能获得必要的信息。摘要中有数据、有结论，是一篇完整的短文，可以独立使用，可以引用。摘要的内容应包含与报告、论文同等量的主要信息，供读者确定有无必要阅读全文，也供文摘等二次文献采用。

长篇报告、学位论文的摘要可以用另页置于封面、目录或题名页之后。学术论文的摘要一般置于题名和作者之后、正文之前。学位论文为了评审、学术论文为了参加学术会议，可按要求写成变异本式的摘要，不受字数规定的限制。例如，硕士论文可为500~1 000字，博士论文可为1 000~2 000字，均以能将规定内容阐述清楚为原则。英文摘要与中文摘要的内容应完全一致，在语法、用词上应准确无误。

5.关键词

为了便于文献检索，要求作者从正文或标题中挑选出3~6个能表达其主要内容的词语作为论文的关键词。以显著的字符另起一行，排在摘要的左下方。如有可能，尽量用《汉语主题词表》等词表提供的规范词。为了国际交流，应标注与中文摘要对应的英文关键词。

（二）主体部分

主体部分的编写格式可由作者自定，但一般分章节撰写，每章应另起一页，由绪论开始，以结论或讨论结束。主体部分包括绪论（引言）、正论（正文）、结论（结束语）、致谢、参考文献等部分。

由于主体部分的内容比较丰富，因而常使用序号或小标题，使其眉目清晰。序号可以就全篇报告、论文统一按出现先后顺序编码，对长篇报告、论文也可以分章节依序编码。

其标注形式应便于互相区别，可以按公文形式序号分为：一、二、三，（一）（二）（三），1、2、3，（1）（2）（3）等。还可以按科技报告、论文形式序号分为1、1.1、1.1.1、1.1.1.1等。另外，报告、论文中的图、表、附注、参考文献、公式、算式等，一律应用阿拉伯数字分别依序编排序号。

1.绪论

绪论又称引言，在论文正文前，用500字左右说明设计背景，本研究主题范围内国内外已有的文献综述、现状，研究工作的目的、范围，理论依据，实验基础，预期结果及其在相关领域的地位、实用价值与理论意义等。引言应言简意赅，不要与摘要雷同，也不要成为摘要的注释。一般教科书中已有的知识，在引言中不必赘述。比较短的论文可以只用小段文字起引言的效用。

2.正论

正论也称正文、本论，是报告、论文的核心部分，占主要篇幅，可以包括调查对象、实验和观测方法、仪器设备、材料原料、实验和观测结果、计算方法和编程原理、数据资料、经过加工整理的图表、形成的论点和导出的结论等。由于研究工作涉及的学科、选题、研究方法、工作进程、结果表达方式等有很大的差异，对正文内容不能作统一的规定。但是，必须实事求是，客观真切，根据论题的性质，或正面立论，或批驳不同的论点，或解决某些疑难问题。同时需要以大量的事实和充分的理由，周详地、多层次地论证文章中的全部论点。

正论的展开形式一般有并列式和掘进式两种。并列式是将主要论题的几个横向性分题逐一加以论述，各部分内容是并列的关系。掘进式是各部分内容有逐层深入的关系，这种深入，可以是历史发展性的纵向深入，也可以是问题性质上的深入。在论证过程中，应注意不要转移或偷换论题，不要犯循环论证的毛病。正文部分内容是否充实、论证是否得体，将决定全文的质量高低。

正论中经常要引用引文。引文在学术论文中是常见的，如果是原话必须做到准确无误，一字不差，连标点符号也不能随意改动，要加双引号。如果不是引用原话，而是原意，则用冒号将其引出即可。引文常需注释，以注明出处。加注的方法有夹注、脚注、尾注等。学术论文最常见的是脚注或尾注。脚注即在当页的最下面加注；尾注即在正文之后集中加注。注释应统一编流水序码。文中注释序码和文尾注释序码相同。注释项目一般为著者（作者）、书名（篇名）、出版地、出版者（期刊名称、报纸名称）、出版时间与版次（期刊期号、报纸日期）、页次。

3.结论

要求作者根据设计过程中所获得的全部材料，经过分析、判断、归纳等逻辑处理，得出正确的学术观点、总的见解。结论必须准确、精炼、完整，使人一看就能全面了解论文的意义、目的和工作内容。要认真阐述自己的创造性工作在本领域中的地位、作用和意义，以及本设计存在的不足及其完善的可能性。它是作者研究成果的最终结论，不是正文中各段的小结的简单重复。如果不可能导出应有的结论，可以没有结论而进行必要的讨论，也可以在结论或结束语中提出建议、研究设想、改进意见、尚待解决的问题等。

4.致谢

致谢对象限于在毕业论文过程中对自己论文的完成有较重要帮助的团体和人士（一般限200字以内）。可以在正文后对下列各方致谢：国家科学基金，资助研究工作的奖学金基金，合同单位，资助或支持的企业、组织或个人；协助完成研究工作和提供便利条件的组织或个人；在研究工作中提出建议和提供帮助的人；给予转载和引用权的资料、图片、文献、研究思想和设想的所有者；其他应感谢的组织和个人。

5.参考文献

为了反映论文的科学依据，尊重他人的研究成果，向读者提供有关信息，学术论文的末尾一般都要列出参考文献。要求列出作者直接阅读过、在正文中被引用过、正式发表的文献资料，以示对文献作者的尊重。非正式出版物则不必列出。所列的参考文献，按照GB/T 7714—2015《文后参考文献著录规则》的规定执行，或按《中国高校自然科学学报编排规范》的要求书写参考文献，并按顺序编码制，即按中文引用的顺序将参考文献附于文末。主要参考文献著录格式有以下几种。

连续出版物：主要责任者.题名：其他题名信息［文献类型标识/文献载体标识］.年，卷（期）–年，卷（期）.出版地：出版者，出版年［引用日期］.获取访问路径.数字对象唯一标识符.

专著：主要责任者.题名：其他题名信息［文献类型标识/文献载体标识］.其他责任者.版本项.出版地：出版者，出版年：引用页码［引用日期］.获取访问路径.数字对象唯一标识符.

论文集：主要责任者.论文集名：其他题名信息［文献类型标识/文献载体标识］.出版地：出版者，出版年.获取和访问路径.

学位论文：主要责任者.学位论文名［文献类型标识/文献载体标识］.保存地点：保存单位，年份.获取和访问路径.

专利：专利申请者或所有者.专利题名：专利号［文献类型标识/文献载体标识］.公告日期或公开日期［引用日期］.获取和访问路径.数字对象唯一标识符.

技术标准：主要责任者.标准编号 标准名称.出版地：出版者，出版年.

不同的文献类型采用相应的标志代码。

（1）文献类型标识/载体类型标识

期刊［J］；专著［M］；论文集［C］；学位论文［D］；专利［P］；标准［S］；报纸［N］；技术报告［R］

（2）电子文献载体类型用双字母标识

磁带［MT］；磁盘［DK］；光盘［CD］；联机网络［OL］

（3）电子文献载体类型的参考文献类型标识方法

联机网上数据库［DB/OL］；磁带数据库［DB/MT］；光盘图书［M/CD］；磁盘软件［CP/DK］；网上期刊［J/OL］；网上电子公告［EB/OL］

（三）附录部分

1.附录

可以包括：正文内不便列出的冗长公式推导；以备他人阅读方便所需的辅助性数学工具或表格；重复性数据图表；程序清单及说明等。附录是作为报告、论文主体的补充项目，并不是必需的。附录与正文连续编页码。每一附录均另页起。如果报告、论文分装几册，凡属于某一册的附录应置于各该册正文之后。

2.译文

如果撰写的是毕业论文，那么结合毕业论文课题，要求学生至少阅读一至三篇与课题相关的专业外文资料，并完成20 000印刷符号以上的译文（翻译成中文3 000字以上），置于参考文献或附录后面。

（四）结尾部分

为了将报告、论文迅速存入电子计算机，可以提供有关的输入数据。必要时可以编排分类索引、著者索引、关键词索引等。

【思考与练习】

1.什么是学术论文？学术论文有什么样的性质？

2.如何进行学术论文的选题及立论？

3.学术论文应该怎样做到合理引用？

4.在形成学术论文提纲的时候应该注意些什么？

5.结合自身专业特色，参考论文选题的相关标准及注意事项，选取一个论文题目，列出大致提纲，并谈谈自己的研究与写作设想等。

【本章参考书目】

［1］萨利赫.新闻写作的艺术［M］.北京：中国人民大学出版社，2017.

［2］徐宝璜.新闻学［M］.北京：中国传媒大学出版社，2018.

［3］王雨磊.学术论文写作与发表［M］.北京：中国人民大学出版社，2017.

［4］费希尔.博士、硕士研究生毕业论文研究与写作［M］.徐海乐，钱萌，译.北京：经济管理出版社，2005.

［5］李振华.文献检索与论文写作［M］.北京：清华大学出版社，2016.

［6］戈玉华.针对性思想性艺术性——谈新闻评论的写作［J］.新闻通讯，1999（10）：62-64.

［7］刘永跃，钟健，陈士福.谈谈新闻评论的针对性［J］.采.写.编，1996（6）：47.

［8］宋立民.社会评论文体分析［J］.商丘师范学院学报，2008（4）：108-111.

[9] 陈海艳，詹艾斌.社会评论写作应注意的几个问题[J].新闻与写作，2010（4）：88-90.
[10] 潘双林.嬉笑怒骂皆成文章——谈社会评论的写作[J].新高考（高三语文），2012（3）：11-14.
[11] 贺仲明.大学生文学评论写作的意义与方法[J].文学教育（上），2016（4）：4-8.
[12] 费巍.文学评论写作的意义及提升方法浅谈[J].文学界（理论版），2013（1）：41，43.
[13] 祝宇，李朝霞.文学评论写作指要[J].文学教育（下），2011（5）：105.
[14] 贺国光.怎样写好文学评论——兼谈中文系学生毕业论文写作[J].内蒙古师范大学学报（教育科学版），2010，23（7）：146-148.
[15] 柴瑜.文学评论写作漫谈[J].绥化学院学报，2009，29（4）：128-130.
[16] 袁珍琴.谈文学评论的写作[J].重庆文理学院学报（社会科学版），2006（2）：83-86.
[17] 胡湘娟.本科毕业论文写作指导研究[J].科技资讯，2018，16（21）：170-171.
[18] 柏芳燕.浅析本科毕业论文的写作指导[J].农村经济与科技，2018，29（12）：232，234.
[19] 许正林.毕业论文写作的基本技巧与方法[J].新闻与写作，2018（2）：104-107.
[20] 董瑞美，杨春忠.略论学位论文的写作规范及文献检索问题[J].山东社会科学，2004（4）：125-127.
[21] 袁焰.关于毕业论文写作提纲的拟写[J].新疆广播电视大学学报，2003（4）：40-41.
[22] 赵书勤.议论性文体的论证系统[J].内蒙古大学学报（哲学社会科学版），1996（2）：77-83.

第六章　应用性文体写作

第一节　应用文写作基础

一、应用文的概念和功用

（一）应用文的概念

人类有了文字就开始了写作活动，但在文字产生之前，人类的创作活动早就开始了。这种“创作”活动缘于两种需要：一是因“情动于中”而产生的“表达”需要；二是以“讯木和结绳”为依凭的“记事”需要。文字产生以后，人类的写作活动仍以抒发感情的“文学写作”和解决实际问题的“应用写作”两类为主。因此，纵观古今一切写作，只有两大类：生产应用文章的应用写作和生产文学作品的文学写作。

应用写作和应用文是两个不同的概念。应用写作是为了实行管理、传递信息等社会效用，运用书面语言和图表符号进行的写作活动。这种写作活动具有明确的实用性，它通过最直接、最有效的方式表述思维、交流思想、传播信息、解决问题，为现实社会服务。应用文是日常生活和工作中，为某种具体的实用目的而撰写的文章。狭义的应用文专指国家机关、企事业单位、社会团体以及人民群众在处理事务、沟通信息时所形成和使用的具有一定格式的文章。而广义的应用文，可指文学文体以外的一切文章。

应用文的任何一个文种概念，其内涵都主要由使用者、用途、主要特点、内容、类属等知识点构成。所以，关于应用文我们还可以作这样的概括：应用文是国家机关、企事业单位、社会团体和个人在工作、学习和日常生活等社会活动中，用以处理各种公私事务、传递交流信息、解决实际问题所使用的具有直接实用价值的多种文体的统称。

应用文写作中的文种概念，有两个考察的角度。

一是从构成层次看，有核心概念（即范畴）、基本概念和一般概念三类，它们分别处于全局、局部、细节三个层面。核心概念是指关涉应用文写作全局的、最重要的文种概念，主要有应用文（书）、私人文书、公务文书等。基本概念是指从属于应用文写作各部分的重要的文种概念，如行政公文、事务文书、商务文书、科技文书、法律文书、礼仪文书、计划、总结、调查报告、简报、合同、日记、书信、条据、学术论文等。一般概念是指出现在应用文写作各个文体、文种内部的个别概念，如专项性计划、综合性计划、专题性总结、综合性总结、反映情况的调查报告、总结经验的调查报告、揭露问题的调查报告、工作简报、会议简报、动态简报等。

二是从来源角度看，有民间约定性概念、官方规定性概念和学者探讨性概念三类。民间约定性概念是千百年来人们世代相传、约定俗成的概念，例如民间应用文书中的契约、书信等。官方规定性概念，既有历代官府章、奏、表、议等概念，又有现代国家党政机关及其职能部门在有关文件里定义的概念，例如党政机关公文。2012年4月16日中共中央办公厅、国务院办公厅发布的《关于印发〈党政机关公文处理工作条例〉的通知》（中办发

〔2012〕14号）就对“党政机关公文”包括其“种类（概念）”在内的公文处理工作要求进行了全面规范。学者探讨性概念是目前应用写作学界尚无定论，而由学者们各自发表意见、进行定义探讨的概念，例如事务文书、讲话稿、工作研究等。

（二）应用文的功用

应用文的功用就是应用文的功能作用。《周易·系辞下》云：“上古结绳而治，后世圣人易之以书契，百官以治，万民以查。”意思是说，上古用结绳记事以治理天下，后世圣人，改以契刻文字，百官藉以治理政事，万民藉以稽察国事。说明自古以来，人们一直通过某种方式实现着社会的治理和人际关系的协调。这种方式不论是以“结绳”，还是以“书契”为手段，乃至今天应用文的普遍使用，其社会功能都是相同的，那就是治理与约束（规范行为）、传道与警示（宣传教育）、交换与周知（信息交流）、契约与凭证（关系协调）等效用的实现。

对于“文之为用”，明初的宋濂指出“施之于朝廷，则有诏诰册祝之文；行之师旅，则有露布符檄之文；托之国史，则有记表志传之文；他如序、记、铭、箴、赞、颂、歌吟之属。”宋濂将文分成了四个大类，其中的朝廷之文与师旅之文均属于古代公文的范畴，剩下的才是记事之文和文学之文，在宋濂的文论中，公文占到了一个非常重要的部分，并且也是“文之为用”这个功能的主要承担者。

国家与社会的治理，需要一种能够逾越时间与空间的限制，能有效传递公务活动所需信息的重要工具，而应用文中的公文便是这样的工具。在长期的发展过程中，应用文为推动社会的进步起到了不可替代的作用。随着现代社会的发展，人们的社会交际活动越来越频繁，应用文越来越受到重视，其作用也越来越大。具体讲，应用文有以下五个方面的功用。

1.国家管理与社会治理功能

这一功能主要在公文类文书上得到体现。曹丕在《典论·论文》中就说“盖文章，经国之大业。”刘勰《文心雕龙·章表》则说得更具体：“章表奏议，经国之枢机。”当下的党政机关公文，其首要功能就是用于传达贯彻党和国家的方针政策和各项指令，在公务活动中发挥领导与指导作用，在国家管理与社会治理中实现加强集中领导、维护政令统一、保证工作步伐整齐一致的目的。

2.社会规范和行为约束功能

在国家和社会治理层面，公文用于发布法规与规章，在国家行政管理与维持社会主义建设秩序方面发挥着规范作用。党和国家发布的法规与规章，都是一定范围内人们行为的规范和准则，具有强制约束力。在公务活动层面，党政机关公文中上级机关所制发的下行文，虽然多数不属于法规性公文，但都同样具有法定的权威性，具有规范和约束的作用，要求下级机关和有关人员遵照执行。在社会活动和人际交往层面，如经济活动中的各项技术标准、技术安全规程，民间的乡规民约、契据凭证等，都对相关人员的行为活动发挥着规范和约束的作用。

3.思想宣传和社会教育功能

古人十分重视“文以载道”。到了明代，宋濂、方孝孺、王守仁等就更提倡文以“明道”的社会政治功能。王守仁称“所谓文者，或施之朝廷，或用之邦国，或形诸家庭，或见诸师弟子之问答，与其日用应酬之常，虽制以事殊，语因人异，然莫非道之用也。”王守仁这里强调的正是应用文的“明道”与宣传教育功能。历朝历代，“道”便是其主流意识形态的主张和信仰，当今时代亦如此。任何文章都有宣传教育作用，应用文也不例外，而其中作为集中体现治国理政思想的公务文书，则具有较强的政策性、理论性，在各项事业中发挥着阐明事理、启发觉悟和提高认识水平的作用，具有较强的宣传教育功能。

4.联系纽带和信息交流功能

在公务活动中，公文是上级机关部署任务、提出要求，下级机关请示报告工作，反映情况，实现上下纵向联系的基本手段，也是沟通机关之间横向联系的纽带。上下级机关之间，上级要了解下级情况才能有针对性地指导工作，下级要在上级精神的要求下明确责任，做到有章可循，才能推动工作。不相隶属机关及平级机关之间，也要通过横向联系协调行动、沟通情况、交流经验。在社会活动中，社会分工越来越细，交际越来越频繁，不同团体和个人之间，不论是社会活动组织、经济业务联系，还是人情礼仪往来，应用文书都是不可或缺的交往工具。

信息的传递在管理和决策中的作用，怎样高估都不为过，在人类进入信息社会的今天尤其如此。而文字信息的形成就是通过应用类信息文体的撰写完成的，同时由于应用文在国家管理和社会交往中的普遍存在，其信息交流的功能就十分重要和强大。

5.凭证依据与档案留存功能

应用文作为一种以记录事实为主的书面语体，在记载事物发展状况和反映客观现实的同时，又对已有事实的存在和肯定具有证实作用，同时也为日后查考提供了依据。如会议记录就是了解会议进行情况的依据；合同、协议书是确定、变更或终止签约各方相互间权利义务的一种凭证；护照、聘书、介绍信、证明信、公证书是证明使用人身份、经历的一种凭证。各种法规性文件、公务文书都在各项事务的处理过程中具有引证和参考的价值。上级的文件自然是下属各部门的行动准则；下级机关的文书，可以为上级制定政策、做出决定提供重要的参考；平行机关在商洽工作、协作共事时，也可以将对方的文件作为凭证。

各类应用文书是社会活动的真实记录，也是档案留存的主要对象。我国古代丰富的应用文献资料和典籍，记载着各个社会历史阶段社会生活的真实情况，是我们研究过去的社会历史、政治、经济、文化的宝贵资料；而我们今天的应用文献资料，也是留给后人的珍贵的精神文化遗产。

二、应用文的发展沿革

应用文在社会实践的需要中产生，并随着社会的发展而发展。

（一）从应用物画到应用文

自从人类有了记事、社会活动管理、信息传递的需要，就已寻找到适应这些需要的手段。在文字产生以前，为弥补依靠“口耳治事”在凭证、记忆和时空限制上的不足，经过长期的摸索，人们在社会实践中逐渐找到了两种较有效的记事方法：一种是实物记事，主要方式是结绳、讯木（在一根木棒上刻各种花纹或插进各种东西来帮助记忆或传递信息）、结珠等；一种是图画记事，即把要办的事情用图画表达出来。这种最初的应用物画，可以说就是应用文的前身，我们可称其为实物“应用文”。从实物“应用文”到文字应用文的产生，则需要具备两个前提条件：文字的产生、阶级集团和国家雏形的出现。

在中国，文字是什么时候产生的呢？1898年殷墟甲骨文的出土，第一次找到了汉字起源的依据。然而，陕西西安半坡遗址（公元前4 800—前4 300年）的发掘证明我国在母系氏族社会时期就已经有了原始文字。1986年西安西郊花园村又出土了刻在兽骨上的文字，比商代殷墟甲骨文还早1 200年，约为4 500年前的“五帝”时代。《尚书·序》中“古者伏羲氏之王天下也，始画八卦，造书契，以代结绳之政，由是文籍生焉。”这个文献资料说明最早的应用文在“五帝”时代就已出现。

（二）应用文的演变和发展

1.先秦时期

我国应用文的演变发展，经历了奴隶社会和封建社会的漫长历史过程。奴隶社会时期的应用文在不断演变中已形成一定的程式和类型。《尚书》是我国最早的一部历史文献汇编，全书上起尧、舜，下到秦穆公，分为《夏虞书》《商书》《周书》，汇集了奴隶社会夏、商、周1 300年间的主要应用文。文体种类主要有典、谟、誓、诰、训、命6种。公元前13世纪的殷墟甲骨文都是商代的应用文，除一部分记事外，大多是卜辞。春秋战国时期，又出现了反映各国兼并和新旧斗争的文书种类，如用于征战的“檄文”，用于国家间相互往来的“移书”，用于加封晋爵的“玺书”，用于国家间订立盟约的“盟书”，用来向上陈述自己政治主张和意见的“上书”等。

2.秦汉时期

秦汉时期是我国应用文的形成和发展时期。秦始皇统一天下以后，为了加强中央集权，统一了国家行政管理制度，其中就包括文书制度，由此奠定了整个封建社会的公文体制基础。文书制度的变化主要有三方面的内容：一是文种增加，二是文体内涵发生变化，三是行文关系开始有了明显的区别。如改“命”为“制”、改“令”为“诏”；在以前文种的基础上，确定了“制”和“诏”两种下行文；确定了一种称为“奏”的上行文。汉承秦制，并有所发展。正如《文心雕龙》所说：“汉定礼仪，则有四品：一曰章，二曰奏，三曰表，四曰议。章以谢恩，奏以按劾，表以陈情，议以执异。”不仅文种增加，而且各类文种的分工和要求也越来越明确，形式也随之越来越完备、固定。公文发展的同时，民间的契约、书信之类的应用文也随着社会经济和人际交往的发展而完善起来。以后历代文种的沿革都是在秦汉文种基础上的完善。

秦汉时期的应用文，特别是公务文书的格式、用语也发生了很大变化，以反映上下等级森严、职责分明的封建等级制度。一是区分了行文关系，明确规定了上行和下行的文种；二是确立了公文的避讳制度和抬头制度，行文中凡遇到皇帝之名，包括其同音字都要回避，凡遇到本朝代名、帝号或与皇帝言行有关的字，如“制”“旨”等，都要换行顶格书写。先秦用印，不论君王与百官，都可称“玺”；秦始皇时“玺”是皇帝印章的专称，百官之印只能称“印”或“章”。以后的各个朝代都继承和发展了这种行文制度。

3.唐宋时期

唐宋时期是我国封建应用文发展比较完备的时期。根据政权的需要，应用文被列为国家科举考试的主要科目之一。唐朝把应用文明确地分为上行文、平行文和下行文三种。上行文有表、状、笺、启、辞、牒；平行文有关、移、刺；下行文有制、刺、册、令、教、符。宋代应用文又有发展，皇帝的下行文有册、制、刺、诰命、诏书、御札、敕膀七种；上行文有劄子、状、书、表、封事、笏记；平行文有关、移、刺、咨。唐宋时期对应用文的格式作了严格的规定，形成了一系列的制度，有一文一事的制度，公文用纸的制度，公文折叠的制度，公文拟制与誊写的制度等。

4.元明清时期

元承宋制，在文书和档案分工上更加明确、细化，公文没有多大变化。

明清时期是我国封建应用文由稳定发展到繁芜没落的时期。由宋代兴起的繁杂文风，到明清已发展到极其严重的地步。这一时期，公文种类名目繁多，重复混杂。繁文缛节、陈词滥调已成为当时公务文书的一大弊病。明代自朱元璋以来，曾屡禁繁文，但收效甚微。针对这一情况，崇祯年间开始实行公文“贴黄”制度，规定凡大臣上奏章，自己必须写出百字以内的内容提要，贴附在本文之上，以便皇帝查阅。因当时所用的纸是黄色的，故称“贴黄”。“贴黄”制度虽然无法从根本上制止繁文，但对提高办事效率起到了一定作用。清代继承了这一制度。

明代文书，下行文有诏、诰、制、刺、册、谕、书、符、令、檄；上行文有题、奏、表、启、章、书状、文册、揭、制对、露布、译、事本；平行文有咨、关、牌。清代文种基本上沿袭明代，康熙年间因告密而发展起来的奏折，则成了此后给皇帝的主要上行文文种。其他许多文种有的衰退，有的废止。

封建时代各种应用文都打上了封建专制主义的烙印，皇帝至高无上，尊君抑臣，等级森严；应用文格式陈腐，文风古板，称谓臃肿，颂美之词、虚浮套语及各类头衔堆砌。各衙门书吏夹私诬罔，贿赂行文，舞文弄墨，侵欺钱粮，甚至盗改文书档案。诸多瘤疾，使封建应用文逐步走向了衰亡的阶段。

（三）近现代的发展变化

辛亥革命后，公文文种发生了根本性的变化。最大的特点是文种大大简化。1912年南京临时政府颁布了辛亥革命以来第一个公文程式条例，废除旧有体式，确立了新的公文文种和用途。当时规定的文种有令、咨、呈、示、状。1927年到1928年间国民政府先后颁布了三个公文条例，以加强其政务管理。与此同时，中国共产党领导下的苏区工农民主政府也确立了自己的公文文种，当时规定下行文有命令、指令、指示、决定，上行文有报告，平行文有信电，对外宣传有布告、通告等。

新中国成立以来，在健全国家管理体制的同时，人民政府为建立、完善和统一公文制度做了大量的工作。1951年中央人民政府政务院颁布了《公文处理暂行办法》，把国家机关的公文定为7类12种。1957年，国务院秘书厅又印发了《关于公文名称和体式问题的几点意见（稿）》，对公文的制作有了更具体的要求。党的十一届三中全会以后，为适应新的社会政治经济形势，国务院办公厅对机关公文的处理办法又作了重新审订。1981年印发了《国家行政机关公文处理暂行办法》。1987年2月18日国务院办公厅发布了《国家行政机关公文处理办法》，正式规定了现行公文的种类、名称、格式，所确定的10类15种公文形式成为新时期国家管理政务、传递信息的重要手段。2000年8月24日国务院办公厅发布了新的《国家行政机关公文处理办法》。2012年4月16日中共中央办公厅、国务院办公厅发布的《中共中央办公厅国务院办公厅关于印发〈党政机关公文处理工作条例〉的通知》（中办发〔2012〕14号）对“党政机关公文”包括其“种类（概念）”在内的公文处理工作要求进行了全面规范。

同时，在社会交往更加密切，网络信息高度发达的今天，公文以外的各类应用文书不仅得到很大发展，还出现了许多新的网络文体，社会应用也更加广泛。

三、应用文的特点和类别

（一）应用文的特点

1.实用性

实用性是应用文的本质属性，也是应用文区别于其他文类的鲜明特征。刘勰《文心雕龙·论说》云：“范雎之言事，李斯之止逐客，并烦情入机，动言中务；虽批逆鳞，而功成计合，此上书之善说也。”认为范雎、李斯“上书之善说”，是因为能抓住要害，说清问题，达到办事目的。清刘熙载在《艺概·文概》中指出：“辞命体，推之即可为一切应用之文。应用文有上行，有平行，有下行。重其辞乃所以重其实也。”也强调了应用文注重实用、讲求实效的问题。应用文写作的出发点就是满足社会工作、民众生活的实际需要，解决工作事务、生活交往中的种种问题。因此，应用文的写作都有自己切实的内容，针对明确的对象，要在一定时间内发挥作用。例如假条用于请假，借条用于借钱借物，计划用于对未来工作的安排，通知用于上级对下级的工作指示，请示用于下级对上级的事务请求等。可以说，应用文其他方面的特点，也都是由实用性这一根本属性派生且紧紧围绕实用性并为之服务的。

2.求实性

求实性是对应用文写作态度的特定要求。一方面内容上要求真实，实事求是，另一方面形式上要求简明扼要，直截了当。忌假话、空话、套话、大话、废话，不允许任何铺垫、夸饰和渲染等文学表现手法。一文一事，开门见山；观点鲜明，简明扼要；不可旁征博引，不可烘云托月；语言简约平实，规范得体。总之，从内容到形式，从语言表达到表现手法，都要讲求实际，以工作事务为本位，追求以最少的文字、最直接的方式，达到办好事情的目的。

应用文的求实性还体现在主旨的正确、鲜明、撮要、单一。正确，是应用文的主旨必须符合国家的法律法规和党的方针、政策；必须符合实际情况，反映客观规律；必须与现实结合，能指导工作，经得起实践的检验。鲜明，是应用文必须能准确地揭示事物的客观规律和本质，科学地说明问题，起到正确导向、宏观指导的积极作用。撮要，是要点概括，醒目明确，便于领会。正如陆机的《文赋》所强调的“立片言而居要，乃一篇之警策”。单一，是主旨集中、专一，特别是公文，要求一文一事，主旨单一，即使篇幅较长的应用文，也是通过不同侧面说明同一主旨。

3.规范性

规范性是应用文区别于文学作品的重要特征。它主要体现在两个方面：一是写作格式的规范和颁发执行的规范；二是作者与读者对象具有特定性。

写作格式的规范和颁发执行的规范。规范才能提高工作效率，规范也是严肃性和权威性的体现。因此应用文，特别是公文，从拟制（起草、审核、签发）、办理（收文、发文和整理归档）到管理都有严格的规范性要求。民间应用文书的规范性体现在约定俗成的格式要求上，而公文则不仅有明确、固定的格式规范，还有严格的颁发、执行规范。《中共中央办公厅国务院办公厅关于印发〈党政机关公文处理工作条例〉的通知》（中办发〔2012〕14号）就对公文的份号、密级和保密期限、紧急程度、发文机关标志、发文字号、签发人、标题、主送机关、正文、附件说明、发文机关署名、成文日期、印章、附注、附件、抄送机关、印发机关和印发日期、页码等格式规范以及对“行文规则”“公文拟制”“公文办理”“公文管理”的规范提出了明确要求。

作者与读者对象具有特定性。文学创作是一种复杂的创造性的精神劳动，其作者一般都为个人，由于每个作者的个性不同、生活经历与艺术素养不同，作品的创作水平和艺术风格都各有不同；文学作品的读者对象也具有广泛性与不确定性，一部作品出版发行以后，任何人都可能成为其潜在读者。而应用文则不同，民间应用文书的作者和读者具有应用范围的相对固定性；公文的作者和读者，因受公文拟制、办理及管理规范的制约，具有更严格的特定性特征。公文的作者一般不是个人，而是发文机关；公文的读者（受文对象、范围）具有特定性，尤其是带有密级的公文，有严格的阅文对象限制，远不如文学作品的读者对象那么广泛和不确定。

4.针对性

应用文的针对性主要表现在两个方面。

一是有具体特定的受文对象和特定的阅读范围。一般情况下，任何文类都要考虑阅读对象。文学创作也要考虑阅读对象的问题，但往往比较笼统，读者愿意读才读，不愿意读也可以不读，并总是希望读者越多越好，范围越广越好。而应用文的阅读对象则是特定的，如“请示”“申请书”“批复”等应用文，是写给某一组织团体的，其特定的人员就必须看。再比如私人信件，包括未成年人的信件，即使是父母或其他监护人也无权私拆偷看。

二是内容上的针对性。应用文为办理事务和解决问题而写，其内容也直接反映所要办理的事务和解决的问题，具有明确的针对性。如“起诉书”，就是为了某一具体案件的起诉而写的。文学作品，作者可以自由选择材料，自主确定主题，可以写现实题材，也可以写历史题材；可以抒发感慨，也可以畅想未来等。应用文写作则不然，在内容上必须针对工作生活中的具体事务或特定问题而撰写，否则目的不明确、内容缺乏针对性甚至不知所云，事务和问题就无法顺利办理和解决。

5.时效性

应用文的实用性决定了其办理事务和解决问题的时效性。这种时效性包括两方面的内容：一是应用文写作成文的时效性；二是应用文本身效力的时间限定。有些应用文在没有新的内容变化的情况下持续有效，有的则是按规定的时限办理结束后随之失效。同时表现为“三快”——快写、快发、快办。办理结束后，文件失去了其有效性，即归档存放。这一点与文学作品有明显不同。文学创作（报告文学除外）一般不强调时效性，作者可以慢慢酝酿，精雕细刻，一部长篇小说，可以写10年、20年。同时，文学作品的审美教育作用则又可能是永久的，如《诗经》《红楼梦》等已成为经典。总之，时效性是应用文不同于其他文类的显著特征之一，也是其发挥作用的属性要求。

（二）应用文的类别

应用文类别的区分，古人从形成的源头上就有过探讨，刘勰《文心雕龙》认为“论说辞序，则《易》统其首；诏策章奏，则《书》发其源；赋颂歌赞，则《诗》立其本；铭诔箴祝，则《礼》总其端；记传盟檄，则《春秋》为根”。明代在宗经思想的影响下，普遍接受了文“源出于经”的观点，在公文辨体理论的探索中，黄佐的《六艺流别》最有代表性，其将“文”根据六经的体系分成“诗艺”“书艺”“礼艺”“乐艺”“春秋艺”“易艺”五大类，公文主要都收归在“书艺”的部分。在六经的框架中，公文文种形成了一个完整的系统，并呈现出清晰的流变历程。辛亥革命以后，尤其是新中国成立以来，公文文种发生了根本性的变化，其他应用文书也随着时代的发展，一些不再适用的文类被淘汰，同时也产生了许多适应社会需要的新文种类别。

由于应用文种类繁多，从不同角度进行划分，更便于我们了解把握。

1.按其处理事情的性质划分

可以分为公务类应用文和私务类应用文。公务类应用文是指为处理党和国家以及集体的事务而写作和使用的应用文，即通常所说的“公文”，有时又叫“文件”。私务类应用文是指为处理个人的事务而写作和使用的应用文，即通常所说的个人日常应用文书。

2.按表达方式划分

可分为记叙文、说明文、议论文。记叙文是以记叙为主要表达方式的应用文，说明文是以说明为主要表达方式的应用文，议论文是以议论为主要表达方式的应用文。

3.按使用领域划分

可以分为公务类应用文、专业类应用文和日常事务应用文。

（1）公务类应用文

公务类应用文包括党政机关公文（法定公文）和普通公务应用文。

①党政机关公文。中共中央办公厅、国务院办公厅印发的《党政机关公文处理工作条例》规定的“公文种类”有决议、决定、命令（令）、公报、公告、通告、意见、通知、通报、报告、请示、批复、议案、函、纪要十五种。党政机关公文是党和国家机关、社会团体、企事业单位处理事务的文件，主要用来传达和贯彻党和国家的政策法令、指导工作、提出要求、答复问题、通报情况、传递信息等。党政机关公文，又称“法定公文”，是具有特定效力和规范体式的文书，在拟制和行文时，必须严格遵守规定，区分每类公文文种的行文要求和使用范围，确定适用的文种形式，以确保其使用的规范和效力。

②普通公务应用文。是指“法定公文”（党政机关公文）以外的公务文书，又称“一般公务文书”或“工作事务文书”。包括简报、计划、总结、调查报告、规章制度、介绍信、证明信等用来处理单位内部日常事务，与具体部门进行工作联系的应用文。它们的行文格式不像公文那样严格，制作也比较自由。普通公务应用文不具有法定的权威性，一般不单独行文，如有必要，须另行备文，按法定公文处理，否则只能作为参考材料。有些普通公务应用文还可在报刊上发表。

（2）专业类应用文

专业类应用文是指在一定专业机关或专门的业务活动领域内，因特殊需要而形成和使用的应用文。由于分工不同，社会各行各业经管的事务有很大的差异，于是在长期的工作实践中便逐渐形成了一些与其专业相适应的应用文，即“行业应用文”。有些专业类应用文属于“专用公务文书”，如司法文书、经济文书、外事文书等。这类专业工作应用文，具有很强的专业特点。如司法部门常用的起诉书、判决书、证词、辩护词、立案报告、破案报告；财经部门常用的预决算报告、审计报告、市场调查报告、市场预测报告、项目可行性研究报告、外贸函电、经济合同；外事部门常用的照会、声明、国书、意向书、备忘录、国际公约、联合公报等。教学工作者常用的教学大纲、教案，医务人员常用的处方、诊断证明书等也属于“行业应用文”。在各类应用文中，行业应用文涉及的面最广，发展也最快。随着社会发展和行业工作的需要，其应用范围和种类也不断扩大和增多。

（3）日常事务应用文

主要指人们用来处理日常工作和生活事务的应用文。如宣传类的演讲稿、发言稿等；说明类的启事、声明、海报等；礼仪类的请柬、贺（祝）词、题词、感谢信、慰问信、讣告、悼词等；书函类的申请书、倡议书、建议书、承诺书、聘书等；个人事务类的简历、自荐信、辞职信、日记等。日常事务应用文与人们的日常工作、生活、人际交往活动关系密切，使用范围很广。日常事务应用文虽然也有一定的格式，但不严格，写作较灵活自由。

以上只是从大的方面来划分。如果进一步细分，还可根据行文方向、内容性质或其他管理文件的标准来划分。

四、应用文的结构及模式

（一）应用文的结构

刘勰认为，文章的结构不仅在于“总文理，统首尾”，还在于使文章从内容到形式“众美辐辏，表里发挥”。应用文的“表”是外在格式，“里”则是其内在结构，外在格式标志着应用文的社会属性及功能，内在结构反映写作者的思维方法和实践方式，二者相互联系，表里发挥。有些文种，外在格式成为强调的内容，如公文通知；有些文种，内在结构成为强调的内容，如调查报告。正是这种相互联系、相互制约的辩证关系，揭示了应用文结构强调外在格式、突出内在思路、注意发挥整体应用效果的特点。因此，外在格式与内在结构辩证统一的文体特征，也反映了应用文结构区别于其他文体结构的特性。

应用文的结构，具体说就是外在格式和内在结构各要素的搭配和排列。其特点：一是板块整合分明。现代应用文基本上由标题、正文和文尾三大块或由标题、称呼（或主送）、正文和文尾四大块构成。现代科研论文则由标题、内容摘要、关键词、正文、文尾、注释和主要参考文献说明七大块构成，其中正文又往往由开头、主体和结尾三小块构成，文尾由署名和成文日期构成。在特殊情况下，某些板块也可能被分解或省略。二是段落规范、层次分明、条理清晰。段落一般要求采用单纯段（即规范段），少用或不用复合段；层次序号使用规范，阐述问题多冠以段旨句或标用序数、小标题。层次规范，板块分明，便于阅读和对内容的把握。三是过渡多用惯用语，简明便捷。如从开头过渡到主体，常用“现将……如下”“特……如下”的惯用语；结尾连接主体，常用“综上所述”“由上可知”“总之”等惯用词语。这些惯用语，简洁而又直截了当，将文章的各部分联结成为一个有机体，也凸显出应用文“实”的写作要求。

（二）应用文的结构模式

应用文处理事务大致有两种情况：一种是单向交流，发文者单方面说明自己的思想、观点、要求，另一方只需知晓即可，如向受文者安排工作、通报情况或传递经验等。一种是双向配合，发文者需要在文中说明双方的情况、要求以及如何联系等内容，如签订合同、招聘、招标等。两种事务处理的不同方式，在应用文写作的思路上也表现出不同的结构规律。具体可概括为以下三类模式：

1.宣告式

此类应用文在具体事务上的表现为：安排下级执行事项，让相关对象了解工作生活中的相关情况、要求等，旨在宣布事项、告知情况，让受文者了解政策思想、工作要求、事件情况，如通知、通报、决定、命令等。此类应用文的层次结构，一般由三个方面构成：①发文原因。往往写在开头段，旨在让受文者了解发文的必要性。具体内容主要为发文依据、与事项相关的现状、发文目的。②宣告具体事项。多为有关人事的任免、表彰，工作的安排、意见、重大信息等。这部分的写作可简单，可复杂，主要由事项的复杂程度决定。③要求或希望。对下级提出具体要求、遵循的原则和希望等。这部分的写作相对灵活。

2.分析式

此类应用文在具体事务上的表现为：单方面向受文者总结工作、交流经验、揭示规律等，旨在对事务或客观事件进行回顾并分析其发生的原因，为社会提供借鉴，如工作总结、调查报告等。这类文章要详细表述具体情况，探究问题原因，篇幅较长，其内容层次基本为如下四个方面：①点明分析对象。一般在开头段即点明分析对象，揭示主题。分析对象往往是过去所做的工作、客观发生的情况等，并围绕发生背景、过程展开。由于是开头段，必须写得简练。②情况回顾。对过去发生的情况或所做的工作进行回顾，具体内容涉及工作或情况发生的经过，侧重于采取的行动和结果。③原因分析。对过去的工作或发生的事件进行分析，探究其原因，为今后提供借鉴。④建议和计划。对今后的工作做出初步打算或向相关部门提出建议。

3.互联式

此类应用文涉及的事务对双方都有要求，需要双方配合参与，从而保证下一步的联系与合作。因此，内容中往往要规定双方的权利义务，提出双方应具备的条件，提供联系方式，如合同、招标书、招聘启事、求职信、请柬等。其层次结构基本表现为如下三方面内容：①成文原因。也放在开头段，用简明扼要的文字表明目的或揭示主题、引出下文。②双方的条件、权利、义务。规定双方在合作中应具备的条件、权利、义务。③联系方式。此类应用文在结尾部分要写出联系方式，以便双方进一步合作。

应用文的结构模式，要辩证地去认识。以上三种模式虽然体现了大多数应用文的结构特点，但由于社会分工的细化，事务的专业性强，很多应用文的结构也具有各自的独特性。写作时要就事为文，因文而异，真正达到实用和解决问题的目的。

五、应用文的语体特征和语言特点

（一）应用文的语体特征

语体是语言的社会功能变体，是适应不同社会活动范围的交际需要而形成的具有一定语言特点的表达体式，含口头语体和书面语体。书面语体又可分为文艺语体、政论语体、科技语体、应用语体等。应用文是处理实务、解决实际问题、讲求实效的语文体式，在语言上也形成了与其实用性功能相对应的语体，也就是“应用语体”。其特征主要体现在明确性、简要性、平实性、功用性和程式性五个方面。

1.明确性

应用文的社会应用功能要求其表达体式必须清楚明了。明确性主要表现在：①体式使用范围明确。使用时必须根据办事内容和行文关系，准确使用文种和相应表达形式。②准确运用语气。只有恰当地选用语气，才能准确地传情达意。③用词准确稳妥。一是使用不产生歧义的词语。二是使用规范化词语。即使用国家通用语规范语汇或规范化简称，不生造词语。三是恰当使用精确语义和模糊语义。当表达对象有明确概念时，必须使用精确语义；但当客观对象本身具有不确定性，对一些问题的阐述必须留有余地，或考虑对象的心理因素时，则应使用模糊语义。

2.简要性

应用文直截了当的应用目的和使用效率要求其表达体式必须简洁扼要。简要性主表现在：①词语精练。一是大量使用缩略语，如缩合词“北大”、节略词“复旦”、简代词“沪”、统括语“两个维护”等。二是使用一些文言词语，以收简练之效，如公文中经常使用的“据，希、查、可否、当否、基于、鉴于、为此、为荷、此令、此布”等文言词，这样既有助于简练语词，又显得典雅庄重。三是为了精练地概括事实或分析认定问题的性质，使用富有概括力的成语、典故、俗语，如“踏石留印，抓铁有痕”“文山会海”等。四是为增强概括性，使用具有概括性的抽象词语，如“机动车辆”“粮食”等。②句式简洁。应用文为收简要之效，多使用简洁句式，如使用成分共用句或成分省略句等。

3.平易性

应用文要让社会各阶层使用对象看得明白、理解得准确，就必须在表达体式上做到平实朴素，通俗易懂。平易性主要表现在：①讲究词语的选用。词语是影响语言可懂性的主要因素之一，常见词语运用的多寡，与可懂性成正比。②讲究句型的运用。句型是影响词语可懂性的另一主要因素。一般来说，短句、简单句、完整句比较好懂，陈述句、肯定句、主动句比疑问句、否定句、被动句易于理解。③少用或不用描绘手段。应用文一般不宜使用描绘类、含蓄类的修辞格和各种艺术性的描绘手段，语言表达不能隐晦曲折，不搞言外之意、弦外之音。

4.功用性

应用文的使用或要求体现权威性，或要求体现约束力，或要求体现交际的礼仪礼貌等，必须在表达体式上体现不同的应用功能。①党政机关公文，文种不同，语气的使用也有所不同，但一般都使用庄重严肃的语体形式。②专业类应用文书，如司法、外交等专用公务文书，都有专门的格式和用语要求。③日常应用文书，经常大量使用礼貌词语。如称呼中谦称（愚、小、拙等）、敬称（贤、高、令、玉等）、雅称（伉俪、泰山等）。④除一些文种用语有特殊要求外，日常应用文多用“软性”词语，如“禁止”为“硬”，“规劝”“疏导”为“软”，“警告”为“硬”，“体贴”“关心”为“软”等，人们在交际心理上都比较容易接受“软”性词语。⑤在感情色彩上，不同对象和文种，词语的感情色彩也不同。

5.程式性

应用文不同应用功能的相对固定性，也产生了有别于其他文体的程式要求。文学作品最忌规格化和程式化，但应用文在处理公私事务、传递信息的长期应用过程中，为了便于阅读、写作和处理，逐步形成了若干相对固定的程式。①形成了相对固定的体式。“体”包括语体和文体，“式”主要是指不同文种相对固定的格式。②形成了相对稳定的结构方式。③形成了相对稳定的习惯用语，如起首语、衔接语、结束语等。

（二）应用文的语言特点

应用文的语体特征和语言特点既有联系，又有区别。语体是因语言社会功能需要而形成的表达体式，而语言特点，则泛指一切语言相别于其他语言的风格特点。语体的特征，在一定程度上决定了语言的风格特点。对应语体特征，应用文表现出如下语言特点。

1.准确

应用语体的“明确性”，要求应用文的语言必须准确。应用文语言的准确，主要是指内容表达恰如其分，不产生歧义或误解，让人一看就知道所说的意思。一是用词要准确。这是准确表达的基本要求。二是判断要准确。做到所下结论准确，分寸把握准确，反映情况准确。三是推理要正确。推理要合乎逻辑，正确反映事物与事物之间的内在联系和发展的规律。四是内容要真实。涉及的人和事，要确有其人、其事，情节、细节、数字都不能虚构。总之，应用文要做到意图的传达准确，权利义务的规定准确，凭证事实的记载准确，才能发挥解决实际问题的“实用”功能。

2.简洁

应用语体的“简要性”，要求应用文的语言必须简洁。所谓简洁，就是要简明扼要，没有多余的话。毛泽东1948年为中央起草的《关于建立报告制度》的指示，要求“综合报告内容要扼要，文字要简练”，还规定“报告文字每次一千字左右为限，除特殊情况外，至多不要超过二千字”。中共中央在1951年2月发出的《关于纠正电报、报告、指示、决定等文字缺点的指示》中也指出“必须注意文字的简明扼要”“必须以负责的精神，至再至三地分清条理，压缩文字，然后发出，否则应受批评”。2012年4月16日中共中央办公厅与国务院办公厅联合发布的《党政机关公文处理工作条例》也明确要求公文起草要做到“内容简洁，主题突出，观点鲜明，结构严谨，表述准确，文字精练”。应用文语言要简洁明了，除做到词语精练、句式简洁外，关键是要在思维上善于概括，思路上清晰明了。总之，简洁才能一目了然、突出重点、高效率解决问题。

3.平实

应用语体的“平易性”，要求应用文的语言必须平实。所谓平实，就是平易实在，不浮夸虚饰。应用文的“实用性”，体现在语言上，一是“直接”，不浓墨重彩，不拐弯抹角；二是“通俗”，明明白白，通俗易懂；三是“实在”，实实在在，平稳严实。因此，应用文的语言，一般不需要运用文学笔法，不必运用描写、抒情的表现方法，不用深奥孤僻的词语，力求用人人易懂的普通词语使表达内容易看、易读、易懂。

4.得体

应用语体的“功用性”“程式性”，要求应用文的语言必须得体。所谓得体，就是语言表述得当、恰当。一是语言使用要符合“应用语体”的要求；二是语言表达要适应不同文种的应用功能；三是遵循应用文的程式要求和习惯用语的使用要求。如给上级的公文，用词要谦恭诚挚；给下级的公文，用词要肯定平和；给平级单位的公文，用词要谦敬温和。公告、通告一类公文，需登报或张贴，语言要深入浅出等。总之，应用文体的语言“讲什么”和“怎样讲”，往往受到对象、场合的制约，必须准确把握，这就是所谓得体。

【思考与练习】

1.简述应用文产生的背景和原因。

2.为什么说实用性是应用文的本质属性？

3.应用文有哪些特点？

4.应用文按使用领域划分可以分为哪几种？

5.为什么应用文要强调外在格式和内在结构的表里发挥？

6.为什么说应用文的语体特征和语言特点既有联系，又有区别？

7.练习：阅读不同应用文例文，认真分析其语言运用和文种区别。

第二节　党政机关公文写作

一、党政机关公文的概念

关于党政机关公文的概念，中共中央办公厅、国务院办公厅印发的《党政机关公文处理工作条例》总则第三条的表述为：“党政机关公文是党政机关实施领导、履行职能、处理公务的具有特定效力和规范体式的文书，是传达贯彻党和国家的方针政策，公布法规和规章，指导、布置和商洽工作，请示和答复问题，报告、通报和交流情况等的重要工具。”

为了适应时代发展和工作需要，推进党政机关公文处理工作科学化、制度化、规范化，党的机关公文和行政机关公文也有分合变化的过程。1996年5月3日中共中央办公厅发布的《中国共产党机关公文处理条例》规定党的机关公文为决议、决定、指示、意见、通知、通报、公报、报告、请示、批复、条例、规定、函、会议纪要14种；2000年8月24日国务院发布的《国家行政机关公文处理办法》规定行政机关公文为命令（令）、决定、公告、通告、通知、通报、议案、报告、请示、批复、意见、函、会议纪要13种；2012年4月16日中共中央办公厅、国务院办公厅印发的《党政机关公文处理工作条例》，将党政机关公文合二为一，规定党政机关公文为决议、决定、命令（令）、公报、公告、通告、意见、通知、通报、报告、请示、批复、议案、函、纪要15种。

二、党政机关公文的格式

《党政机关公文处理工作条例》对“公文格式”的规定是：“公文一般由份号、密级和保密期限、紧急程度、发文机关标志、发文字号、签发人、标题、主送机关、正文、附件说明、发文机关署名、成文日期、印章、附注、附件、抄送机关、印发机关和印发日期、页码等组成。”2012年6月29日国家质量监督检验检疫总局、国家标准化管理委员会，按照《党政机关公文处理工作条例》的有关规定，发布了国家标准《党政机关公文格式》（GB/T 9704—2012），将版心内的公文格式各要素划分为版头、主体、版记三部分。公文首页红色分隔线以上的部分称为版头；公文首页红色分隔线（不含）以下、公文末页首条分隔线（不含）以上的部分称为主体；公文末页首条分隔线以下、末条分隔线以上的部分称为版记。原文具体标准如下（括号内说明为编者所加）：

（一）版头

1.份号

如需标注份号，一般用6位3号阿拉伯数字，顶格编排在版心左上角第一行。（说明：涉密公文需标注份号。）

2.密级和保密期限

如需标注密级和保密期限，一般用3号黑体字，顶格编排在版心左上角第二行；保密期限中的数字用阿拉伯数字标注。（说明：涉及国家秘密的公文应当标明密级和保密期限，密级分“绝密”“机密”“秘密”三个等级；如需同时标识秘密等级和保密期限，中间用“★”隔开。）

3.紧急程度

如需标注紧急程度，一般用3号黑体字，顶格编排在版心左上角；如需同时标注份号、密级和保密期限、紧急程度，按照份号、密级和保密期限、紧急程度的顺序自上而下分行排列。（说明：紧急公文应当根据紧急程度分别标明“特急”或“加急”。）

4.发文机关标志

由发文机关全称或者规范化简称加“文件”二字组成，也可以使用发文机关全称或者规范化简称。

发文机关标志居中排布，上边缘至版心上边缘为35 mm，推荐使用小标宋体字，颜色为红色，以醒目、美观、庄重为原则。

联合行文时，如需同时标注联署发文机关名称，一般应当将主办机关名称排列在前；如有“文件”二字，应当置于发文机关名称右侧，以联署发文机关名称为准上下居中排布。（说明：如联合行文机关过多，必须保证公文首页显示正文。）

5.发文字号

编排在发文机关标志下空二行位置，居中排布。年份、发文顺序号用阿拉伯数字标注；年份应标全称，用六角括号“〔〕”括入；发文顺序号不加“第”字，不编虚位（即1不编为01），在阿拉伯数字后加“号”字。

上行文的发文字号居左空一字编排，与最后一个签发人姓名处在同一行。（说明：发文字号由发文机关代字、年份和发文顺序号组成，联合行文，只表明主办机关发文字号。发文字号之下4 mm处印一条与版心等宽的红色分隔线。）

6.签发人

由“签发人”三字加全角冒号和签发人姓名组成，居右空一字，编排在发文机关标志下空二行位置。“签发人”三字用3号仿宋体字，签发人姓名用3号楷体字。

如有多个签发人，签发人姓名按照发文机关的排列顺序从左到右、自上而下依次均匀编排，一般每行排两个姓名，回行时与上一行第一个签发人姓名对齐。（说明：上报的公文需标识签发人姓名，标识在红色分隔线的右上方，居右空一字；此类公文发文字号则对称排列在左侧，居左空一字。）

7.版头中的分隔线

发文字号之下4 mm处居中印一条与版心等宽的红色分隔线。

（二）主体

1.标题

一般用2号小标宋体字，编排于红色分隔线下空二行位置，分一行或多行居中排布；回行时，要做到词意完整，排列对称，长短适宜，间距恰当，标题排列应当使用梯形或菱形。

2.主送机关

编排于标题下空一行位置，居左顶格，回行时仍顶格，最后一个机关名称后标全角冒号。如主送机关名称过多导致公文首页不能显示正文时，应当将主送机关名称移至版记。

3.正文

公文首页必须显示正文。一般用3号仿宋体字，编排于主送机关名称下一行，每个自然段左空二字，回行顶格。文中结构层次序数依次可以用“一、”“（一）”“1.”“（1）”标注；一般第一层用黑体字、第二层用楷体字、第三层和第四层用仿宋体字标注。

4.附件说明

如有附件，在正文下空一行左空二字编排“附件”二字，后标全角冒号和附件名称。如有多个附件，使用阿拉伯数字标注附件顺序号（如“附件：1.×××××”）；附件名称后不加标点符号。附件名称较长需回行时，应当与上一行附件名称的首字对齐。

5.发文机关署名、成文日期和印章

（1）加盖印章的公文

成文日期一般右空四字编排，印章用红色，不得出现空白印章。

单一机关行文时，一般在成文日期之上、以成文日期为准居中编排发文机关署名，印章端正、居中下压发文机关署名和成文日期，使发文机关署名和成文日期居印章中心偏下位置，印章顶端应当上距正文（或附件说明）一行之内。

联合行文时，一般将各发文机关署名按照发文机关顺序整齐排列在相应位置，并将印章一一对应、端正、居中下压发文机关署名，最后一个印章端正、居中下压发文机关署名和成文日期，印章之间排列整齐、互不相交或相切，每排印章两端不得超出版心，首排印章顶端应当上距正文（或附件说明）一行之内。

（2）不加盖印章的公文

单一机关行文时，在正文（或附件说明）下空一行右空二字编排发文机关署名，在发文机关署名下一行编排成文日期，首字比发文机关署名首字右移二字，如成文日期长于发文机关署名，应当使成文日期右空二字编排，并相应增加发文机关署名右空字数。

联合行文时，应当先编排主办机关署名，其余发文机关署名依次向下编排。

（3）加盖签发人签名章的公文

单一机关制发的公文加盖签发人签名章时，在正文（或附件说明）下空二行右空四字加盖签发人签名章，签名章左空二字标注签发人职务，以签名章为准上下居中排布。在签发人签名章下空一行右空四字编排成文日期。

联合行文时，应当先编排主办机关签发人职务、签名章，其余机关签发人职务、签名章依次向下编排，与主办机关签发人职务、签名章上下对齐；每行只编排一个机关的签发人职务、签名章；签发人职务应当标注全称。

签名章一般用红色。

（4）成文日期中的数字

用阿拉伯数字将年、月、日标全，年份应标全称，月、日不编虚位（即1不编为01）。

（5）特殊情况说明

当公文排版后所剩空白处不能容下印章或签发人签名章、成文日期时，可以采取调整行距、字距的措施解决。

6.附注

如有附注，居左空二字加圆括号编排在成文日期下一行。

7.附件

附件应当另面编排，并在版记之前，与公文正文一起装订。“附件”二字及附件顺序号用3号黑体字顶格编排在版心左上角第一行。附件标题居中编排在版心第三行。附件顺序号和附件标题应当与附件说明的表述一致。附件格式要求同正文。

如附件与正文不能一起装订，应当在附件左上角第一行顶格编排公文的发文字号并在其后标注“附件”二字及附件顺序号。

（三）版记

1.版记中的分隔线

版记中的分隔线与版心等宽，首条分隔线和末条分隔线用粗线（推荐高度为0.35 mm），中间的分隔线用细线（推荐高度为0.25 mm）。首条分隔线位于版记中第一个要素之上，末条分隔线与公文最后一面的版心下边缘重合。

2.抄送机关

如有抄送机关，一般用4号仿宋体字，在印发机关和印发日期之上一行、左右各空一字编排。“抄送”二字后加全角冒号和抄送机关名称，回行时与冒号后的首字对齐，最后一个抄送机关名称后标句号。

如需把主送机关移至版记，除将“抄送”二字改为“主送”外，编排方法同抄送机关。既有主送机关又有抄送机关时，应当将主送机关置于抄送机关之上一行，之间不加分隔线。

3.印发机关和印发日期

印发机关和印发日期一般用4号仿宋体字，编排在末条分隔线之上，印发机关左空一字，印发日期右空一字，用阿拉伯数字将年、月、日标全，年份应标全称，月、日不编虚位（即1不编为01），后加“印发”二字。

版记中如有其他要素，应当将其与印发机关和印发日期用一条细分隔线隔开。

公文格式中还有一个处于版心外的要素是页码。一般用4号半角宋体阿拉伯数字，编排在公文版心下边缘之下，数字左右各放一条一字线；一字线上距版心下边缘7 mm。单页码居右空一字，双页码居左空一字。公文的版记页前有空白页的，空白页和版记页均不编排页码。公文的附件与正文一起装订时，页码应当连续编排。

公文用纸采用A4型纸，其成品幅面尺寸为：210 mm×297 mm。

如无特殊说明，公文格式各要素一般用3号仿宋体字。特定情况可以作适当调整。

公文一般每面排22行，每行排28个字，并撑满版心。特定情况可以作适当调整。

三、通知

（一）通知的概念

通知适用于发布、传达要求下级机关执行和有关单位周知或者执行的事项，批转、转发公文。

作为公文文种的通知，可用于发布规章，发出指示，传达要求下级机关执行和有关单位周知或者执行的事项；也可用于转发上级机关、同级机关和不相隶属机关的公文，批转下级机关的公文。在各级党政机关、企事业单位的公务活动中，它是应用范围广、使用频率高的一个文种。

（二）通知的特点

1.使用范围广

一是使用的机关单位广泛，行文主体除党政机关以外，企事业单位、社会团体以及各级部门都可以使用，不受发文机关级别高低的限制。二是内容涉及范围广泛，既可以发布法规、规章，传达指示，布置工作任务，也可以告知活动、会议等一般内容。三是行文灵活广泛，可以通过下发、转发、批转等形式用于下行文或平行文。四是使用形式广泛，既作为公文文种使用，也以非文件格式用于一般事务的处理。

2.具有执行性

公文的通知是下行文，是典型的“红头文件”，具有指挥性、指令性、指示性，受文机关必须遵照贯彻执行。通知的内容是要求下属单位予以执行或办理的事项，如布置的工作，转发或批转的公文，都要求所属单位学习贯彻或执行办理。即使是会议通知或任免干部的通知，也同样要求受文者服从通知的安排，执行通知上所述的事项。

3.时效性强

通知对时效性具有明确的要求，它所传达的事项，往往要求受文者及时知晓或迅速办理。

（三）通知的分类

根据《党政机关公文处理工作条例》的界定标准，我们可以将通知划分为三个大类：指示类通知、事务类通知和文件类通知。

指示类通知。作为典型的下行文，承载着上级机关向下级机关布置任务、阐述原则、交待办法，要求下级机关办理或执行的功能，具有极强的指示性或规定性。

事务类通知。一般无需受文单位办理具体事情，只告知有关事项，如召开会议、任免人员、机构成立与变更、启用公章、单位更名、迁移地址、安排假期等，属于知照类通知。其中，为召开会议和任免人员而制发的通知常常有相对固定的内容和格式，且具有知照执行的意味，也可单独作为“会议性通知”和“任免性通知”列出，而其他为告知一定事务而制发的通知可全部列入知照性通知范畴。

文件类通知。用于发布本机关文件和批转、转发公文，可分为发布性通知、转发性通知和批转性通知。

依据以上分析，我们又可以把三个大类的通知细分为以下7种。

1.指示性通知

用于向下级机关部署工作、阐述原则、传达要求办理和执行的事项。

2.知照性通知

用于告知有关事项。

3.会议性通知

用于召开会议的专门性通知。

4.任免性通知

用于上级机关任免和聘用干部。

5.发布性通知

用于发布党内法规、行政法规和其他重要文件。

6.转发性通知

用于向所属下级机关转发上级机关和不相隶属机关的公文。

7.批转性通知

用于上级机关批示转发下级机关的公文。

（四）通知的格式及写作

通知的格式由标题、主送机关、正文、落款和成文日期组成。

1.标题

通知的标题常用的写法有两种：一种是发文机关、事由、文种三要素俱全，如《国务院关于印发全民健身计划（2021—2025年）的通知》。一种是只有发文事由和文种两要素，如《关于做好修订后的预算法实施条例贯彻实施工作的通知》。正式行文的通知，其标题不能只用“通知”二字。

通知的标题一般语句长、字数多，特别是发布（印发、颁发）、批转、转发性通知，标题要做到既完整又简明。如《北京市国有资产管理局转发〈国家国有资产管理局关于做好境外国有资产产权年检登记工作的通知〉的通知》。

另外，紧急事项、重要事项的通知，在“通知”前可冠以“紧急”“重要”字样。几个单位联合发出，用“联合通知”字样。

2.主送机关

在标题下，正文前顶格书写。普发性文件，主送机关可采用抽象概括的写法。如“各省、自治区、直辖市人民政府，国务院各部委、各直属机构”。

3.正文

正文是通知的主体，即通知的内容。一般由发文缘由、通知事项、执行要求三部分构成。通知的种类不同，正文的写法也有所不同。

（1）指示性通知，正文一般由发文的缘由（或目的）、通知的具体事项和执行要求三部分组成。发文缘由就是说明为什么要发该通知，如因存在什么问题、为达到什么目的等。通知事项是向下级机关传达部署的内容，可分段或分条叙述。表述必须明确、具体、可行，便于受文对象理解和执行。执行要求是通知正文的结尾，有的只是一句话，如“以上通知，望认真贯彻执行”；有的则作为具体事项中的最后一项，对如何执行提出具体要求。

（2）知照性通知，也就是前述的事务类通知，内容非常广泛，包括一般事务性通知和会议通知、任免通知等。正文一般由依据、告知或决定内容和结尾惯用词组成。有的则省略依据部分，直接写告知内容。依据部分常用“经……研究，决定……”“根据……现将……通知（或安排）如下”等词语；结尾多用“特此通知”。

一般事务性通知在正文中要交代清楚办什么事、什么时间完成和要求等。

会议性通知在写作上具有要素化的特点，正文一般包括召开会议的机关、会议名称、会议起止时间、地点、会议内容和任务、参加会议人员的条件和人数、报到时间及地点、与会人员需携带的文件材料等内容。

任免性通知的正文，要写清决定任免的时间、机关、会议或依据文件以及任免人员的具体职务。

（3）发布性通知，正文比较简短，一般由发布规章的名称、发布依据和目的、执行的要求和实施的日期组成。

（4）批转、转发性通知的正文，一般包括发文的缘由，对批转、转发文件的评价，执行的要求等部分。批转通知的正文，本身是对被批转下级公文的一个批示，可以对被批转的公文进行评价、分析和说明，或提出执行、落实的要求。转发通知的正文，则可视为是对被转发上级机关和不相隶属机关公文所写的按语，旨在表明转发意图，以指导下级机关结合实际，正确执行被转发公文的内容或从中学习借鉴经验教训。被批转、转发的公文作为正文的附件。

对被批转、转发的公文，有的要求下级机关“参照执行”或“研究执行”，有的则要求“认真贯彻执行”，要根据具体情况，选择合适的词语。

4.落款和成文日期

在正文右下方，署发文机关名称，署名下写成文日期，并加盖公章。如标题中已有发文机关名称，则只写日期和加盖公章即可。

总之，通知的拟写要做到格式规范，主旨明确，重点突出，语气坚定。

四、通报

（一）通报的概念

通报是“适用于表彰先进、批评错误、传达重要精神和告知重要情况”的公文。

通报、通告和通知都有使用范围广泛的特点，但各有区别。通告、通报的受文对象较广泛，不确指，通知的受文对象则是具体的。通知的“通”主要是“传达”的意思，通告、通报的“通”主要是“普遍”的意思。通告的“告”是“告知”，通报的“报”是“报知”。通告一般只需要知道或遵守；通报起倡导、警诫、启发和沟通情况的作用；而通知一般要求贯彻执行，具有一定的约束力。

（二）通报的特点

1.真实典型

通报所表扬或批评的人和事，倡导的经验或应吸取的教训，告知的重要情况，都具有代表性和典型性，能起到广泛的宣传教育作用。涉及的内容，也必须真实准确。

2.周知广泛

由于通报内容具有典型性，需要推广，因此，通报的下发范围较广泛。

3.及时灵活

通报情况必须及时，才能引起广泛注意，促进工作。同时，通报的报知对象不特定，有必要便可发文，不受行文关系限制，较为灵活。

（三）通报的分类

通报一般可分为表扬性通报、批评性通报和情况性通报三种类型。

1.表扬性通报

表扬性通报主要用于表扬好人好事、表彰先进集体、介绍先进经验，达到激励先进、推广经验、指导工作的目的。

2.批评性通报

批评性通报主要用于揭露问题、批评错误，借以告诫和教育人们吸取教训、引以为戒。批评性通报又可具体分为错误典型通报和事故通报。

3.情况性通报

情况性通报主要用于向干部群众传达重要精神或重要情况，从而使广大干部群众及时了解工作中存在的带有普遍性的问题或出现的新情况和新问题，以便统一认识、统一行动，推动工作的顺利进行。

（四）通报的格式及写作

通报的格式由标题、主送机关、正文、落款和成文日期组成，有的还有附件及抄报、抄送单位等。

1.标题

通报的标题一般由发文机关、事由和文种构成，有时也由事由和文种构成。另外，有少数通报的标题是在文种前冠以发文机关名称，如《中国共产党××纪律检查委员会通报》。非公文格式的张贴性通报，有时则只用“通报”二字。

2.主送机关

除普发性通报外，其他通报均应标明主送机关。

3.正文

在结构上，通报的正文通常由开头、主体和结尾等部分构成。开头说明通报缘由，主体说明通报决定，结尾提出希望和要求。在表述方式上，通报的正文有直述式和转述式两种。直述式通报是由发文机关直接发出的通报，一般包括通报事由、评价分析、处理意见三部分。转述式通报是发文机关对已有的成文进行转发，因已带有附件，正文不必再详细叙述所要通报的事实，一般在开头交代转发文件的名称，并对事实加以分析评价，然后说明转发的目的，提出要求。

不同内容的通报，其正文在写法上也有所区别。

（1）表扬性通报

又可分表彰先进人物、先进集体的通报和介绍先进经验的通报两类。

表彰先进人物、先进集体的通报，正文一般从四个方面来写：一是简明扼要地对先进事迹进行介绍；二是对先进事迹的典型意义进行评价，并指出如何向先进典型学习；三是写表彰决定，如通报表扬、授予荣誉称号或给予一定物质奖励等；四是发出希望和号召。

介绍先进经验的通报，正文一般也可以从四个方面来写：一是简要介绍表彰对象取得的经验和成绩以及决定给予什么表彰；二是介绍取得经验和成绩的单位或个人的具体做法及其成功经验；三是对先进经验的学习推广或需要进一步完善提高的方面提出要求；四是发出号召。

（2）批评性通报

正文也大致包括四个方面的内容：一是概述情况。对错误事实发生的时间、地点、简单经过，以及造成的经济损失和政治影响等进行概括介绍。二是分析原因。客观分析错误事实产生的原因，并指出错误的性质、危害及违反了哪些政策、规定。三是处理决定。包括处理依据和处理的决定。四是提出要求或发出警示。提出善后处理要求或整改措施，指出应吸取的教训，敲响警钟。

（3）情况性通报

正文主要包括两方面的内容：一是通报的相关情况。内容较多、情况复杂的通报，可分类用小标题逐项叙述，分析评议；内容相对单一的情况通报，可以按事情的发展过程，以自然分段的方式来写。二是分析情况和提出要求。有的情况通报，需要对相关情况加以说明，或进行分析并表明态度，提出工作的具体意见和要求。

4.落款和成文日期

在正文右下方署发文机关名称，署名下写成文日期，并加盖公章。如标题中已有发文机关名称，则只写日期和加盖公章即可。

五、报告

（一）报告的概念

报告是“适用于向上级机关汇报工作、反映情况，回复上级机关的询问”的公文。

报告属于上行文。下级机关通过报告向上级机关反映情况，可以得到上级机关的指导和帮助；上级机关通过报告则可以了解下级机关以及基层的相关情况，以便制定正确的方针政策，科学领导和指导下级机关的工作。

一些业务部门的行业文书，如“审计报告”“评估报告”“立案报告”等，不属于党政公文的范畴，要注意区别。

（二）报告的特点

1.单向性

报告是向上级机关汇报工作、反映情况，回复上级机关的询问时使用的单向上行文，不需要上级机关给予批复。在这一点上与请示不同，请示必须有批复，具有双向性的特点。

2.陈述性

报告在表达方式上以叙述为主，所做的工作、具体情况、有关动态、有何建议等，都以概括的方式进行陈述。即使有必要的分析、说明及简单的议论，也应在叙述的基础上采用叙议结合的方式进行。

3.汇报性

报告是下级机关向上级机关汇报工作，是将已经做过的事情或已经发生的情况及问题写成报告，是事后或事中的汇报，而不是事前的请示。

（三）报告的分类

报告，按其内容，可分为综合报告和专题报告；按其性质，可分为呈报性报告、呈转性报告和呈复性报告。要说明的是，这种划分只是相对的，在某些特征上它们仍具有交叉性和共同性。如“呈复性报告”往往回复的是上级机关某一方面的询问，在内容上它同时也是专题报告。

1.综合报告

综合报告是反映全面工作或以多项工作为内容所写的报告。这种报告明显具有全局工作阶段性总结的特点。

2.专题报告

专题报告是专门就某项工作、某个问题或某方面的情况所写的报告。这种报告虽然只就一项工作或某个问题、某件事情向上级汇报，但对所要汇报的“专题”，内容仍要全面、完整，而不是只囿于其中的一点问题和情况。

3.呈报性报告

呈报性报告是指下级机关向上级机关汇报工作、反映情况、提出建议的报告。

4.呈转性报告

呈转性报告是指下级机关将有关事项或要求报送上级机关，请求上级机关批准并转发给有关的机关、地区的报告。

5.呈复性报告

呈复性报告又称答复性报告，是指下级机关答复上级机关对有关事项的询问，一般是专题报告。

(四)报告的格式及写作

报告的格式由标题、主送机关、正文、落款和成文日期组成。

1.标题

一般由发文机关、事由和文种构成，也可由事由和文种构成，省略发文机关。

2.主送机关

在标题下、正文前顶格书写。作为上行文，受文对象一般为上级机关。

3.正文

报告的正文一般也分为开头、主体和结尾三部分。

①开头。交代报告的缘由，简要说明报告的目的、意义或根据，有时也对报告的情况作简要概括。然后用“现将有关情况报告如下”一语转入下文。

②主体。集中反映报告的核心内容。具体写法因报告种类不同而略有差异。

综合报告、专题报告及呈报性报告，因是汇报工作，内容可按时间顺序、工作发展过程或逻辑关系展开，采用顺叙法或以小标题方式分层次叙述，主要写清楚做了什么工作、取得什么结果、有什么经验或教训、今后如何打算等内容。要注意重点突出，点面结合，实事求是。

呈转性报告，主要目的是反映对具体问题的意见，内容也可以按顺叙法安排，即先写存在问题，再重点写解决问题的具体意见。

呈复性报告要针对上级询问的问题，实事求是地答复，一定要做到所答即所问。

③结尾。报告一般无特殊结尾，汇报完毕，即告结束。结尾常用语，汇报工作的报告常用“特此报告”，呈转性报告用“以上报告，如无不妥，请批转各地执行”，呈复性报告多用“专此报告”。

4.落款和成文日期

在正文右下方，署发文机关名称，署名下写成文日期，并加盖公章。如标题中已有发文机关名称，则只写日期和加盖公章即可。

六、请示

（一）请示的概念

请示是“适用于向上级机关请求指示、批准”的公文。

请示为报请性的上行文。下级机关在遇到属于职权范围内无权处理或确实难以处理的问题与事项时，应向上级机关或直属的上级主管业务部门行文请示；上级机关在收到下级机关的请示后，应当及时给予指示、批复。

请示与报告的不同表现在，请示是事前向上级请求指示或批准某些事项；报告则是事后或事中汇报工作、反映情况供上级了解或参考，不夹带请示事项，上级也不作批复。

（二）请示的适用范围

下级机关需请示的情况，大致可归纳为以下几方面：

①对有关方针、政策和上级机关发布的规定、指示等，有不理解或难以执行而要求做某些变通处理的问题或事项，请求予以指示与认可。

②遇到新情况、新问题又无章可循，请求得到上级机关的指示。

③请求审核批准或批转本机关制定的法规、规章或做的决定、报告等。

④请求审定本机关对于某些重要问题（事项）所提出的处理方案与办法。

⑤请求批准人员编制、机构设置与调整、干部任免、领导班子组成与调整、经费预算以及对于重大事件（事故）和人员的处理等本机关无权处理的重要事项。

⑥下级机关之间在较重要的问题上出现意见分歧，需要上级机关予以裁决。

⑦根据规定必须履行审批程序的事项。

（三）请示的特点

1.求复性

请示是为数不多的双向对应文体之一，与它相对应的文体是批复。下级有请示上报，上级就会有批复。不管上级是否同意下级的请示事项，都必须给请示单位一个回复。可以说，请示最直接的目的就是请求得到批复。

2.单一性

请示强调遵循“一文一事”的原则，一份请示只能就一项工作或一种情况、一个问题提出请示，不得在一份公文中就若干事项请求指示和批准。

3.针对性

请示只能针对本机关没有对策、没有把握或没有能力解决的重要事项和问题提出，不得动辄就向上级请示。

4.时效性

请示所涉及的情况和问题，都要在事前得到上级的指示，具有一定的迫切性；而上级机关在处理下级的请示时，也应注意时效，及时作出批复。

5.固定性

请示的行文不能超出法定的隶属关系，而且一般是逐级行文。

（四）请示的分类

1.求示性请示

就是请求上级给予指示、裁决的请示，其内容包括工作中遇到的不好解决的关键问题，无章可循的新问题或因意见分歧而无法统一执行的问题等。

2.求助性请示

即请求上级予以支持、帮助的请示，其内容如请求增补经费，增加设备，为某项事情拨款、拨指标等。

3.求准性请示

求准性请示即请求上级批准、允许的请示，其内容包括超出本机关、本单位处理范围的事项，或因情况特殊需要变通处理的事项及按照上级规定应当请示的事项等。

（五）请示的格式及写作

请示的格式由标题、主送机关、正文、落款和成文日期组成。

1.标题

请示的标题也有两种写法：一是由发文机关、事由和文种构成；二是由事由和文种构成。但不能仅以文种作为请示的标题。标题中的事由必须是对请示的主要内容的精练概括，一般为请示事项或问题的名目。

2.主送机关

即请示单位的直接上级机关。如有双重隶属关系时，则应主送能够直接批复的隶属上级，另一上级机关则以抄报处理。也就是说，请示的主送机关只能是一个。也不要轻易越级行文。如因特殊需要，必须越级行文时，应在报送更高的隶属上级机关的同时，抄报被越过的直接隶属的上级机关。

3.正文

请示的正文，一般包括请示缘由、请示事项及请示要求三个部分。

①请示缘由。这一部分是请示全文的导语，应开门见山地写明为什么要提出请示，即导致提出请示事项或问题的主要理由。

②请示事项。这一部分是全文的重点，明确提出请示的事项或问题以及相应的具体意见。

③请示要求。这是请示的结语部分，要明确提出请示要求，另起一行写请示常用语，

如“妥否，请批准”“以上请示，可否，请指示”等。

4.落款和成文日期

在正文右下方，署发文机关名称，署名下写成文日期，并加盖公章。

七、批复

（一）批复的概念

批复是“适用于答复下级机关请示事项”的公文。

批复属于答复性的下行文，是上级机关针对下级机关的请示事项所作的书面形式的答复。批复的答复意见，具有权威性和强制约束力，下级机关必须认真遵守和执行。

（二）批复的特点

1.针对性

批复只针对下级机关的请示事项做出答复，一般是“一请示一批复”，不涉及请示以外的其他事项，具有较强的针对性。

2.被动性

批复依赖下级机关的请示而被动行文。先有请示，后有批复。任何一份批复都是针对请示而做出的。

3.决断性

批复是上级机关根据有关的方针、政策和法规，依据自身的职权，对下级机关的请示事项做出的决断性答复，具有较强的权威性和指令性。

（三）批复的分类

批复的分类与请示的分类有一定对应性。根据答复请示的不同内容，也大致可以分为三类。

1.请求指示的批复

下级机关对有关方针、政策和上级机关的有关规定、决定领会不准，或遇到新情况、新问题又无章可循而提出请示时，上级机关做出的解释性、指示性的答复。

2.请求支持、帮助的批复

下级机关在遇到难以解决或无力克服的困难而提出请求支持或帮助时，上级机关所做出的答复。

3.请求批准的批复

下级机关在遇到超出其职权范围的事项，或因情况特殊需要变通处理的事项以及按照规定应当请示的事项而提出请示时，上级机关表达态度的答复。

（四）批复的格式及写作

批复的格式一般包括标题、主送机关、正文、落款和成文日期几个部分。

1.标题

批复的标题具有一定的特殊性，有多种构成形式。

（1）“四要素”结构型

由“发文机关+（关于）+同意（或不同意）+事由+文种”构成。这是“批复”决断性特点的体现，也是典型的“批复”标题的写法。标题中插入表明态度的词语，则是“批复”标题的特征之一，常用表明态度的词语“同意”“不同意”分别表示肯定与否定。肯定形式的如《国务院关于同意将浙江省金华市列为国家历史文化名城的批复》，否定形式的如《财政部、国土资源部关于不同意减免西藏大学改扩建等项目应缴中央财政的新增建设用地土地有偿使用费的批复》。

（2）“四要素”结构变异型

由“发文机关+（关于）+选择性动词+事由+文种”构成。有的“批复”标题针对请示标题中的选择性问题或实际内容使用选择性动词作答。如针对税收优先权是否包括滞纳金的请示，批复标题为《国家税务总局关于税收优先权包括滞纳金问题的批复》，针对“是否包括”的问题选择了“包括”进行答复。

（3）“三要素”结构型

由“发文机关+（关于）+事由+文种”构成。这种标题不含态度词“同意”或“不同意”，有其内在原因。有的是对请示机关的请示事项部分同意，部分不同意，如《教育部关于20××年度高等学校增设第二学士学位专业的批复》，正文中对高等学校增设第二学士学位专业，有的同意，有的不同意。有的是“原则同意”，如《国务院关于重庆市城乡总体规划的批复》。有的是请求对某些问题进行指示或解释，不宜在标题中使用态度词，如《国务院关于核事故损害赔偿责任问题的批复》。

（4）特例型

有的批复正文中表示“同意”，但标题中并无“同意”字样。如《西宁市人民政府办公厅关于〈西宁市防空袭预案修订工作实施方案〉的批复》。

有些批复的标题使用双介词结构，由“发文机关+（关于）+事由+（给或转）+行文对象+文种”构成，如《××关于××问题给××办公厅并转××办公厅的批复》。但这类标题，可以考虑将“行文对象”全部作为“批复”的主送机关，或根据实际情况将行文对象中的一个作为主送机关，其余的作为抄送机关。

2.主送机关

主送机关是指与批复相对应的请示的发文机关。换言之，答复的是谁的请示，主送机关就应该是谁。若需要转发其他机关的，则用抄送的形式。另外，标题中已有请示机关的，则不必再写主送机关。

3.正文

批复的正文一般由批复引语、批复内容和批复结语三部分组成。

①批复引语。说明批复依据，如“你单位《关于……的请示》（××〔20××〕×号）收悉”，引出请示标题及发文字号，点出批复对象，使请示机关一看批复的开头就明白是因何事而做的批复。批复引语要注意尽量避免和批复标题重复。

②批复内容。即针对请示中提出的问题给予明确具体的答复，对不同意的事项，应说明理由。有的批复在表明态度之后还可以提出具体要求。

一般要求复述原请示主要内容后才表态。对常规事项、例行工作的批复，特别是同意有关请示的批复，不必阐述批复理由，表明同意态度即可；如果有的同意，有的不同意，则分别列出，并对不同意的内容说明理由；若不同意请示事项，或对下级机关要求的支持和帮助难以满足，除表明态度外，还应适当说明理由，以便对方理解缘由，并及时做出相应的工作安排。

③批复结语。常用“此复”“特此批复”等用语结尾。

4.落款和成文日期

批复的标题中都已有发文机关名称，正文后不再写发文机关而只写成文日期，并加盖发文机关公章，以示严肃性。

八、函

（一）函的概念

函是“适用于不相隶属机关之间商洽工作、询问和答复问题、请求批准和答复审批事项”的公务函件。

函，也称公函，是商洽性公文，属于平行文种。函主要用于以下四种情况：一是商洽工作，就某些工作事项进行联系和协商；二是询问和答复问题，探询对方的意见和反映，陈述本单位所掌握的情况；三是向平行或不相隶属的业务主管部门请求批准事项及这些业务主管部门答复所请求的事项；四是向对方申明看法，陈述有关情况和问题，使其了解知晓。

由于函是与主管部门而不是与有隶属关系的上级机关发生联系，所以它有别于请示。一般来说，向有直接隶属关系的上级机关请求指示、批准用“请示”，向无隶属关系的主管部门请求批准用“函”。

（二）函的特点

1.灵活性

行文关系灵活，除平行行文外，还可以向上行文或向下行文。

2.商洽性

函的使用不受级别高低、单位大小的限制，收发函件的单位均以比较平等的身份商洽工作。函的商洽性，也决定了用语的谦恭有礼，相互尊重。

3.双向性

既有去函，又有复函。

（三）函的分类

1.按性质分类

函按性质可分为公函和便函。

公函具有较完整的公文格式，用于商洽、询问、答复工作中比较重要的问题和请求主管部门批准某些事项。我们这里所称的党政机关公文的“函”，即为公函。

便函格式灵活、简便，写法较自由，不属于正式公文。用于询问、答复、联系、介绍某些一般性的公务事宜。

2.按内容和用途分类

按内容和用途，函可分为商洽函、询答函、请批函和告知函四种类型。

①商洽函，即不相隶属机关之间商洽工作、联系有关事宜的函。

②询答函，有询问函和答复函。即不相隶属机关之间相互询问和答复有关具体问题的函。

③请批函，即用于不相隶属机关之间请求批准和答复审批事项的函。

④告知函，即告知不相隶属机关有关事项的函。

3.按行文方向分类

按行文去向的不同，分为去函和复函。

（四）函的格式及写作

公函的格式由标题、发文字号、主送机关、正文、落款和成文日期组成。

1.标题

公函的标题都由发文机关名称、事由和文种构成。如××省人民政府主送国家出入境检验检疫局的《××省人民政府关于申请向日本出口稻草的函》。只是去函，则写为“××关于××××的函”；复函，一般标题中要体现“复”字，写为“××关于（同意）××××的复函”。有的复函标题由“发文机关+事由+回复函对象+文种”的形式构成，如《国务院办公厅关于悬挂国徽等问题给××省人民政府办公厅的复函》。

便函的标题则较为灵活，可以由发文机关名称、事由和文种组成，也可以由事由和文种组成。

2.发文字号

函的发文字号与其他公文的发文字号相似，只需在机关、单位代字中加上“函”字。如“云政函字〔2021〕7号”表示云南省人民政府2021年第7号函件。

3.主送机关

即受理函件的机关、单位。

4.正文

公函的正文一般由开头、主体、结尾和结语组成。

①开头。开头主要说明发函的缘由，如概括交代发函的目的、根据、原因等。如为复函，则先引对方的来函，如“《××关于××××的函》（××函字〔20××〕×号）收悉”，作为复函缘由。

②主体。主体是函的核心内容部分，主要说明致函事项或复函的答复内容。无论是商洽工作、询问和答复问题，还是请求批准和答复审批事项，行文都要直陈其事，用简洁得体的语言把需要告诉对方的问题、意见表述清楚。如果属于复函，还要注意答复事项的针对性和明确性。

③结尾。结尾多向对方提出希望或请求，或希望对方给予支持和帮助，或希望对方给予合作，或请求对方提供情况，或请求对方给予批准等。

④结语。在结尾下面另起一行。商洽函的结语常用“恳请协助”“不知贵方意见如何，请函告”“望协助办理，并请尽快见复”“望大力协助，盼复”等；询问函的结语常用“请速回复”“盼复”“请予函复”等；请批函的结语常用“请审核批准”“当否，请审批”等；答复函、批答函的结语常用“此复”“特此函复”“专此函告”等。

5.落款和成文日期

公函的标题中已有发文机关名称，落款只写成文日期，并加盖发文机关公章即可。

九、纪要

（一）纪要的概念

纪要，“适用于记载会议主要情况和议定事项”。

纪要是在对会议的情况和议定事项加以归纳、整理的基础上，将其主要精神反映出来的公文文种，一般称为会议纪要。

纪要既可以上呈，也可以下达，还可以批转有关单位遵照执行。其作用是沟通情况、交流经验、统一认识、指导工作。

（二）纪要的特点

1.内容的纪实性

纪要是在会议一定阶段或者会后根据会议记录和各种会议材料整理而成，它真实、准确地体现了会议情况和会议精神。因此，纪实性是纪要的基本特点，也是撰写纪要的基本原则。

2.表述的提要性

“纪”是“头绪”“记载”，“要”是“扼要”。“纪要”就是“记录要点的文字”。因此纪要不像会议记录那样对会议发言和会议内容逐一记写，它只是对会议主要精神、主要事项的择要归纳，既是会议成果的要点性依据，也便于引导人们把握会议的核心内容。

3.成文的及时性

纪要对写作时限要求很紧、很严，有的是在会议将近结束时就要写出，多数是在会议结束后较短时间内就要写出来。

4.执行的特殊性

纪要一经下发，便要求与会单位和有关人员遵守、执行。一般只主送各有关与会单位，如需下发执行，则需由上级机关下发通知，将会议纪要作为附件发出。

（三）纪要的分类

纪要可以从不同角度进行划分。按会议性质，可分为办公会议纪要和其他会议纪要（如某些专门性工作会议、专题讨论会、座谈会、学术研讨会等）；按纪要的写法，可分为综述式纪要、分项式纪要和发言（摘要）式纪要等；按纪要性质和作用，也可分为指令型纪要、通报型纪要和通知型纪要等。若按会议内容划分，则主要可分为以下几类：

1.决议性纪要

主要记载和反映各级党政机关领导层会议通过集体决策所议定的事项。这类会议纪要意在要求与会单位及有关方面共同遵守、共同执行。从传达作用看，它是通知型的会议纪要；从纪要性质看，它是指令型的会议纪要；从会议性质划分，它是办公会议纪要。

2.研讨性纪要

主要记载和反映经验交流会议、专业性会议或学术性会议的研讨情况。一些就专门问题进行探讨和听取意见的座谈会纪要也可归为这一类。这类会议纪要旨在阐明各方的主要观点、意见或情况，有的起通报会议情况的作用，有的具有指导参考作用。从性质和作用角度，也可称这类纪要为通报型纪要。

3.协议性纪要

主要记载双边或多边会议达成的协议情况，以便作为会后各方执行公务和履行职责的依据，对协调各方今后的工作具有约束作用。这类纪要常用于领导机关主持召开的多部门协调会或不同单位联席办公会。

（四）纪要的格式及写作

纪要由标题和正文组成。在格式上与其他公文不同的是，纪要不用主送单位和落款，成文时间多写在标题下方，且不盖公章。

1.标题

纪要的标题有单标题和双标题两种形式。

单标题有“会议名称+文种”“事由+文种”“发文机关+事由+文种”三种构成形式。

有些纪要还在标题中写明召开会议的单位名称。

双标题由“正标题+副标题”构成。正标题揭示会议主旨，反映会议的主要精神和内容。副标题标示会议名称和文种。

2.成文日期

多写在标题下方。也有的写于正文右下方。

3.正文

纪要的正文由导语、主体和结尾三部分组成。

①导语。即纪要的开头部分，主要概括会议基本情况。交代会议的时间、地点、议题、议程、与会人员、主要议题和会议成果，类似会议报道的新闻导语。这部分不宜写得过长，要简明扼要，让人们读后对会议有总体的了解。

②主体。即会议内容纪要，根据会议的中心议题，按主次、有重点地写出会议的情况和成果，包括对工作的评价、对问题的分析、会议议定的事项、提出的要求等。主体的写法一般有以下三种。

综述式。即对会议的内容或议定事项进行综合概括，按性质分成若干部分，每个部分谈一个方面的内容。一般把主要的、重要的放在前面，可具体一些；次要的和一般性的内容放在后面，可简略一些。这是一种比较普遍的写法，议题比较重大、涉及面较广的纪要以及用于批转的纪要也多采用这种写法。

分项式。即把会议的内容或议定事项分条列项地写出，使其条理化，一目了然。办公会议纪要或讨论解决较具体、较专门问题的会议纪要多采用这种写法。

发言式。即将与会者的发言按中心议题的要求择其要点摘录出来，按内容性质归类后列写。有时为了便于把握发言内容，在发言人前面根据会议议题冠以小标题，在小标题下写发言人的名字。这样更能客观、具体地保留发言人的谈话内容和风格。一些重要的座谈会纪要常采用这种写法。

③结尾。即提出希望或号召。也有的纪要不写专门的结尾用语。

【思考与练习】

1.什么是党政机关公文？党政机关公文的文种有哪些？

2.党政机关公文的格式有哪些组成要素？

3.通知的种类不同，正文的写法有哪些不同？

4.什么是通报？通报、通告和通知有何异同？

5.报告和请示各有什么特点？主要区别是什么？

6.请示的适用范围主要有哪些？请示有何特点？

7.批复有何特点？批复的正文如何拟写？

8.按内容和用途，函可以分为哪几种类型？

9.练习：把自己所在学校或学院、班级的某次会议记录改写成纪要。

第三节　事务文书写作

一、计划

（一）计划的概念

计划是机关、单位或个人对未来一定时期内的工作作出筹划和安排，以便顺利完成既定目标与任务的一种事务性文书。

在日常工作中，“安排”“打算”“规划”“设想”“方案”等，都是人们对今后的工作或活动做出的部署和安排，因而也都属于计划这个范畴。一般来说，安排、打算常用于时间较短，内容较具体，并偏重工作步骤和方法的计划；规划是带有全局性、长远性和方向性的计划；设想是初步的、供参考的计划；方案则是对某项工作从目的、要求、方法到具体步骤都作出较为全面部署与安排的计划。

计划的作用在于使相关方针政策、上级工作部署及本单位或个人的工作任务能得到更好的落实和完成；避免盲目性、增强主动性，统一工作步调，提高工作效率；便于加强对工作的监督指导和检查考核。

（二）计划的特点

1.明确的目的性

明确的目的性是计划要达到哪些目标的体现，因此计划的目的性十分明确。同时，计划确定的目标应该是经过努力后能够实现的。

2.科学的预见性

科学的预见性是计划能不能达到目标的体现。只有在制订计划前对该项计划在数量、质量、时间、步骤、措施及完成任务的内部与外部环境、有利与不利条件等各方面因素进行分析，做出科学的预见，才能保证计划的科学性和成功率。

3.措施的可行性

措施的可行性是计划怎样达到目标的体现。计划的制订必须坚持实事求是的原则，每一项内容都要为保证实现目标而服务。要求要恰当，措施要得力，步骤要明确具体，具有切合实际的可操作性。

4.执行的约束性

执行的约束性是计划是否得到有效执行的体现。制订计划是为了安排工作、提高效率、达成目标。计划一经制订，就要对完成任务的实际活动起指导和约束作用，必须严格执行。

（三）计划的分类

计划按不同的标准可分为不同的种类。

①按性质分，计划有综合性计划和专题性计划。

②按内容分，计划有工作计划、生产计划、学习计划、科研计划等。

③按时间分，计划有长期计划、短期计划、年度计划、季度计划、月计划等。

④按范围分，计划有国家计划、部门计划、单位计划、个人计划等。

⑤按表达方式分，计划有表格式计划、文表结合式计划、条文式计划等。

（四）计划的格式及写作

计划的写作可以有多种格式，常见的有叙述式、条文式和表格式，有时则采用几者兼而有之的综合式。不论采取那种格式，计划都应具备标题、正文、日期三个部分。

1.标题

标题就是计划的名称，一般应包括制订计划的单位名称、计划期限、内容范围和计划类别四个部分，如《中国共产党××××委员会2021年度巡察工作计划》。也有只写内容范围和计划类别的，如《普通高校思想政治理论课建设体系创新计划》。如果计划尚未正式确定，或是征求意见稿、讨论稿，须在标题后用括号注明。

2.正文

正文是计划的主体，一般包括下列几项内容：

①前言。简要说明制订计划的依据和理由，宏观概括今后总的工作任务。如果是普通的、简要的计划，前言部分可以省略，直接写计划的目标和任务。

②目标和任务。这部分要明确写出计划要达到的目标、指标和要求等。

③措施和步骤。这部分要详细说明完成任务的具体措施，行动步骤，时间分配，人力、物力和财力安排等。

④结尾。一般包括在执行计划时应该注意的事项，需要说明的问题，或是提出要求、希望和号召等。

3.落款和日期

注明制订计划的单位名称和日期。如果在计划标题上已标明单位名称，结尾处就不必重复。上报或下达的计划，要在落款处加盖公章。

二、总结

（一）总结的概念

总结是机关、单位或个人对已完成的某一阶段或某项工作进行回顾和检查，并加以全面系统的分析、研究，从而明确已取得的成绩和经验，找出存在的问题，以指导未来实践的一种事务性文书。

总结的作用在于，总结经验教训，指导和推动下一步工作；为领导部门提供情况，作为改进工作、推广经验、制定政策的依据；沟通信息、交流经验、取长补短。因此总结不只是对已经完成的工作的简单回顾，它不仅要说明取得了哪些成绩，更重要的是要找出规律，总结经验，指导今后的工作。

（二）总结的特点

1.客观性

总结是对实际工作的回顾，内容完全来自实践；找出的规律和得到的经验，也是从实践中概括提炼出来的；反过来，它对实践又有直接的指导作用。因此，客观性是总结最基本的特点。

2.理论性

总结以找出规律为目的，不能只是材料的简单罗列或流水账般的叙述，必须对客观事物本质和内在规律进行概括；也不能就事论事，而应就事论理，将感性认识提高到理性认识。所以，总结的理论性较强。

3.时效性

对前一阶段或专项工作的总结，是要用以指导接下来的工作开展，因此具有很强的连续性和时效性。

（三）总结的分类

总结也可以按不同的标准分为不同的种类。

①按性质分，总结有综合性总结和专题性总结（也称作全面总结和专题总结）。“综合性总结”是对工作进行的全面性总结，既要反映工作的概况和取得的成绩、存在的问题和缺点，也要写经验教训和今后如何改进的意见等。但也不能面面俱到，要突出主要工作和重要经验。一般年度总结属于此类。“专题性总结”是对一定时期的某项工作或工作的某一方面进行专门性总结。与综合性总结相比，专题性总结的内容针对性强，更细致集中。

②按内容分，总结有工作总结、生产总结、学习总结和科研总结等。

③按时间分，总结有年度总结、季度总结和月份总结等。

④按范围分，总结有单位总结、班组总结、科室总结和个人总结等。

（四）总结的格式及写作

总结常见的格式包括标题、正文、落款和日期几个部分。

1.标题

总结的标题有三种写法：一种是公文式标题。由单位名称、时间期限和文种名称构成，这种标题通常用于工作总结，如《××大学2020年工作总结》。也可以在标题中加上具体内容和范围，如《××大学××学院2020年教学工作总结》。第二种是文章式标题。根据总结的内容概括，突出经验、做法或亮点。这类标题多用于经验总结，如《加强互鉴互容互通，开拓教育对外开放新局面》。第三种是双行式标题。即采用正副标题的写法，正标题概括总结内容，副标题用公文式标题补充说明单位、时限、文种。这类标题多用于专题性总结，如《坚定不移推进全面从严治党——中国共产党××××委员会2020年党建工作总结》。

2.正文

正文由开头、主体和结尾三部分组成。

（1）开头

也称前言，简要概述基本情况。一般采用“××××年，我们在××××的领导下，认真贯彻……关于……的精神，开展了……工作，实现了……”的导语式开头，交代在什么情况下做了什么工作，取得了哪些成绩等，写明工作依据、指导思想、综合成果等，为全文的展开做一个提纲挈领的铺垫。除了概述式的介绍外，有的总结也以结论式、提示式或提问式开头。但不论用哪一种形式的开头，都要做到开门见山、简明扼要、统领全文。

（2）主体

一般包括以下三方面的内容。

第一部分写基本做法、成绩和经验。这是正面肯定自我的部分。以什么方式，做了哪些工作，要把成绩放在对做法的叙述中突显出来，不要记成流水账。可定量的成绩要用写实的方法或用具体的数据进行表现，做到真实准确，有说服力。定性的精神成果，要在工作效果的具体表现中得出，有根有据，对今后的工作有指导作用或借鉴意义。这一部分是总结的重点，做法与成绩的说明是基础，经验和体会的总结是重心，从做法及成绩取得的过程中找到规律性的东西则是写好总结的关键。写法上可以先提出经验、体会，再用具体的例证、数据、措施进行印证；也可以先从回顾工作成绩入手，再归纳出体会和经验。

第二部分写存在的问题或教训。这是客观认识自我的部分。善于总结，勇于正视问题，事业才能不断进步。工作中存在的问题，有的是应该解决而暂时没有解决的，有的是暂时没有条件和办法解决的；教训，则是指那些由于各种主客观原因造成工作损失而得出的反面经验。

第三部分提出新的工作目标或今后努力的方向。这是总结作用发挥的部分。根据已经取得的经验并针对存在的问题，具体明确地指出今后的努力方向及具体任务、要求和措施。

（3）结尾

总结的结尾，有的适当概述全文，表明态度和决心，有的则自然收束。

总之，撰写总结要抓住三个要点：实事求是、找出规律、突出重点。

3.落款和日期

总结的落款，一般在正文右下方写明总结的单位名称或个人姓名以及总结的日期，也可以在标题下正中或偏右处书写。

三、调查报告

（一）调查报告的概念

调查报告是人们对某一现象、某一事件或某一问题进行深入细致的调查研究而写成的书面报告。调查报告又叫“考察报告”或“××调查”。它是机关团体常用的一种事务文书，也是新闻媒体上常见的一种文体。

调查研究是人们认识社会、改造社会的一种科学方法。毛泽东就十分重视调查研究，指出“没有调查就没有发言权”。调查研究所形成的书面报告，反映的是人们对客观事物的本质特征和基本规律的认识，是领导掌握和研究某些情况、制定政策和措施的重要参考。调查报告的调查事实，还可以作为揭示真相、教育群众、明辨是非的依据。

（二）调查报告的特点

1.具有很强的针对性和明确的目的性

调查报告是为直接解决实际工作中的问题而撰写的，它总是先针对需要弄清和解决的问题做调查研究，然后将事实和结论写成报告，以指导实践、解决问题。

2.用事实说话，观点明确并带结论性

调查研究是人们探求客观事物的真相、性质和发展规律的活动，做到客观真实是调查报告撰写的基本原则，也是检验调查报告是否具有科学价值的关键所在。因此，调查报告的观点，必须是从事实材料中得出的科学结论，且观点必须明确，并带有结论性。

3.夹叙夹议、叙议结合

运用调查所得到的材料说明事物的真相或本质规律是调查报告的最终目的。调查报告必须对调查的材料进行综合分析，从中概括出看法或观点，达到揭示事物本质和规律的目的。因而，撰写调查报告常常是由事及理，在表达上多采用夹叙夹议、叙议结合的方式。

（三）调查报告的分类

调查报告涉及的内容广泛，表现形式多种多样，可以从不同角度进行分类。

根据调查课题的目的不同，可分为学术性调查报告和应用性调查报告。

根据内容范围的不同，可分为综合调查报告和专题调查报告。

根据功能的不同，可分为情况反映型的调查报告、典型分析型的调查报告和探讨研究型的调查报告。

①情况反映型的调查报告。着重于调查并反映某一调查对象在某一阶段的基本情况，通过对情况的分析，总结出带有普遍性的结论，提出改进的建议。它既可以是对基本情况的调查，也可以是对新情况与新动向的调查。

②典型分析型的调查报告。侧重于对带有倾向性的典型情况和问题进行专门调查。根据调查研究的目的，在若干同类调查对象中选取一个或几个有代表性的对象进行系统、周密的调查研究，从而认识这一类对象的本质特征、发展规律，找出具有普遍意义和

价值的经验或值得借鉴的教训。此法又叫“解剖麻雀”。这类调查报告又可以分为总结经验和揭露问题两种。

③探讨研究型的调查报告。主要功能是研究理论问题，探讨新规律，提出新理论。这类调查报告着重于理论和实践上的创新，议论多，学术价值较高，具有科学研究报告和学术论文的特点。

（四）调查报告的格式与写作

调查报告一般由标题、署名和正文三部分构成。

1.标题

调查报告是事务性文书，其标题一般有公文式和文章式两种。

（1）公文式标题。一般由“事由（调查对象+调查内容）+文种”组成，这是最常见的调查报告标题。如《关于农村基层党建工作的调查报告》《当前基层干部干事创业动力及其影响因素调查报告》等。这类标题庄重朴实，但也容易给人以千篇一律的感觉。

（2）文章式标题。常见的有以下三种类型。

①疑问式标题。用正问、反问或设问句式，把调查报告所要表达的内容体现出来。与陈述句式的标题相比，疑问式标题语气有力，感情色彩浓厚，能使观点表现得更加鲜明。如《制革商是否准备好迎接后疫情时代？》《为什么大学毕业生择业倾向沿海和京津地区》等。这类标题的优点是容易引起读者的注意和共鸣，从而达到提出问题、启发思考的作用。一般揭露矛盾和问题类的调查报告，多采用此种标题拟写法。

②新闻式标题。通常用最精辟的词语，对内容和中心思想进行富有特色的浓缩、概括和凸显。这类标题一般由正、副标题组成。正标题向读者介绍一种做法、一条经验、一件事物，或者阐明一个观点，以体现调查报告的主题；副标题揭示调查对象、调查事由等。如《“疫情”寒冰后旅游业的起跳——2021年包头市民旅游意愿调查报告》《彭城新唱大风歌——徐州特色文化建设的实践与探索》等。这类标题繁中求简，概括性强，能让读者第一眼就知道调查内容的特别之处。反映新生事物类和总结典型经验类的调查报告，多采用此种标题拟写法。

③修辞式标题。运用比喻、比拟、对比、引用等修辞手法，以形象化的语言拟写标题，不仅能增强感染力和吸引力，还能提高可读性。此类标题也常由正、副标题组成。正标题用形象化的语言概括出调查报告的主题，副标题则进一步阐释调查的内容和事由等等。如《不做焦虑父母，从良好亲子关系开始——疫情期间亲子关系状况调查报告》《鱼和熊掌应兼得——关于金融党建工作的创新思考》等。这类标题具有一定的文学色彩，形象生动、引人联想、促人深思，可以起到画龙点睛的作用。反映情况类和总结典型经验类的调查报告，多采用此种标题拟写法。

2.署名

调查报告的署名就是写上作者的名字、单位名称，放在标题下一行居中位置。个人署名可以署于文尾右下方，也可署于标题右下方。

3.正文

调查报告的正文分为开头、主体和结尾三部分。

（1）开头

开头又称前言。一般有以下几种方式。

提要式。把调查对象最主要的情况在开头进行概括，使读者一开始就对调查的基本情况有一个大致的了解。

交代式。在开头简单地交代调查的目的、方法、时间、范围、背景等，使读者先对调查的过程和基本情况有所了解。

问题式。在开头就提出问题，引起读者对调查课题的关注，促使读者思考。这样的开头可以采用提问的方式引出问题，也可以直接将问题摆出来。

（2）主体

主体内容是调查报告的主干部分，通常以叙述为主，叙议结合，围绕调查研究的内容组织材料和观点，安排结构布局。

材料和观点的组织。调查报告的结论要从调查研究的客观事实中得出，因此，调查报告的观点都是基于对调查材料的分析研究而得出的。但在撰写时还是要由观点统领材料，并且要选择那些能得出具有典型性、普遍性和针对性结论的材料，使材料为观点服务。

布局结构的安排。调查报告一般篇幅较长，要精心地安排好布局结构。根据内容的需要，有的按照问题的几个方面或几个部分并列安排，称为“横式结构”；有的按照调查事件发生、发展的先后顺序进行阐述，称为“纵式结构”。但这只是相对的，多数时候可能是根据需要纵横交错地安排。

（3）结尾

调查报告的内容不同，结尾的写法也不同。有的针对调查的内容，提出意见、建议或指出有待深入研究的问题；有的概括全文的基本思想，深化调查报告的主题；有的则是补充式结尾，对正文部分没有提及，但又需要讲清的一些情况和问题，在结尾处附带加以补充说明。

总之，写好调查报告要掌握调查研究的方法，深入实际，并真实准确地反映事物的本来面目和客观规律。

四、简报

（一）简报的概念

简报就是工作情况的简要报道。它是机关、单位或社会团体内部用来反映情况、汇报工作、沟通信息和交流经验的一种事务文书。简报也称“动态”“信息”“情况反映”“内部参考”等。

简报具有汇报、交流和指导作用。通过它，可以向上级汇报工作情况和重要动态，方便领导了解下情，指导下级工作；可以向平级单位传递信息，交流工作中的新情况、新问题、新经验、新成绩，便于相互了解、相互学习，促进工作；也可以向下级单位宣传党和政府的方针、政策，传达有关会议的精神，交流推广典型经验，倡导、表彰好人好事，批评不良倾向，指导和推动下级工作的开展。

（二）简报的特点

1.快

“快”指反映情况要迅速及时。简报具有新闻性，追求实效性，要求发现、汇集情况快，撰写成文快，编制印发快。快是简报的生命，如不抢时间及时反映情况，时过境迁，就会失去简报的价值。

2.短

“短”指内容简短，篇幅短小精悍。为了能及时传递信息，简报在内容上要集中、单一，尽可能一事一“报”，如果可报道的内容多，可分期编发。在具体写法上要开门见山、直截了当，不需要做艺术描写、理论阐述，只要将“什么情况”“怎么回事”写明即可。

3.实

“实”指反映情况要客观。简报的内容必须真实，有关事实、数据，事件的时间、地点、人物、来龙去脉、因果关系必须准确，对事件的评价要客观恰当。

4.新

“新”是指内容新鲜，有新意。简报不但要反映新动向、新情况、新课题、新信息和新经验，还要阐明新思想、新观点。

（三）简报的分类

简报的形式多样，种类繁多，从不同的角度，用不同的方法对简报可以作出不同的分类。常用的简报有以下三种：

1.情况简报

情况简报也叫工作简报，根据反映内容可分为综合性情况简报和专题性简报。综合性情况简报是在明确的主题贯穿下，综合反映生产、经营、服务等工作的情况和问题。专题性简报主要是将某一项工作的动态、进展、问题向主管部门反映，或向有关部门、下属单位作通报，借以传播信息，推动工作。

2.动态简报

动态简报是指反映各部门、各领域的新情况、新动态的简报。动态简报一般也有两种：工作动态简报和思想动态简报。工作动态简报主要反映内部工作正反两方面的新情况和新动向；思想动态简报主要反映社会上的某种思潮或思想倾向、各行各业各阶层的思想状况等。这类简报多见于有关单位编发的“内部参考”。这种动态简报一般都具有内部参考和保密性质，其流通、阅读范围有较严格的限定。

3.会议简报

会议简报是举行会议期间编发的简报，一般用于一些大、中型会议，由会议的主持部门或会议秘书处编写，内容包括会议的宗旨、要求、议事日程、会议的概况、会议研究的问题、会议提出的带有倾向性的意见、会议对一些重要问题的研究及讨论结果或摘要刊登典型发言等。

（四）简报的格式与写作

简报有约定俗成的格式，一般由报头、报核（按语、标题、正文）、报尾几部分组成。报尾有时可以省略。报头、报尾有严格的规范。

1.报头部分

设在第一页的上方，约占全页1/3的篇幅，下边用横线与正文部分隔开。报头通常由以下几项内容构成。

①简报名称。用大号字写在报头正中部位，如“工作简报”“××动态”等。简报名称可以套红，也可以不套红。文字常用印刷体或书写体，一般不用美术字，以示正规。简报名称宜相对固定。

②简报期号。在简报名称下面居中写明期号，加圆括号，如“（第1期）”。

③编发部门。在期号之下、间隔横线之上的左侧，顶格写主编单位的名称。

④印发日期。写在期号之下、间隔横线之上的右侧。

⑤简报密级。如简报需注明秘密等级，应在简报名称的左上方标明。如“机密”“秘密”，也可写“内部刊物，注意保密”等。

2.报核部分

一般由按语、标题和正文构成。

①按语。内容重要的简报，如有按语，则在报头间隔线以下、标题前先写按语。如“编者按”“编者的话”。按语是为引导读者理解简报编发内容和编者意图而写的提示语，常见的按语有说明性按语、指示性按语和评价性按语三种。

②标题。简报的标题，一般要求简明地概括正文内容，类似于新闻标题。可用单行标题，也可用双行标题。写在按语下面，如果没有按语，则写在间隔线以下居中位置。

③正文。类似于新闻的写法，开头先对简报反映的主要内容，如时间、地点、人物、事件等，作“导语”式的概括介绍，然后再叙述所要反映的具体情况。简报的类型不同，正文的写法也多种多样。在表述上多用叙述、概括、归纳、摘要的形式；在顺序上可按时间顺序或逻辑顺序进行安排；在结构上，可采用纵式结构或横式结构。

3.报尾部分

安排在最后一页的下方，约占全页1/3的篇幅，也用间隔横线与正文部分隔开。报尾有两个基本内容：一是发送范围，写在报尾的左方；二是印发的份数，写在报尾的右下方。

五、述职报告

（一）述职报告的概念

述职报告是各级干部及其他岗位责任人在人事考评活动中，向本系统、本部门领导和干部、群众陈述任职情况、汇报工作实绩时，根据职务或职责考核标准进行自我总结和自我评估的书面汇报材料。

述职报告的作用主要是用来考察任职者个人是否称职。因此制作主体不同于党政机关公文的报告那样是下级机关单位，而是需要述职的相关个人；述职的内容也是述职者在任期内某一阶段履行职务的情况，撰写时不应超出或者脱离个人的职责范围。

（二）述职报告的特点

1.标准的统一性

述职报告不像一般工作总结那样，可以自行设定总结的形式和内容，而是要根据岗位职责及任务目标规定的职权范围和工作职责，按照组织人事部门考核的有关规定，从德、能、勤、绩、廉等方面分别进行履职情况汇报，有统一的标准和相对固定的格式。

2.角度的自我性

述职报告是述职者述说本人在一定时期内履行职责的情况，是对自己工作的全面梳理和客观评价，因此要从“我”的角度，用第一人称的手法来写。这种“自我性”也是述职报告不同于一般工作总结、工作报告的显著特点。

3.内容的述评性

述职报告既要“述”，述说、陈述自己的履职情况，回顾、总结自己任职期间的工作得失和经验教训；又要“评”，评析工作中存在的问题和不足，解剖其中的原因，最后要对一年来工作称职与否作出自我鉴定，并接受民主评议和组织考核，以此作为干部升、降、留、调的重要依据之一。

4.行文的庄重性

述职是十分庄重、严肃的干部考核环节，每一个述职者在撰写述职报告时必须做到态度端正、措辞严谨、语气谦恭，以叙述和说明为主，避免抒情和过多议论。报告中所叙述的一切都应该确凿无误，实事求是地反映履职情况和实际业绩，不能夸大成绩，不能回避问题，也不要过分谦卑，自我评价要客观、中肯、恰当。

（三）述职报告的分类

述职报告按时间可分为年度述职报告、阶段述职报告和任期述职报告；按内容可分为综合性述职报告和专题性述职报告；按范围可分为个人述职报告和集体述职报告。

（四）述职报告的格式与写作

述职报告一般由标题、署名、呈送机关或称谓、正文和日期等组成。

1.标题

有以下几种不同的写法。

①文种式。直接写“述职报告”。

②公文式。一种是由时间和文种构成，如《2020年度述职报告》；一种是由时间、内容和文种组成，如《2016—2020年院长职务任期述职报告》。

③复合式。采用正副标题，正标题概括揭示述职报告的主旨、基本观点，副标题写职务、述职者和文种，如《落实主体责任，抓好党建工作——××大学党委书记×××的述职报告》。

2.署名

一般将述职人所在单位名称、职务和姓名写在标题之下一行，具体可视标题结构和内容的完整程度而定。署名也可写在末尾落款处，位于日期之上。

3.呈送机关或称谓

标题之下第一行顶格写呈送机关或称谓。向上级呈送的述职报告，写明收文机关；向领导和本单位干部职工作述职报告，则写上称谓。

4.正文

一般由前言、主体、结语三部分组成。

①前言。介绍任职情况和对任职期间成绩作总体评价。说明自己的任职时间、担任职务和主要职责；对履职期间主要目标的完成情况及成绩作简要介绍和评价。

②主体。应包括任职期间的主要业绩、存在问题和今后打算。这是述职报告的核心内容，着重阐述自己是如何履行职责的。可先写工作对象或成绩，再写认识和体会。撰写工作业绩时，要详略得当，抓住主要方面，要把较大的篇幅放在主要业绩的完成情况及具有创造性、开拓性的亮点工作的说明上，以任期内工作成果中最突出最有特色的业绩为重点，主要围绕采取了哪些措施、解决了哪些实际问题、取得了哪些成效来写。

述职者还应实事求是地找出自己工作中存在的主要问题，包括缺点、不足和失误等，以便在今后的工作中吸取教训和加以改正。

今后的打算，主要写下一步工作改进的方向和所要达到的目标，以及为实现工作目标而计划采取的措施。这部分要写得精当扼要，既要对应述职中存在的问题提出改进措施，又要提出新的工作目标和努力方向，体现工作的连续性。针对性要强，目标和措施要具体可行，不能只表决心、说空话。

正文结尾处还应对自己的工作称职与否给出整体评价，评价等次一般为“优秀”“称职”“不称职”。

③结语。一般写“以上报告，请批评指正”或“以上报告，请予审议”。

5.日期

落款处注明成文或述职时间。

六、规章制度

（一）规章制度的概念

规章制度是机关、团体、企事业单位为了维护正常的工作、劳动、学习和生活秩序，依据国家的方针、政策，在一定范围内制定的一种具有法规性和约束力，要求有关人员必须按章办事、共同遵守的事务文书。也就是说，它是在一定范围内要求人们必须共同遵守的规范和准则。

规章制度的应用范围十分广泛，上至国家最高领导机关，下至企事业单位、科室班组，乃至社会生活的某些方面，都需要用规章制度规定有关人员应该遵守的事项和职责或应该达到的标准等，以保证公务活动、生产活动、工作、学习、生活等有序、正常、协调地进行。为了创造良好的环境，维护正常的秩序，建立、健全各种规章制度是十分必要的。

（二）规章制度的特点

1.制发的程序性

规章制度的制发程序有严格规定，即通过法定程序使文件获得法定效力。规章制度的发布，对不同级别的机关有不同的要求。

2.作者的限定性

规章制度的制发者只能依法在自己的职权范围内形成相关层次的规章制度，否则，制发的文书无效。

3.制作的严肃性

制定规章制度必须依照相关的法令、政策，做到有法可依、有章可循，不能与国家的法令、政策相抵触。

4.表述的严密性

规章制度的法规性决定了其行文要全面周到，内容要具体，不能有遗漏，不能被人钻空子，具有严密性、明确性。要有庄重、严肃的语言风格，措辞要准确严谨，没有歧义。

5.执行的强制性或约束力

规章制度一经公布，对有关方面及有关人员就具有强制力或约束力，必须贯彻实施，不得违反。否则，就要受到行政、法律、经济制裁或公众谴责。

（三）规章制度的分类

规章制度是个总称，它包括章程、规程、条例、简章、规则、规定、细则、守则、办法等。根据它们的重要程度大体可分为：上级机关制发的、重要的带有根本性的规章制度，如章程、条例等；一般的、局部的、具体的规章制度，如规程、规定、细则、办法等；机关、团体或企事业单位内部针对某种人员、某项工作或活动的内容简要、条文较少的规章制度，如简章、规则、守则等。

（四）规章制度的结构

由于规章制度的种类不同，内容、范围各异，不能完全进行统一的格式归纳，但也有一些结构上的相同之处。下面就规章制度的常用结构作一介绍。

1.部首

①标题。规章制度的标题一般有三种构成形式：一种是由单位或组织名称、事由和文种构成，如《中国共产党党员教育管理工作条例》；一种是由制发单位名称和文种构成，如《中国佛教协会章程》；一种是由事由和文种构成，如《党政领导干部选拔任用工作条例》。

②制发时间和单位。一般在标题之下用括号注明规章制度通过的日期，或批准、公布的年、月、日，如《建设项目环境保护管理条例》（1998年11月29日中华人民共和国国务院令第253号发布—根据2017年7月16日《国务院关于修改〈建设项目环境保护管理条例〉的决定》修订）。

2.正文

①总则。总则是关于制定各种规章制度的目的、意义、依据、指导思想、适用原则和范围等的说明性文字。规章制度制定的依据，通常总是在正文的开始部分就予以明确。如《中国共产党重大事项请示报告条例》第一章第一条就写明条例制定的依据："根据《中国共产党章程》《关于新形势下党内政治生活的若干准则》等党内法规，制定本条例。"

②分则。分则也就是规范项目，这是规章制度的实质性规定内容，是要求具体执行的依据。如国务院发布的《建设项目环境保护管理条例》，其分则部分就对"环境影响评价""环境保护设施建设""法律责任"等分别列专章作了规定。

③附则。附则是对规范项目的补充说明，其中包括用语的解释和解释权、修改权、公布实施的时间等内容，一般放在正文的最后。如《建设项目环境保护管理条例》最后一章（第五章）为附则，共四条："第二十七条 流域开发、开发区建设、城市新区建设和旧区改建等区域性开发，编制建设规划时，应当进行环境影响评价。具体办法由国务院环境保护行政主管部门会同国务院有关部门另行规定。第二十八条 海洋工程建设项目的环境保护管理，按照国务院关于海洋工程环境保护管理的规定执行。第二十九条 军事设施建设项目的环境保护管理，按照中央军事委员会的有关规定执行。第三十条 本条例自发布之日起施行。"

（五）几种常见规章制度的写作

1.章程

章程是指党团组织、社会团体、学术组织等对其性质、宗旨、任务、组织结构、组织成员、权利、义务、纪律及活动规则等做出的规定。一般由该组织、团体制定并经其代表大会讨论通过后公布施行，如《中国共产党章程》。章程在组织内部有很强的规范性和约束力。国家行政机关及其职能部门一般不用章程。

章程的格式包括标题、通过日期、正文几部分。

①标题：由政党、组织或团体的名称加文种组成。

②通过日期：一般在标题之下用括号注明。如《中国共产党章程》（中国共产党第十九次全国代表大会部分修改，2017年10月24日通过）。

③正文：分为若干章。开头的是总纲，概括地阐明该组织的性质、奋斗目标、指导思想、现阶段的总任务、工作重点、基本要求、主要政策思想及活动范围等纲领性的内容，带有序言性质。它是整个章程的灵魂，后边各章都是围绕总纲展开。总纲之后的各章按顺序编排，分别阐述该组织成员的权利和义务、组织原则、组织形式和组织制度等，是章程的核心部分。最后是附则，一般说明通过、公布、施行和修改的手续等。

章程的行文要严谨、深刻、全面系统、条理清晰、语言准确、庄重。

2.条例

条例是用以指导某一方面长期性工作或活动的正常开展而制定的法规性文件，内容涉及关系国家政治、经济、科技、教育、文化、外事等领域的重大事项和长期性、经常性的工作，具有较高的稳定性。一般由主管该方面工作、活动的党和国家的相关部门根据国家的有关法律、政策制定，由党的领导机关、国家权力机关或国家最高行政机关批准（通过）颁发。条例实际上是对某一政策、法律或法令的补充说明和辅助规定，是国家机关为控制或调整国家生活中某方面的准则而使用的立法性手段，是国家大政方针的具体体现，具有强制性和约束力。制定发布条例限于国家最高行政机关，其他机关、政党、团体不用条例行文。1987年4月21日国务院办公厅在《行政法规制定程序暂行条例》中明确指出：国务院各部门和地方人民政府制定的规章不得称“条例”。

条例规定某一方面的工作、活动的准则，如《中华人民共和国居民身份证条例》；或用于对某一机关的组织、职权以及某些专门人员的任务、职责、权限等作出原则、系统的规定，如《会计人员职权条例》等。

条例和章程一样，行文严密明确，正文分条列目，语言庄重严肃。条例和其他规范性公文的不同在于，条例必须有条有例。条，指从正面规定的条文；例，指从反面加以说明的例设，即如果违反条例规定应如何处置。其他规范性公文也可以有例设，但并不是非写不可，而条例如果无例设，就不成其为条例了。条例所具有的强制性，就是通过条和例的结合表现出来的。

条例的格式包括标题、印发日期、正文几部分。

①标题。标题一般由“制发机关名称或所代表的相应机构名称+条例内容（或适用对象）+条例”组成，如《中国共产党纪律处分条例》；也有省略机关名称或机构名称的。

②印发日期。一般在标题之下用括号注明。如《中国共产党纪律处分条例》（中共中央2018年8月18日印发）。

③正文。正文有两种格式：章节式和条排式。内容繁复的条例，一般采用前者；内容

简单的条例，一般采用后者。章节式分总则、分则、附则三部分。第一章为总则，最后一章为附则，中间各章为分则。条数则从总则的第一条起依次排列，直到附则的最后一条为止。条排式不分总则、分则、附则，也不分章。正文开头就是"第一条……第二条……"依次排列。

无论采用哪种格式，正文一般要写明制发条例的根据和目的、条规和实施说明。

实施说明是条例必不可少的结尾部分。章节式的条例将它作为附则，条排式的条例将它放在最后几条。这部分内容主要包括条例实施要求、生效日期、解释权与修改权属何机关、执行细则与办法由谁制定、条例与原来有关文件的关系以及其他未尽事宜的布置办法等。

3.规定

规定是政府机关、社会团体、企事业单位等针对特定范围内的工作、事务或专门问题等制定的要求和规范，是一种具有强制性和约束力的法规性文件。规定广泛使用于行政管理和企事业管理，是管理工作不可缺少的有力工具之一。规定涉及的工作或问题不如条例那么重大，法规性和约束力也不如条例那样严格。但规定比条例具有更强的针对性，条例比较原则、概括，而规定较为细致、具体。

规定有政府机关制定发布的规定，如教育部自2021年9月1日起施行的《未成年人学校保护规定》；有社会团体、企事业单位处理本团体、本单位的某种工作和事务所制定的规定，如《上海交通大学本科生管理规定》（沪交教〔2021〕36号）。

规定格式包括标题、正文两个部分。

①标题。标题或由"发文机关+规定内容+规定"组成，如《国务院关于在线政务服务的若干规定》；或由"规定内容+规定"组成，如《交通运输行政执法程序规定》。

②正文。正文一般用"序言+条款"的格式。在序言中简述规定的目的或依据。常用"为了……特制定本规定"或"为了……根据……特制定本规定"的格式行文。规定内容一般用条款方式表达，规定的要求、适用范围及实施办法要写得细致具体。

撰写规定要注意方针政策与实际情况的结合，针对性强，内容具体明确。

4.办法

办法是政府机关、社会团体、企事业单位针对某项工作或某一方面的活动制定的具体要求与规范。办法是国家机关经常使用的行政法规，发布要通过命令（令）或通知等形式来实现。机关、企业事业单位也可用办法对内部事务作出规定，如制定管理办法、奖励办法等。但此类办法属于一般规章。政党、团体一般不用办法行文。

办法也是一种具有强制性和约束力的规定性文件，与条例、规定相比，它所规定的内容更具体。有些办法就是根据相关条例规定中的某些条款制定的，如国务院发布的《产品质量监督试行办法》，就是根据国务院发布的《中华人民共和国标准化管理条例》中的有关条文制定的，它比条例更具体、更具操作性。

办法的格式包括标题、正文两部分。

①标题。一般由“适用范围+办法内容+办法”构成，如《干部选拔任用工作监督检查和责任追究办法》《脱贫攻坚责任制实施办法》等。

②正文。一般有三种格式：第一种是完整格式，即由总则、分则、附则三部分组成；第二种是完整格式的简化，即由序言、条款两部分组成；第三种是简单格式，即条排式。

条款有两种排列形式：一种是“条连款不连”，即条从头到尾依次排列，条下设款则另定次序；另一种是在小标题下条款各自独立。

正文包括三部分内容。

①制定办法的目的、依据：这部分常常作为第一条，或以序言的形式出现。

②办法内容：这部分是办法的主体，要按先主要后次要、先原则后具体、先直接后间接的原则安排条款内容。

③施行说明：这部分说明施行日期及要求等。既可在附则中说明，也可作为正文的最后一条或几条，还可用结束语的形式表达。

【思考与练习】

1.什么是计划？计划有什么特点？

2.什么是总结？如何撰写总结？

3.什么是调查报告？情况反映型、典型分析型和探讨研究型调查报告有何区别？

4.什么是简报？如何撰写简报？

5.什么是述职报告？述职报告有什么特点？

6.什么是规章制度？规章制度有什么特点？

7.练习：结合专业和个人实际，制订一份年度学习计划。

第四节　其他常用文书写作

一、会议类文书

（一）开幕词

1.开幕词的概念

开幕词是指在比较庄重的大中型会议开始时，由与会主要领导或会议主持人宣告会议开始、交代会议议程、阐述会议宗旨的致辞。它旨在阐明会议的指导思想、宗旨、重要意义，向与会者提出会议的中心任务和要求，对会议有着重要的指导作用，具有宣告性和指导性意义。

开幕词所提出的会议宗旨，是大会的主导思想，其所阐明的目的、任务、要求等，引导着会议的进程，对会议有着重要的指导作用。

2.开幕词的格式与写法

开幕词一般由标题、称谓和正文三部分组成。

（1）标题

开幕式标题的写法有以下几种形式：

①由“会议全称+文种”组成，如《全国政协六届一次会议开幕词》。

②由“致辞人姓名+大会名称+文种”组成，如《×××同志在×××大会上的致辞》。

③有的采用复式标题。主标题揭示会议的宗旨、中心内容，副标题与前两种标题的构成形式相同，如《开辟合作新起点 谋求发展新动力——在“一带一路”国际合作高峰论坛圆桌峰会上的开幕辞》。

④只写文种“开幕词”三字。

开幕词标题中如果没有时间和致辞人姓名，则应在标题的下一行居中书写。

（2）称谓

称谓要根据会议的性质和出席会议的人员来确定，一般用泛称，顶格书写，后面加冒号。如“同志们”“各位代表、各位来宾”“运动员同志们”等。如果是党的会议，称呼比较简单，就是“同志们”三字。如果是国际会议，要按照国际惯例来排序，较常见的是“各位嘉宾、女士们、先生们”。称呼的选用要涵盖全体人员，不能遗漏。也可以在称呼后面再加上礼节性的问候，如“大家好”“上午好”等。

（3）正文

开幕词的正文包括开头、主体和结尾三部分。

①开头部分。主要是宣布会议开幕。也可以对会议的规模、意义、召开的背景、出席会议人员情况和会议筹备情况作简要的介绍，并对会议的召开以及与会人员的到来表示热烈的祝贺和热情的欢迎。应单列为一个自然段，与主体部分区分开来。

②主体部分。通常包括三方面的内容。一要阐述会议召开的意义，通过对以往工作情况的概括、总结和对当前形势的分析，说明会议是在什么形势、背景下，为解决什么问题或达到什么目的而召开的。二要阐明会议的指导思想，提出会议的任务，概括会议的议程和安排。三是为保证会议的顺利进行，向与会者提出会议的要求。

③结尾部分。通常用祝词发出号召和希望，预祝会议顺利、圆满成功。

正文写作要紧扣会议中心议题，语言简洁，篇幅不宜过长，对会议各项内容只作原则性交代。语言要有感染力。

（二）闭幕词

1.闭幕词的概念

闭幕词是在比较隆重的大中型会议闭幕时，由党政机关、社会团体、企事业单位的主要领导人所作的总结性讲话。闭幕词的目的旨在总结会议召开的情况，评价会议的成果、意义以及影响，号召与会人员响应会议号召，落实会议精神，做出更大成绩，具有总结性、评估性和号召性。

闭幕词旨在总结会议召开的情况，评价会议的成果、意义以及影响，是会议精神传达的重要内容之一。

2.闭幕词的格式和写法

闭幕词一般也由标题、称谓和正文三部分组成。

（1）标题

标题格式与开幕词基本相同，只在会议全称后面加“闭幕词”。

（2）称谓

同一会议的称谓与开幕词相同。

（3）正文

闭幕词的正文也包括开头、主体和结尾三部分。

①开头部分。概括说明大会在什么情况下，经过与会成员怎样的努力，取得什么成果（只做总体评价），圆满地完成预定任务，胜利闭幕。

②主体部分。通常包括三方面的内容。一是对大会进行概括、总结，概述会议的基本情况，以及会议通过的主要事项和基本精神。二是恰当地评估会议的收获、意义，以及会议的深远影响。三是指出会议主题对今后工作的指导意义，并向与会人员提出贯彻会议精神的基本要求，增强人们贯彻会议精神的信心和决心。

③结尾部分。一般要向与会者发出号召，提出希望，表示祝愿，还可以向保障大会顺利进行的有关单位以及人员表示衷心的感谢。一般以郑重宣布会议胜利闭幕为结束语。

闭幕词写作要与开幕词前后呼应、首尾衔接，以显示按要求完成了大会既定的目标，取得圆满成果。

开幕词与闭幕词的写作，要充分掌握会议的主要精神和各种情况，按照会议宗旨，针对需要解决的问题做出分析、表示态度，做到针对性强、简洁明了、有号召力和鼓动性。

（三）会议报告

1.会议报告的概念

会议报告是主要领导人代表领导集体向会议报告工作，或就专门方面的问题发表会议指导性讲话时所使用的一种文体，即领导同志在会议上所作的报告。

会议报告具有总结和指导作用。会议报告要总结工作中的经验、教训，指导下级机关和人民群众正确贯彻执行党和政府的方针、政策。通过领导同志的报告，与会代表可以认清形势、明确任务，更好地完成会议提出的各项任务。

2.会议报告的特点

①全面性。会议报告具有综合性、系统性、总揽全局的特点。特别是大会工作报告一般都要分成几个大的部分，从不同侧面、不同角度对工作进行汇报和部署，篇幅一般比较长。特别是政府负责人在人民代表大会上所作的工作报告、党的机关负责人在党的代

表大会上所作的工作报告，所涉及的时间长、空间大、问题多、份量重，有时宣读时间可长达数小时。

②集体意志性。会议报告虽然是某一领导人在大会上宣读的，但报告的内容却不仅仅是报告者个人的思想、观点和态度，它是领导机构集体意志的反映。所以，会议报告从初步构思到修改定稿，都要经过集体讨论，并要在领导班子的会议上获得通过之后，才能到大会上宣读。大会工作报告的写作过程，是一次民主集中制的实施过程。

③思想指导性。会议报告的思想指导性十分鲜明。正确评价以往的工作，明确当前的形势和任务，统一思想、统一认识，在此基础上提出今后的任务和奋斗目标，以便大会之后统一步调、统一行动，这是大会工作报告的基本功能。会议报告及会议形成的决议，是传达贯彻会议精神的主要内容。

3.会议报告的格式与写法

会议报告一般由标题、称呼、正文、结束语四部分构成。

①标题。标题的写法有两种。一种是“报告人+会议名称+文种”，如“××同志在××工作会议上的报告”。一种是使用正副标题，如“决胜全面建成小康社会 夺取新时代中国特色社会主义伟大胜利——在中国共产党第十九次全国代表大会上的报告”。标题的下面一行写报告时间，再下一行写报告人的姓名。

②称呼。报告第一句顶格写称呼。如“同志们”“各位代表”等。

③正文。正文分为开头和主体两个部分。

开头：人民代表大会政府工作报告，开头写报告人向大会提出审议报告的请求；党的代表大会工作报告，开头即阐明会议的意义和主题；部署工作性的报告，开头也直接开门见山，提出主要工作要点。

主体：为报告内容展开的部分，因报告类型不同、侧重点不同，写法有较大的差异。汇报性的工作报告，主体要全面总结任期内或特定时期内的工作成绩和存在问题，提出今后的打算及切实可行的方法、措施；传达方针、政策、决议、指示的工作报告，主体主要是转述和解释有关精神，并对贯彻落实提出具体方案；部署性的工作报告，主体要列举出主要工作、任务、目标，还要提供方法、步骤、措施和要求。大会工作报告，主体一般由“工作回顾”和“工作谋划”两部分构成。

④结尾。结尾一般用来表明决心、提出希望、发出号召，或提出贯彻落实的要求。

会议报告，要在认真学习党和国家的方针政策，深刻领会上级指示精神和单位领导班子集体意见的基础上进行撰写，既要实事求是地总结成绩和经验，又要高屋建瓴地提出新时期发展的理念和方向。

二、邀约类文书

（一）请柬

1.请柬的概念

请柬是人们在节日和各种喜事中使用的一种简便邀请信，是为邀请他人参加某种会议、宴会、聚会活动时所使用的一种书面形式的通知书。请柬的“请”，是邀请的意思；“柬”与“简”相通，是信件、名片、帖子的统称。请柬也称请帖、柬帖。

2.请柬的格式与写法

请柬一般分为封面、封里两部分，封面多用美术字或其他手写体写上“请柬”或“请帖”两字，多数用烫金，还用各种吉祥喜庆的画面装饰。写法上分横式和竖式两种。

请柬一般由标题、称谓、正文、结尾、落款五部分构成。

①标题。即“请柬”或“请帖”两字。

②称谓。第一行顶格书写被邀请人的姓名及称谓，后面加上冒号。称呼根据不同对象，或尊敬，或亲热，一定要礼貌、得体。

③正文。另起一行空两格书写，要写明邀请的理由、出席活动的具体时间和详细地点等。为了便于被邀请者赴会，有的还应注明如何接送，或乘什么车辆可以抵达之类。若还有其他特殊要求，也需注明，如“请准备发言”“请准备节目”等。

④结尾。正文之后，紧接着写“敬请光临”等礼貌用语。也可另起一行，顶格书写“恭候光临”“敬请光临”等。注意不能用“准时”代替“届时”，否则就成了命令式，对被邀请者不尊敬。

⑤落款。在结尾语的下一行右下方（竖写的在左下方）写上邀请者单位名称或个人姓名，再下一行写上请柬发出的年、月、日。若是单位所发请柬，有时还需加盖公章。

请柬的写作要注意，被邀请参加活动的时间、地点要写得准确、具体；措词要简洁、文雅、庄重，除用礼貌语外，其他语言也要体现出邀请者的诚心；请柬的正文如是手写的，字体要写得工整、美观。

（二）聘书

1.聘书的概念

聘书也称聘请书，是一个单位在工作、学习、研究活动中，需要聘请外单位或本单位的人员担任某个职务或承担某项工作时使用的文书。

聘书，体现了聘请单位对被聘人员的信任与尊重，能增强被聘人的责任感与荣誉感，也是约束聘任双方的重要凭据。

2.聘书的格式与写法

聘书由标题、应聘人姓名、正文、结尾、聘任单位签印及发证日期组成。

①标题。聘书的标题只写“聘书”或“聘请书”，位置放在聘书的上方正中，字体要

大而醒目，一般在聘书的右上或右下位置，写明聘书编号（聘书用量不大的单位可不写编号）。

②应聘人姓名。写在标题左下方、正文左上方位置，顶格书写，如“×××同志（或职务、职称）”。若将姓名写在正文中，则不单独列出。

③正文。正文是聘书的主体部分，要写明聘请的缘由、任务、要求，受聘人的权限、职务，上任日期及任期等。

④结尾。另起一行空两格写“此聘”两字，也可不写。

⑤聘任单位签印及发证日期。聘任单位名称应写在正文右下方位置并加盖单位印章，署明发证日期。

聘书的语言要简明清楚，形式应庄重大方。

三、庆谢类文书

（一）感谢信

1.感谢信的概念

感谢信是在得到某人或某单位的关心、帮助和支持后向对方表示感谢的书信。

感谢信，可分为给集体的感谢信和给个人的感谢信。可以进行张贴，也可以采用寄送的方式。感谢信的情感表达要真挚，使其发挥表扬和宣传好人好事的作用。

2.感谢信的格式与写法

感谢信一般由标题、称谓、正文、落款及日期组成。

①标题。多数只写“感谢信”三个字。如果写给单位或集体的感谢信，可以写“致××公司的感谢信”或“××公司致××大学的感谢信”。

②称谓。标题下一行顶格写感谢人姓名或感谢单位的名称，感谢人姓名后可适当加称呼，如“同志”“先生”等。单位名称在标题中已包含的，则不再重复。称谓后用冒号。

③正文。称谓下一行空两格起写正文，写清楚对方在什么时间，什么地点，由于什么原因，做了什么好事，对自己或单位有什么支持和帮助，事情有什么好的结果和影响。还要写清楚从中表现了对方哪些好思想、好品德、好风格。最后表示自己或所在单位向对方学习的态度和决心。

④署名和日期。署名与日期写在正文的右下角。单位名义的感谢信，必要时可加盖公章。

感谢信的写作，要实事求是，以说明事实为主，议论为辅，详略要得当。

感谢信与表扬信有一定区别，两者都是对别人的某种行为的肯定与表扬，但侧重点不一样。感谢信是表达对某人帮助的感谢，要站在当事人的角度书写，而表扬信则侧重表扬某人做了什么好事，可以站在当事人之外的角度书写。

（二）慰问信

1.慰问信的概念

慰问信是以组织或个人的名义向对方表示关切、问候和安慰的一种书信。

慰问信可分为对作出突出贡献的集体或个人的慰问、对遭受困难或蒙受损失的单位或个人的慰问和节日慰问三种类型。

对有突出贡献者的慰问是通过赞扬表达崇敬之情，对遭遇困难者的慰问是通过同情表达关切之意，都是通过慰问的方式来达成双方的情感交流和相互理解。因此，情感沟通是支撑慰问信的深层基础。慰问信可以直接寄给本人，也可以通过各类媒体进行传播。

2.慰问信的格式与写法

慰问信由标题、称谓、正文、尾语和落款五部分组成。

①标题。标题一般只写文体名称，即“慰问信”三个字，也可具体写成“××致××的慰问信”，标题要居中书写，字体要大。

②称谓。在标题下一行顶格写被慰问的单位名称或个人姓名，个人姓名后加上必要的称呼，如“先生”或“同志”，后面加上冒号。

③正文。正文另起一行，空两格书写。应分段写以下内容。①说明写慰问信的原因、背景。有的是节日来临，有的是对方突遇不幸等，如“节日来临之际”或“正当……的时候”。然后写表示深切慰问的话，如“致以节日的慰问”“致以亲切的慰问”等。②概述和赞扬对方的先进思想、先进事迹，或者鼓励他们战胜困难继续前进，然后表示慰问和学习。

④尾语。尾语一般要写表达良好祝愿的话。如“祝愿取得抗灾斗争的胜利”“祝您节日快乐”“此致敬礼”等。

⑤落款。落款要写清单位名称或个人姓名，日期写在署名下方，年、月、日都应写全。

慰问信的写作，感情要真挚，使对方能够充分地感受到组织的关怀和同志间的情谊；基调要昂扬向上，以激励和鼓舞为主，即使面对巨大的困难和不幸，也不宜过分渲染，更不能写得悲悲切切，使对方更加伤感而不能鼓起勇气；语言要精练，表达要朴实，篇幅要短小。

（三）贺信（电）

1.贺信（电）的概念

贺信（电）是表示祝贺、赞颂的函电，常见于国家领导人、国家机关、团体对取得巨大成绩、作出卓越贡献的集体或个人，或者对国际、国内发生的重大喜事、对重要的会议、对知名人士的寿辰等所表示的祝贺。在亲朋好友之间，也常常发出贺信（电），对一些值得庆贺的事表示祝贺。

2.贺信（电）的格式与写法

贺信（电）由标题、称谓、正文和落款组成。

①标题。标题有几种写法：只写“贺信”或“贺电”二字；写谁发出的贺信（电），

如《国务院贺电》；写给谁的贺信（电），如《给中国女排的贺信》；写明谁给谁的贺信（电），如《中华人民共和国教育部给全国教师的贺信》；写明谁因何事所发的贺信（电），如《习近平对神舟十一号载人飞船发射成功的贺电》；用正副标题，正标题为谁的贺信（电），副标题写因何致贺信（电），如《中共中央对外联络部贺信——致中国电视事业诞生暨中央电视台建台50周年的贺信》。

②称谓。标题下另起一行顶格写接受贺信（电）的单位名称或个人姓名及称谓。如果是祝贺会议，只写会议的名称。

③正文。开头，用简练的词语写出祝贺的理由，表示祝贺。经常用“值此……之际，谨代表……向……表示热烈祝贺”等语句。

主体，由于对象不同，主体的内容与措辞也应有所区别。如果是祝贺对方取得了突出成绩，在主体里就要充分肯定和热情赞扬对方新取得的成绩和意义。如果是祝贺会议，在主体里要侧重说明会议召开的重要意义和深远影响。如果是祝贺某个人物的寿辰，则侧重赞颂受贺者的品德和贡献，表达热烈的祝贺。

结尾，写祝愿、鼓励、希望或要求方面的内容。

④落款。在正文的右下方写上祝贺的单位名称或姓名并写明日期。

贺信（电）的写作，感情色彩要强烈，赞扬对方的成绩要实事求是，语言上要避免陈词滥调，篇幅也不宜过长。

四、迎送类文书

（一）欢迎词

1.欢迎词的概念

欢迎词是在来宾初到时设宴洗尘，或在隆重典礼、喜庆仪式、会议开幕式上，由主人（或主办方）出面，对来宾表示欢迎的正式讲话。

2.欢迎词的格式与写法

欢迎词一般由标题、称呼、正文、结尾几部分构成。

①标题。一般由致词人、致词场合、文种三个要素构成，如“×××在××旅游节开幕式上的欢迎词”，有时也可只写“欢迎词”三字。

②称呼。写对欢迎对象的称呼，后加冒号。对欢迎对象的称谓要用全名，名字前要加“尊敬的”等字样，名字后要加头衔或“先生”“女士”等词语。对来访的外国元首，还应加上“阁下”“殿下”等词语。

③正文。开头要写致词人以什么身份、代表谁、对谁表示欢迎，接着写来访或召开此次会议的意义、作用，或者述说两国或两个单位之间的友谊、交往，对过去合作成就的回顾或对此次活动的希望等。

④结尾。祝愿宾客来访或会议取得圆满成功，祝愿宾客或会议代表在访问期间、会议期间过得愉快。

欢迎词的写作，行文要热情大方、不卑不亢，语言要简短，尽量合乎口语，同时要力求生动。

（二）欢送词

1.欢送词的概念

欢送词是在来访活动或会议结束宾客即将离开时，由主人（或主办方）出面，对来宾表示欢送的正式讲话。

2.欢送词的格式与写法

欢送词一般也由标题、称呼、正文、结尾几部分构成。

①标题。与欢迎词大体相同，只需将“欢迎词”改成“欢送词”即可。

②称呼。与欢迎词写法相同。

③正文。首先要简要表达热情欢送之意，然后对宾客来访或会议取得的成功和友谊的加深予以称颂，再对未来进行展望，对进一步增进友谊与加强合作提出希望。

④结尾。要写对宾客的惜别之情，表示对再次来访的期待，并祝愿其一路顺风。

欢送词的写作要求与欢迎词基本相同。

（三）答谢词

1.答谢词的概念

答谢词是在喜庆宴会、欢迎或欢送会、授奖大会等场合，对曾经帮助过自己的有关团体表示感谢的致辞。

答谢词有两类：一类是在交往活动开始时，先由主人致欢迎词，接着就由客人致答谢词；另一类是在交往活动结束后，客人对主人的盛情接待与安排表示感谢，具有辞别的性质。

2.答谢词的格式与写法

答谢词的格式与欢迎词、欢送词基本相同。

①标题。标题有两种形式：一是说明在什么场合下的答谢词，二是只写“答谢词”三字。有时，也可用“答词”作标题。

②称谓。另起一行顶格书写致谢对象的称谓或姓名、头衔，后加冒号。

③正文。首先要对主人的盛情接待表示感谢，对主人（或主办方）作出的成绩和贡献表示赞颂，并表明自己对巩固和发展友谊的打算和愿望。

④结尾。再次表示感谢，并向对方表达良好的祝愿。

答谢词的写作，一是要有对应性，即对主人一方的欢迎词、欢送词或授予荣誉称号仪式上主办方的讲话和热情接待的事实，有针对性地表示衷心感谢。二是答谢方往往是在异地做客，要充分了解当地的民情、风俗，尊重对方习惯。三是要力求简短，表示礼貌和谢忱即可，不宜冗长拖沓，令人生烦。另外，答谢方也可以在答谢词中表达自己的意愿，以获得对方的支持。

【思考与练习】

1.什么是开幕词？什么是闭幕词？二者的内容有什么不同？

2.什么是会议报告？会议报告有什么特点？

3.什么是请柬？写请柬要注意什么？

4.什么是聘书？聘书的正文要写明哪些内容？

5.什么是感谢信？感谢信和表扬信有何异同？

6.什么是慰问信？慰问信分哪几种类型？

7.什么是贺信（电）？怎样写贺信（电）？

8.什么是欢迎词？什么是欢送词？二者正文的写法有什么不同？

9.什么是答谢词？答谢词的写作应注意什么？

10.练习：代××学院团委、学生会拟写一份举行“迎新晚会”的请柬。要写明邀请的理由、出席活动的具体时间和详细地点等。

【本章参考文献】

[1] 徐中玉.应用文写作[M].5版.北京：高等教育出版社，2016.

[2] 孙秀秋，吴锡山.应用写作教程[M].4版.北京：中国人民大学出版社，2016.

[3] 耿云巧，马俊霞.现代应用文写作[M].4版.北京：清华大学出版社，2018.

[4] 夏晓鸣，张剑平.应用文写作[M].5版.北京：首都经济贸易大学出版社，2018.

[5] 肖虹.论明代公文的“明道”功用[J].东吴学术，2017（6）：65-71.

[6] 韩秀华.也谈应用文的特点[J].山东省农业管理干部学院学报，2011，28（3）：185-186.

[7] 朱惠明.应用文的语言特点[J].湖北经济学院学报（人文社会科学版），2010，7（7）：131-132.

[8] 中共中央办公厅，国务院办公厅.党政机关公文处理工作条例[EB/OL]（2013-02-22）[2022-01-05].http：//www.gov.cn/zwgk/2013-02/22/content-2337704.htm.

第七章　新媒体写作

第一节　传统新闻写作

新闻写作是一种实践性的写作，是指记者把采访中搜集到的事实材料，通过文字写作制成一定体裁的新闻作品的过程。从宏观上讲，新闻作品主要有两大类：新闻报道和新闻评论。因此，新闻写作也有广义和狭义之分。广义上的新闻写作，包括新闻报道与新闻评论的写作。狭义上的新闻写作，一般仅指新闻报道中的消息和通讯写作。

一、新闻写作基础知识

（一）新闻写作的原则和方法

1.真实是新闻写作的基本原则

陆定一曾说过："新闻工作，搞来搞去还是个真实性问题。"新闻真实性原则是新闻行业的首要原则，"真实性是新闻的生命"已经成为共识。新闻写作对真实性的要求，可以分为两个层次：浅层次的要求是新闻报道的具体事实必须真实，深层次的要求是新闻报道的整体概括和分析要符合客观实际的本来面目。在新闻写作的实践中要求做到：

第一，构成新闻的基本要素（时间、地点、人物、事件等）必须准确无误。第二，新闻报道中引用的材料，包括引语、数据、事件等必须准确、可靠；新闻报道所反映的环境、过程、细节、语言、行动等必须真实准确。第三，新闻报道中出现的人物思想、情感和心理活动等，必须出自当事人所述；新闻报道中使用的背景材料必须完全真实，而且要做到全面、客观、实事求是。第四，对新闻事实的解释和概括要合乎客观事实本身的逻辑，要力求从事实的整体和联系上深刻反映事物的内在规律，要防止简单、片面的认识事物的方法。

2.用事实说话是新闻写作的基本方法

用事实说话是指忠实、客观地报道新闻事实，通过选择事实、表现事实、解读事实，使受众不仅能了解事实，还能按照事实选择者即新闻传播者的思路来认识事实。这是新闻工作最基本的方法，也是新闻工作者最主要的基本功。那么，如何用事实说话？下面介绍一些基本的方法。

第一，用典型的事实说话。生活中的事实是繁多的、芜杂的，具有相同社会意义的事实，常常是一类，而非一件。例如，表现平凡人在平凡的工作岗位上做出非凡贡献的消息，报道对象可以是张桂梅，还可以是张三或者李四。但为什么最后在新闻报道中，媒体竞相以张桂梅作为新闻报道的对象呢？这是因为在众多能够体现平凡人的非凡意义的事实中，张桂梅身上更具备代表性和典型性：岗位平凡、人物普通，但就是在她平常的坚守中，凸显了平常中的不平常，让整个社会认知到小人物的非凡和伟岸。这种事实与人物故事的遴选，在特定社会环境中具有典型意义。

第二，用事实的细节说话。在当今的媒体环境中，新闻报道数量繁多，要想使新闻报道真正吸引读者，必须注重对细节的报道。记者可以通过对典型细节的提炼描写，增加新闻报道的生动性和可视性，用小细节把读者吸引到新闻“现场”，还能增加新闻人物的人格魅力，能在有限的篇幅中加大信息量。我们来阅读下面的报道，体会一下记者是如何用细节把读者“带到”现场的：

在北京火车站附近一家不起眼的餐馆中，普通老百姓平价就可以享用宫廷菜。

“素菜刘”有三张小桌，九把木头凳子，地面是水泥地。门背后的燕京啤酒一箱一箱快堆到屋顶。掌柜台在店主卧室门口。卧室是洗菜的地方，也是存放食物的地方。

两个煤炉占去了厨房大部分空间，四名厨师肩并肩地挤在剩下的地方里，在案板和炉火之间忙碌。

餐厅没有服务员，掌柜记下点单后就朝厨房吆喝一声，一个厨子穿过卧室拿走单子，餐馆业主刘文成和他的几个徒弟把食物端给顾客。（记者李希光：《致敬宫廷素食》，《中国日报》1986年4月28日，生活/人物版。）

第三，用感人的事实说话。用感人的事实说话，在新闻中写出既能感动自己，又能感动读者的情节。在被感动中，事实替作者表达出感慨。在移情作用中，事实已经实现隐性议程设置的目的，使得读者在阅读新闻的过程中，不经意间接受了作者的视角与认识。40多年前法新社记者比昂尼克对周恩来总理逝世的报道，依然值得我们借鉴：

北京电台于近日凌晨当地时间5时宣布周恩来总理逝世的消息，但是，大部分中国人还不知道他们的总理已经逝世。

当新华社的电传打字机于当地时间4时过一点儿发出这条消息时，中国几乎所有街道上都没有行人。

在法新社所在的那所大楼里，当记者把消息告诉操作电梯的姑娘时，她顿时放声痛哭。

在对一位中国口译人员表示慰问时，他眼中含着眼泪，嘴唇颤抖地说：“我们没有料到。我们非常爱戴他，他是一位杰出的革命家。”中国人民极其爱戴周恩来总理，他们感到与周恩来总理非常亲近。

预料全中国都将表现出巨大的悲痛，就像今天清晨听到这个悲伤消息的那位中国少女所表现出的那样。

（二）新闻语言的基本特点

新闻语言指符合新闻报道要求、体现新闻特性的语言，是新闻写作的规范化语言。新闻语言区别于文学、评论等语言，具有客观、准确、简明、通俗的特点。

1.客观

新闻所报道的事实是客观存在的，新闻的主旨是传达客观事实。记者的主观认识和情感的外露，会干扰读者对事实本来面目的理解，诱导读者的爱憎褒贬。所以，为了让读者准确把握事实信息，自己对新闻事实作出判断，新闻的语言一定要做到客观，不带有主观的感情色彩。

新闻语言的客观性表现在新闻写作中词语和句式的使用上。

首先，多用中性词，少用褒贬词。中性词并不直接表露记者的感情，褒贬词则明显表现爱憎倾向。新闻的写作，特别是消息写作，一般多用中性词，少用褒贬词，以求客观地叙述事实，并通过事实的报道去影响受众。形容词和副词的感情色彩鲜明，新闻写作应该少用甚至不用形容词和副词。动词通常也包含褒贬，例如："死"是一个中性词，"牺牲""就义""逝世""仙逝""毙命"等则是情感色彩强烈的褒贬词。请看以下案例。

上海严寒

新华社上海1957年2月12日电　这几天上海街头积雪不化，春寒料峭，最低温度下降到摄氏零下7.4度，上海人遇到了有气象记载的80多年来罕见的严寒。10日和11日，这里出现了晴天下雪的现象。晴日高照，雪花在阳光下飞舞，行人纷纷驻足仰望这个瑰丽的奇景。"前天一夜风雪，昨夜八百童尸。"这是诗人臧克家1947年2月在上海写下的诗篇《生命的零度》中开头的两句。这几天要比10年前同时期冷得多，但据上海市民政局调查，到目前并没有冻死的人。民政局已布置各区加强对生活困难的居民特别是孤苦无依的老人的救济工作。为了避免寒冷影响儿童的健康，上海市教育局已将全市幼儿园的开学日期延至18日。(《人民日报》)

1957年新华社这条消息不到300字，整篇作品没有使用反映浓烈感情色彩的褒贬词，但我们透过记者对上海街头积雪的描绘和前后10年的对照，以及上海市民政局、教育局在严寒中采取的措施，看到了新旧社会出现的两种结局。记者行文自然，语调平静，但谁也不能否认，作者思绪沸腾、爱憎分明，能使简短的报道展示出一幅真实的画卷：新旧社会两重天。如果作品多用了反映爱憎感情的褒贬词，它的感染力就不会如此强烈了。

其次，多用陈述句，少用感叹句。陈述语句主要用于陈述事实，感叹语句往往带有强烈的情感语调，靠赤裸裸的赞扬或指责达到效果。新华社记者写出《上海严寒》的消息，是怀着浓烈的情感，他对比10年前后上海的两次严寒，可以说是感慨万千，但他在作品中并没有使用感叹口气，只是平静而带清淡的陈述，却让读者听众感叹不已。

2.准确

准确是新闻真实性对新闻语言的要求。这里所说的准确性，包括以下含义：①在时间、空间、形态、色彩等方面，语言与客观事物高度吻合。尽量不用"不久前""长期以来""最近"等比较笼统的语句来代替可以具体表明的时间；尽量不用"大概""差不多"等模糊词语来代替可以具体表明的数量。新闻可以使用模糊语言，但是要看语境，而且要尽量少用。②对事物属性、特征——也就是"质"的判断尽可能没有偏差；对事物的数量、程度——也就是"量"的把握精确无误。例如"办公室里进来一个高个子青年"，不如写"办公室里进来一个20多岁大约1.8米的男人"。③慎用可能产生歧义的词句。例如："他走了一个多钟头了。""走"可以理解为行走，也可以理解为离开。"被控私分国有资产,专家总经理成了被告人。”“专家总经理”是专家和总经理,还是总经理是专家?

下面选取两段同样描写暴雨的文字,一段出自小说,属于文学语言,一段出自消息报道,属于新闻语言。通过对比可以感受新闻语言的准确性和文学语言的不同。

狂风暴雨摇撼着东山坞。雷鸣夹着闪电,闪电带着雷鸣。那雨,一会儿像用瓢子往外泼,一会儿又像筛子往下筛,一会儿又像喷雾器在那儿不慌不忙地喷洒——大一阵子,小一阵子;小一阵子,又大一阵子,交错、持续地进行着。雨水从屋檐、墙头和树顶跌落下来,摊在院子里,像烧开了似的冒着泡儿,顺着门缝和水沟眼儿滚出去;千家百院的水汇在一起,在大小街道上汇成了急流,经过墙角、树根和粪堆,涌向村西的金泉河。(长篇小说《艳阳天》)

昨晚午夜前后,广州市雷声隆隆,电光闪闪,倾盆大雨,下个不停。据广州市气象观测站报告,仅今天凌晨一个钟头之内,就已降雨145.5毫米。这场特大暴雨,是广州市今年以来下得最大的一场雨。由于这场暴雨来势猛,雨量大,暴雨时间长,使得广州市地势低洼的一些路段渍水淹进了部分厂房、仓库和民房等,郊区一些地势低洼的菜地渍水成涝,造成了一定的损失。有读者来电,东风东路水均大街和水均南街有近200户住在大楼底层的居民受水浸,室内积水深30多厘米,至2时发稿止,暴雨还在继续不停地下着。(《南方日报》1983年6月17日《今天凌晨广州市降特大暴雨》)

3.简洁

新闻以精炼为贵,以烦冗为病。新闻语言应当干净利落,切忌拖泥带水。正如鲁迅所说:“简洁的文字,有着穿透读者心胸的力量。”消息和通讯,是把那些最富于本质特征的东西,经过提炼,用简洁明快的语言表达出来,要多短语短句,少用抒情句,不用过多的形容词,不用不恰当的比喻和警句。话多则长,话少则短,无话则免。把非说不可的话,集中、明确地点出来,不添油加醋,节外生枝。消息和通讯作品写完之后还要删繁就简,努力压缩。语言简洁,从根本上讲,是记者思维缜密的表现。要做到简洁,仅靠减少字数是不行的,必须要对所写的客观新闻事实认识明白、措辞确切,才能写出文字少而容量大、价值高的好消息、好通讯。

4.通俗

通俗,就是深入浅出,浅显明白,具有社会通用性。作为大众传播媒介的新闻媒体,面对千百万读者、观众、听众,唯有以通俗的语言传播信息,才能为大众所接受,并产生应有的传播效果。所以说,语言的通俗性,也是新闻语言的一个特色。新闻语言的通俗,要求从读者的认识水平出发,运用群众熟悉的语言形式,即接近口语的书面语,广播、电视的新闻语言应该尽可能口语化。新闻语言的通俗还要求避免使用生僻字和词,尽可能少使用专业术语、古词等,非用不可时应做出解释和交代,帮助读者理解术语的意思。

（三）新闻报道的主题和角度

报道主题的确定和角度的选择是一个过程，需要在采访中不断地深入和明确。在采访前认真地思考和策划，有利于记者更准确地反映新闻事实，彰显新闻价值。

1.新闻主题的含义

新闻主题是新闻作品所体现的观点和态度，是记者认识和提炼新闻事实的思想结晶，是新闻作品内容所具有的新闻价值的体现。可以说，除了一般的短消息外，多数新闻作品都有主题。特别是那些社会意义明显、价值突出，或者内容庞杂的新闻事件，记者必须对信息进行提炼。如果没有主题就会使报道丧失“灵魂”，陷入思想混乱或者表述不清的境地。

2.新闻主题的形成

许多人习惯于把主题放在新闻表现或者新闻写作这一环节来谈。其实，主题是新闻事物的本质与报道需要相结合的产物，与角度、深度、价值判断关系很密切。在选题、采访环节，记者已经完成了对事物的认识，报道主题已经基本形成，在新闻表现阶段，只不过是将其显露出来而已。

由于事物是复杂的，对于事物的认识也是多侧面的，记者就要从这些认识中选择出最有新闻价值的主题，这个选择取决于新闻传播者的能力和水平。通常，新闻主题的确定要经过三个阶段：采访前期对于新闻主题的考虑；采访进程中对于新闻主题的验证；采访后期对于新闻主题的深化。

3.新闻角度的含义

新闻角度是记者寻找、挖掘和表现事实的着眼点和侧重点。新闻角度与主题密不可分，是记者认识新闻事物的出发点，从不同的角度观察和认识事物就会对事物形成相应的认知，可以说，对新闻事实进行价值判断的角度就是报道主题，只不过前者属于认知过程范畴，后者属于新闻作品范畴。

新闻报道角度选择的标准，就是报道角度要为挖掘事实的新闻价值服务。在选择报道角度时，要寻找所报道的事实与受众在时间、地点、心理或者利益上的接近点，接近性越强，受众阅读、观看的兴趣越强，新闻传播的效果才会越好。

4.选择新闻角度的三个步骤

新闻角度的选择，不能作为一个静止的概念来理解，它并不仅仅是新闻作品最终所呈现出的事实的角度，只有把它作为一个过程来理解时，才能够深入地认识、判断和选择角度。按照新闻报道的程序，可以将新闻角度分为三个层次：选题的角度、立意的角度和表现的角度。总的来说，这三个层次是层层深入和不断明确的过程。

第一，选题的角度。选题角度是记者在采访报道中最先考虑的角度，从这些角度中可以发现具有重大新闻价值的线索。这时候记者要关注的往往是社会关心、与群众联系密切的热点、重大事件等。记者可以从与人民群众生活息息相关的问题上选择角度，如获得第13届中国新闻奖一等奖的《看个“咳嗽”要掏1 065元》就是从人们关心的医疗收费畸高的问题入手的；或是以为群众解疑释惑为出发点选择角度，如获得第15届中国新闻奖消息二等奖的《包起帆的“金牌”究竟属于谁》，讲述了劳模包起帆获得多个金牌而自己却不能拥有的问题；还可以从与政策相关的问题、成就或新人新事上选择新闻角度，如获得第16届中国新闻奖消息二等奖的《部分外企无视中国法律拒建工会》；还可以从舆论监督方面选取角度，等等。

第二，立意的角度。立意就是对于事实的认识，就是如何提炼新闻主题。因此，立意的角度就是如何把握新闻主题的角度。许多事实并不是一眼就能看清其意义和影响的，它们往往是一些看上去很平常、很细小的事物，只有对其进行深入地了解和分析后，才能发现背后的重大意义。立意就是强调从这些细微、平常的事物中发现不平常的意义。比如一些会议报道、领导活动的报道或者是关于企业的报道，从程序上看，都是一些常规的过程、相似的内容，没有多少新闻价值。这就需要记者去发现，从党的路线、政策和工作重心方面去考虑，从与受众接近性比较强的方面去考虑，善于将工作角度、领导角度、专业角度转化为受众角度、社会角度或者是人文、情感角度。

第三，表现的角度。好的新闻除了要有好的题材和主题外，还必须选择好的表现角度。新闻的表现角度直接影响着受众对于新闻的了解和认知。好的表现角度，可以使一则新闻生动、有趣，产生好的传播效果，而一则重大的报道，如果没有好的角度，则会使这则新闻变得一般化。

二、消息写作

消息是用概括叙述的方式，以简明扼要的文字，迅速及时地报道最新事实的短篇新闻，是目前应用最广泛的一种新闻报道形式。消息是既好写又难写的新闻 。好写是因为只要抓住“新闻五要素”即可写出一篇消息。新闻五要素，即“五个W”：When—时间，Where—地点，Who—人物，What—事件，Why—原因，有时还要加一个How—怎么样（经过）。难写是因为消息写作容易千篇一律，落入俗套，读者不喜欢看。

（一）消息的特点

1.新鲜

新鲜性包括事实在时间上的新鲜和内容上的新鲜。时间上的新鲜就是指时效性，时效性是衡量新闻价值的决定性标尺，要求新闻媒体在新闻发生时用最快的速度对新闻事实进行真实、准确的报道。今天发生的事情今天报道是新闻，明天报道就成为旧闻，失去了新闻价值。内容上的新鲜指新的事实、新的成就、新的经验、新的发现、新的见解、新的问题。消息只有新鲜，才能引起读者的注意，先睹为快。新，不仅要把新人物、新事件、新经验报道给读者，而且要选择有意义、有价值、有指导性的事物。

2.简短

简短是消息区别于其他文体的主要标志。所谓简短，就是“三言两语，记清事实，寥寥数笔，显出精神，概括而不流于抽象，简短而不陷于疏漏”，用笔要简洁利落，内容要集中精炼。

（二）消息的文体结构

除了标题新闻和一句话新闻，消息一般是由标题、消息头、导语、主体和结尾组成。标题新闻是标题和新闻内容完全融为一体的报道形式，本质上仍然是新闻。一句话新闻是由一个短句构成的新闻，可以是单句，也可以是复句，一般情况下以单句为主。

1.标题

标题在新闻中的作用是帮助读者快速了解报道的事实，标题可谓是新闻的眼睛。消息的标题内容要新颖，形式要醒目，既能够吸引读者，又能概括内容，具有精警、启发的作用。标题的写作要求：标题应真实、准确地表达原文的大意；尽量将新闻要素写进标题之中，新闻标题要以实题为主；标题中应注意将文章中的核心事实要素表达出来。

标题的形式有单行式和多行式。

（1）单行式。只有一个标题，它是消息内容的高度概括。如：《长江巫峡溶洞新发现古人类遗址》。标题直接报道了“新发现”。

（2）多行式。由引题、正标题和副标题组成。引题（或称肩题、眉题），在主标题之上，主要起交代背景、点明消息意义的作用。副题（或称辅题），在主标题之下，起补充说明正标题的作用。如：我为党旗添光彩 立足岗位争先进（引题）/农业部举办青年演讲比赛（主标题）。

2.消息头

消息头是消息正文最前面的一句话，是消息这种文体独有的标志。消息头的作用一是声明版权，二是注明消息来源，三是标明体裁。报纸的消息头一般有两种：“讯”和“电”；广播电视的消息头一般也有两种：“本台消息”和“记者×××报道”或“×× 台报道”。

3.导语

导语是消息的开头或是消息的第一段话。导语是消息最重要的组成部分，需要用最精粹的文字，简明扼要地把消息中最重要、最新鲜、最吸引人的事实及其意义表达出来。常见的有以下导语形式。

叙述式，直接叙述新闻事实。

描写式，抓住事件或人物最有意义的特征简单描写。

评议式，在叙述后引入议论或叙议结合。

提问式，根据所报道的主要内容归纳出一个警醒、引人瞩目的问题进行提问。

引语式，引用新闻人物最精彩的语言展开报道。

4.消息的主体

主体是导语的展开或续写部分，承接导语对新闻事实作进一步报道，以满足读者对事实进一步了解的需要。主体要与导语相辅相成，导语是主体的提要和浓缩，主体是导语的展开和深化，二者不能脱节。消息的主体以叙述事实为主，必须围绕一个主题来写，尽量做到集中、明确。一个新闻事实有多种材料，必须将那些反映事件本质的典型材料选出来，组织主体。

“倒金字塔”结构是消息写作的经典结构，除此之外还可以按时间顺序和逻辑顺序安排结构。所谓“倒金字塔”，就是遵循重要事实倒置的原则，把最重要、最新鲜、最有价值的新闻事实放在最前面，比较重要的依次向后排列，最不重要的放在最后面。倒金字塔结构通常使用概括式导语，概括了新闻事实的要点或者交代了最核心、最重要的新闻要素，消息的主体部分从第二段开始每个段落按照重要程度递减的顺序提供次要的新闻事实，或者对导语中的新闻事实进行详细说明。在倒金字塔结构中，消息的每个段落都包含新闻信息，且都具有新闻价值，但后面每个段落的重要程度都要低于前面的段落。这种写法很有意义：

第一，便于阅读。倒金字塔结构可以让读者在任何地方停止阅读都能获得对新闻事实较完整的认识，只不过读完了知道得较详细，没读完知道得较粗略罢了。第二，便于编辑。采用倒金字塔结构的消息，删节起来十分容易，编辑只需要从消息的后面开始删就可以了。这样，删改时就不必对文章大动干戈，打乱重写。第三，便于写稿。倒金字塔结构也给作者写稿带来了方便。作者在采访时对材料已有了较充分的认识，在写作时只需按重要程度将材料组织在一起，这样一篇新闻的结构就安排妥当了，无须创造性的构思，使稿子出手更为快捷。比如以下案例：

中老铁路新年首趟国际货物列车发车

新华社昆明1月1日电（记者　丁怡全）据中国铁路昆明局集团有限公司消息，1日下午，满载1 000吨货物的列车缓缓开出中铁联集昆明中心站，驶向老挝万象。中老铁路2022年首趟国际货物列车顺利发车。

2021年12月初，中老铁路全线开通运营，线路全长1 000多公里，北起昆明，经过中国磨憨铁路口岸和老挝磨丁铁路口岸，进入老挝北部地区，最后到达老挝首都万象。

“中老铁路通车前，货物从昆明发往万象，需要3天左右；通车后，昆明到万象的铁路货运时间仅需30小时左右。”中国铁路昆明局集团王家营西站站长何恒军介绍。

中国铁路昆明局集团统计数据显示，截至2021年12月31日，中老铁路通车不足1月，已开行货物列车380列，运货15万吨。除了中老铁路中国段周边的各类产品外，来自北京、上海、广州等地的货物也相继经中老铁路运往老挝。

“开通初期，从中国发往老挝的货物主要以饲料、化肥为主，现在货物品类越来越丰富，包括电子产品、通信设备、云南蔬菜等，能够更好满足老挝市场需求。”中铁联集昆明分公司副总经理徐超说。

5.消息的结尾

消息的结尾承接主体，有的对全文做简单总结，有的没有结尾，事实叙述完毕，就自然结尾了。消息的常见结尾方式有：引语式结尾，用新闻人物鲜明有力的直接引语作结尾，给读者留下深刻印象；背景式结尾，在报道的末尾引入其他的背景材料，耐人寻味，引发读者思考；预见式结尾，暗示接下来可能发生的情况或采取的行动。

三、通讯写作

通讯是比较详尽、生动地报道新闻事件的新闻体裁，这种新闻体裁是中国新闻界特有的类型。在西方，类似的体裁被称为“特稿”，但是“特稿”所包含的文体类型要比通讯丰富得多。中国的通讯大体上可以分为四类：人物通讯、事件通讯、工作通讯与风貌通讯。随着互联网的发展，传播方式、媒体格局都在发生深刻变化，新闻媒体之间的竞争也愈加激烈，通讯和新闻特写、非虚构写作之间相互借鉴融合，在新媒体上有时候已经很难分清楚他们之间的文体特征了。

（一）通讯的特点

比较新闻报道中最常用的消息和通讯两种体裁，可以快速把握住两种文体写作的基本特征。消息是一种简明扼要报道新闻事实的体裁；通讯是一种运用记叙、描写、议论、抒情等手法的新闻报道形式，是一种比消息更为详细、生动、深入地报道新闻事实的新闻体裁，简单地说，通讯就是消息的进一步扩展，属于典型报道。虽然两者都属于新闻报道，都要满足真实性和时效性的要求，但是两者在表现手法和新闻报道的基本要求方面有诸多差异。

①从篇幅上看，通讯事实详细，篇幅相对较长；消息简洁，篇幅较短，事实较为概括。

②从报道对象看，通讯取材范围更广、体裁容量更大，报道对象要有典型意义，新闻材料要全面系统，要有故事情节和丰富的细节；消息注重材料的概括性，简明扼要。

③从表现对象看，通讯主要写人；而消息主要写事。

④从结构布局上看，通讯灵活多变，别具一格；消息则多采用“倒金字塔式结构”。

⑤从表达上看，通讯以叙述为主，描写、议论、抒情有机结合，表达比较灵活自由；消息强调概括性，以叙述为主，一事一报，简洁明了。

⑥从报道时效上看，消息的时效性更强。

⑦从人称看，通讯第三人称和第一人称皆用，在访谈录或新闻特写中一般采用第一人称；消息一般采用第三人称。

（二）通讯主题的提炼

主题是一篇新闻报道的主旨。新闻采访中获得的素材好比珍珠，需要一根线把这些珍珠“串联”起来，这根“线”就好比是新闻的主题。新闻主题直接制约着新闻材料的取舍、新闻结构的安排和新闻语言的表达，换句话说，新闻中的一切内容都需要为突出表现新闻主题服务。

新闻主题要体现真实性、新颖性和导向性三大特点，在提炼新闻主题时要做到以事实为依据、推陈出新、导向鲜明，可以借鉴穆青总结的典型报道的“三个洞悉”：第一洞悉国内国际形势和全国宣传动向；第二洞悉这一典型的全部材料；第三洞悉有关的反面材料，作为正面宣传的放矢之地。下面一些思路可供参考。

1.选择具有时代精神的典型

挖掘新闻事实内所包含的时代精神，把握时代脉搏。

2.选择有引领教育作用的典型

以正面报道为主，凸显其价值和意义。

3.选择能够解决问题的典型

通讯的引领性较强，需要引导人们去正视问题、思考问题，进而解决问题。

4.从多角度对事实进行提炼

提炼主题时，从不同的角度可以提炼出不同的主题，而有的主题可从几个角度来进行提炼，但主题的选择是有限度的，因此需要多角度对事实进行剖析，把握核心。

（三）常见通讯的写作方法与技巧

1.人物通讯

人物通讯是以人物作为对象来进行报道的一种新闻体裁。指以人物为对象，具体、形象地报道人物事迹、经历的通讯。人物通讯写作应注意以下几点。

①忌“有人无魂”。指不善于选择、组织材料，或不善于透视人物内心世界，不善于站在时代高度对人物进行描写。②忌“有魂无人”。指将人物的精神面貌、思想境界表现得空洞、抽象，缺少丰满的血肉，缺少具体、丰富而典型的事实。③忌“千人一面”。指与作者自己以前写过的人物雷同，或与别人笔下的形象相似，缺乏个性，没有特色。④忌“褒一贬百”。指压低一片，抬高一个，故意把群众写得特别落后、矮小，从而突出所写人物的先进、高大。⑤要写“全人”。应处理好“软与硬”“正与反”的关系。“软与硬”是指既要写关键性的“大”材料，又不能忽略生活的“小”点滴；“正与反”是指对报道对象作既有“正像”，又有“反像”的“全息摄影”。

2.事件通讯

事件通讯是以写事为主的，报道新闻事件发展过程的通讯。事件通讯一般以事件为中心，有较强的情节性，兼具新闻性、典型性、完整性、形象性等特点。事件通讯的写作应注意以下几点。

①要抓住中心点、中心事件，即一个或几个关键性场面或情节来写。②注重事件的高潮。③在写事的同时，写好关键人物。④以记事为基础，点出事件的意义，要善于寓情于事、寓理于事。

3.工作通讯

工作通讯又称经验通讯，是指反映不同领域、各行各业工作中的新情况、新办法、新经验、新矛盾、新问题或者新趋势的通讯，是各级党报党刊常用的一种报道方式，对发挥媒体的指导性、增强舆论引导力具有重要意义。它也要反映新闻事实，往往带有现场活动。工作通讯写作的要求包括：①注重现实针对性，抓住主题。②用事实说话，选择典型事实，突出问题，多角度、多方面选取材料。③要找出解决问题的出路和办法。④生动活泼可读性强。

4.风貌通讯

风貌通讯又称概貌通讯、旅行通讯、综合通讯，是着重描写事物发展中的新变化、新面貌的通讯。风貌通讯题材广泛，有的侧重于写社会风貌，有的侧重于写自然风貌，有的二者兼而有之。风貌通讯常见的类型有：巡礼、散记、见闻录、纪行、旅行记闻等。基本要求有：①抓住特点，突出所见所闻。写风貌通讯，必须要有实地观察、真闻真见，找出能充分体现其特征的东西来写。②对比衬托。风貌通讯描写的是事物发展中的新变化，必须要善于写出动中之变，突出一个“变”字，恰当地使用对比衬托能够反映出变化的过程。③知识丰富，增添趣味。风貌通讯使各种人感兴趣的原因就在于它的知识性和趣味性。④叙事为主、情景交融。“登山则情满于山，观海则意溢于海。”写作风貌通讯应当笔下常带感情。同时，风貌通讯以叙事为主，但也可以使用一些议论和抒情。

四、报告文学写作

“报告文学”这个名词是从外国翻译过来的，是新闻与文学结合的产物，指的是用文学手段来处理新闻题材的一种文体。其基本特征有鲜明的新闻性、强烈的文学性、深刻的政论性。报告文学的写作技巧包括：

①深入调查研究。无论报告文学的描写报道对象是人物还是事物，在动笔写作之前，都必须做好调查研究。

②构思框架。首先，最好只选取一件事或一个人（群体）作为主线，同时要选取那些典型材料，这样更利于情节的集中突出。二是情节要有起伏。报告文学要有故事性，如果故事情节平铺直叙，就会削弱它的故事性，不能引人入胜。三是穿插要得当。写报告文学，要有适当的穿插，否则就容易写得单薄，没有广度深度。要善于将生活中真实可靠的一刹那进行相应的穿插和必要的调动。四是重点要突出。只有重点突出人物，主题的表现才能鲜明有力。

③塑造人物形象。塑造好人物形象，突出表现人物的思想性格特征。

④运用各种文艺手法增强作品的感染力。

⑤要有鲜活的社会生活气息。

⑥必须要注意三种倾向。首先，报告文学要求真人真事。其次，书写专业性较强的先

进人物，要注意人物的精神面貌。最后，客观地报道人物、事件，不要写得过于死板，需要把人物、事件写“活”。

【思考与练习】

1.简述新闻角度的定义及其选择时的注意事项。

2.简述什么是通讯，如何写好工作通讯。

3.简析消息与通讯的异同。

4.非虚构写作如何应用于工作实践？

5.根据以下所给材料，分别改写两则400字左右消息。

材料1：

北京：引导市民在京过年 非必要不出京

人民网北京12月18日电（记者 张文婷）12月17日下午，北京新冠肺炎疫情防控工作领导小组第一百三十六次会议暨首都严格进京管理联防联控协调机制第八十七次会议召开，部署元旦、春节期间首都疫情防控工作。

会议指出，当前全球疫情大流行仍在高位运行，国内多地接连发生疫情，防控形势严峻复杂。元旦、春节期间人员流动更加频繁，又正值北京冬奥会和冬残奥会举办，做好疫情防控至关重要。

会议强调，要加强远端管控，严格外防输入。按照国务院关于加强口岸城市疫情防控工作的通知要求，严格落实入境人员、高风险岗位人员防疫措施和闭环管理。严格航班“熔断”机制，加强进口冷链食品全流程管理。严格执行查验48小时内核酸检测阴性证明、“北京健康宝”绿码等进返京政策，严格限制14日内有1例以上本土病例所在县（市、区、旗）、陆路边境口岸所在县（市、区、旗）旅居史人员进返京。统筹做好冬奥疫情防控，严格涉奥人员闭环管理，筑牢冬奥防疫与城市防疫双重屏障。

会议强调，要减少人员流动，最大限度降低聚集性风险。引导市民在京过年，非必要不出京。加强春运组织和自驾游管理，严格在途健康管理。按照“非必要不举办”原则，严控大型文艺演出、展销促销、体育赛事等聚集性活动，压减线下活动，倡导线上团拜。公园景区坚持“限量、预约、错峰”，市场、商超、餐饮机构、宾馆酒店和文体场所落实好测温扫码、通风消毒、佩戴口罩等常态化防控措施。

会议强调，要立足“四早”，从严抓好社会面管控。持续做好重点人群定期检测筛查，提升核酸流动检测、24小时检测能力，落实“早筛、快筛”要求。充分发挥发热门诊、诊所、药店“哨点”作用，严格落实平台登记、调查询问、追踪回访等全链条管理要求。社区是防控最前线，要坚持“快、严、准”，确保风险人员第一时间排查落位管控。抓好学校防疫，加强健康筛查。要强化信息发布，及时回应社会关切，做好“两节”政策解读和咨询，提醒市民做好个人防护。

会议强调，要做好在京过节服务保障，让防疫更好体现城市温度。加强生活必需品市场监测，确保价格稳定、供应充足。扩大公共文化供给，加大冬奥相关节目投放，丰富市民节日文化生活。保持节日期间疫苗接种服务不断档。做好留京师生、务工人员等留京群体生活服务和人文关怀。用好12345市民服务热线，对市民反映问题接诉即办。科学精准落实进返京管控措施，完善购票赋码通勤等救济机制。

材料2：

【中国国际救援中心郑州快讯】

一方有难八方支援　用忠诚担当践行“人民至上，生命至上”

（本刊讯　南方周刊　严立青　报道）近日河南突降暴雨，千年不遇的洪水灾害，让河南地区遭受了巨大损失，一些河流出现超警水位，个别水库溃坝，部分铁路停运、航班取消，造成重大人员伤亡和财产损失，防汛形势十分严峻。中国国际救援中心等部门、机构及企业第一时间，快速反应，立刻调集全国各地救援队伍，迅速支援河南灾区工作。

总书记对防汛救灾工作作出重要指示：“当前已进入防汛关键期，各级领导干部要始终把保障人民群众生命财产安全放在第一位，身先士卒、靠前指挥，迅速组织力量防汛救灾，妥善安置受灾群众，严防次生灾害，最大限度减少人员伤亡和财产损失。解放军和武警部队要积极协助地方开展抢险救灾工作。国家防总、应急管理部、水利部、交通运输部要加强统筹协调，强化灾害隐患巡查排险，加强重要基础设施安全防护，提高降雨、台风、山洪、泥石流等预警预报水平，加大交通疏导力度，抓细抓实各项防汛救灾措施。”

同时要求，各地区各有关部门要在做好防汛救灾工作的同时，尽快恢复生产生活秩序，扎实做好受灾群众帮扶救助和卫生防疫工作，防止因灾返贫和“大灾之后有大疫”。

逢山开路　遇水架桥，同舟共济　紧急救援

爱比雨大，他们都在驰援河南

一方有难，八方支援。灾情牵动着中国国际救援中心全体指战员的心！在得知河南郑州告急，全体指战员的心特别沉重，特别的心痛揪心！7月20日，国家应急管理部派出工作组赶赴河南，指导开展防汛抢险救灾工作。中国国际救援中心全体队员与河北、山西、江苏、安徽、江西、山东、湖北7省1　800名消防员紧急增援河南。与此同时，不少企业也纷纷伸出援助之手，既有物资和资金上的援助，更有“河南灾情，一键救援”的技术支持。

暴雨虽急，却快不过同舟共济的紧急救援。汇聚着多方力量的抗洪救灾，托起了受灾群众生的希望。

中国国际救援中心董事局康海秀主席，坚定指挥调动中心的救援队伍，第一时间开往郑州救援第一线；中国国际救援中心政委张家林身陷灾区慰问受灾群众，并与队员冒雨搬运救灾物资；中国国际救援中心快速反应处处长，兼安徽总队执行队长朱志中、山东总队队长于华文、副队长徐宝欣、山东总队应急指挥长刘刚、山东日照支队队长于金海、山东邹平9958支队队长刘刚、菏泽支队长王连波、菏泽支队大队长岳耀岭、河南总队长江功祥、合肥支队长杨明明、苏州支队执行队长朱志龙、政委余昌权、副支队长余启峰、无锡支队执行队长郑保华、中国国际救援中心装备部李建中等，在第一时间，带领救援队伍奔赴郑州市抢险救援。他们积极投入中国国际救援中心安排的救援任务，服从各个省市政府及应急管理局的调动，投入应急救援抢险。

7月25日，中国国际救援中心董事局康海秀主席、刘澜涛主任、田宝勋督察长到郑州、新乡两地考察灾情，对救援、防疫和物资保障工作进行布局。山东省救援总队长于华文、河南省救援总队长江洪祥等全程陪同。

据悉，中国国际救援中心所属救援队伍已连续两天在卫辉市开展抗洪救灾工作。各支队第二梯队赴豫救援的工作重点将是防疫消杀。

中国国际救援中心快速反应处、湖南应急救援总队、山东应急救援总队、安徽应急救援总队、山西应急救援总队、陕西应急救援总队、河南应急救援总队、贵州应急救援总队、黑龙江应急救援总队、四川应急救援总队、上海应急救援总队、山东总队日照市支队、山东总队临沂支队、山东总队平邑大队、山东总队菏泽支队、山东总队9958邹平救援队、安徽总队六安支队、安徽合肥应急救援支队、苏州应急救援支队、无锡应急救援支队、中国国际救援中心联勤保障部、中国国际救援中心应急物资保障部、中国国际医疗救援中心山东总队、中国国际救援中心山东水上救援基地、中国国际救援中心应急产业联盟、中国国际救援中心东莞战训基地、中国国际救援中心青岛支队，这些强有力的救援团队，投入有500多人，分批次奔赴郑州乃至河南防汛一线，全力抗击暴雨洪水。

所有积极投入抗灾救援的人员，山东救援队、广州应急物资装备部夜行千公里；安徽六安救援队、合肥救援队、苏州救援队、无锡救援队夜行数百公里，他们风尘仆仆，赶往郑州灾区一线。

他们到达郑州，不惧疲劳、不惧困难、不惧生死，争分夺秒，马上投入抢险战斗。他们开展搜救受困人员、群众避险转移和紧急转移安置、清理杂物、疏通瘀堵、排水除涝、清理树木、恢复道路等救灾工作，及时排查险情、消除隐患。救援中心应急产业联盟市场部的相关爱心人士还提供了20万条防汛袋子，紧急运往郑州灾区。

在面对兄弟河南省市受到大灾大难面前，全体指战员充分表现了忘我付出无私奉献的精神和实际行动。全体指战员共同发出了，在风雨面前，我们血脉相连！我们加倍努力！我们一路同行！河南我们一定行的大爱无疆的精神！

目前救援工作仍然进行中，短短几天时间，安全撤离和转移群众数千名，中国国际救援中心赴河南灾区应急救援队伍自带干粮和应急救援装备及救援物资和车辆，在救援第一现场累倒一名队员，车辆装备及救援装备不同程度损失和报废。中国国际救援中心各省应急救援队伍向灾区捐助各类应急保障物资价值数百万人民币，目前捐助工作还在进行中。灾难无情，人有情。中国国际救援中心这支敢于担当，敢于付出，敢于亮剑，不怕苦，不怕累，不怕死的应急救援队伍，彰显了中国国际救援中心“红衣战士”的时代风采。

为国家分忧，为百姓解难，“逢山开路，遇水架桥”中国国际救援中心“红衣战士”永远守护人民，保护人民！坚定不移地听党话，跟党走，坚决服从党中央及中华人民共和国香港特别行政区政府和各省市地人民政府号召，随时待命，准备出发！

救援，救命，随时待命！

洪灾无情，却胜不过有情人间的守望相助。雨虽大，但风雨中的微光所汇聚的爱与温暖，却足以驱散暴风雨的阴霾。自然灾害的巨大危害，恰恰在于它的突发性和不可预知性。而战胜灾害、减少损失，需要的正是这样的同舟共济和守望相助。

暴雨无情人有情，在这场“无情”与“有情”的对抗中，胜利必然属于上下一条心、灾难一起扛的我们。带着这份笃定，我们也深信——郑州一定中！河南一定中！郑州加油！河南加油！

惠泽民生　救援天下　用忠诚担当践行“人民至上，生命至上”

作为全球化国际人道主义救援组织——中国国际救援中心集团有限公司（简称：中国国际救援中心），于2018年2月20日经中华人民共和国香港特别行政区政府批准成立。

中国国际救援中心作为全球化国际人道主义组织，认真遵循《中华人民共和国宪法》及《中华人民共和国香港特别行政区法》，依法在中国各地开展应急救援公益性活动，认真践行党中央习近平总书记关于提出的“人民至上，生命至上”及人类命运共同体重要论述。

经过多年努力创建及发展，中国国际救援中心先后在海南、广东、广西、山东、山西、河南、安徽、浙江、黑龙江、吉林、陕西、甘肃、云南、贵州、重庆等省份设立了代表处，并在省人民政府的高度重视及大力支持下，完成了登记备案注册。并在世界十多个国家建立了人道主义救援联络处。2021年底拟实现在一千个城市建立人道主义应急救援队伍。

中国国际救援中心通过社会资源整合，目前拥有各类航空救援直升机1 200多架，无人机救援装备3 000多架，各类医疗救护车辆近2 000多辆，水上冲锋舟及救援船只等救援装备近3 000条，各类消防车及灭火装备近1 000台，各类大中型道路救援车辆5 000多辆，各类应急物流保障车辆10万多辆，目前拥有专兼职及志愿者队员近30多万名，遍布在全国各地。

中国国际救援中心与世界民众同呼吸共命运，本着“救援无国界，救援无边界”崇高的职业情怀和职业操守全心全意为人民服务！

中国国际救援中心这一人道主义救援组织，自2018年成立以来，全国各地应急救援队伍先后参与各种救援救灾大大小小数千次，抢救生命近300多人，挽回各类财产损失三千多万。

中国国际救援中心全体指战员表示，坚决落实总书记：“迅速组织力量防洪救灾，妥善安置受灾群众，严防次生灾害，最大限度减少人员伤亡和财产损失”的指示精神，配合当地政府，坚决完成好河南郑州的救援抢险任务。

我们相信，这支队伍一定能够继续扛起防范化解重大安全风险、应对处置各类灾害事故的神圣使命，不断加快提升队伍正规化、专业化、职业化水平，全力推进洪灾治理体系和治理能力现代化，用忠诚担当践行“人民至上、生命至上”的铮铮誓言。

（文/南方周刊执行主编　中央电视台《中国重镇》采编主任　严立青）

第二节 微博写作

微博是指一种基于用户关系信息分享、传播以及获取信息的，通过关注机制分享简短实时信息的广播式的社交媒体、网络平台。微博允许用户通过电脑、手机等多种移动终端接入，以文字、图片、视频等多媒体形式，实现信息的即时分享、传播互动。

2009年8月，新浪成为门户网站中第一家提供微博服务的网站。2014年，在中国微博领域“一枝独秀”的新浪微博宣布改名为“微博”，并推出了新的LOGO标识。

迅速崛起的社会化媒体推动新闻传播体系向立体化、多样化发展，传统媒体也非常重视微博作为信息终端的建设，微博成为政府、企业、社会组织及网民个人信息传播和交流的良好平台。

新媒体新闻写作并非完全脱离传统媒体，很多技巧和方法与传统媒体新闻写作是相同的，传统媒体需要遵守的规则也适用于新媒体。但新媒体毕竟是一种新的媒体形态，其传播特点和呈现信息的方式不同于传统媒体，新媒体用户浏览新闻的习惯也发生了很大改变，因此，新媒体新闻文本写作的方法和技巧也随之发生改变。

一、微博的传播特点

（一）传播范围广

新浪微博发布的2021年第三季度财报显示，截至第三季度末，微博月活跃用户达5.73亿，日活跃用户达到2.48亿，日活跃用户规模同比净增2 300万。

（二）传播速度快

微博信息共享便捷迅速。可以通过各种连接网络的平台，在任何时间、任何地点即时发布信息，其信息发布速度超过传统纸媒及网络媒体。

（三）传播互动性强

微博提供了这样一个平台，你既可以作为观众，在微博上浏览你感兴趣的信息；也可以作为发布者，在微博上发布内容供别人浏览，或者对发布的内容进行评论。

（四）内容原创性强

在微博上，信息发布门槛降低导致大量原创内容爆发性地被生产出来。

二、微博新闻及其文本特征

（一）微博新闻的定义

微博新闻，是指通过微博，将新近发生的有价值的事实发布出来的新闻。通常，微博新闻字数较少，内容言简意赅，时效性强，其中可加入图片、视频、音频链接。微博新闻与其他媒体所刊载的新闻并无本质上的不同，同样要遵循新闻价值规律，并且符合真实、新鲜这两大新闻的基本属性。

（二）微博新闻的文本特征

微博新闻作为在微博平台上发布与传播的新闻，在文本特征上与其他媒体所刊载的新闻有所区别。微博新闻的文本特征有以下几种：

1.篇幅简短，要素齐全

微博新闻字数虽少但依然要包括新闻五要素。比如：

【#山西一盗采煤矿发生透水#，有人员被困】12月15日23时许，山西省吕梁市孝义市西辛庄镇杜西沟村一盗采煤矿发生透水，有人员被困。事故发生后，当地矿山救援、消防救援等救援力量已第一时间赶到现场。应急管理部派工作组赴孝义市指导事故救援处置。目前救援工作正在紧张进行中。#山西盗采煤矿透水事故#（人民日报记者　邱超奕）

以上是人民日报官方微博在2021年12月16日所发布的微博，虽然篇幅较短，但是新闻的基本要素完整。

2.时效性强，更新迅速

以人民日报官方微博所发布的“山西盗采煤矿透水事故”新闻为例，事故的发生时间是12月15日23时许，人民日报于16日9时23分在微博上发布了这一新闻。16日13点31分，人民日报官方微博又一次发布消息进行跟进：

【最新：#孝义透水事故致21人被困#】12月15日23时许，山西省孝义市西辛庄镇杜西沟村发生一起非法盗采煤炭资源案件引发透水致人员被困，经初步核查21人被困。目前，现场抢险救援正在全力展开，井下排水工作有序进行，水位开始下降。案件侦破工作同步展开，#孝义透水事故6名涉案人员被控制#，公安机关正在全力追捕其他涉案人员。（人民日报记者　郑洋洋）

3.形式丰富，传播符号多样化

微博新闻的传播符号多样化，如文字、图片、视频、表情符号等。一方面可以让内容表现更加生动，有利于凸显新闻价值，另一方面让信息更加直观明了。用户可以通过网页、移动端等发布文字、图片和链接视频，实现即时分享。如图7-1所示。

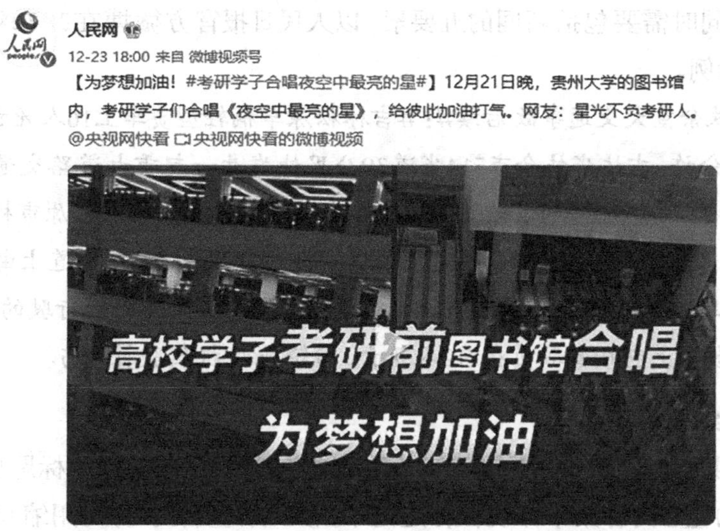

图7-1 人民网官方微博在2021年12月23日18点发布的微博

三、微博新闻的写作技巧

微博新闻追求快速准确的同时，要遵守新闻规律，确保新闻的真实性。微博新闻的写作技巧包括以下几个方面：

（一）迅速发稿，准确及时

微博最大的特点就是：信息发布速度快、信息传播速度快。新媒体时代，对媒体从业人员的时效性有更高的要求，微博新闻发布需要争分夺秒。例如，2021年11月21日18时51分四川省宜宾市长宁县发生4.6级地震，央视新闻的官方微博则在19时01分发布了这一条微博。如图7-2所示。

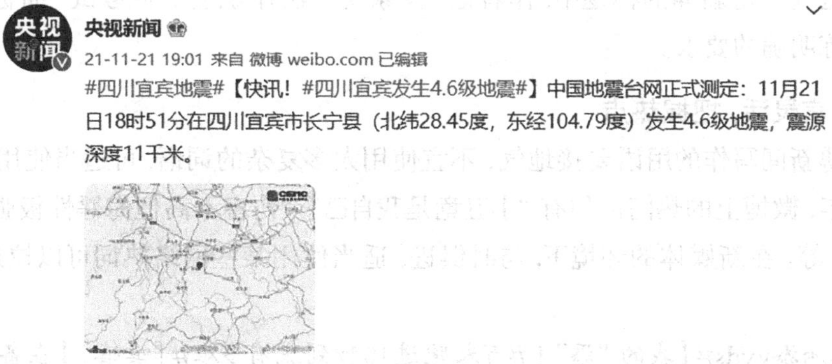

图7-2 央视新闻官方微博在2021年11月21日19时01分发布的微博

（二）简明扼要，要素齐全

微博新闻在写作上，要适应网络环境下对信息时效性的极致要求，力求篇幅简短，表达简明扼要，同时需要包括新闻的五要素。以人民日报官方微博在2020年10月5日所发布的一条微博为例。

【#吉林扶余重大交通事故后续#：#吉林松原车祸轻型货车上16人死亡#】据新华社，10月4日5时40分许，吉林省扶余市514省道39公里处发生一起重大道路交通事故，此次事故造成18人死亡、1人受伤。其中，轻型普通货车上16人全部死亡，经松原市相关部门证实，死者多为去收玉米的农民。经调查，事发时一辆小型普通货车在514省道上由西向东行驶，撞至前方同向行驶农用四轮拖拉机尾部，又行驶至对向车道，与对面行驶的轻型普通货车相撞。小型普通货车上包括驾驶员在内2人死亡，四轮拖拉机驾驶员受伤。

（三）标题精练，信息明确

微博新闻一般采用单行标题，字数不宜过多。因此，微博新闻标题要用最少的字数将新闻事件的核心内容集中体现在标题之中。涉及某些名词时，可用缩写，但不能违反相关规定，更不能引起歧义。比如，“台湾大学的学生”不能简称为“台大学生”，因为“台大学生”有歧义，容易使人理解为“台湾的大学生”；中国人民大学如果简称为“人大”容易使人理解为“全国人民代表大会”。

由于微博新闻没有版面设计，可以使用一些特殊符号把标题和正文区隔开，比如“【】”。可以用“#”提示新闻主题。下面是人民网官方微博在2021年8月20日所发布的一条有关国家统一法律职业资格考试的微博：

#2021国家法考推迟#【司法部：#2021年法考推迟#】司法部发布通告：经研究，原定于2021年9月11日、12日举行的国家统一法律职业资格考试客观题考试推迟至2021年第四季度；2021年国家统一法律职业资格考试主观题考试相应推迟，具体安排另行通知。请各位考生及时关注司法部及报名地司法行政机关有关通知，积极复习备考，按疫情防控要求做好个人防护。（司法部）

在这则微博新闻的标题中，作者把“国家统一法律职业资格考试”简称为“法考”，符合精炼明确的要求。

（四）语言灵活，把握热点

微博新闻写作的用语要接地气，不宜使用太多复杂的词语，可适当使用网络用语。比如2021年，微博上的热门词句有“小丑竟是我自己”“伤害不高但侮辱性极强”“什么是快乐星球”等。在新媒体的环境下，与时俱进，适当使用某些网络热词可以拉近与受众之间的距离。

#苏炳添yyds#【我的“添”！#百米跑进10秒到底有多难#［嘻嘻］】在备受瞩目的东京奥运会男子百米“飞人”大战中，苏炳添成为首位闯入奥运会男子百米决赛的中国运动员。百米跑进10秒到底有多难？据统计，在地球75亿人口中，目前在百米项目跑进过10秒内的不过百余人（根据世界田联认可的电子计时数据）。苏炳添是第一位百米闯进10秒大关的东亚选手，让我们把掌声送给苏炳添。

以上是新华网的官方微博在2021年8月2日12点32分所发布的微博，使用了“yyds”（“永远的神”的缩写）来描述苏炳添，既拉近了与读者之间的距离又使得微博新闻生动有趣，打破了以往人们对传统媒体严肃正经的刻板印象。

（五）标明来源，合法转载

①作者在转载其他媒体所发布的新闻时，要清晰明确地标明出处，比如@出该媒体的名称。

②涉及照片的转载问题应当保留照片水印。

③涉及视频的转载问题应当附上视频原链接，标明出处，以免引起不必要的版权纠纷。

【思考与练习】

1.微博新闻的标题对受众的价值观有哪些影响？

2.简析微博新闻的伦理失衡问题及解决办法。

3.分析微博新闻的现状以及发展趋势。

4.简析微博新闻传播的优势与特点。

5.微博新闻是否会给新闻理论带来挑战？并说明原因。

6.仔细阅读下面的材料，为该报的官方微博撰写一条140字左右的微博新闻，并为你所写的微博新闻拟一个标题。

“双减”，构筑基础教育“新生态圈”

——走访上海多所中小学见闻

“双减”政策落地4个多月，学生、家长和老师感受如何？记者日前走访上海多所中小学，发现学期过半，变化正在发生。伴随学生作业负担和校外培训负担的“双减”，是学校专业服务能力、多样化资源供给能力的逐步“双增”。以人民为中心，以学生发展为本，通过高质量作业体系建设、做优免费线上学习服务、推行“全员导师制”、提升课后服务品质等举措，校园主阵地作用得到强化。

“双减”的指挥棒从微观着手，撬动的是基础教育整体变革，致力构筑的是一个以育人为中心的“新生态圈”。

设计好每一份作业

“作业少了，也更有趣了！”上海市松江区九亭第四小学四年级学生安尚宸说，很多同学都有这样的感受。

少而精的作业背后，是老师们以“绣花”功夫开展的一场“作业攻坚战”。在九亭第四小学，教师用“三级跳”的形式设计弹性作业，用“友情提示卡”区分作业难度，为学生提供自主选择，让学习困难的孩子“吃得饱”，让学习不费力的孩子“动动脑”，也让学有余力的学生“跳一跳”。跨学科综合性作业，培养学生创造性解决问题能力；实践性作业，鼓励学生走进社会大课堂，探究饮食文化、博物场馆、历史遗迹、家乡美景等。作业的开放性和实践性策略延伸到所有学科，融入每一位师生的教与学中。

小作业，大文章。作为课堂教学的重要环节，作业承担着诊断、评价和指导的重要作用，加强作业管理既是提升教学质量的关键领域，更是学校落实“双减”主体责任的应有之义。设计好每一份作业，带动的是学校内涵建设，激发的是学生学习热情和能力，考验的是教育工作者的专业素养。

在上海市杨浦区三门中学，围绕作业的一套反馈、辅导和点评机制，成为减负增效的“利器”。该校教导主任刘瑞华介绍，这学期，绝大多数学生都能在校内课后服务时间完成当天的大部分作业，尤其是老师的个性化辅导，让“难题不出校门”成为现实。“学生有了半小时的午休，下午课堂效率明显提高，这也是‘双减’释放的红利。”

据了解，上海一直高度重视作业设计，2018年“作业研究”成果获基础教育国家级教学成果一等奖。在此基础上，上海陆续印发小学作业设计与实施指导手册、初中作业设计与实施指导手册，推出一系列加强义务教育学校作业管理的相关措施。结合“双减”新要求，上海持续在作业设计和作业指导上发力。近期将出台“校本化作业体系建设”的指导意见，聚焦基层应用，突出教师可操作，并开展全员培训，着力提高教师的作业设计能力。

“要充分发挥好作业在教学中的各种作用，让学生在作业中获得愉快体验，感知学习意义，建构知识，发展能力。”上海市教委副主任杨振峰告诉记者。

线上有名师，线下有导师

这学期，上海市世界外国语中学六年级的孩子们都有了一位“签约”导师。有困难找导师，有困惑找导师，与班主任的工作形成补充，导师更注重学生成长中的个性需求，为“结对”学生提供陪伴式关怀和精准指导，疏解学业压力、增强成长信心。

导师还肩负着成为家校沟通“桥梁”的责任。黄浦区蓬莱路第二小学沈寒亭的爷爷说，自从有了“签约”导师，不仅孩子多了个“老师朋友”，家长也多了个了解孩子的渠道，感觉更放心了。

这是上海在全国率先推行的全员导师制。此前，全员导师制已在上海12个区186所中小学试点一年，今年9月新学期开始，在初中所有年级和小学、高中重点年级实现全覆盖，目标是“学生人人有导师，教师人人是导师”。为配合全员导师制推广，上海积极开展专业资源开发和培训调研指导，并下发《师生关系指导手册》《家校沟通指导手册》《作业命题指导手册》，同步实施市级种子教师培训，启动区、校教师全员培训。

上海市教卫工作党委副书记、上海市教委副主任闵辉表示，全员导师制是上海落实“双减”政策、发挥教师育人“引路人”功能的重要举措，目的就是构建和谐师生关系、家校关系，形成育人合力，促进每一个学生健康快乐成长。

线下有导师，线上有名师。今年9月，“上海空中课堂”推出升级版，新设《名师面对面》栏目。优秀教师通过电视屏幕、在线授课等形式，为学生传授知识、答疑解惑。栏目背后，是一个超强的“名师天团”——由上海400多名特级教师、正高级教师、“双名工程”团队教师等组成的志愿者队伍。

这一优秀师资“云共享”举措，受到学生和家长欢迎。大家普遍反映，线上的丰富资源，成了"双减"后个性化学习和教师专业发展的"宝库"。截至目前,《名师面对面》栏目累计收视观众已达354.3万。

当教师角色进一步凸显,教师作用得到充分发挥,学生学习方能更好回归校园。眼下,依托紧密型学习集团建设,上海正加快推进义务教育优质均衡,促进优秀教师有序流动,打造更紧密的新型教学共同体。这一切围绕的是,更多关注学生,服务好学生差异化的教育需求;更多聚集优秀教师,让优质教育资源实现共享。

无论是线上"永不落幕的课堂",还是线下"全员导师制",上海希望通过标本兼治,以实践创新和制度创新,不断强化优质教育资源供给和提升专业服务能力,实现为党育人、为国育才的目标。

盘活校内外资源

放学后去哪儿?"双减"后,上海中小学提供了课后服务的鲜活样本。

教育部"双减"学校直报系统数据显示,上海100%的义务教育学校都提供课后服务;参加学生达132.5万人,实现愿留尽留全覆盖;所有学校都能做到每周5天、每天不低于2小时。这些指标均位于全国前列。

一区一策、一校一方案,课后服务品质不断提升。上海市梅园中学在课后服务中以"走班制"形式,为学生提供鼓乐、健美操等体验课程,学生根据兴趣报名,每学期轮换,保证每个学生都有机会参与。虹口区第六中心小学开发建设"校园微信课后服务智能平台",学生每月在平台自主选课,生成"一生一表"。

记者了解到,目前上海中小学课后服务主要由本校教师承担,94.1%的教师投入到课后服务中,展现了担当和作为。上海市教委鼓励区、校探索教师弹性上下班、调休、提供晚餐便利等人性化措施,并在财政经费等方面给予保障,确保参与教师劳有所得。

为丰富学校课后服务资源,上海不断盘活校内外资源,征集各类素质教育类课后服务在线课程。经专业评估,已有337家机构(单位)的985门艺术、体育、科技等课程(含活动)入围首批"上海市素质教育优质课程项目资源",面向所有义务教育阶段学校免费开放。

高质量的课后服务,需要强有力的支撑体系。教师资源不足,上海鼓励各区建立助教队伍,整合退休教师、志愿者和其他有资质的专业人员作为课后服务补充力量。上海各区青少年活动中心、少年宫、少科站也主动与区域内学校"手拉手"开展课后服务。初步统计,上海各区学校的课后服务共引入11 414名退休教师、社会专业组织、非学科类培训机构等专业力量。徐汇区青少年活动中心"五育活动日"覆盖区域内中小学。黄浦区青少年艺术活动中心"送课进校园",每周向约5 000人次学生提供100余门公益性课后服务课程。与"双减"前相比,课程设置增长50%以上。

坚持立德树人,盘活、整合校内外资源,校社联动、馆校联动的"育人"大格局正在形成。上海年内还将推出"上海市义务教育课后服务工作指南",以共享、开放、协同的新形态,联手校内外共同规范并探索面向青少年全面发展需求的课后服务优质教育供给。

"双减"之下如何"增"、怎样"强",能否创新手段、提升能力,将"双减"作为撬动基础教育变革的抓手,构筑全社会合力育人的"新生态圈"——挑战才刚刚开始。(来源:光明日报)

第三节　微信写作

微信是腾讯公司于2011年1月21日推出的一款面向智能终端的即时通讯软件。微信支持跨通信运营商、跨操作系统平台通过网络发送免费的文字、图片、语音和视频，具有信息简短化、信息发布渠道多样化、信息发布及时化、平台交互性强、交互平台草根化等特点。微信作为一个以强关系为主的社交平台，具有较强的社交黏性，除便利的社交软件这一身份之外，微信还为人们提供各项生活服务的网络支付功能，现如今，微信支付已经越来越多地进入到人们的生活中。

一、微信公众号及其特点

微信公众号，是一款用户依托于微信建立账号进行自媒体传播活动的网络虚拟平台，个人通过微信公众号可以与网络上特定目标人群进行文字、语音、图片、视频等全方位多层次的沟通，它是集信息发布、品牌推广、娱乐休闲、互动分享于一体的网络信息传播平台。其特点包括以下几个方面。

（一）平台准入门槛低，传播主体多元

根据第48次《中国互联网络发展状况统计报告》显示，截至2021年6月，我国网民规模达10.11亿，较2020年12月增长2 175万，互联网普及率达71.6%。微信作为移动互联网智能终端产品，拥有十分庞大的用户基数，加之微信从注册到登录使用都十分便捷，且个人注册微信公众号不收取任何费用，还有对原创内容的版权保护，这些都为个人建立微信公众号创造了良好的条件。

（二）叙事形式丰富，标题灵活

互联网时代，尤其是新媒体时代的到来大大改变了人们的信息获取方式，信息的传播渠道更加丰富，加上快节奏的生活方式，导致受众在接受信息时的注意力被“碎片化”，他们往往更加愿意快速浏览信息，而非仔细深度地阅读。因此，为了契合受众的阅读习惯，微信公众号的推文标题必须能够“一击即中”，快速抓住受众眼球，这样才能吸引受众的注意力，引导他们继续阅读下去。

由于年轻人是主要的互联网用户，因此在撰写推文时还要注意叙事的时尚性——推文的排版、图片以及背景音乐的选择和使用等。内容方面也要紧贴热点实际，要具有一定的趣味性和吸引力，在这里，对网络热词的恰当使用可以使推文内容眼前一亮，这也更加符合年轻受众的阅读偏好。

（三）内容多样且个性化，但受众“抱团”明显

微信公众号的准入门槛低，操作简单，可以说是实现了“人人都是媒体”这一愿景。

有道是“一千个人心中有一千个哈姆雷特”，每个人看待事物的方式和角度都不尽相同，因而运营者在公众号上输出的内容也是具有多元性和个性化的，加上公众号实行的是“点对面”的传播模式，受众按自己的喜好关注订阅，因此微信公众号的内容虽然是公开的，但也会具有相对的封闭性，读者之间相互交流彼此认同，根据自己的兴趣爱好订阅或创建“有共识”的公众号，形成一个个封闭式的小圈子。

（四）网状式的广泛传播，但信息发布的时效性较弱

受制于微信公众号推送数量和次数的限制，微信公众号可能在时效性上受到一定的影响，这也就在无形之中倒逼发布者在信息质量和内容以及平台功能上下功夫，更容易形成以用户为中心的创新体验的模式。发展成熟的微信公众号往往已经固定好推文的发送时间，例如晚上睡觉之前、午餐午休时间、早晨起床之后等，这些往往都是人们的闲暇时间，在这段时间里他们更加愿意阅读微信公众号内容来获取相关信息。

（五）交互及时，受众服务精准

微信公众号设有留言平台，运营者可以将读者的留言标记为“精选留言”公开展示，这种评论互动打破了传播者与受传者之间的时空限制，真正做到了即时交互。同时，微信公众号后台还具有对订阅用户数据的统计与分析功能，这可以使运营者明确其订阅用户的个人属性和社会属性、推文的阅读量、点赞量和转发量等，进而总结出什么样的推文内容更加为受众所喜爱，什么样的叙事方式更为受众所欣赏，从而及时调整自身的宣传战略，便于运营者从用户的角度出发思考问题，增加用户黏性，提高用户忠诚度。

二、微信公众号文章的写作技巧

5G时代的到来加上智能终端的普及，微信乘着这股东风迅速吸收用户，并从以前功能单一的网络通信工具迅速发展成集聊天社交、分享生活、日常办公和支付等功能于一体的新媒体平台，如今，微信已然成为人们生活中不可或缺的一部分。而人们也乐于在闲暇时间通过微信公众号获取信息，因此尤其需要重视微信公众号文章的写作技巧。

就像学者田晔所说：“新媒体写作是有组织的，写作出来的超文本是在倾听、交流的视野中构思来的，使读者更容易阅读、联想和跳出直线阅读习惯，这样的写作模式使创作更容易。新媒体也在更广阔的领域发挥作用，在微信公众号中如何写作才能吸引更多用户是一个十分重要的问题。”

目前微信公众号的内容主要有以下三种产出模式：原创、转载、约稿。我们可以将田晔对微信公众号文章写作技巧的论述归纳如下。

（一）在文章的写作过程中加入一定的感知

相关论文认为思维是内化的过程，所有的环节都是与外化过程反向互动的过程。所有因素都是多种化学状态相互渗透、相互制约、相互融合的结果，在写作中加入一定的感知，能够使新媒体写作更加感性，富有吸引力。以往的传统媒体尚且如此，移动互联网时代发展起来的新媒体则要更加重视传播内容的感知力，比如公众号文章将图片和文字结合起来，给读者带来更强的视觉冲击。尤其是在快节奏生活导致碎片化阅读的当下，便捷地获知信息的方式更加为读者所青睐，而在展现信息的过程中加入感知则能够直接加深读者对该事件的印象，使读者产生代入感。

（二）微信公众号文章写作前的构思技巧

不论是传统媒体还是新媒体，只要我们准备写篇文章来传播某个信息，就必须要进行事前的构思。这个构思能够让我们快速明确我们需要告诉读者什么内容、写这篇文章的目的是什么、我们希望看到读者产生怎样的回应等问题，有了构思，以后的撰写工作也会进行得更加顺利。不同于传统媒体的写作，微信公众号文章重在要具有创新性，在一个社会事件爆发之后，往往是观点独到、立意新颖的推文成为“爆款”。同时我们也要认识到，当下社会人们的阅读时间是十分有限的，比起深度阅读，浅阅读更符合现代人的阅读习惯与阅读心理。因此，在构思文章时一定要注意做到篇幅的短小精悍。

（三）微信公众号文章的选题技巧

1.用户需求分析法

在确定自身微信公众号的目标受众后，根据后台提供的数据分析，描绘出目标受众的大致社会属性，以此来推测受众对信息的需求是什么，有的放矢地进行选题。正确的选题就是推文成功的一半，能够收获大量的阅读量和点赞量，进而进一步打响微信公众号的品牌。

2.话题搭载法

能够引爆社交平台，使得人们广泛讨论的话题往往是选题的“黄金区”，热点话题常常在新浪微博、豆瓣、知乎、今日头条、一点资讯等平台出现。在运用话题搭载法时应注意要有独特的切入点，同时评论一针见血，这样有机会被人们所认同并转发。

3.曼陀罗思考法

曼陀罗思考法是一种图形化的思考和记录方法，如图7-3所示，在其九宫格的十字当中写上5个W，中心点是Who，在其上下左右分别为What、Why、When和Where。

例如，要做一个“培训”的微信公众平台，在曼陀罗九宫格中把“培训”作为关键词放在中间，向外扩展8个联想到的词（如图7-4所示）。填写时不要受任何限制，利用集体的力量，分别以九宫格外围八个格子为中心点继续做九宫格向外扩散，那么8个关键词可以生成64个关键词，再继续可生成512个关键词，依次可以派生出多个有趣的选题。

	What	
When	**Who**	Where
	Why	

图 7-3　曼陀罗思考法

名师	小学教育	技能
暑期班周末班	**培训**	××培训中心
教材资料	就业（上岗）考试	英语、计算机

图 7-4　曼陀罗思考法案例

（四）微信公众号文章内容的选择技巧

确定了选题，就要确定具体的推送类型，不同的用户适合不同的推送类型。

1.教程型

教程型是教会读者某一种技能或者解决某一个问题的一类文章，主打实用价值。好的教程型文章会得到读者自发地转发和收藏，并吸引他们长期关注该账号。

2.故事型

故事型文章一般以叙述见长。小说类、传记类、报道类、历史类等题材都经常使用讲故事的方式吸引读者，一般用诙谐幽默的讲解方式更能吸引读者的点赞与转发。这类文章的常见题材为历史人物和事件，或者当下社会知名人物的成长经历、组织机构的发展壮大、文化的发展过程等。

3.观点型

观点型就是通过文章向读者传递自己的观点、评价和态度，一般具有鲜明的立场和个人风格，涵盖面比较广泛，有对新闻事件的解读、对热门电影的评论、对商业经济的看法等，这也是大多数自媒体主要的内容创作类型。

4.整合型

与观点型文章传递个人立场和价值观不同，整合型文章没有明显的主观判断，更多的是搜集整理某一类与主题相关的内容。这种类型的文章常用于推荐事物，比如推荐假期书目、电影、家居百货、服饰鞋包、化妆护肤等物品，此外还包括一些诗歌名句、名言警句等内容的搜集与整理。

5.广告型

广告型文章的目的很明显，即广而告之，促进读者产生购买、报名、转发等行为，以此达到盈利或者传播的目的。目前比较常见的广告型文章有两种，一种被称为“硬广”，另一种被称为“软广”。硬广一般是纯粹介绍产品或者优惠信息，广而告之让用户购买等。而软广是要结合某一种题材，如教程或故事，然后巧妙地将广告植入到文章中。例如各大品牌开设的微信公众号，订阅者可以从这种广告型的公众号里获得相关品牌的最新讯息甚至优惠。

6.资讯型

资讯型文章一般是向群体或受众传达某个信息，这类文章在企业机构、学校政府类的账号中比较常见。这些账号主体发布的资讯型内容一般与活动介绍、事件通知及政策传达有关。例如各大高校的微信公众号，它们以记录、报道学校活动和发布校园信息为主。

以上六种类型总结了目前存在的内容类型，当然还有一小部分内容无法归纳进这六种类型中，如一个吸引眼球的标题点击进去仅仅是一张图片或一两句话，纯粹是为了娱乐。值得注意的是，在对一个创作内容进行类型划分时，不是只有固定的一种类型，它有可能同时涵盖两种或两种以上的类型，如有的教程型内容在讲解案例或介绍产品时植入了和品牌相关的信息，这既是教程型，同时也是广告型。

（五）建立自我审查机制

进入全媒体时代，微信公众号的低准入门槛让人人都能发言，但同时我们要始终牢记一点：真实性是新闻的生命，内容真实是新闻存在的基本条件，也是对新闻报道的基本要求。新闻一旦失实，便失去了其存在的价值和基本条件。做微信公众号要“博出位”并非不可，要出位凭的可以是独到的观点，可以是时尚的版面形式，也可以是新奇的内容，但绝对不能是弄虚作假。因此在微信公众号文章的写作过程中，确保真实，设定自我审查机制是十分重要的。

三、重视微信公众号的运营

由于微信公众号文章依靠微信平台的强关系链进行传播，所以平台运营质量直接影响文章的阅读量，微信公众号文章的写作和平台运营相辅相成。

（一）内容为王，打造可读性强的推文

推文内容的创作、加工与发布对于已经商业化的微信公众号而言无疑是十分重要的。受众关注公众号的初衷就是该公众号能够提供他们想要的信息，并且这个信息的展现形式很符合他们的胃口。因此公众号的运营者更应该注意优化推文的内容质量，显示自身公众号的特质，最终通过精美的内容打响品牌。此外，还要注意微信公众号的主要受众，包括受众的年龄、性别、兴趣爱好等，这样可以做到知己知彼，从而在创作微信运营内容时能够融入受众喜欢的信息，让公众号的运营模式独具特点，使自身在受众心中不可替代。

（二）重视互动，打造以用户为中心的沟通模式

用户体验，是用户使用产品后形成的主观评价和感受，微信公众号的实用性固然重要，但对于微信公众号的运营者来说，公众号的发展壮大离不开订阅用户的支持，而这样的支持主要来自运营者与订阅者经常性的互动。因此在这一方面，新媒体如微信公众号，

应在与粉丝互动方面创造更多的机会，通过对用户需求的精准定位、构建用户的体验情境、对用户体验后的反馈进行追踪等，让用户更加能够感受到整个微信公众号运营团队在运营模式与功能实现方面的强大，提高公众号与订阅用户的互动指数，从而在整体上提高这一微信公众号的运营效果，增加用户黏度，此外还能够改善目前商业性微信公众号过度“商业化”的情况，增添一丝“人情味”。

（三）在商业价值和道德伦理中取得平衡

商业与道德看似是一对矛盾体，但两者又有着密不可分的联系。追求商业价值并非道德责任感缺失的必要条件，因此马克思主义者认为仅仅对商业道德进行批判是不公平的。美国圣荷塞州立大学哲学系教授威廉姆·H.肖认为企业完全能够在道德合理范围内获得盈利，相反，如果商业的运作仅仅只有利益驱动这一个元素在发挥效应，而丧失了被广泛承认的商业规范模板，那么该商业系统也难以为继。即便是迫于对利益的追求而不得不遵守商业道德规范，对于商业的运转也是有利的。商业道德与商业运作的成功准则是相辅相成的，例如诚信经营、与人友善、公正公平等均能有效防止商业盗窃、讹诈行为的发生，从商业性微信公众号运营的长远角度考虑，有利于品牌建设和良好用户关系建立。

诸如微信公众号等社会化媒体的出现，并不意味着传统媒体的衰落和其运营的失利，二者并非不能共存的关系。如今微信公众平台的出现，将一种突破自身、突破旧有形式的机会摆在了传统媒体面前，这对于现在各种媒体的未来发展方向来说无疑是一个很好的启示。

【思考与练习】

1.微信公众号的概念及其特点是什么？

2.微信公众号文章的选题技巧包括哪几个方面？

3.传统媒体如何利用微信公众号焕发新的生机？

4.传统媒体在微信公众号上发布推文时与原来发表的文章在内容方面有哪些不同？

第四节　网络文学创作

网络文学是一种新的文学形态，是计算机网络技术给文学领域带来的一场新的艺术革命。早期的网络作品主要由文字构成，随着网络技术的发展，网络文学充分利用计算机网络多模口的特点，大量使用多媒体技术，同时增加了在线实时互动和娱乐等成分，语言形式已经泛化到了“全息语言”的形式。网络文学正以其鲜明、独特的特点，在文学之林占有一席之地，并呈现着蓬勃发展的态势，为中西方的文学发展创造着不可估量的价值。

中国学者在广义上把中国网络文学分为三类：一类是已经存在的中国文学作品，经过扫描等输入方式进入网络；一类是直接在互联网上发表的中国文学作品；还有一类是通过计算机创作或通过有关计算机软件生成的作品进入互联网，由于互联网的开放性特点，由多位网友接力创作的作品等。中国的网络文学又被称为中国的“原创文学”，是一种通过网络传播，基于网络思维，语言上具有网络色彩的文学作品，以此为区分，其他的文学形式则被统称为“传统文学”。

一、网络文学的发展历程

自20世纪90年代末算起，我国网络文学发展已20余年。网络文学是基于媒介形式给予的命名，也随着互联网媒介形态的演变而不断发展，我国网络文学的发展经历了明显的三个阶段。

第一阶段是Web1.0时代，该阶段产生了最早的一批中文网络文学。彼时网络互动性还不强，用户还未能居于中心，网络文学的作者还具有一定的权威性和精英色彩。这时出现用新兴的互联网技术（多媒体、超文本）进行文学实验的前卫写作，美国小说家迈克尔·乔伊斯（Michael Joyce）1990年推出的超文本小说《下午》即是形式创新的经典案例，它依托于超文本的非线性写作。

国内网络文学也有一些形式创新的诗歌，但未成主流，反而是传统文学样式让网络文学成为“现象级”事物，如痞子蔡的《第一次的亲密接触》、慕容雪村的《成都，今夜请将我遗忘》、今何在的《悟空传》等。这些作品更像是把传统文学搬上了互联网，但它们又表现出一些过渡形态。它们采用的是传统文学的样式——传统的情节结构、正统的人物设置和相对精英的写作姿态，也具备了网络文学的一些明显特点，如较强的代入感以及颠覆式语言。这一阶段的网络文学具有较强的“文学性”，国内学界对网络文学的研究正是起步于此。

到了Web2.0时代，媒介技术、媒介环境的变化助推网络文学进入第二阶段。Web2.0通过博客、评论、跟帖等技术让互联网用户交互性显著提高，用户生产内容（User Generated Content）成为网络文化中最强势的力量，用户体验、用户定制成为网络经营的标准。这个阶段最具标志性的网络文学事件是，起点中文网在2003年10月首创了网络文学的基本商业模式——VIP章节收费以及网站培养和打造作者，构筑了网络文学的商业模式的“起点”。此后的网络文学开始商业化运作，紧贴用户体验，建构起了类型化的文学模式。网络文学距离传统意义上的文学越行越远，越来越像是一种满足读者幻想的文字材料。如果非要与传统文学进行对比，那可以说，网络文学更像传统通俗文学、类型文学，如言情小说、武侠小说等。网络文学确实吸收了通俗文学的很多东西，如人物性格、情节设定，但不一样的地方在于，网络文学比通俗文学更加娱乐化，它不仅借鉴通俗文学，更“偷师”于电子游戏、动漫、影视等流行娱乐文化，总之，其娱乐性远远压倒了文学性。

网络文学的第三阶段对应着移动互联网的普及，其主要特点是用户量的增多，用户口味的多样化。借助便携的手持移动终端，网络文学影响力大增，拥有大量活跃用户。据易观智库的数据，2010年网络文学活跃用户为1.5亿人，到了2012年则变为3.6亿人。也就是说，仅仅用了两年时间，网络文学的活跃用户就暴涨了近2.5倍。这两年正是移动互联网爆发式增长期，庞大的用户量给网络文学带来无限商机，IP（Intellectual Property），即知识产权，业界称为“大版权”或“全版权”成为网络文学界的时髦词汇，很多网络文学版权被高价哄抢，或改编影视，或制作游戏，或改为其他衍生产品。在第三阶段，长篇付费阅读的商业模式仍被坚守，但更复杂的产业运营也开始发挥作用，于是网络文学出现了一个新趋势：开始注重IP、作品的创意、“泛娱乐”潜力。也就是说，这个阶段的网络文学可能试图提供更多元化的娱乐。

二、网络文学的基本特点

网络文学作为一种新的文学形态和文学现象，是网络与文学有机结合的产物，是科学与文艺的有机结合体，因此在创作上具有一些鲜明的特点。

（一）具有平民性、通俗性与互动性

首先，网络的开放、宽容、自由创造了文学面前人人平等的局面。原先传统作家依靠诸如编辑、出版等重重“关口”予以把关，通过严密的运作机制来维持对话语权的独占地位。网络的出现则彻底打破了这些“关口”，跨越了审稿、编辑、出版、发行、销售等环节。在网络上进行写作可以快速地获得成就感，任何人都可以过上一把“作家”瘾。创作主体平民化趋势增强，传统作家的独尊地位受到挑战。文学创作变得前所未有的广泛，文学活动显示出空前的平民性和民间性。其次，网络的互动性打破了作者和读者之间的界限。作品放到网上之后读者可以马上对它进行评价，传统的文学作品问世后虽然也能够获得读者的热烈响应，作家也会收到很多的读者来信以及获得评论家的意见，但这种反馈的速度跟网络无法相比，而且网络作家可以对这种反馈在瞬间作出回应，立刻对作品加以修改，而传统作家对作品的修改订正则需要等到作品再版的时候。此外，读者还可以参与写作。目前网络上流行一种“接龙小说”，即给出一个开头，然后由多人参与续写情节。未来的写作更多的将不再是纯个人的创作，它可能依赖于一个集体，是集体智慧的结晶。

（二）内容随心所欲，重视个人情感的宣泄

传统文学重视“文以载道”的社会宣教功能和政治功能，轻视文学的娱乐功能，轻视个人情感的宣泄。相反，网络写手们从事写作并没有什么教化或宣道的目的，而是以娱乐、消遣和宣泄个人情感欲望为目的。在网络这个虚拟的世界中，任何人都可以抛开顾虑，随心所欲，写我所想。回归生活、袒露内心的人性真诚之处，在网络文学上得到最大限度的体现。网络文学在某种程度上颠覆了传统文学的“精英”文学、“贵族”文学的形态，实现了真正的“民间文学”和“大众文学”。

（三）多媒体技术、超文本是网络文学独具的表现形式

传统文学主要通过文学语言来表达，所谓“白纸黑字”说明传统的纸质文本具有稳固性和不可变异性。传统文学作品虽然也可以做到图文并茂甚至化文为图，但其艺术效果显然无法与网络文学的影音并陈、动态交互相比。网络文学由于计算机和网络技术的支持，克服了单一的语言文字或图文结合的静态表现形式，呈现出迥异于静态书页的动态特征，产生了全新的审美情趣。网络文学采用网状结构组织块状信息，没有固定的顺序，是一个全息、多维、多重时空的重叠，读者可以任意进行独特的非线性的重新组合。随着电脑技术的进一步升级和使用者对这些多媒体手段的进一步掌握，网络文学虚拟真实的能力将继续提高。

三、网络文学的写作要求

如果说以往的传统文学有一种“老少皆宜”的特点——孩子们读“小人书”，成人们读“文学经典”，那么有意无意地，网络文学更多地侧重于青少年人群。在此意义上，网络文学的产品其实并不属于通常意义上的“大众文化”，而应该明确为“青少年亚文化”。这也是“媒介即信息”的一种内涵。媒体的使用方式决定了使用者，而使用者进一步决定了使用媒介生产的内容。由此来看，网络文学与其说是“大众化”，不如说是“特殊化”。它的受众有着鲜明的年龄限制，主要属于“在线一代”或“互联网族”。因此，网络文学的写作要求归根到底，必须考虑主要受众。

（一）网络文学的基本特征

要了解网络文学的写作要求，首先我们需要先知晓网络文学的基本特征。

1.可写的文本

“可读的（lisible）文本”与“可写的（scriptible）文本”这一对文化概念出自罗兰·巴特的《S/Z》，这一对概念皆是从文本的接受方——阅读者这个角度归纳得出的。所谓“可读的文本”，即指一部作品对阅读者来说基本上没有参与度，读者对作品的阅读行为是一种被动的接受与消费。这样的阅读中读者是没有自主性的，被动性是其最本质的特征。传统媒介时期的作品大多具有这样的性质，创作者往往具有充分的主体精神，而读者对作品的阅读就止于阅读本身，对作品的建构几乎不具有延展性和建设性，这样的写作与阅读围合起来形成的是一种相对固定而封闭的文化状态。

“可写的文本”的出现与存在，则是在更新的媒介技术出现之后。网络文学就是这种“可写的文本”，网络文学之所以可写，关键在于网络文学作品的内容更多元，可以借助互联网把作者、作品、读者、评论者在同一时间同一空间聚合在一起，像圆桌会议一样，以作品为核心，其他几种文化角色可以即时性地围绕作品不断进行延伸。在这个过程中，读者可以同时兼任评论者，对作品的重构与继续完成的参与度极高，而作者也在第

一时间内收到来自读者的反馈，这些声音也会影响作者对作品的再创作。传统文学时期作者的那种绝对自主性也相对失效了，读者的参与将网络文学变成了一种无限的“可写的文本”。

2.网络文学的文本开放性

开放性与延展性是网络文学的基本特征。网络文学在技术上设置了“编辑”和“评论”功能。从完善文本的角度来说，这种编辑和评论更新功能给予了网络文学强有力的技术支撑，有道是：文章是改出来的。网络文学作品的版本基本都可以做到不断修改、编辑、校对，这一功能大大地优化了作品的纠错机制，可以说是作者的福音，也是传递读者声音的福音。但是有利也有弊，网络文学也因具有这样的编辑和评论功能，而可能唤起作者写作态度的漂浮和读者意见的错乱庞杂，正如网络文学博客的版面、模式、图案、头像、标签随时可以更换，不少写作者会把这些形式上的变动作为一种趣味或一种招牌时常更换，以期达到花团锦簇的视觉效果，由此导致风格上始终模糊不定，缺失了一种总体上的沉稳与庄重。表象上的丰富变化暗含了作者对个人文体风格并无方向上的总体把握，这种形式的不稳定也一定程度上反映了现代人面对大众文化表现出来的层面较浅，如同图像与文字并存时，人们往往随着视觉追逐图像，这是因为“以往读文字，需要透过文字经过眼脑转换，才能捕捉到作品的形象和思想，现在文学图像化了，图像具有文字不可比拟的直观性和形象性，不需要过多的眼脑转换，令人感觉一目了然，雅俗共赏，可以说在很大程度上迎合了现代的审美趣味”。网络文学的那种修订功能虽然给作者带来了文学创作上的便利，但若不慎重对待这种编辑与评论功能，也极有可能流于浮躁与盲目。网络媒介使文字的更改太过容易，也会造成作者写作与发表上的草率，部分作者求成心切，有时会把尚未完成的作品先发表到网络上，然后再不断修订。

3.网络文学的超链接性

“超链接”现象是网络文学一种独特的文学景观。这种以一篇文章牵引相关主题链接的系列陈列形式，给文学带来了写作与阅读的新气象。互联网这一新媒介与传统媒介的差异还在于它具有强大的超链接功能。传统媒介时期的文学像一座建筑，里面尽管也可能会有许多间屋子和许多扇窗户，但每一间屋子和每一扇窗户都是独立且相对封闭的存在，从这间屋子绝对不可能逾越到另一间屋子中去，独立性和封闭性即是传统媒介文学文本存在的基本特征。网络文学的存在，顾名思义呈现为一个网状，以关键词为核心，在阅读一篇文章的同时，与之相关的篇目都会被囊括在内，一系列相关作品以展览形式呈现，而读者的阅读也可以由这一篇文章辐射开去，点击链接的文章篇目，即可以把网络平台提供的相关文章“一网打尽”，由此，网络资源共享和信量储量大的优势瞬间就得到了彰显。

（二）网络文学的写作要求

“网络写作”在当前并不是新鲜的名称和概念。一方面，随着互联网的发展，网络文学的写作已经日益兴旺，人人都可上网写作、发表作品，使写作前所未有地走近了大众。

另一方面，对“网络写作”的概念及其现象在文学界等领域已经引起了重视和探讨，产生了引人注目的效果。网络文学写作的要求包括以下几个方面。

1.注意写作思维的活跃

网络写作在相当程度上免去了从思维到手书的转化过程，使写作中的思维因书写而受阻的现象大大减少。“手书”意识的减弱，使作者能把更多的注意力集中在思维上，使得写作比以往更接近“所想即写”的同步状态，这样的写作状态更自然、更真实、更接近写作思维的实质，并减少了书写意识过强时造成的理性对于创新意识的扼杀。何况网络集文字、声音、图形、动画、视频等信息表现方式于一身，以网状形式将信息传递给作者，这种形式不是线形的，而是一种接近人类联想思维的方式，它容易激起作者的灵感，活跃作者的思维。

2.注意写作结构的创新

网络写作向人们提供了一种信息时代的新结构。传统文本结构总是受线性的物理空间制约，并按照时空的流程来展示文字，表达作者的思想和情感，其视点的切换，完全受作者所处空间维度和时间向度的限制。而网络写作可使作者的思维处于一种超时空、跨媒体的自由境地，遨游于广度概述和深度细节之间，整个写作过程就像在建构一个全息的电子模型。网络文学的作者可以运用多媒体技术，在作品中插入音乐、图片、音像资料等，使文章不再是一种线性结构，而呈现出一种多元时空的结构，给读者带来不同于传统文学的全新阅读体验。

3.注意写作交互的便利

由于网络的快速交互功能，其传播是瞬间传递，不受时空限制的，这使作者们远距离合作写作能方便地实现。网络写作的交互性还可能以接龙方式、交互修改方式等改变传统作者概念，使集体互动创作成为可能。目前在网上已有许多合作性文字的处理方法，如电子邮件、网页、区域网文件共享等，已可以给不止一台电脑提供同时进入一个文本的可能，在这些情形中，文章的集体加工十分方便。网络协作如果可以在某种契机中得到发挥，那么在网络上出现一种新形态的著作品种也不是没有可能的。

4.注意文本的无限修改性

网络写作具有开放性，这种写作的开放性具体表现为不定型和互动性。网络上的文本是开放的文本，它使文本失去文献意义。常规的作品一经印刷发行就已定型，广大读者读到的也只有同一个版本，要等到再版时才可能进行修改。但是网络上的写作却是随时可以改动的，网络作品电子化的这个特点，本身就决定了网络作品有永远的可修改性，作品永远以草稿的形式存在，网络作者有责任和权利对自己的这些东西进行不断的完善。但无限度的可修改性，也会使网络作品在短时间内失去可靠的文献意义。

5.注意知识素材的积累

在传统写作领域，稿件完成后需经编辑审核通过后方能发表，这样严格的发表流程，往往使得只有接受过良好教育或正规写作指导的人才能从事写作。但在网络文学中，网络平台对人人开放，只要你有文字表达的欲望，坐在电脑前就可以“我手写我心”。这种写作、发表流程一时间吸引了很多不敢在传统写作中涉足的人，于是，“人人皆是写手”的局面迎面而来。同时，我们也要承认众多写手涌入写作平台的确带来了写作水平参差不齐的现象，甚至出现了不少粗制滥造、低俗、媚俗的作品，因此作为网络文学的创作者，更应该承担责任，积极吸收丰富的知识素材，才能给读者提供信息准确的、高质量的文学作品。

6.注意保持思维独立，拒绝抄袭拼凑

由于网络文学创作具有一定的随意性、跳跃性、虚拟性、娱乐性、商业性，许多网络文学作者为了追求经济效益，过分迎合受众，有明显的媚俗倾向，如在作品中加入大量的戏说成分和游戏化观念，不合逻辑地随意杜撰，内容粗俗离奇、违背常理、歪曲事实等，使读者产生错误认知；有些网络文学作品为了满足受众的猎奇心态，虚构具有强烈刺激性的色情、凶杀、赌博、暴力等情节。这些作品的泛滥产生普遍的低俗化审美，扭曲广大受众的价值观。

网络文学作品已成为抄袭的重灾区。相当一部分网络文学抄袭成风，屡屡侵犯他人的著作权，部分侵权行为在政策的灰色空间打擦边球，最后往往不了了之。新媒体时代的一些科技也助推网络文学抄袭风气的盛行。网络上出现了各种“自动写作软件”，三分钟就可生成一个3 000字的大纲，熟练的用户每天可完成8 000字到30 000字小说片段写作。这种科技与求快求量的影视剧编剧市场一拍即合，带来严重的后果。

四、网络文学的发展趋势

中国当下的网络文学发展虽然存在着诸多不尽如人意之处，但从媒介文化变革和文学范式革命的角度看，它现实地成为中国当代文学的一支新生力量，代表着中国当代文学的一种未来走向，分担着振兴中国当代文学并将之推向新历史发展阶段的使命。

（一）网络文学未来的发展趋势

1.从传统畅销小说升级到网络小说

传统的畅销小说在各类书展上展出，放在书店里最显眼的位置，这种畅销小说的文化传播方式可谓是小说文学的1.0版本。2016年是IP元年，随着互联网的迅速发展，互联网用户大幅度增加，网络小说开始在各类文学小说平台涌现。与此同时，成为网络小说作家的门槛也大幅度降低，网络文学呈井喷式发展，网络小说IP开始成为大众文化传播的重要来源。

2.网络小说创作者经历从读者到作家，从业余到全职的转变

根据不完全统计，2017年网络文学作者数量已达1 400万，签约作者数量达68万。网

络文学作家生力军的形成，主要来源于从读者到作者的转换。网络文学受众从爱读网络文学的读者，到通过平台辅助成为网络文学作者。网络文学助力大众创业，调研结果显示，超七成网络文学作者有尝试写作的愿望。读者创作意愿也在持续增强，可预测，未来几年将会有更多的读者加入到创作的群体中去。

3.各类网络文学平台的发展逐步走向成熟

目前，大型的网络文学平台有阅文集团、掌阅文学和阿里文学等，各类网络文学平台初具规模，形成竞争格局。其中，起点中文网在当下网络文学界中可以说是独占鳌头，该网站创建于2002年5月，是国内最大的文学阅读与写作平台之一，隶属阅文集团旗下。阅文集团成立于2015年3月，由腾讯文学与原盛大文学整合而成。阅文集团旗下拥有诸多强大的内容品牌阵容，如起点中文网、创世中文网、云起书院、起点女生网、红袖添香、潇湘书院、小说阅读网等品牌网站，又有诸多发行、出版、音频品牌，形成完整的产业链。2017年11月8日，阅文集团在港交所挂牌上市，当日市值高达816亿港元。网络文学的市场之大，可见一斑。2016年至今，网络文学IP生态持续升温，通过对网络文学原创作品进行影视、游戏、动漫等不同形式的再开发，带动泛娱乐生态链各环节联动，将IP效应持续放大，不断扩散影响力。

4.网络文学市场正在成为新兴文化产业

根据《2017年中国网络文学发展报告》，2017年网络文学市场营收规模达到129.2亿元，同比增长35.1%。经过网络市场化的演变，网络文学平台企业已经形成更加多元化的盈利模式。网络文学平台注重发展签约作家，通过各平台自已的作家培育体系，使网络作家创作出更多网络文学。同时，版权这一网络文学的核心，是各大网络文学平台最为注重的核心资源。版权、授权的制度化、规范化正在为网络文学这一新兴文化产业注入新动力，这也将成为日后IP衍生中重要的收入来源。

（二）网络文学发展中的弊端

网络在潜移默化中给人们的生活方式带来了很大的改变，同时也在不知不觉中改变着人们的思维和交流方式。不断变革的文学传播方式是网络文学快速扩大的一种契机。人们通过网络可以任意地进行自我表达，但是这也导致了网络文学作品在质量和水平方面出现很大的差距，如果不加以重视，将会对网络文学的发展造成非常大的阻碍。

1.缺乏创作的动力

在我国，大部分的传统文学创作者是教师，他们将文学创作当成兴趣或者兼职，所以创作的过程中缺乏有效的动力。而网络文学创作者中，职业是非常多元化的，他们由于热爱而进行网络文学创作，在这个过程中难以获利知名。由于没有相应的物质回报，所以网络文学创作者没有足够的动力进行创作。

2.网络写作水平较低

网络多媒体技术的发展促进了网络文学的生成和发展，但很多网络文学创作者仅仅是爱好者而非专业作家，很大一部分作品情节混乱、结构松散、缺乏熟练的文学技巧，经不起推敲。所以，从整体上说，网络写作的水平还有待提高。

3.创作者的著作权益得不到保障

就传统文学来说，著作权问题已经不存在什么争议，是一种不可争辩的内容，转让著作权也能使作者从中获利。但是，对于网络文学而言，侵犯著作权是一件很容易发生的事。网络文学不会受到地域和时空的限制，这使网络上抄袭、剽窃的现象时常发生，这种现象是对作家权利的一种侵犯，同时也是在挑衅著作权。

4.文学品味缺乏导向作用

很多人将网络文学称作“快餐文学”，相当一部分创作者都是即兴创作，根本没有深思熟虑，因此炒作的成分就难以避免，这就导致了很多捏造的事物的出现。同时，还有很多和社会发展相违背的作品不断出现，例如那些传播暴力、血腥、色情的内容。网络文学的主要读者都是年轻人，他们非常容易受到影响。

信息时代的到来为网络文学的发展提供了一种物质基础，赋予它一种强大的生命力和前所未有的发展机遇。但是，网络文学不断发展向上的同时，要求我们必须要正视它所出现的问题并对其进行分析，然后采取适当的措施加以改善，使网络文学朝着更加健康的方向发展。

【思考与练习】

1.网络文学经历了怎样的发展历程？

2.网络文学的基本特点包括哪些？

3.网络文学与传统文学的异同点体现在哪些方面？

4.网络文学给传统文学带来了哪些启发？

【本章参考文献】

[1] 艾丰.新闻写作方法论［M］.北京：人民日报出版社，1993.

[2] 李良荣.新闻学概论［M］.上海：复旦大学出版社，2009.

[3] 刘海贵，尹德刚.新闻采访写作新编［M］.2版.上海：复旦大学出版社，2005.

[4] 许颖.新闻采访与写作［M］.北京：中国传媒大学出版社，2011.

[5] 郑鸣.关于记者：郭超人新闻思考［M］.北京：新华出版社，2010.

[6] 李希光，孙静惟，王晶.新闻采访写作教程［M］.北京：清华大学出版社，2011.

[7] 彭兰.网络传播概论［M］.4版.北京：中国人民大学出版社，2017.

[8] 邝美莲.写作课：自媒体爆款文章写作技巧［M］.哈尔滨：北方文艺出版社，2020.

[9] 胡小英.新闻传媒写作精要与范例实用大全［M］.北京：中华工商联合出版社，2017.

[10] 胡森林，傅玉辉，高明勇，等.新媒体写作［M］.北京：人民邮电出版社，2021.

[11] 文能载商.10W+新媒体文案炼成记：微信、微商、电商、APP、头条号软文实战[M].北京：清华大学出版社，2018.
[12] 唐东堰，雷奕，陈彩林.网络与新媒体文学[M].北京：北京大学出版社，2018.
[13] 王祥.网络文学创作原理[M].北京：中国人民大学出版社，2015.

第八章　广告创作

“广告”一词最早来源于拉丁文“advertere”，含有“通知”“诱导”等含义，后演变为英语中的广告“advertise”，意为“吸引某人的注意”，以唤起大众对某些事物的注意，到17世纪末、18世纪初，英国开始大规模的商业活动后，“广告”一词便广泛地流行并被使用，之后由“advertise”演化成为“advertising”（广告活动）和“advertisement”（广告宣传品或广告物），才真正具有了现代广告的意义。

如今广告已经渗透到社会生活的各个领域，作为一种大众传媒语言在企业竞争中起着举足轻重的作用。广告可以是一种行业、一种创造性的传播过程、一种社会现象，或是自由经济体系中的一种基本成分。新闻记者可能将广告定义为一种传播过程、公关过程或劝服过程，商业人士可能把广告视为一种营销过程，经济学家和社会学家可能把广告当作一种经济表象、社会表象或伦理表象。

第一节　广告的含义与分类

一、广告的含义

“广告”一词的内涵从古至今随着其发展历程在不断变化，国内外对于“广告”的定义也是众说纷纭，至今仍没有统一的说法。

1890年以前，西方对广告较为普遍的定义是：广告是有关商品或服务的新闻。

美国现代广告之父阿尔伯特·拉斯克尔认为：“广告是印在纸上的推销术。”

1948年，美国营销协会的定义委员会对广告的定义是：广告是由可确认的广告主，对其观念、商品或服务所作之任何方式付款的非人员式的陈述与推广。

美国广告主协会对广告的定义是：广告是付费的大众传播，其最终目的是为传递情报、改变人们对广告商品之态度、诱发其行动而使广告主得到利益。

我国的《辞海》对广告的定义是：“广告是向公众介绍商品、报道服务内容和文娱节目的一种宣传方式，一般通过报刊、电台、电视台、招贴、电影、幻灯、橱窗布置、商品陈列的形式来进行。”

以上对于广告的定义都是随着商品经济的发展而不断变化的，都是不同时期的历史产物。随着信息社会的发展，广告的概念也将进一步演变。

顾名思义，广告即“广而告之”，这是对广告最通俗的说明。我们也可以认为，广告是客户利用媒体向公众传播商品信息和其他信息，以达到特定目的的宣传方式。一般来说，广告有广义和狭义之分。广义的广告，包括经济广告和非经济广告。经济广告是指以营利为目的的广告，又称商业广告，是传统广告学的主要研究对象，它主要是为了推销商品或提供服务，以付费的方式通过广告媒体向消费者或用户传播商品或服务信息；非经济广告是指不以营利为目的的广告，如政府公告、政党、宗教、教育、文化、社会团体等方面的启事、声明等。

二、广告的分类

按照不同的标准，可以对广告进行不同的分类。

（一）按照广告的直接目的分类

1.营利性广告

指商业广告或经济广告，其目的是通过宣传推销商品或劳务取得利润。

2.非营利性广告

指具有非营利目的并通过一定媒介而发布的广告。主要有政府、社会团体或企事业单位的通知、公告和通告，由一些团体或组织、机构以宣传、招贴形式发布的涉及有关观念立场的广告，以及个人和集体发布的寻人、招聘、征婚、挂失、祝贺等内容的启示和告示。

（二）按照广告的诉求方式分类

所谓广告的诉求方式，是指广告通过什么样的表达方式来向消费者传达商品或服务的信息，以促使消费者产生相应的行为。

1.理性诉求广告

是指广告采取理性的说服方式，向消费者传达商品的信息，说明购买广告商品的优点与长处，以理服人，并让消费者权衡利弊作出判断，进而产生购买行动，多用于耐用品广告中等。

2.感性诉求广告

是指广告采用感性说服的方法，通过营造理想化、实体化的意境画面，运用照片、绘画、音响、语言描述等方式刺激消费者的感官系统，动之以情，使他们对广告产品产生好感，最终产生购买行为，多用于食品广告、公益广告等。

3.情感诉求广告

是指广告制作者通过极富人情味的诉求方式，激发受众的情绪，以情感人，满足其自尊、自信的需要，使之萌发购买动机，产生购买行为。

（三）按照广告媒介的使用方式分类

1.印刷媒介广告

指通过印刷媒介传播的广告，即刊登在报纸、杂志、海报、宣传页等媒介上面的广告。

2.电子媒介广告

指通过电子媒介传播的广告，如电视广告、广播广告、电影院里的电影广告、发行的录像带的广告以及网络视频广告等。

3.户外媒介广告

指在建筑物外表或街道、广场等室外公共场所张贴或发布的广告，物质载体主要有路牌、霓虹灯、海报、交通工具、橱窗等。

4.直邮广告

即直接邮递广告，指通过邮政系统将含有广告内容的邮寄品直接寄发给目标消费对象，邮寄广告的媒体形式有销售信函、推广传单、说明书、价目表等。

5.销售现场广告

又称售点广告或POP广告，指在各种营业现场设置的广告形式，如商品陈列、橱窗展示、店面装潢、展板、条幅等。

6.数字互联网广告

是随着互联网的发展而产生的新型广告形式之一，主要以互联网为物质载体提供广告选择，如搜索引擎等。

7.其他媒介广告

指通过新闻发布会、线下展台活动等形式而进行的广告活动。

（四）按照广告的传播对象分类

作为具体的广告来说，一般都有自己特定的目标消费人群，即为有选择对象的广告。这种有选择对象的广告的诉求对象有消费者、工业厂商、批发商以及能直接对消费习惯施加影响的社会专业人士或职业团体等。不同的主体对象所处的地位不同，其购买目的、购买习惯和消费方式也有不同，广告必须根据不同的对象确定不同的诉求。

1.消费者广告

直接指向最终消费者，它是由生产者或商业经营者直接向消费者推销其产品的广告，也可以说是商业零售广告。

2.工业企业广告

指由工农业生产部门或商业批发部门发布，对象是使用其产品的工业用户。广告内容多为原材料、机器、零配件、其他工业用品等。

3.经销商广告

由生产企业向商业批发、零售企业，或批发商之间、批发商与零售商之间发布的广告，用于向相关的进出口商、批发商、零售商、经销商提供商品目录等信息。

4.专业广告

是指针对某种专业人员所做的广告，如向建筑设计师、美容师等职业团体或专业人士发布的广告。

【思考与练习】

1.请列举三种以上的广告定义，分析其相同与不同的原因。

2.为什么商品经济的发展有利于促进广告的发展？

3.根据不同标准，广告有哪些分类方法？请举例说明。

第二节　广告的特点与功用

一、广告的特点

（一）广告是一种信息传播活动

广告的本质特征是一种传播工具，是将某一项商品或服务的特定信息以一种公开的、非面对面的方式传达到目标受众的信息传播活动。

（二）广告要为广告主服务

广告不同于一般的大众传播和宣传活动，广告必须拥有明确的广告主或广告客户，为广告出资人即广告主服务。同时广告主作为广告行为的主体，需担任广告行为的法律负责人。

（三）广告需要借助传播媒介

现代广告的传播并非个人的传播行为，向目标受众传达广告信息时必须要借助某种传播媒介。

（四）广告具有明显的说服意图

广告的目的在于改变或强化人们的观念，使目标受众接受广告发出的信息，以产生相应的目标行为，达到其传播效果，因此广告所进行的是一种带有强烈说服性的传播活动。

（五）广告是有目的、有计划且连续的活动

一般商业广告的产品生命周期分为导入期、成长期、成熟期和衰退期，这就决定了需要在不同阶段制定不同的广告策略，且每个周期的广告都应具有特定的目的，并提前制订相应的广告计划；而其他的广告类型如公益广告，其传播一般在于通过教化以加强或改变人们的行为和观念，因此是带有强烈目的性的，且需要通过连续的强化行为以达到目标效果。

（六）广告是一种付费的传播活动

无论是广义的广告还是狭义的广告，在传播时都要进行相应的付费，这种付费根据不同的广告类型其方式也不同。

二、广告的功用

（一）传递信息，引导消费

广告作为一种信息传递的媒介，能够将产品的特性、功能、用途等信息以最快的速度传递给消费者，为产需双方提供良好的沟通和联系的平台，也连通了经济活动中如供应、

生产、销售、消费等各个环节，使其成为一个有机的整体。

同时，广告还能通过产品信息的传播以引起消费者的注意，提高消费者对产品的认知程度，激发并引导消费，从而促进购买行为的发生。

（二）改变消费观念，影响消费行为

随着科技的发展，新型产品层出不穷，广告的传播能够在现代社会使人们快速地接收到变动的产品信息，通过对某个品类或品牌的反复解释，以增强消费者对其的认知，改变传统的消费观念，影响消费行为，进而带来消费结构的变化。

（三）树立品牌形象，提升企业知名度

在现代商品经济发展的大环境下，品类同质化严重，品牌形象在企业经营中占据的地位越来越高，好的品牌形象能够作为企业的无形资产，创造消费信心，通过广告能够宣传企业的文化和理念，提升企业的知名度和美誉度。

（四）感知外部环境，促进产品更新换代

广告能够为企业提供一系列的市场信息，竞争对手的广告传播可以使企业迅速了解到同行业的生产状况、产品价格情况、产业链延伸情况、市场资源信息等，能够使企业在短时间内了解市场，甚至感受到外部的压力，以提高其竞争意识，加快企业对产品的更新换代。

（五）培养美学观念，促进社会文明

广告能在某种程度上满足消费者对于美学的想象，通过夸张、联想、象征等方式对画面进行美化处理，使之符合人们对于美的审美需求。同时好的广告能够培养人们正确的生活方式，传播高尚观念，如公益广告有助于宣传对社会有益的观念和行为，弘扬高尚的美好情操，丰富人们的文化生活，以促进社会文明，推动大众传播事业的发展。

【思考与练习】

1.从广告的特点出发，谈谈广告和新闻有什么异同？

2.广告有哪些经济功能？

3.广告有哪些文化功能？

第三节　广告文案的写作要求

被称为“广告教父”的大卫·麦肯兹·奥格威曾说：“广告是词语的生涯”。这句话充分说明了语言的运用在广告文案创作中的重要地位，无论是修辞还是整个文案的谋篇布局，无不体现着斟字酌句之妙。

广告文案是围绕传播目标展开描述的作品，描述的信息要起到吸引客户的作用，可以通过媒体等多种手段进行大量宣传。广告文案多指以语辞进行广告信息内容表现的形

式，有广义和狭义之分，广义的广告文案既包含广告的文字、图片、编排等内容，又指广告活动中运用语言文字而形成的其他广告文本，如广告策划、创作脚本等，包括标题、正文、口号的撰写和对广告形象的多选择搭配；狭义的广告文案指的是广告作品中的语言文字部分。

广告文案是广告作品的核心，一方面可以比较详尽、准确、直接地传递有关的商品信息和劳务信息，是消费者与企业之间的主要桥梁；另一方面可以折射出产品的文化底蕴、文化内涵、品牌理念及品牌定位等，好的广告文案，会为广告创意增添色彩，起着画龙点睛的作用；同时广告作品中非语言文字要素的表现力，也有待于广告文案的补充和加强。

一、通俗易懂，言简意赅

广告文案语言文字的基本要求是简易。传递商品信息，是广告文案的首要任务。广告文案应巧妙地运用语言文字，实事求是，准确表达，传递信息，用受众熟知的语言，尽量做到通俗易懂、雅俗共赏，与受众建立联系，拉近商品与受众之间的距离，从而实现广告的有效传播。

人们对广告不会花太多的时间去研究和欣赏，往往只是匆匆一瞥或一听而过。因此要使人们花少数的精力与时间就能了解商品，必须讲究语言的少而精。而且更重要的是描述的对象是商品，必须恰到好处地揭示出商品的品质和性能，而不准确的广告文案可能会对受众产生误导。因此，用语不能有歧义，不能模棱两可，不能含糊，不能空泛。比如：

雀巢咖啡：味道好极了。

雀巢咖啡是世界上第一个速溶咖啡品牌，雀巢公司曾以重金在全球范围内征集新广告语，但20多年来雀巢咖啡的广告语从未更改过。这是人们最熟悉雀巢咖啡的一句广告语，简单而又意味深远，朗朗上口，同时也精确传达出了产品想要传递的特性。又如：

柯达：就在这一刻/串起生活每一刻

作为胶卷市场的第一品牌，柯达的广告语从来不强调自己色彩的饱和度、颗粒度、细腻度等硬性指标，而是用生活中精彩、难忘的瞬间打动消费者。柯达胶卷永恒的主题是：留驻美好瞬间，给你永恒记忆。无论是“就在这一刻”还是“串起生活每一刻”，都是柯达胶卷的最直接卖点的集中反映，其文案通俗易懂，表达准确，同时也明确地突出了其产品的消费体验。

二、新颖独特，注入创意

创意是广告文案的灵魂所在，是广告写作者高度心智活动的思维过程。一则成功的广告作品的创作是将广告创意物化，通过文案表现出来，以达到传播的最佳效果。

广告表现出来的写作活动绝不是语言文字的简单拼凑，而是建立在对受众心理活动的

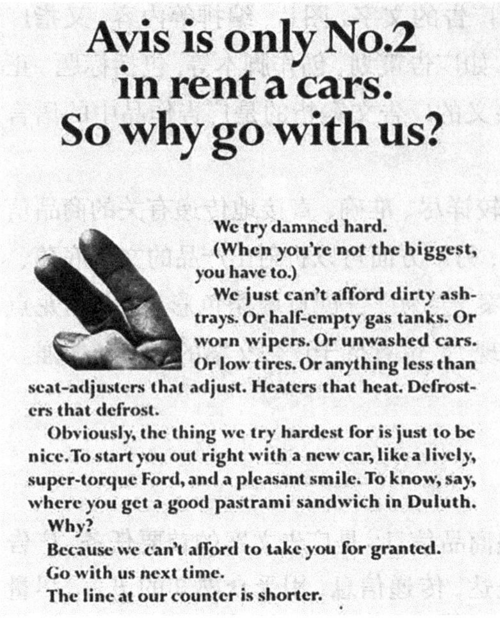

图8-1　艾维斯汽车租赁广告

深层次研究和对广告目标的深刻理解基础上的想象与创造性活动。这种创造性的活动过程来自不同事物之间的碰撞、融合与转化，这种创造性的劳动可以产生最强烈的心理效应，从而达到最佳的市场传播效果。比如：

微软鼠标：按捺不住，就快滚

此广告语获得了台湾1997年“金句”称号，通过谐音既生动地暗示了微软鼠标滚动的灵活性，展示了其产品的功能性，又不失幽默和创意，脍炙人口。又如：

艾维斯汽车租赁：我们是第二；因为我们第二，所以我们更努力！（图8-1）

20世纪60年代的艾维斯汽车租赁公司是一家连续亏损10年之久的公司，与当时市场上第一的赫兹汽车租赁公司在规模上还有很大的差距，但艾维斯汽车租赁公司直面自己的劣势，在广告语上以独特的创新点，大胆地对消费者说：“我们是第二，所以我们更努力”，从而在消费者心目中建立起了谦虚且上进的企业形象，也以其诚恳的态度赢得了消费者的信任，此后营业额取得了重大突破，以“第二”扬名天下。

再如英特尔公司的广告：

英特尔：给电脑一颗奔腾的芯。

英特尔公司为了推出本公司的奔腾品牌，选择了“给电脑一颗奔腾的芯”这句广告语进行一语双关，既向消费者传播了奔腾这个品牌，又有趣地体现了微处理器的功效和其“奔腾”的驱动力。

三、突出卖点，抓住眼球

罗瑟·瑞夫斯在1961年提出了USP理论，即“独特的销售主张”（Unique Selling Proposition），又可称为创意理论，该理论主张产品卖点必须是唯一的、独特的，是其他同类竞争产品不具有或没有宣传过的说辞，每个广告都要包含特定的商品效用，给予消费者明确的利益承诺。

广告文案的一个突出特性就是要在最短的时间内抓住消费者的眼球，用最简单的话术突出产品的卖点，且是独特的销售卖点，与同类竞品产生明显差异，才能与市场争夺有限的消费群体，从而达到预期的传播效果。同时广告文案要体现该产品的功效性，或者说利益点，能带给消费者最直观的消费体验。比如：

七喜饮料：非可乐。

面对可口可乐和百事可乐在可乐市场的“垄断”，七喜汽水在同类市场中处于相当劣势的地位。面对销售困境，七喜采用逆向思维，把自己的产品定位在非可乐碳酸汽水，与可口可乐和百事可乐建立起明显的区隔，从而“垄断”了消费市场中另一半“不爱可乐”的消费群体，取得了意外的成功，成为碳酸饮料市场上的第三大品牌，为七喜创造了一个全新的市场，也为其消费群体直观表达了其产品所能带来的利益点。又如：

M&M巧克力：只溶在口，不溶在手！（图8-2）

图8-2　M&M巧克力豆广告

这是著名广告大师罗瑟·瑞夫斯的灵感制作，堪称经典，流传至今。这句广告文案既反映了M&M巧克力是由巧克力糖衣包装的这个独特的销售卖点：只会融化在口中，吃之前不会像其他巧克力那样停留在手中时间稍长就会融化，同时也暗示了M&M的巧克力口味好，以至于不愿意使巧克力在手上停留片刻。再如图8-3的广告：

穿“哈特威”衬衫的男人

美国人开始认识到，穿一套高档西服，却配一件大批量生产的廉价衬衫，不仅破坏整体效果，而且滑稽透顶。因此，哈特威衬衫的日渐流行，正是它所处阶层的需要。

首先，“哈特威”衬衫耐穿性极强——可以穿很多年。其次，因为“哈萨威”衬衫精致裁剪的衣领，能使你显得更年轻、更高贵。整件衬衫不惜工本的剪裁，会令你感觉得更为舒适。

下摆很长，可深入您的裤腰。钮扣是用珍珠母做成——非常大，也非常有男子气。甚至缝纫上也体现出一种南北战争前的高雅。

最重要的是“哈特威”采用从世界各地进口的最有名的布料来缝制——从英国来的棉毛混纺斜纹布，从苏格兰奥斯特拉德地方来的毛织波纹绸，从英属西印度群岛来的海岛棉，从西印度群岛来的

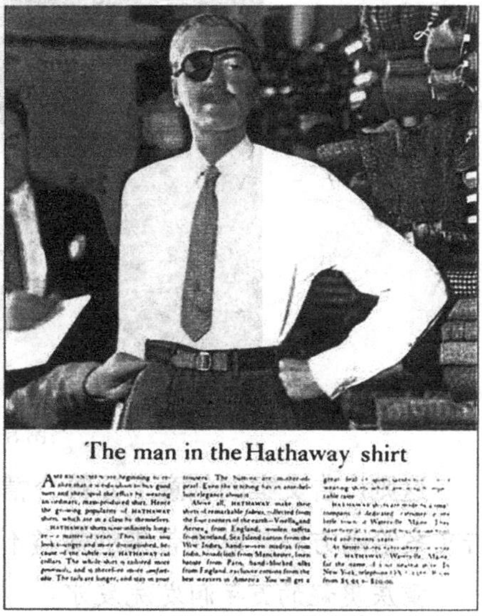

图8-3　哈特威衬衫广告

手织绸，从英格兰曼彻斯特来的宽幅细毛布，从巴黎来的亚麻细布。穿着如此完美风格的衬衫，定会使你得到超乎衬衫本身的众多满足。

“哈特威”衬衫由缅因州的小城渥特威的一家小公司里虔诚的手艺人所缝制。他们老老小小的在那里工作了整整114年。

假如你想在离你最近的店家买到“哈特威”衬衫，请写张明信片到“G·F·哈特威”缅因州渥特威城，即复。

四、富有情感，引起共鸣

用情感传递信息。俗话说：“感人心者莫先乎情。”在广告文案的撰写过程当中，我们不可忽视的一个元素就是以情动人，如果我们能找到产品或者产品的使用情境与之相关联的事物，充分利用并建立某种联系，那么它们就可以成为广告中有效的情感诉求工具。

成功的广告语言不但要准确全面地向受众传达商品信息，而且要讲究艺术性，要具有审美愉悦性和吸引力，有说服力和感染力的语言，善于引发消费者的消费联想。遣词造句是任何一种文体创作必然经历的过程，通过具有明显的风格特征和个性色彩的语言组合，使得广告文案生动、形象，富有感情色彩和感染力，能在短时间内引起消费群体的共鸣，对消费者形成强大的冲击力，说服现有的消费者采取购买行动，促进和“唤醒”受众潜在的需求与欲望。比如：

南方黑芝麻糊：

小时候，一听到芝麻糊的叫卖声，我就再也坐不住了。

一股浓香，一缕温暖，南方黑芝麻糊。（图8-4）

图8-4　南方黑芝麻糊广告

这则广告文案的创意十分符合情感原则，煽动起强烈的儿时回忆以及思乡之情，这一广告文案给南方黑芝麻糊带来的效益不仅是销售量的上升，还有其品牌形象的形成。又如：

重庆奥妮的百年润发洗发水：

如果说人生的离合是一场戏，那么百年的缘分更是早有安排。

青丝秀发，缘系百年。（图8-5）

图8-5　奥妮洗发水广告

这则广告选用了京剧作为音乐背景，给观众讲述了一对青梅竹马白头偕老的爱情故事。男女主人公从相识、相恋、分别和结合都借助于代言人周润发丰富的面部表情表现了出来：爱慕状、微笑状、焦灼状、欣喜状。而白头偕老的情愫则是借助于男主人公周润发一往情深地给“发妻”洗头浇水的镜头表现出来的。把中国夫妻从青丝到白发、相好百年的山盟海誓都溶入了“100年润发”中。分离的恋人最后重聚，洗发水成了两人情感的纽带和见证，堪称经典。“百年润发”的创意将时空的变换、浪漫的爱情、温馨的家庭生活加上一点淡淡的惆怅和惊喜融合在一起，让人回味无穷。

不同的传播目标、传播媒体、传播渠道面向人群所采取的语言形式也不同，在策划广告文案时，要将这些差异与消费者的心理结合起来。但同时需要注意的是，在撰写广告文案、抓取消费者眼球时一定要建立在真实的基础上，否则不但会失真，还会有违反广告法的风险。

【思考与练习】

1.什么是广告文案？

2.广告文案创作有哪些要求？

3.列举一个广告文案，并分析其优点与缺点。

第四节　广告的文本模式

广告的文本模式一般表现为广告标题、广告正文、广告口号等。

一、广告标题

广告标题是整个广告文案乃至整个广告作品的总题目，是整个广告的纲领，将广告中最重要的、最引人注意的信息进行创意性的表现，以吸引受众对广告的注意力，从而关注正文。

（一）广告标题的作用

1.吸引注意力

2.传递主要的广告信息

3.引导受众继续阅读广告正文

（二）广告标题的类型

1.直接标题

通过简明的文字标明广告的主要内容，读者通过标题就能了解广告的主要信息。比如：

肠胃宁常为您解决肠胃不安宁（肠胃宁胶囊）

好空调，格力造（格力电器）

2.间接标题

用耐人寻味的语句诱导读者去阅读正文。比如：

标题：爱舍尔知道（正文：弗里德曼·爱舍尔最知道好酒……）

鞋上有342个洞，为什么还能防水？（Timberland户外靴）

3.复合式标题

兼具直接标题和简介标题的双重性质，由引题、主题、副题等三种标题组成。比如：

四川特产，口味一流

天府花生

越剥越开心

（天府花生广告）

（三）广告标题的表现形式

1.新闻式

是指采用新闻标题和导语的写法、形式的广告标题，为了加强广告的新奇性和可信性，把广告信息作新闻处理。采用新闻式标题的先决条件是：广告信息的本身必须具有新闻价值，必须是真实的。常用的词汇有：新、最新、发现、推出、首次、目前等。比如：

发现藏在海里的二分之一个世界

发现陆地之外的二分之一个世界

（美国大陆航空公司）（图8-6）

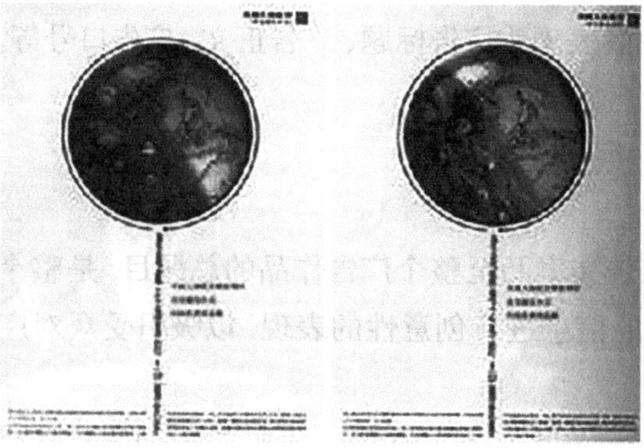

图8-6　美国大陆航空公司广告

2.问答式

这类广告标题使用得最为广泛，是一种通过提问和回答的方式来吸引受众的注意力的表现形式。常用的词汇和句式有：难道……？它是……？谁不愿……？为什么……？等等。具体表现形式有两类：设问式和反问式。设问式一般又呈现两种情形：一种是在标题中设问，在正文中回答；另一种是在标题中自问自答。比如：

谁能帮您轻松建立动态网站，从此一劳永逸？

新一代动态设计网站设计师e-business Starter Kit，再次听命

（IBM e-business Starter杂志广告）

3.承诺式

也称为许诺式、利益式，其主要特点是在标题中就向受众承诺某种利益。常用的词汇有：免费、定能、优惠、减价、附赠等。可分为以下三种：

谁能帮您轻松建立动态网站，从此一劳永逸？

新一代动态设计网站设计师e-business Starter Kit，再次听命

（IBM e-business Starter杂志广告）

（1）直接承诺。比如：

买上海桑塔纳新车，一年内不限里程免费质量保证（上海桑塔纳轿车）

（2）间接承诺。比如：

你只需按一下快门，余下的一切由我自己来做（美国柯达公司）

（3）暗示性承诺。比如：

这些我们留着，其他统统给你（统一晨光果汁）

4.悬念式

即在标题中设立一个悬念，迎合受众追根究底的心理特征，以吸引受众的广告标题，经常和问答式标题配合使用，用问题的提出制造悬念。悬念式和设问式有所不同，设问的结果一般是受众可以预料的，而悬念一般是受众不能预料的，甚至是完全与受众的认知倾向和心理期待相反的事实。

5.故事式

也称为叙事式或情节式标题，类似一则故事的题目，在标题中提示或暗示故事的发生和情节的展开，从而吸引受众阅读正文。

6.对话式

采用对话的形式来表现广告信息，其最大的特点就是具有场景感、现实感和生活感。比如：

宝号又扩充了，恭喜恭喜！

多谢，这多亏得到你美国银行的支持（美国银行）

7.假设式

指在广告标题中提出某种假设，同时据此提出某种结果，其主要特点是为了运用假

设引起受众的注意，并督促他们产生相关的思考和行为。比如：

人类失去联想，世界将会怎样（联想公司）

如果有一天，你聆听的只剩下这样的音符（松下电器）（图8-7）

图8-7　松下电器广告

8.祈使式

也称进言式或建议式，用建议或劝导的语言和口吻，向受众提出某种消费建议，主要特点是可以运用情感因素，缩小广告和消费者之间的距离，使得标题具有说服力和吸引力。常用的词汇有：请、让、应该、来吧、试一试等。比如：

男人一年逛两次海澜之家（海澜之家服饰）

请品一品龙井茶（龙井茶广告）

除了上述表现形式外，还有解题式、赞美式、口号式、否定式、实证式、修辞式等广告标题。

二、广告正文

广告正文是广告文案中除标题、标语及最后的商标、企业名称等之外的主要说明文字。

（一）广告正文的构成

广告的正文主要由开端、中心段和结尾（又称随文）三部分组成。

（二）广告正文的表现形式

1.记叙体

以记叙为主要表达方式而撰写的广告正文，用事实本身说话，线索鲜明，过程性强，具有较强的说服力。比如：

我是103个孩子的爸妈，
孩子不读书没出路，
学校自己盖，
老师们自己做，
360行干了一大半。
腰痛时，
肩上的担子突然重了很多，
芬必得，只需一粒，去痛更快、更持久，
有阳光的地方，就有学校，
芬必得，信得过。
（芬必得药业）

2.论说体

简明扼要地介绍企业的情况、商品的性能特点、服务的风格特色等。比如：

海尔热水器再领21世纪热水器发展新潮流

海尔健康热水器通过国家级技术鉴定，日前，海尔健康系列热水器顺利通过省科委组织的国家级技术鉴定。鉴定会上，海尔健康热水器9大系列30个品种的新产品以其分体线控、出水断电、超强节能、零水压等先进技术，赢得了与会专家的一致好评。尤其是磁化除垢技术在热水器中的应用开创了健康洗浴的新纪元，赢得了与会专家的高度评价。经过严格的审查、评议，专家们确定海尔健康热水器3大系列8种产品达到国际先进水平，6大系列22种产品达到国际领先水平。（海尔热水器）

每一滴水都有它的源头，从森林、草木、土壤、岩石之中而来。经过自然的洗礼，成为优质的天然水源。一瓶好的天然水，必须源于大自然，取水区域无污染。农夫山泉从千岛湖水下约60米处取水，这个水层温度恒定，水质清纯。优质的天然原水经过管线输送，进入国际最先进的农夫山泉水处理生产线。物理净化，原水通过砂滤，天然石英砂过滤去除原水中无用杂质。碳滤，进一步去除水中去用杂质。膜过滤保留水中天然矿物元素，膜过滤，再到洁净灌装，有着多达十七个环节的工艺控制标准。而这样的标准，更是农夫山泉品质的保证。在这里，最先进的科技，并不是为了改变水，而是要更好地保持水的自然天然状态，让每一滴农夫山泉都源于自然。贴标工艺，农夫山泉坚信，只有优质的天然水源，先进的生产工艺，严苛的质量管理标准，才能带给人们天然安全和健康的饮用水。

我们不生产水，我们只是大自然的搬运工。（农夫山泉）

3.抒情体

立足于渲染一种浓烈的情感氛围，激起受众的青睐，以情感人，引导受众产生美好的联想，形成强烈的消费动机。比如：

她将一缕温馨的柔情带给全世界，
和蔼的空中服务员
身着一袭纱笼裙，
当她和您相逢，
一绽迷人笑容，
一缕温馨的柔情。
晴空万里，朵朵白云，
你们相逢在舒适的，
747B、707或737波音机群上，
她将以最殷勤的方式招待您。
我们的女郎，
是新加坡航空公司的灵魂。
（新加坡航空公司）

4.描写体

主要向受众提供具体的商品形象，即通过描摹、描绘、描述手段，勾画出广告宣传对象的形状、姿态、样式等，给公众以形象感，产生身临其境的感觉。

5.故事体

通过讲述一个与广告信息内容息息相关的故事来表现广告信息。

三、广告口号

广告口号又称为广告标语，指为加强受众对企业产品或服务的印象而在广告中长期、反复使用，旨在向消费者传达一种长期不变的观念的语言或文字。

（一）广告口号的写作要求

①简短易记，口语风格。
②合于音韵，文辞优美。
③突出个性，表现特征。
④观念前瞻，鼓动性强。
⑤把握受众，情感渗透。
⑥适应媒体，长期运用。

（二）广告口号的表现类型

1.突出商品特性型

强调商品的特点，以凸显商品个性、对消费者做出利益承诺和塑造产品形象等为出发点，或突出产品给消费者带来的好处，或含蓄地表达产品的优点。比如：

德芙，纵享丝滑（德芙巧克力）

香醇体验，随时拥有（雀巢咖啡）

横扫饥饿（士力架）

2.展现企业形象型

其中心和重点是为塑造、展现企业美好的形象而服务。比如：

海尔，中国造（海尔集团公司）

情系中国结，联通四海心（中国联通公司）

3.促进销售型

主要是号召消费者采取购买行为，往往运用鼓动性的词句，直接动员消费者购买广告商品与劳务。比如：

新年欢乐行，金礼大放送

【思考与练习】

1.一般的广告文本包含哪几个部分？

2.什么是广告口号？

3.自选一种商品，为其创作一个文案。

【本章参考文献】

[1] 陈培爱.广告学概论[M].3版.北京：高等教育出版社，2014.

[2] 金定海，郑欢.广告创意学[M].北京：高等教育出版社，2008.

[3] 杨海军.中外广告通史[M].北京：高等教育出版社，2012.

[4] 大卫·奥格威.广告大师奥格威：未公诸于世的选集[M].庄淑芬，译.北京：生活·读书·新知三联书店，1996.

[5] 张微.广告文案写作[M].2版.武汉：武汉大学出版社，2008.

[6] 方蔚林.现代广告文案写作[M].北京：高等教育出版社，2015.

[7] 阮卫.广告文案案例评析[M].武汉：武汉大学出版社，2015.

后 记

《大学写作教程》由主编字如祥、赵云芳总体策划、构思、确定体例，并主持编写、修改、统稿、定稿等工作。参编人员有：字如祥、赵云芳、尹子能、许丽华、秦丽辉、赵嘉鸿。具体分工为：字如祥撰写第一章、第二章、第四章第二节；赵云芳撰写第三章、第四章第三节；赵嘉鸿撰写第四章第一节、第四节；秦丽辉撰写第五章；尹子能撰写第六章；许丽华撰写第七章、第八章。

在编写过程中，本教材参考了以往写作学教材以及相关研究成果。对于涉及的前人研究成果，本教材均已在每一章后列出详细参考文献，保留作者姓名，并注明出处。在此一并致谢！

限于作者水平，本教材不足之处在所难免，恳请有关专家、学者及广大师生批评指正。

编 者

2022年7月